21世纪高等院校"十三五"系列规划教材·旅游与酒店管理类

编 委 会

| 主 任 |

马 勇　教育部旅游管理类专业教学指导委员会副主任委员
　　　　湖北大学旅游发展研究院院长

| 总 主 编 |

刘名俭　湖北大学旅游发展研究院副院长
　　　　湖北省旅游学会秘书长

| 委 员 |

黄安民　华侨大学城市建设与社会发展研究院常务副院长
舒伯阳　中南财经政法大学旅游规划与设计研究中心主任
罗永常　凯里学院旅游学院院长
黄其新　江汉大学商学院副院长
孙洪波　辽东学院旅游管理学院副院长
周作明　武夷学院旅游系系主任
周　霄　武汉轻工大学旅游系系主任
袁　林　九江学院旅游与国土资源学院副院长
薛兵旺　武汉商学院旅游学院院长

21世纪高等院校"十三五"系列规划教材·旅游与酒店管理类

酒水服务与酒吧经营

主 编 潘海颖 王崧
副主编 徐辉 吴峥 宋蓉

华中科技大学出版社
http://www.hustp.com
中国·武汉

内容简介

本书从酒水知识和酒吧经营基础入手，结合当前酒吧行业的发展现状，全面地介绍了各类发酵酒、蒸馏酒、配制酒、鸡尾酒、非酒精饮品的相关知识，并对各种不同类型的酒水服务进行了重点阐述；在此基础上对酒水管理流程、酒吧的经营和管理进行了系统梳理。本书共分为九章，每章课前设置"课前导读"，节前节后设置"小问答"，课后设置"补充阅读"和"单元实训"，设计活泼新颖，既激发学生"学"的兴趣，又能巩固学生"做"的能力，帮助学生拓宽视野，提升实战能力。

本书可以作为高等院校、高职高专的相关专业学生的学习用书，也可以作为酒店业和餐饮酒吧经营管理人员和服务人员的培训教材。

前　言

　　酒水的经营与服务是酒店经营、餐饮经营的重要环节和内容,酒吧是现代休闲业态的重要组成部分,酒吧还是欧美发达国家人们社交和休闲的重要场所。随着我国人民生活水平的不断提高,休闲产业方兴未艾,人们的休闲生活逐步国际化,"泡吧"成为越来越多的人喜欢的一种休闲方式。正是在这样的背景下,许多院校在旅游管理专业和饭店管理专业开设了"酒水服务与酒吧经营"这门课程。旅游管理和饭店管理是实践性比较强的专业方向,需要学生在了解酒店管理原理的基础上,对酒店实际运营的各个部门有感性认识和专业技能。只有这样才能在实习阶段比较快地进入酒店服务和管理角色,才能更好地发挥专业人才的作用。学生不仅需要具备酒水服务能力,还需要具备酒吧经营管理能力,全方位地提升专业素养。

　　在现有教材的基础上,本教材在实践和应用的领域进行了一些探索,在结构编排和内容设计方面有所改进,以便教学内容更为贴近实际工作,以便最大限度地激发学生的学习兴趣。学生真正成为既有较强的操作能力,又能独当一面的综合性的旅游管理人才,是我们研究和努力的方向。

　　本教材的主要特色如下:

　　第一,"理论知识"与"服务实践"融为一体。本教材在编写中注重将"理论—服务"、"案例—实训"相结合。根据不同酒水的特点,将酒水服务和管理融入章节,深入讲解不同的服务方法和技巧。让学生通过教学过程,能够同时获得业务技能的培训,为实习进入到管理岗位奠定基础。教材突出实践,增强课程的操作性;突出经营,设置酒吧经营方面的专业内容,以增强课程对经营管理的指导性;图文并茂,对服务中的主要设施设备、酒水的主要品类配以精美图片,增加教学的直观性和趣味性。

　　第二,活泼的内容设置。教材每章设置"课前导读"栏目,介绍最新资讯,以便引起学生的学习兴趣;节前、节后设置"小问答"和"补充阅读";每章课后提供复习与思考题,并针对章节内容提供"单元实训",以便学生能有针对性地巩固学习,并鼓励学生外出调研,解决实际问题。鲜活的知识,能够最直接地指导工作和实践。

　　本书由潘海颖撰写提纲和最后统稿审校,并负责第一章、第六章、第七章和第八章(部分)的编写;王崧(浙江工业大学)负责第二章和第三章的编写,徐辉

(浙江旅游职业学院高级经济师)负责第四章和第五章的编写,吴峥(浙江旅游职业学院)负责第八章(部分)和第九章的编写。全书由宋蓉(杭州最佳西方梅苑宾馆总经理)进行了应用实践方面的校对和把关。

本书在写作过程中,借鉴了许多专家和学者的观点,收集了大量的资料,我们尽可能在参考文献中一一列出,在此对他们表示深深的感谢。如有疏漏,还望见谅。由于本书涉及的内容广泛,专业性强,我们的学识和水平有限,一定存在各种缺点,欢迎各界读者匡正赐教。

本书的编写、出版和发行,得到华中科技大学出版社的大力支持和帮助,特别是本书的策划编辑肖海欧和责任编辑曹红更是倾注了大量心血,从选题到教材的体例、结构,都给予我们非常好的建议和意见。同时感谢浙江工业大学教学改革项目(项目编号:JG1223)对本书的资助。

潘海颖

(浙江工业大学副教授、博士)

2014年12月于杭州

目　　录

第一章　餐饮与酒水概述 …………………………………………… (1)
　　课前导读 …………………………………………………………… (1)
　　第一节　餐饮管理与酒水 ………………………………………… (4)
　　第二节　餐饮组织与经营 ………………………………………… (8)
　　第三节　酒吧经营与酒水 ………………………………………… (15)
　　第四节　酒水定义与类别 ………………………………………… (21)
　　本章回顾 …………………………………………………………… (28)
　　关键概念 …………………………………………………………… (28)
　　复习与思考 ………………………………………………………… (28)
　　单元实训 …………………………………………………………… (28)

第二章　发酵酒 ………………………………………………………… (30)
　　课前导读 …………………………………………………………… (30)
　　第一节　葡萄酒 …………………………………………………… (35)
　　第二节　黄酒 ……………………………………………………… (48)
　　第三节　清酒 ……………………………………………………… (58)
　　第四节　啤酒 ……………………………………………………… (67)
　　第五节　酿造酒酒水服务 ………………………………………… (77)
　　本章回顾 …………………………………………………………… (84)
　　关键概念 …………………………………………………………… (84)
　　复习与思考 ………………………………………………………… (84)
　　单元实训 …………………………………………………………… (84)

第三章　蒸馏酒品鉴与服务 …………………………………………… (85)
　　课前导读 …………………………………………………………… (85)
　　第一节　中国白酒与中国酒文化 ………………………………… (88)
　　第二节　中国白酒品鉴 …………………………………………… (95)

第三节　白兰地与威士忌品鉴 …………………………………… (100)
　　第四节　朗姆酒与伏特加品鉴 …………………………………… (113)
　　第五节　蒸馏酒酒水服务 ………………………………………… (120)
　　本章回顾 ……………………………………………………………… (123)
　　关键概念 ……………………………………………………………… (123)
　　复习与思考 …………………………………………………………… (123)
　　单元实训 ……………………………………………………………… (123)

第四章　配制酒品鉴与服务 …………………………………………… (124)
　　课前导读 ……………………………………………………………… (124)
　　第一节　开胃酒 …………………………………………………… (125)
　　第二节　甜品酒 …………………………………………………… (128)
　　第三节　利口酒 …………………………………………………… (131)
　　第四节　中国配制酒 ……………………………………………… (134)
　　第五节　配制酒酒水服务 ………………………………………… (137)
　　本章回顾 ……………………………………………………………… (139)
　　关键概念 ……………………………………………………………… (139)
　　复习与思考 …………………………………………………………… (139)
　　单元实训 ……………………………………………………………… (139)

第五章　鸡尾酒品鉴与服务 …………………………………………… (140)
　　课前导读 ……………………………………………………………… (140)
　　第一节　调酒器具及设备 ………………………………………… (143)
　　第二节　鸡尾酒命名与调制 ……………………………………… (146)
　　第三节　鸡尾酒的创作及品鉴 …………………………………… (153)
　　本章回顾 ……………………………………………………………… (156)
　　关键概念 ……………………………………………………………… (156)
　　复习与思考 …………………………………………………………… (156)
　　单元实训 ……………………………………………………………… (156)

第六章　非酒精饮料品鉴与服务 ……………………………………… (157)
　　课前导读 ……………………………………………………………… (157)
　　第一节　茶与茶文化 ……………………………………………… (159)

第二节　茶艺 …………………………………………………………… (177)
　　第三节　咖啡与咖啡文化 ……………………………………………… (199)
　　第四节　咖啡品鉴与研磨 ……………………………………………… (205)
　　本章回顾 ………………………………………………………………… (213)
　　关键概念 ………………………………………………………………… (213)
　　复习与思考 ……………………………………………………………… (214)
　　单元实训 ………………………………………………………………… (214)

第七章　酒水管理 ……………………………………………………………… (215)
　　课前导读 ………………………………………………………………… (215)
　　第一节　酒水采购 ……………………………………………………… (220)
　　第二节　酒水库存 ……………………………………………………… (225)
　　第三节　酒水营销 ……………………………………………………… (231)
　　本章回顾 ………………………………………………………………… (251)
　　关键概念 ………………………………………………………………… (251)
　　复习与思考 ……………………………………………………………… (251)
　　单元实训 ………………………………………………………………… (252)

第八章　酒吧经营 ……………………………………………………………… (253)
　　课前导读 ………………………………………………………………… (253)
　　第一节　酒吧的定位 …………………………………………………… (254)
　　第二节　酒单设计 ……………………………………………………… (260)
　　第三节　酒吧娱乐项目 ………………………………………………… (268)
　　第四节　酒吧服务标准与程序 ………………………………………… (273)
　　本章回顾 ………………………………………………………………… (288)
　　关键概念 ………………………………………………………………… (288)
　　复习与思考 ……………………………………………………………… (288)
　　单元实训 ………………………………………………………………… (288)

第九章　酒吧管理 ……………………………………………………………… (290)
　　课前导读 ………………………………………………………………… (290)
　　第一节　酒吧的组织结构和岗位职责 ………………………………… (291)
　　第二节　酒吧的日常管理 ……………………………………………… (298)

本章回顾…………………………………………………………（302）
　　关键概念…………………………………………………………（302）
　　复习与思考………………………………………………………（302）
　　单元实训…………………………………………………………（302）
参考文献……………………………………………………………（304）

第一章　餐饮与酒水概述

课前导读

世界最好的 50 家餐厅中的前十名(2013)

第一名:西班牙杰罗纳卢卡兄弟餐厅
第二名:丹麦诺玛餐厅
第三名:意大利蒙大拿奥利斯缇娜弗兰西斯卡餐厅
第四名:西班牙圣塞巴斯蒂安穆加丽兹餐厅
第五名:美国纽约十一大厦公园餐厅
第六名:巴西圣保罗 DOM 餐厅
第七名:英国伦敦汉斯腾布鲁蒙梭餐厅
第八名:西班牙圣塞巴斯蒂安阿扎克餐厅
第九名:奥地利维也纳斯蒂莱克餐厅
第十名:德国贝尔吉施格莱德巴赫凡德姆餐厅

亚洲最好的 50 家餐厅中的前十名(2013)

第一名:日本东京成泽餐厅
第二名:日本东京神田龙吟餐厅
第三名:泰国曼谷纳罕餐厅
第四名:中国香港安布尔餐厅
第五名:新加坡安德鲁餐厅
第六名:中国香港伯姆巴纳意式餐厅
第七名:中国上海外滩夫妇餐厅
第八名:中国上海紫外线保罗·派雷特餐厅
第九名:新加坡拉格餐厅

第十名：泰国曼谷噶艮餐厅

上海外滩夫妇餐厅（图1-1）：位于著名的外滩18号。作为上海开设的首个午夜用餐场所，外滩夫妇餐厅使得保罗·派雷特成为亚洲之星，这位法国厨师在亚洲50家最佳餐厅的颁奖仪式上获得了终生的成就。派雷特因高级烹饪而闻名，他那配上大蒜蛋黄酱、鹅肝清淡奶酥糕、蓬松慕斯香肠、蜜饯水果和坚果的野餐鸡深受人们的喜爱。

图1-1　上海外滩夫妇餐厅

上海紫外线保罗·派雷特餐厅（图1-2）：位于著名的外滩18号，以法国厨师姓名命名。只有10张座位，每晚呈现20道前卫分子料理，集多媒体效果的感官用餐体验，号称"全世界第一个感官餐厅"。

图1-2　上海紫外线保罗·派雷特餐厅

泰国皇家布吉海滨俱乐部（图1-3）：坐落于泰国布吉东岸海滨的Royal Phuket Marina，是一座极富地中海风情的世界级豪华娱乐中心及时尚生活中心，更不用说其中令人印象深刻的开放式餐厅和酒吧。这里远眺风光明媚的攀牙湾，媲美欧洲及加勒比海的顶级海滨度假村，深受各国皇室所青睐。这里不仅有餐厅，还有著名的船长运动酒吧。

图1-3　泰国皇家布吉海滨俱乐部

【学习目标】

通过本章的学习,了解餐饮管理与酒水的关系、餐饮业的起源、酒水的分类,为后面的学习奠定基础。

【知识目标】

通过教学,让学生明确酒水的概念和分类,了解不同的非酒精饮料的种类及特点,熟悉非酒精饮料在酒吧中的作用;掌握发酵酒、蒸馏酒、配制酒的类别,并了解酿酒的工艺流程。

【学习任务】

1. 区分酒、酒水及酒度;
2. 了解酒水的主要类别;
3. 熟悉酿酒的基本工艺流程。

第一节　餐饮管理与酒水

一、餐饮、餐厅与酒店

"餐饮"是膳食和饮料的合称,包括食品(菜肴)、酒类和饮料。出售这些产品并提供相应服务的场所就称之为餐厅。英文中"餐厅"(cafeteria)一词由法文转变而来。根据法国百科大辞典的记载,餐厅原意是供应营养美食、能使人恢复精神和气力的地方。经过时间的演变,逐渐成为给宾客提供休息场所并提供食物的地方。

俗话说"民以食为天"。无论东西方,餐饮业都是古老的行业。古代,人们因朝圣、经商、战争或其他原因外出时,都需要食宿。小吃店、酒肆、客栈,以及从客栈发展起来的旅馆、现代饭店等等,尽管名称不同、形式不同、接待规模不同,消费也大相径庭,但最基本的产品之一就是为客人提供食品和饮料。

从古至今,餐厅或者说餐饮业为宾客提供就餐服务的社会功能没有改变。但随着社会生产力的高度发展,人们生活水平的不断提高,外出经商和旅游的需求日益增长,家务劳动社会化的趋势日益加剧,餐饮业有着更为广阔的发展空间,同时这也对餐饮业提出了更为多元的要求。现代餐饮业不仅需要更为舒适的环境、更为贴心的服务,还需要在产品和服务中体现各自不同的主题、风格和品味。

二、酒店与餐厅的起源和发展

说到餐厅的起源和发展，离不开酒店业的发展。

酒店始于古代。当时，或是由于生产力低下，人们每天都要为生存而忙于觅食，找寻居所防避猛兽；或是因为天气之变化而需迁徙；或是为了朝圣而千里跋涉。不管何种原因，所有这些都离不开吃和住，人们都需满足最基本的生存需要。在人类社会尚未发明货币时，没有旅馆的存在，人们外出比较容易找到借宿、吃饭的地方，而且是免费招待。随着商品生产的出现，商人的旅行致使酒店的最早雏形——客栈的产生。后来，由于商品生产的发展，商品交换刺激了人们的贸易和旅游活动，酒店也就在此基础上得到了相当的发展。

"酒店"(hotel)一词原为法语，指的是法国贵族在乡下招待贵宾的别墅。后来欧美的酒店业沿用了这一名词。我国南方多称为"酒店"，北方多称为"宾馆"、"饭店"。虽然东西方酒店的出现可以追溯到几千年前的客栈时期，但只有到20世纪后半叶，酒店业才真正成为一种现代的产业。我国酒店业则随着改革开放而兴起。今天，现代化的酒店已成为"城中之城"、"世界中的世界"、顾客的"家外之家"。酒店是指以建筑物为凭借，主要通过客房、餐饮向旅客提供服务的场所。换言之，酒店就是利用空间设备、场所和一定的消费性物质资料，通过接待服务来满足宾客住宿、饮食、娱乐、购物、消遣等需要而取得经济效益和社会效益的一个经济实体。餐厅则是为宾客提供餐饮产品和相应服务的场所。

我国早在商朝和秦汉时代就有餐厅出现，主要为当时的官宦和客商外出提供食宿，称为驿站和逆旅。驿站一般为官办，逆旅为民间机构。

到了唐代，经济和对外贸易的发展以及人口的增长，促进了客栈的发展。当时首都长安等大城市有不同等级和性质的客栈供各阶层人士居住，还有专门接待外宾的"四方馆"等。在宋元时代，许多主要城市和口岸出现了专门接待外国客商的酒店。当时威尼斯著名的旅行家马可·波罗在游历了元大都(北京)之后写道："有许多美丽的客栈，给商民居住。"明朝在北京设有"会同馆"，以接待外国使臣和国内各兄弟民族的代表。鸦片战争之后，帝国主义入侵，外商开始大量涌入，他们在我国大中型的口岸城市相继建造了许多规模较大和设备豪华的酒店，并设有餐厅和酒吧。这些酒店，在南方称大酒店，在北方称大饭店，是专为帝国主义官商和达官贵人服务的。如北京的六国饭店、北京饭店，天津的利顺德饭店，上海的礼查饭店，广州的万国酒店等。1927年后，在北京、上海、西安、青岛等大城市和风景区，都兴办了一批专门接待中外旅游者的招待所，除提供食宿服务外，还设有浴室、理发室、游艺室等附属设施。与此同时，我国一些沿海口岸城市如上海、天津、广州相继建起了一批高层的现代化饭店。如上海的国际饭店、天津的利顺德饭店、广州的爱群酒店,这些饭店在当时的东南亚也比较著名。

新中国成立后,尤其是经过1956年的社会主义改造高潮,酒店在企业性质、职业地位、服务对象等方面都发生了根本的变化。这期间,对原有的老饭店进行了改造,一批新宾馆、酒店也逐步建立起来。这些酒店一般都建于全国各省的省会城市和风景游览胜地,承担着接待外宾、内部疗休养的任务。这段时期可以说是新中国成立后我国酒店发展史上的一个重要时期。1978年以后,我国实行对外开放的经济政策,促进了我国旅游业的发展,我国的酒店业更是进入了一个新的发展时期。

欧美餐饮的起源可以追溯到古希腊和古罗马时期。随着罗马帝国快速扩张,地中海沿岸的餐厅随处可见。当时的餐厅除了提供餐饮之外,还有歌舞表演,往往为家庭经营的小型餐厅。宾客一般没有选菜的自由,而多由餐厅的经营者提供给定的食物。除了经营性的餐饮场所之外,中外宫廷餐饮、贵族家庭餐饮发展也非常快。

西方现代意义上的餐厅发展以法国巴黎为代表。18世纪中期,法国皇家、贵族和百姓对美食、美酒的喜爱,促使巴黎发展成为欧洲的美食中心,法式西餐也成为西方餐饮的重要类别。随着上层社会极为奢侈的生活方式的蔓延,专为王室、贵族、大资产阶级服务的豪华饭店应运而生。以法国的"巴黎大饭店"为代表的饭店规模宏大、建筑别致、设备豪华、餐食精美、礼节讲究、服务周到,尽可能地满足宾客的各种需要,价格也非常昂贵,主要为上层富有的显贵和特权阶层服务。

20世纪初期,随着世界经济的发展和新市场的开辟,商务旅游急剧增长。商务饭店的特点是提供完善的设施和优良的服务,使旅游者感到舒适、方便、清洁、安全,价格相对便宜合理。这些饭店主要是为商人和旅游者服务。美国人斯塔特勒在布法罗建造的一家有300间客房的"斯塔特勒饭店"是其中的代表。该饭店应用科学的管理方法,实现了低成本和高效益。此饭店的出现标志着国际饭店业进入了一个新的历史时期。

世界经济的发展和新技术的应用,特别是二战以后汽车的普及和喷气式客机的出现,加速了饭店业的发展和变化。新型饭店时期也称饭店联号(连锁饭店)阶段。所谓联号就是几十、几百家饭店同用一个名称,在饭店的设备设施、服务水平、经营管理等主要方面都有统一的规格标准。这些公司首先在国内开始,继而扩展到国外。美国是世界上实行饭店联号管理最早、最大和最多的国家。最著名的假日酒店、希尔顿、喜来登等饭店集团的客房遍布世界各地。

【补充阅读】

老字号菜馆

上海老正兴：创始于1862年。经营者祝正平、蔡任兴合伙开菜馆。菜馆名称由两位经营者姓名中间的一个字合称而来。后来因为冒名者很多，遂称为"老正兴"。菜馆以河鲜料理著名，浓淡相宜，深具江南风味。现在上海福州路。

杭州楼外楼（图1-4）：西湖边的著名餐厅。楼外楼创建于公元1848年（清道光二十八年）。它的创始人叫洪瑞堂，是一位从绍兴来杭谋生的落第文人。他从南宋诗人林升的诗中取了三个字，把自己的小店取名为"楼外楼"。最初的楼外楼仅是一处平房，是一个很不起眼的湖畔小店。但由于店主人善于经营，又烹制得一手以湖鲜为主的好菜，特别是他很重视与文人交往，使得在杭及来杭的文人雅士把来楼外楼小酌作为游湖时的首选。因此，生意日益兴隆，名声逐渐远播。1926年，已颇有财力的洪氏传人洪顺森对楼外楼做了翻造扩建，将一楼一底两层楼改建成有屋顶平台的"三层洋楼"，内装电扇、电话，成为当时杭州颇有现代气息的酒家，使其生意更为兴隆。在这期间，光临过楼外楼的文化名人有章太炎、鲁迅、郁达夫、余绍宋、马寅初、竺可桢、曹聚仁、楼适夷、梁实秋等，以及蒋介石、陈立夫、孙科、张静江等政要。

图1-4 杭州楼外楼餐厅

第二节 餐饮组织与经营

一、餐饮组织系统

餐厅种类繁多,每一种餐厅的规模也差别较大。我们以两类酒店餐饮部的构成来说明餐厅组织系统的内容。

第一类是酒店的餐饮部。餐饮部需要经营和管理几种不同类型的餐厅。在中国,高星级酒店一般包括多功能厅(宴会厅)、中餐厅、西餐厅、咖啡吧、酒吧。此类酒店由餐饮部经理负责餐厅业务,同时与酒店其他各部门联络、协调和沟通,以完成餐厅的经营和管理,尽量使酒店下达给餐厅的业绩指标达标。

这里需要指出的是,餐饮的采购虽然与餐饮经营紧密相关,但一般酒店的采购经理独立于餐饮营业单位之外,隶属于财务部,对总经理负责。根据餐饮部要求进行食品原材料和酒水饮料的采购,控制餐饮成本,同时负责酒店其他部门的补给供应,比如客房部的针棉织品及低值易耗品的采购。

第二类是独立经营的餐厅。此类餐厅由餐厅经理直接负责餐厅的各项业务,达到经营和管理目标。下面以高星级酒店和大型独立经营餐厅为例,将餐饮经营的部门职责介绍如下,以便了解餐饮各组织系统的运作。

(1)管理组:负责餐厅一切食品、饮料、酒类的管理,进行成本分析报告及预测等工作。设有主任及管理员岗位。

(2)饮料部:负责酒类、饮料的调配工作,对所属员工进行训练调配,布置酒宴开始前的会场、设立吧台等。设有经理、领班、调酒员等。

(3)餐厅部:负责餐厅内的管理、预订,食品、饮料的销售。同时负责餐厅的清洁、布置、卫生安全等管理。设有经理、领班、接待员、服务生等。

(4)宴会部:负责宴会的预订、会议、酒会、展示会场的业务和餐饮服务,会场的布置及督导等。设有经理、宴会预订/业务代表、接待员、服务生等。

(5)厨务部:负责菜肴的烹调、食品的制作,请领厨房内所需要的用品,菜单的制定,宴会食物的供应,甜点制作等。设有厨师长、主厨、厨师、面点师、打荷等。

(6)仓库与酒窖:仓库贮藏餐厅所需的食品原料、酒水饮料及其清点、发放、搬运等工作。设有管理员、酒窖管理员、搬运工等。

(7)餐务部:负责餐厅一切餐具的管理,并对破损的餐具汰旧换新、搬运,以及安全、卫生等工作的管理。设有主任、管理员、清洁工等。

(8)采购部:负责餐厅用品的采购,包括食品原材料、饮料、酒类等。设有部门经理、主任、管理员等。

二、餐饮管理的特点和要求

与一般企业相比较,餐饮企业管理具有以下四个基本特点。

1. 生产过程短,随产随销

餐饮产品生产是通过对食品原材料的加工、切配、烹调制作来完成的。生产过程较短,一份产品的制作往往只需要十几分钟或者几十分钟,即使是一次宴会,从加工开始到制作完成也只需要几个小时的时间。产品烹制完成后,必须马上销售,否则色香味形等都会受到影响,不能满足宾客的消费需要。因此,餐饮管理具有很强的时间观念,必须将食品原材料的采购供应、加工切配、烹饪制作和销售服务形成一个整体。餐饮管理要坚持一条龙服务,正确处理生产过程中各个环节的关系,保持其衔接和协调。

餐饮管理的过程就是宾客消费的过程,就地销售、就地服务,因此必须掌握客源,以销定产。要求管理人员根据市场环境、历史资料、当地气候、天气变化等情况,做好充分的预测分析。掌握每天、每餐顿就餐客人的数量及需求,安排食品原材料供应和生产过程的组织。

2. 花色品种多,技术要求高

餐饮产品有各种不同的风味,在长期的历史发展中形成各种派别和菜系。中餐中有川菜、粤菜、淮扬菜、宫廷菜等,西餐中有法式、俄式等。每一种菜系又能烹饪出成百上千个菜肴的品种。就某一个具体餐厅而言,菜单上一般要安排几十个花色品种。随着季节和宾客需求的变化,这些花色品种需要不断调整和创新。在销售过程中,每一个品种生产的份数既不固定,数量也不一样。餐饮管理事实上是一个多品种、少批量的生产管理过程。从技术要求的角度来看,餐厅每一个品种的主料、配料、调味料和烹饪方法都各不相同。产品质量的关键取决于厨房的技术力量和厨师的高超技艺。因此,餐饮管理必须合理选择经营风味和花色品种,加强技术力量的培育,既注重传统特色,又能不断推陈出新,合理安排和适时调整,生产出独具特色的产品,办出经营特色。

同时,除了餐饮烹饪特色外,餐饮管理尤其需要重视卫生管理。餐饮卫生的好坏,直接关系到宾客的健康。餐饮管理必须十分注重食品卫生和安全,确保宾客用餐安全。要求采购人员、操作人员、服务人员严格执行国家的有关法律法规,严格遵守餐厅食品安全制度,从食品原材料的采购、验收、储藏、发料、加工、切配、烹饪到销售,建立一套严格的食品安全卫生管理制度,确保餐饮的新鲜可口和清洁卫生。

3. 经营方式灵活，收入弹性大

由于菜系丰富、餐厅类型多、花色品种复杂、市场客源广泛，餐厅的经营方式灵活多变。除了一日三餐供应以外，还可以根据市场的需要，举办各种食品节和食品周，比如啤酒节、烧烤会、早午餐、花园品尝会等。将餐饮产品销售同会议、演出、自娱自乐、音乐茶座等各种文化、休闲活动结合起来。在实际经营过程中，餐饮收入弹性与接待人次、人均消费等联系密切。这就要求以灵活的经营方式和服务项目，广泛组织客源，提高餐厅座位周转率，提高人均消费，增加餐厅收入。

同时，餐厅经营也要正确掌握毛利，维护供求双方的利益。不同产品的毛利率是不相同的。要求管理人员正确执行定价策略，区别不同情况，制定不同菜色的毛利率标准。毛利率要有高有低，综合毛利率要有控制幅度。既要扩大销售，又要在降低成本上下工夫。要定期检查毛利率的执行情况，并根据市场供求关系做出必要调整。

4. 成本构成复杂，成本不易控制

餐厅经营成本包括食品原材料成本和流通费用。其中，食品原材料品种成千上万。生产过程中，各种原材料的拣洗、宰杀、拆卸、涨发、切配和配制比例各不相同，原材料损耗程度差别较大。在不同的餐饮产品中，同一原材料既可做主料，也可做配料或调料。此外，还有一系列固定成本，比如劳动工资、餐茶具、折旧等。餐饮管理过程中，食材，尤其是生鲜食材，要经过采购、贮藏、领料、发料、加工、切配和炉灶等过程，容易发生各种损耗，使得成本更不易控制。因此餐厅管理要加强成本控制，建立一套成本管理制度，做好成本核算和成本分析，正确掌握综合毛利率，随时掌握实际成本消耗情况，加强成本考核，切实降低消耗，提高经济效益。

三、餐饮经营过程的组织

经营是筹划企业的营销活动以达到预期目标的总称。餐饮经营是以市场为对象，以餐饮产品销售为手段，筹划并管理餐饮产品的供产销活动，以满足宾客需求，获得餐厅经济效益的过程。

餐饮经营的实质是吸引宾客，最大限度地满足宾客需求，扩大产品销售。因此，必须研究市场动向、市场特点、客源结构、销售方式和产品价格，并根据市场变化及时调整产品结构、花色品种和就餐环境等，以增强餐厅的竞争能力，实现经营目标。

餐饮经营过程以市场调查和预测为起点，以产品销售、接待服务活动的组织为终结。在日常业务活动中,其组织工作重点是抓好三大环节:一是食品原材料的采购供应,二是厨房生产过程的组织,三是厅面销售服务过程的组织。

餐饮经营过程由四个方面的内容组成。

1. 市场调查和市场预测

餐饮经营活动以市场调查为起点,其目的是寻找餐饮产品的客源市场。开展餐饮经营活动,必须确认自身的市场领域、宾客类型、宾客的支付能力、就餐环境要求。这是开展经营活动的首要条件。

餐饮经营活动以市场预测为依据。运用科学方法对调查资料进行分析处理,着重预测地区经济发展情况、区位客流情况,竞争对手的特点和价格等。只有将客观外部环境与企业自身的供销能力结合起来,才能确定自身的经营方针和经营策略,正确组织企业的经营活动。

2. 经营方式和经营策略的选择

根据市场调研和预测结果的分析,结合自身特色和优势,餐饮企业需要明确自身的市场定位,并以此确定不同的经营方式和经营策略,经营的等级规格、设施条件、接待对象、技术力量配备等。在经营策略方面,有单一产品策略、风味产品策略、多种经营策略、差别市场策略等等。

3. 经营目标的确定

经营目标反映餐饮经营的预期效果,包括市场目标、销售目标、效益目标,以及投资回报率,最终体现为经济效益的优劣。合理确定经营目标是餐饮管理的重要环节,也是餐饮经营成功的重要因素。要求以餐厅上座率、接待人次、人均消费为基础,对企业成本、费用、利润、管理模式等做出全面安排。

4. 生产和接待活动的组织

餐饮产品的生产是餐饮经营的中心环节。餐饮企业开展的各项经营活动最终都是为了扩大产品销售,满足宾客的需求。关键是选择经营风味,安排花色品种,组织技术力量,提高服务品质,确保餐饮经营活动的顺利开展。接待服务活动的组织是餐饮产品销售的直接体现。要求合理安排接待程序,提供良好的就餐环境,有针对性地做好餐饮产品的销售,由此完成餐饮经营活动的全过程,取得优良的经营效果。

【补充阅读】

阅读材料一:香港某餐饮企业厨房布局

厨房的设计布局非常重要,因为它直接关系到厨房生产是否顺利进行。如设计不合理,将会给实际工作带来许多的不便,影响到工作效率和出品质量。因此,酒店在厨房设计时,都要考虑到是否能给实际工作带来方便。图1-5为香港某餐饮企业的厨房布局图。

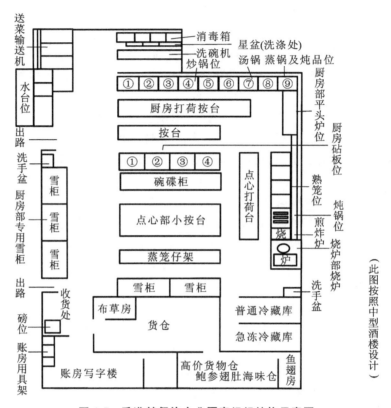

图1-5 香港某餐饮企业厨房组织结构示意图

点评:香港某餐饮企业的厨房布局采用统间式结构,布局合理有序,并形成若干个作业区和出口,既便于组织生产,也有利于区域管理,更有利于菜点的传送,保证顾客能在最短的时间内获得食品。每个作业区都按照其工艺流程的要求,配备相应的设备来保证生产,既体现了区域性特点,也体现了厨房生产的整体性;不仅节省厨房的建筑面积,而且节省了许多餐饮设备的投入,更有利于厨房的自然通风和卫生清扫。

案例问答:

1. 案例中的厨房布局可以分为哪几大块功能?
2. 本案例的布局方式有哪些比较明显的特点?
3. 本案例中的布局是否符合工艺流程的要求?

阅读材料二：厨房管理之我见

李先生毕业于烹饪技术学校，长期在华东某市一家饭店从事厨房管理工作，历任主厨、厨师长、行政总厨等职，具有丰富的实践经验，对厨房管理有着自己独到的见解。

他认为，当今的餐饮市场，竞争异常激烈，一个餐饮企业能否在竞争中站稳脚跟、扩大经营、形成风格，厨房的管理者——厨师长或行政总厨肩负重任，责无旁贷。餐饮质量的管理，从某种意义上说决定着酒店的声誉和效益。厨房是餐饮的核心，厨房的管理是餐饮管理的重要组成部分。厨房的管理水平和出品质量，直接影响餐饮的特色、经营及效益。他认为，厨房的管理者应从以下几方面入手，才能使厨房管理有条不紊。

一、岗位分工合理明确

合理分工是保证厨房生产的前提。厨房应根据生产情况、设施、设备布局和就餐人数来确定岗位，然后再根据各岗位的职责及要求作明确规定，形成文字人手一册，让每一位员工都清楚自己的职责；该完成什么工作，向谁负责，都要明白无误。

二、制度的完善和督促

制度建立以后，应根据运作情况来逐步完善，员工的奖罚等较为敏感的规定，应加以明确、界定清楚。为了避免制度流于形式，应加强督查力度，可设置督查管理人员，协助厨师长落实，执行各项制度，改正大多数厨房有安排、无落实的管理通病，确保日常工作严格按规定执行，使厨房工作重安排、严落实。

三、人本管理

合理的岗位分工、健全的制度，须配有高素质的人员，才能保证厨房工作正常运作。现代厨房管理应改变传统观念中只重技艺不重文化素养的弊病。技艺只能代表过去，缺乏理论的工匠很难适应当前餐饮业的发展需要。因此，厨房在聘用员工时既不能忽视其技能，更应该考虑到该员工的综合素质。并通过灌输经营者的理念和结合有效的理论指导，使其技艺有所突破，形成自己的风格，更好地为企业服务。

四、成本管理

（一）直接原料成本

除了做好质量的检验，价格的监督外，利用边角废料也是降低成本的途径。具体可采取边角废料开发利用和边角废料外售的两种方式来降低直接原料成本。此外，厨师长还应制定一套收支平衡表进行财务分析和测算，将大宗、固定的原料开支定期与营业额做比较，严格控制原制成本。

（二）间接原料成本

间接原料成本包括燃料、水、电、洗涤剂、维修、物品消耗和办公费用等。厨师长应根据营业实际情况，及时精确地制定出各项间接原料成本的支出，如开支报表超出计划指标，要及时查找原因，进行整改，使间接原料成本控制在最低的范围之内（燃料成本占菜金营业额的1.6%～1.9%，电费成本占菜金营业额的1.2%～1.5%）。

五、部门协调

现代厨房除了保证出品供应外，还应与饭店各相关部门协调好关系，以求得各部门大力支持，如前厅部、公关销售部、工程部等。其次，厨师长作为餐饮部的主要管理人员，应熟悉餐厅厅面的各个工作环节，经常征询服务人员和宾客对菜点的反馈意见，组织厨房工作人员及时进行调整，保质保量为消费者服务。

最后，作为一名厨师长，还应经常与员工进行沟通，了解员工的思想动态，帮助他们建立起良好的人际关系。跨世纪的厨房经营哲学应是勤俭、创新、优质服务，而作为一名成功的厨房管理者，必须具备丰富的工作经验、人事管理经验、公关技巧、市场学知识、财务知识及非凡的创造力。只有做到这些，厨房的管理才能有条不紊，使企业经营蒸蒸日上，创造出良好的社会效益和经济效益。

点评：厨房的管理水平、菜点质量和菜点价格等都将直接影响到企业的声誉和经济效益。作为当代的厨房管理者，仅有高超的技艺是不能担当起这个重任的，他必须有丰富的管理经验，有良好的人际关系，并有较高的文化知识和专业知识。成本管理中直接原料成本和间接原料成本的控制，能使直接原料成本中的边角废料发挥最大的作用（创造新菜品或作为烹饪原料处理给协作单位），创造最大的经济效益；这不仅减少了原料的浪费现象，而且还减少了不必要的环境污染。如果能更好地发挥员工的积极性，发挥每个人的特长，企业就能获得更大的效益。

案例问答：

1. 完善的厨房管理有哪些要点？
2. 人本管理和制度管理之间应如何配合？
3. 餐厅和厨房之间是一种什么关系，应如何协调？

第三节　酒吧经营与酒水

一、酒吧类型与常用器具

1. 酒吧的类型

酒吧是专门为宾客提供酒水和饮用服务的场所。bar 多指美式，具有一定主题元素的酒吧，而 pub 和 tavern 多指英式以酒为主的酒吧。酒吧与餐厅的区别是酒吧以酒水供应为主，而餐厅是以用餐服务为主。酒吧有很多种类型，一般来看，酒吧具有以下特点：一是环境优雅、独特，主题鲜明；二是具备营业所必需的酒水、酒杯和调酒用具；三是营业时间较长，通常从下午开始，直到次日凌晨。

基于酒吧的不同分类方法，酒吧一般有以下类型：

1）按照服务内容分

(1)纯饮品酒吧：主要提供各类饮品，也有一些佐酒小吃。一般设在娱乐中心、机场、码头、车站。

(2)供应食品的酒吧：餐厅酒吧、小吃型酒吧、夜宵式酒吧、娱乐型酒吧、休闲型酒吧、沙龙型酒吧等。除了酒水和食品的供应外，往往增加一些娱乐设施设备，比如舞池、考拉 OK、时尚表演等。

2）按照经营形式分

(1)附属酒吧：附属于酒店、餐厅、娱乐中心、购物中心等，往往提供酒精含量较低或者不含酒精的饮品，属于配套和附加服务，根据中心设施的宾客需求来设计和安排饮品和食品。

(2)独立经营酒吧：顾名思义，独立经营的酒吧单独设立、单独经营，经营品种比较全面，主题鲜明，服务设施设备齐全，间或有其他娱乐项目，能够吸引稳定客源，能够保证酒吧经营的营利。根据选址的不同，一般有市中心酒吧、交通枢纽酒吧、旅游地酒吧等。市中心酒吧常年营业，客人逗留时间较长，消费比较多，竞争压力也较大。交通枢纽酒吧设在空港、车站、码头等交通枢纽地区，是旅客的中转地，为旅客消磨时间、休息放松而开设。这类酒吧品种较少，服务设施比较单一，宾客一般逗留时间较短，消费量不大，但周转率较高。旅游地酒吧设在海滨、温泉、湖区的旅游风景地，供人们在旅游之后放松使用，经营品种较少，季节性较强。

3）按照服务方式分

(1)立式酒吧：传统意义上的酒吧，宾客不需要服务人员服务，一般直接到吧台享用酒水。相当一部分宾客是坐在吧台前的高脚椅上饮酒,调酒师站在吧台里,面对宾客操作。调酒师始终与宾客直接接触。同时,调酒师还要负责收款的工作,掌握整个酒吧的营业情况。立式酒吧对调酒师的服务技能和水平要求较高,因此立式酒吧也是以调酒师为中心的酒吧。

(2)服务酒吧:相对于立式酒吧而言,宾客不直接在吧台上享用酒水,而是通过服务人员开瓶并提供酒水服务,调酒师一般情况下不和宾客直接接触。不同类型的服务酒吧供应的饮料有较大区别,销售区别也比较大。如果是酒店、餐厅的附属酒吧,佐餐酒的销量就会比较大。服务酒吧布局设计一般为直线封闭型,调酒师必须与服务员合作,按开出的酒单配酒,由服务员收款,因此服务酒吧是以服务员为中心的酒吧。常见于鸡尾酒廊、宴会、冷餐会、酒会提供酒水的酒吧。要求服务员事前最好充分准备,并能具有应付大批宾客的能力。

2. 酒吧常用器具

1)玻璃器皿

玻璃器皿包括在酒吧内使用的烟灰缸、酒杯等,数量最多的是酒杯。酒杯是用来盛放酒水的容器,是直接供客人使用的。

酒杯一般有平光玻璃杯、刻花玻璃杯和水晶玻璃杯等。每一种杯子,都有许多不同的样式,在不同的场合,根据酒杯的档次级别和格调选用。为了配合现代调酒市场的需要,以及花式繁多的鸡尾酒创作,现在杯子的种类更是五花八门,令人目不暇接。酒杯的容量习惯用盎司(OZ)来计算,现在按毫升(mL)来计算(1 OZ 大约等于 28 mL)。

酒杯的主要类型有:

(1)烈酒杯(shot glass),其容量规格一般为 56 mL,也有 35 mL,用于各种烈性酒(白兰地除外),只限于在"净饮"(不加冰)的时候使用。

(2)老式洛杯(old fashioned/rock glass),又叫古典杯,其容量规格一般为 224 mL,大多用于喝加冰块的酒和净饮威士忌,有些鸡尾酒也使用这种杯。

(3)果汁杯(juice glass),容量规格一般为 168 mL,供喝各种果汁用。

(4)高杯(high ball glass),容量规格一般为 224 mL,用于特定的鸡尾酒或混合饮料,有时果汁也用高杯。

(5)柯林杯(collins glass),容量规格一般为 280 mL,用于各种烈酒加汽水的混合饮料,各种汽水、矿泉水和一些特定的鸡尾酒(如各种长饮 long drink)。

(6)阔口香槟杯(champagne saucer),容量规格一般为 126 mL,用于喝香槟酒和某些鸡尾酒。

(7)郁金香型香槟杯(champagne tulip),容量规格为 126 mL,只用于喝香槟酒。

(8)白兰地杯(brandy snifter),容量规格一般为224～336 mL,用于净饮白兰地。

(9)水杯(water goblet),容量规格为280 mL,供喝冰水和一般汽水时使用。在酒吧,女士常用这种杯子喝啤酒。

(10)啤酒杯(beer mug),容量规格为336～504 mL,在酒吧中一般喝生啤酒时用。

(11)鸡尾酒杯(cocktail glass),容量规格为98 mL,调制鸡尾酒以及喝鸡尾酒时使用,也有用于一些酒净饮的出品。

(12)红葡萄酒杯(red wine glass),容量规格为224 mL,用于喝红葡萄酒。

(13)雪利酒杯(sherry glass),容量规格为56 mL,专门用于喝雪利酒。

(14)波特酒杯(port wine glass),容量规格为56 mL,专门用于喝波特酒。

(15)特饮杯(hurricane),容量规格为336 mL,用于喝各种特色鸡尾酒。

(16)威士忌酸杯(whisky sour glass),容量规格为112 mL,喝威士忌鸡尾酒时用。

(17)爱尔兰咖啡杯(Irish coffee glass),容量规格为210 mL,供喝爱尔兰咖啡用。

(18)果冻杯(sherbet),容量规格为98 mL,吃果冻、冰激凌时用。

(19)苏打杯(soda glass),容量规格为448 mL,用于吃冰激凌、雪糕苏打。

(20)水罐(water pitcher),容量规格为1000 mL,装冰水、果汁用。

(21)滤酒器(decanter),容量规格有几种,如168 mL、500 mL、1000 mL等,用于过滤红葡萄酒或出售散装红、白葡萄酒。

2)其他酒吧工具

(1)酒吧开刀(waiter knife,俗称 waiter friend),用于开启红、白葡萄酒瓶的木塞,也可以用于开汽水瓶、果汁罐头。

(2)T形起塞器(cork screw),用于开起红、白葡萄酒瓶的木塞。

(3)量杯(量酒器)(jigger),用于度量酒水的分量。

(4)滤冰器(strainer),调酒时用于过滤冰块。

(5)开瓶器(can opener),用于开启汽水、啤酒瓶盖。

(6)开罐器(can opener),用于开启各种果汁、淡奶等罐头。

(7)酒吧匙(bar spoon),分大、小两种,用于调制鸡尾酒或混合饮料。

(8)摇酒器(shaker),用于调制鸡尾酒,按容量分大、中、小三种型号。

(9)波士顿摇酒器(Boston shaker),由金属摇杯和玻璃摇杯组成,作用同上文的摇酒器。

(10)调酒杯(mixing glass),用于调制鸡尾酒。

(11)砧板(cutting board),用于切水果、装饰物。

(12)果刀(fruit knife),用于切水果、装饰物。

(13)调酒棒(stirrer),调酒用。

(14)鸡尾酒签(cocktail pick),穿装饰物用。

(15)挤柠檬器(lemon squeezer),挤新鲜柠檬汁用。

(16)吸管(straw),客人喝饮料时用。

(17)杯垫(coaster),垫杯用。

(18)冰夹(ice tong),夹冰块时用。

(19)柠檬夹(lemon tong),夹柠檬片时用。

(20)冰铲(ice container),装冰块时用。

(21)宾治盘(punch bowl),装杂果宾治或冰块时用。

(22)酒桶(ice bucket 或 wine cooler),客人饮用白葡萄酒或香槟酒时作冰镇用。

(23)漏斗(funnel),倒果汁、饮料时用。

(24)香槟塞(champagne bottle shutter),打开香槟后,用作瓶塞。

3.常用器具的清洗与消毒

酒具的洗刷消毒要求是一刮、二洗、三冲、四消毒、五保洁(放置密封保洁柜),保证餐具无油腻、无污渍、无水迹、无细菌。

1)洗刷

(1)将餐具、酒具先倒掉残渣,分类放置、分开洗刷;

(2)用清水冲洗餐具、酒具,酒具在冷水中浸泡5分钟,去酒味;

(3)用热碱水或加洗洁精的水刷洗餐具,以去油腻,酒具在加洗洁精的水中刷洗,要用专用的洗碗布洗刷;

(4)将用洗洁精洗涤后的餐具、酒具再用清水冲洗一遍,然后分类放置。

2)消毒

(1)煮沸消毒法。将餐具放在网篮中,在水中煮沸20~30分钟。

(2)蒸汽消毒法。将洗净的餐具放入消毒柜中(立着放),关严门后开放蒸汽,当温度升到120 ℃,在103.4 kPa蒸汽压下蒸20分钟即可。

(3)高锰酸钾溶液消毒法。将洗净的餐具放入1/1000浓度的高锰酸钾溶液中浸泡10分钟即可。

(4)漂白粉消毒法。用5 g漂白粉加1 kg温水充分搅拌成溶液,将洗净的餐具放入溶液中浸泡 5～10 分钟,便达到消毒的目的。

(5)红外线消毒法。消毒时,要求箱内温度达到 120℃,并持续 30 分钟。

(6)"84"消毒液消毒法。使用时,将洗净后的餐具放入按 1∶200 配制好的药液中浸泡 5 分钟,再用清水冲洗干净即可。

二、酒吧常用设备

1. 前吧

前吧的常用设备主要有酒吧专用搅拌机、奶昔快速搅拌机、新奇士榨汁机、碎冰机、电动磨豆机、刨冰机、半自动咖啡机、暖咖啡炉、冰柜、水斗(三格洗涤槽分别具有初洗、刷洗及消毒功能)、操作工作台带清洁口。

2. 后吧

(1)收款机(收银机)。

(2)酒吧展示柜:指后吧上层的橱柜,镶嵌有玻璃镜,这样可以增加房间深度,同时也可使坐在吧台前喝酒的顾客通过镜子的反射,观赏酒吧内的一切,调酒师也可借此间接地观察顾客。酒品展示柜通常陈列酒具、酒杯及各种名品酒瓶。

(3)酒杯储藏柜:有些酒吧将供客人使用的酒杯都吊在吧台上方,用一个取一个,洗完再吊上去,这是不正确的。吧台上方的吊挂酒杯只是做装饰用。而供客人使用的、大量的酒杯应放在酒杯储藏柜中,这样一则操作起来方便,二则让客人感到干净卫生。

(4)瓶酒储藏柜:用于存放烈性酒、红葡萄酒等无需冷藏存放的酒品及其他酒吧用品。

(5)干品储藏柜:用于存放干果品、小食品等。

(6)电冰箱:可有两个,一个用于冷藏白葡萄酒、啤酒及各种水果原料,另一个可存放饮料、配料、装饰物等。如数量品种少,只用一个即可。

(7)制冰机:酒吧是不能离开冰块的,尽管购置制冰机的费用较高,但酒吧在有可能的情况下,为了经营及服务上的有效性,要尽量购置一台制冰机。

【补充阅读】
酒吧设备及用具的中英文对照表达

1. 设备类(equipments)

搅拌机 blender　　　　　　　　榨汁机 juicer

制冷机 ice maker　　　　　　　冷藏柜 freezer

贮酒柜 wine cellar
热水器 water heater
洗杯机 glasses washer

咖啡机 coffee machine
啤酒机 beer teller
冰杯机 glass cooler

2. 用具 (bar tools)

量酒器 measure glass
调酒杯 mixing glass
调酒壶 shaker
冰铲 ice scoop
火机 lighter
砧板 cutting board
垃圾桶 trash bin
榨汁器 juicer
开罐器 tin opener
波士顿听 Boston tin
烟灰缸 ashtray
纸巾 paper napkin
调酒棒 stirer
鸡尾酒签 cocktail picks
盐盅 salts shaker
茶更 tea spoon
酒篮 wine basket
吧凳 bar stool
真空塞 wine stopper
漏斗 funnel
装饰盒 garnish tray
酒糟 speed rail
酒水车 bar trolley
账单夹 bill folder

酒嘴 pourer
过滤机 strainer
吧勺 bar spoon
冰夹 ice tongs
冰桶 ice bucket
吧刀 bar knife
刨皮刀 peeler
开瓶器 bottle opener
抛樽 flair bottle
托盘 service tray
吧巾 bar rag
吸管 straw
杯垫 coaster
雪糕勺 ice cream dipper
糖盅 sugar holder
酒架 wine holder
香槟桶 champagne cooler
抽空杆 cork extractor
碎冰器 ice crusher
保鲜纸 service film
地毡 floor mat
吧垫 bar mat
雪茄刀 cutter

第四节　酒水定义与类别

【小问答】
1. 饮酒对健康有好处吗？
2. 饮酒有哪些注意事项？

一、酒与酒水

1. 酒的起源

酒，来自自然界的微生物变化。在自然界中，果实成熟后从树上掉下来，果皮表面的酵菌在适当的温度下会活跃起来，从而使果子中的葡萄糖转化为乙醇和二氧化碳，而酒的主要成分就是乙醇。乙醇是一种有机化合物，凡是含有糖分的物质，如水果、蜂蜜、兽乳，很容易受到自然界中发酵微生物的作用而产生乙醇。所以，世界上不少酿酒界人士都认为，最原始的酒应该是由含糖量丰富的水果自然发酵而成的。

在人类还没有发现酒之前，酒就已经存在于大自然中了。酒的自然形成时间大约与含糖植物衍化生成酒的历史不相上下，距今至少已有几十万年之久。人类有意识地酿酒，则是从模仿大自然的杰作开始的。

人类在远古时代就已经懂得酿造多种不同的酒作为日常生活中的饮料。根据历史考证，大约在公元前20世纪至公元前15世纪，古埃及、古希腊以及中国的人们已经掌握了简单的酿酒技术，并会用五谷、果实等不同的原料来酿制不同味道的酒。考古发现，当时已经有许多精致美观的酒具。

随着农业生产的发展，酿酒有了充足的原材料，如人工种植的水果等；同时，人们也开始使用牲畜的奶汁和蜂蜜作为原料，而且经济的发展也使酿酒技术不断提高，酿酒业得以规模化。中国古代的许多书中都有"琼浆玉液"和"陈年佳酿"的记载。"琼浆玉液"表明人类已经懂得酿制许多种类的酒，并能从中鉴别出质量最佳的酒；"陈年佳酿"则说明人类已经掌握把酒陈化这种优良技术，懂得酒经过陈化味道会越发香醇的道理。

经过长期实践，人类逐渐丰富和完善了酿酒技术。特别到了17世纪，蒸馏技术开始应用于酿酒业，从而使得大批多种类、高质量的酒品得以成功酿制并长期保存。世界著名的法国白兰地和苏格兰威士忌，以及俄罗斯伏特加都是从那时开始酿制出来的。

今天，人们已经掌握了非常完整的酿酒技术，不仅能控制酒的度数，而且可以随心所欲地制作出多种味道的佳酿。

2. 酒水

酒水是一切含酒精与不含酒精饮料的统称。在酒店业和餐饮业中,"酒"是指一切含酒精的饮料,一切不含酒精的饮料都是"水"。

什么是"酒"?据文献史料记载,古代的埃及人、希腊人、罗马人、巴比伦人、中国人、阿拉伯人都曾经对酒的构成进行过深入的研究,许多杰出的人物为此做出过巨大的贡献。其中,最为瞩目的有中国、古埃及、古巴比伦的科学家和神学家。古巴比伦人对酒的研究带有更多的商业色彩,《汉谟拉比法典》中已经明确提及有关酒品买卖的规定。当时还编著了对后世酿酒工业产生巨大影响的技术专著。中国人对酒的最初研究与探求延年益寿的长生不老药有关。为了获得人间仙液,人们进行了反复的分析试验。到了战国时期,我国出现了有关酿酒工艺的完整文字记载。

在漫长的历史进程中,尽管有了初步的研究活动,但人们对酒的真正构成还不十分了解。当有机化学、微生物学、酿酒工艺等科学取得了突破性的进展之后,人们才渐渐揭开了酒的面纱,看清了它的真实面目。

二、酒水的成分和风格

酒是一种用粮食、水果等含淀粉或糖的物质,经发酵、蒸馏、陈酿、调配而成的含有乙醇成分的刺激性饮料。其中,最重要的成分是乙醇(食用酒精)。乙醇的主要物理特性是:常温下呈液态,无色透明,易挥发,易燃烧,沸点为78.3 ℃,冰点为-114 ℃,不易感染杂菌,刺激性较强,可溶解酸、碱和少量油类,不溶解盐类,可溶于水;乙醇与水相互作用能释放出热量,体积收缩;乙醇浓度为53%时与水分子结合最紧密,因而刺激性相对较小。

酒的主要成分是乙醇和水,约占总重量的98%,对人体的利弊也主要由乙醇产生和决定。其他的微量成分只占2%,包括有机酸、高级醇、酯类、醛类、多元醇等有机化合物以及蛋白质和微生物等。这些微量成分决定着酒的香气、口味和风格等。另外,酒中还含有对人体有害的成分,如杂醇油、甲醇、氰化物、铅等。对这些有害物质的含量,各国的食品卫生标准中都有明确的规定。

乙醇在酒液中的含量用酒度来表示。目前国际上酒度的表示方法有以下三种。

1. 标准酒度(GL)

标准酒度用容量百分比来表示,英文字母缩写为"GL"。它是由法国著名化学家盖·吕萨克发明的,是指当酒液温度为20 ℃时,每100 mL酒液中含1 mL

乙醇，即为酒度1度。

2. 英制酒度(Sikes)

英制酒度是在18世纪由英国人克拉克所创造的一种酒度计算方法。

3. 美制酒度(Proof)

美制酒度用酒精纯度表示，一个酒精纯度相当于0.5%的酒精含量。

英制酒度和美制酒度的发明都早于标准酒度。美制、英制、标准酒度之间的换算公式为：

$$标准酒度 \times 1.75 = 英制酒度$$
$$标准酒度 \times 2 = 美制酒度$$
$$英制酒度 \times 8/7 = 美制酒度$$

三、酒水的一般分类

按照不同的分类标准，可以对酒进行不同的分类，比如可以按照生产工艺、酿造原料、产地、酒精含量等不同的标准进行分类。以下是几种常用的酒的分类方法。

1. 按酒的生产工艺分类

酒的酿制生产工艺有三种方式：发酵、蒸馏、配制。生产出来的酒也分别被称为发酵酒、蒸馏酒和配制酒。

1) 发酵酒

发酵酒，又称为原汁酒，是指将酿造原料经过发酵酿制成的酒液。它的度数比较低，通常在15%以下。酒店里常用的发酵酒有葡萄酒、啤酒、黄酒、米酒等。

2) 蒸馏酒

蒸馏酒是指将发酵得到的酒液经过蒸馏提纯所得到的酒精含量较高的酒液。通常可经过一次、两次甚至多次蒸馏，便能取得高浓度、高质量的酒液。蒸馏酒根据其原材料的不同又可分为谷物蒸馏酒，如金酒、威士忌、伏特加酒、中国白酒；果蒸馏酒，如白兰地；果杂类蒸馏酒，如朗姆酒、特奇拉酒。

3) 配制酒

配制酒是以发酵酒或蒸馏酒为基酒，向里面加入药材、香料等物质通过浸泡、混合、勾兑等方法加工而成的酒精饮料。

配制酒的方法很多，常用的有浸泡、混合、勾兑等几种配制方式。

(1) 浸泡制法。此法多用于药酒的酿制，方法是：将蒸馏后得到的高度蒸馏酒液或发酵后经过滤清的酒液按配方放入不同的药材，然后装入容器中密封起来，经过一段时间的浸泡后，药的有效成分溶解于酒液中，人饮用后便会得到不同的治疗效果并起到强身健体的作用。如国外的味美思酒、比特酒,中国的人参酒、三蛇酒等。

(2)混合制法。此法是把蒸馏后的酒液(通常采用高度蒸馏酒液)加入果汁、蜜糖、牛奶或其他液体混合制成。如常见的许多国外的利口酒就是采用此种方式配制而成。

(3)勾兑。这也是一种酿制工艺,通常可以将两种或数种酒兑和在一起,例如将不同地区的酒勾兑在一起,高度数酒和低度数酒勾兑在一起,年份不同的酒混合勾兑在一起,以使其形成一种新的口味,或者得到色、香、味更加完美的酒品。

2. 按西餐配餐的方式分类

酒水可分为八个类型,即餐前酒、佐餐酒、甜食酒、餐后酒、蒸馏酒、啤酒、软饮料、混合饮料与鸡尾酒等。

1)餐前酒

餐前酒也称开胃酒,是指在餐前饮用的,喝了以后能刺激人的胃口,使人增加食欲的饮料。开胃酒通常用药材浸制而成,分为味美思、比特等品种。

2)佐餐酒

佐餐酒即葡萄酒,是西餐配餐的主要酒类。欧洲人的传统就餐习俗讲究只饮葡萄酒配餐而不饮其他酒水。不像中国人那么无拘束,任何酒水都可以配餐喝。佐餐酒是用新鲜的葡萄汁发酵制成,含有酒精、天然色素、脂肪、维生素、碳水化合物、矿物质、酸和单宁酸等营养成分,对人体非常有益。佐餐酒包括红葡萄酒、白葡萄酒、桃红葡萄酒和汽酒。

3)甜食酒

甜食酒是在西餐就餐过程中佐助甜食时饮用的酒品。其口味较甜,常以葡萄酒为基酒加葡萄蒸馏酒配制而成。常用的甜食酒的品种有波特酒、雪利酒等。

4)餐后酒

餐后酒即利口酒,是供餐后饮用且含糖分较多的酒类,饮用后有帮助消化的作用。这类酒有多种口味,原材料分为三种类型:果料类、植物类和其他类。果料类包括水果、果仁、果籽等;植物类包括药草、茎叶类植物、香料植物等;其他类包括蜂蜜、奶、鸡蛋等。制作时用蒸馏酒或食用酒精为原料,加入各种配料(果料或植物)和糖蜜酿制而成。

3. 按酒精含量的多少分类

酒水可分为低度酒、中度酒、高度酒和无酒精饮料四种类型。

1)低度酒

酒精度数在20度以下的酒为低度酒,常用的有葡萄酒、桂花陈酒和低度药酒以及部分黄酒和日本清酒。

2)中度酒

酒精度数在20~40度之间的酒被称为中度酒,常用的有餐前开胃酒(如味美思、茴香酒等)、甜食酒(波特酒、雪利酒)、餐后甜酒(薄荷酒、橙香酒)等。国产的竹叶青、米酒等属于此类。

3)高度酒

高度酒是指酒精度数在40度以上的烈性酒,一般国外的蒸馏酒都属于此类酒。国产的如茅台、五粮液、汾酒、泸州老窖等白酒也属于此类酒。

4)无酒精饮料

泛指所有不含酒精成分的饮品,如乳饮料、矿泉水、果汁等。在餐饮经营企业,它也被称为软饮料或"水"。如单纯经营无酒精饮料的营业场所,就被称为"水吧"。

4.按酿制酒水的原料分类

1)粮食类

酒精饮料主要是指以谷物为原料,经过发酵或蒸馏等工艺酿制而成的酒品。例如啤酒、威士忌、中国白酒等。非酒精饮料主要有以大麦为原料的麦芽饮料和大麦茶,以糯米为原料的江米甜酒(醪糟)等。

2)水果类

水果类酒精饮料主要有以富含糖分的水果为原料,经过发酵或蒸馏等工艺酿制而成的酒品。例如葡萄酒、苹果酒、白兰地等。水果类非酒精饮料是指将植物的果实经过压榨、调配等工艺获取的果汁饮品,包括原果汁、果汁饮料、果粒果汁饮料、果浆饮料等。

3)其他类

其他类的酒精饮料泛指那些以非谷物、水果为原料酿制的酒,如使用奶、蜂蜜、植物的根茎等含淀粉或糖的物质酿制的酒,主要有朗姆酒、特奇拉酒、马奶酒等。其他类的非酒精饮料主要是指乳饮料、茶、咖啡、可可、蜂蜜等。

5.按照酒水的物理形态分类

1)固态饮料

主要包括茶、咖啡、可可以及速溶饮品等。

2)液态饮料

泛指呈液态的所有饮品,如各种酒类、果蔬汁类等。

6. 按照是否含有二氧化碳分类

1) 碳酸类饮料

泛指所有含有二氧化碳气体的软饮料饮品，如可乐、柠檬汽水等。

2) 非碳酸饮料

特指所有不含二氧化碳气体的饮料。

3) 汽酒

泛指所有含二氧化碳气体的酒精饮料，如啤酒、香槟酒、苹果汽酒等。

四、酿酒的生产工艺

酿酒基本原理和过程主要包括酒精发酵、淀粉糖化、制曲、原料处理、蒸馏取酒、老熟陈酿、勾兑调味等。

1. 酒精发酵

酒精发酵是酿酒的主要阶段，糖质原料如水果、糖蜜等，其本身含有丰富的葡萄糖、果糖、蔗糖、麦芽糖等成分，经酵母或细菌等微生物的作用可直接转变为酒精。

酒精发酵过程是一个非常复杂的生化过程，有一系列连续反应并随之产生许多中间产物，其中有30多种化学反应，需要一系列酶的参加。酒精是发酵过程的主要产物。除酒精之外，被酵母菌等微生物合成的其他物质及糖质原料中的固有成分，如芳香化合物、有机酸、单宁、维生素、矿物质、盐、酯类等，往往决定了酒的品质和风格。酒精发酵过程中产生的二氧化碳会增加发酵温度，因此必须合理控制发酵的温度，当发酵温度高于30～34 ℃，酵母菌就会被杀死而停止发酵。除糖质原料本身含有的酵母之外，还可以使用人工培养的酵母发酵，因此酒的品质因使用酵母等微生物的不同而各具风味和特色。

2. 淀粉糖化

糖质原料只需使用含酵母等微生物的发酵剂便可进行发酵；而含淀粉质的谷物原料等，由于酵母本身不含糖化酶，淀粉是由许多葡萄糖分子组成，所以采用含淀粉质的谷物酿酒时，还需将淀粉糊化，使之变为糊精、低聚糖和可发酵性糖的糖化剂。糖化剂中不仅含有能分解淀粉的酶类，而且含有一些能分解原料中脂肪、蛋白质、果胶等的其他酶类。曲和麦芽是酿酒常用的糖化剂，麦芽是大麦浸泡后发芽而成的制品，西方酿酒糖化剂惯用麦芽；曲是由谷类、麸皮等培养霉菌、乳酸菌等组成的制品。一些不是利用人工分离选育的微生物而自然培养的大曲和小曲等，往往具有糖化剂和发酵剂的双重功能。将糖化和酒化这两个步骤合并起来同时进行，称之为复式发酵法。

3. 制曲

酒曲亦称酒母,多以含淀粉的谷类(大麦、小麦、麸皮)、豆类、薯类和含葡萄糖的果类为原料和培养基,经粉碎加水成块或饼状,在一定温度下培育而成。酒曲中含有丰富的微生物和培养基成分,如霉菌、细菌、酵母菌、乳酸菌等,霉菌中有曲霉菌、根霉菌、毛霉菌等有益的菌种,"曲为酒之母,曲为酒之骨,曲为酒之魂"。曲是提供酿酒用各种酶的载体。中国是曲蘖的故乡。远在3000多年前,中国人不仅发明了曲蘖,而且运用曲蘖进行酿酒。酿酒质量的高低取决于制曲的工艺水平,历史久远的中国制曲工艺给世界酿酒业带来了极其广阔和深远的影响。中国制曲的工艺各具传统和特色,即使在酿酒科技高度发展的今天,传统作坊式的制曲工艺仍保持着原先的本色,尤其是对于名酒,传统的制曲工艺为其奠定了酒的卓越品质。

4. 原料处理

无论是酿造酒还是蒸馏酒,以及两者的派生酒品,制酒用的主要原料均为糖质原料或淀粉质原料。为了充分利用原料,提高糖化能力和出酒率,并形成特有的酒品风格,酿酒的原料都必须经过一系列特定工艺的处理,主要包括原料的选择配比及其状态的改变等。环境因素的控制也是关键的环节。

糖质原料以水果为主,原料处理主要包括根据成酒的特点选择品种、采摘分类、除去腐烂果品和杂质、破碎果实、榨汁去梗、澄清抗氧、杀菌等。

淀粉质原料以麦芽、米类、薯类、杂粮等为主,采用复式发酵法,先糖化、后发酵或糖化发酵同时进行。原料品种及发酵方式的不同,原料处理的过程和工艺也有差异性。中国广泛使用酒曲酿酒,其原料处理的基本工艺和程序是精碾或粉碎,润料(浸米),蒸煮(蒸饭),摊凉(淋水冷却),翻料,入缸或入窖发酵等。

5. 蒸馏取酒

所谓蒸馏取酒就是通过加热,利用沸点的差异使酒精从原有的酒液中浓缩分离,冷却后获得高酒精含量酒品的工艺。在正常的大气压下,水的沸点是100℃,酒精的沸点是78.3℃,将酒液加热至两种温度之间时,就会产生大量的含酒精的蒸汽,将这种蒸汽收入管道并进行冷凝,就会与原来的液体分开,从而形成高酒精含量的酒品。在蒸馏的过程中,原汁酒液中的酒精被蒸馏出来予以收集,并控制酒精的浓度。原汁酒中的味素也将一起被蒸馏,从而使蒸馏的酒品中带有独特的芳香和口味。

6. 酒的老熟和陈酿

酒是具有生命力的,糖化、发酵、蒸馏等一系列工艺的完成并不能说明酿酒全过程就已终结,新酿制成的酒品并没有完全完成体现酒品风格的物质转化,因此新酒必须经过特定环境的窖藏。经过一段时间的贮存后,醇香和美的酒质才最终形成并得以深化。通常将这一新酿制成的酒品窖香贮存的过程称为老熟和陈酿。

7. 勾兑调味

勾兑调味工艺,是将不同种类、年份和产地的原酒液半成品(白兰地、威士忌等),或者选取不同档次的原酒液半成品(中国白酒、黄酒等)按照一定的比例,参照成品酒的酒质标准进行混合、调整和校对的工艺。勾兑调校能获得均衡协调、质量稳定、风格地道的酒品。

酒品的勾兑调味被视为酿酒的最高工艺,并创造出酿酒活动的精神境界。从工艺的角度来看,酿酒原料的种类、质量和配比存在着差异性,酿酒过程中包含着诸多工序,中间发生许多复杂的物理、化学变化,转化产生几十种甚至几百种有机成分,其中有些机理至今还未研究清楚,而勾兑师的工作便是富有技巧地将不同酒质的酒品按照一定的比例进行混合调校,在确保酒品总体风格的前提下,得到整体均匀一致的口感。

■ **本章回顾**

本章系统介绍了餐饮业的起源及其与酒吧的关系,餐厅的组织结构,酒吧服务人员的岗位职责,酒水的概念及主要分类,酿酒的工艺流程等。酒水根据酿制方式、餐饮习惯、酒精含量,以及原材料、物理形态、二氧化碳含量的不同分为多种类型。酒的主要成分有酒精、甲醛、糖、矿物质、维生素等。

■ **关键概念**

餐饮业　酒水　酒度

■ **复习与思考**

1. 了解当今世界、亚洲知名的餐厅及品牌。
2. 为何著名的中式餐饮企业排名进不了亚洲前50名?
3. 中国的老字号餐厅如何在当今的餐饮业竞争中可持续发展?

■ **单元实训**

1. 市场调查:去超市调查10~15种酒,用列表的方式对其进行分类并说明其特点。

2.市场调查:搜索当地的大众点评网,分析当地餐饮的消费情况和消费偏好。

3.案例分析:

如何开展简单有效的酒水销售?

某饭店的特色酒吧,其特色饮品的生意一直很火爆,但普通饮料的销售额却不很理想,销售状况波动很大。

该酒吧经理经过调查发现,这一销售额的变化与服务人员点单时的提问方式密切相关。很多服务员总是询问客人:"先生,您喝点什么?"结果在很多时候客人就点最大众化的饮料——可乐或雪碧,有的客人则干脆说:"不需要。"但如果一桌人中有一位客人先点了某种果汁,就会带动全桌的饮料消费意愿。于是,该酒吧经理要求服务员换一种问法:"先生,我们酒吧有椰汁、芒果汁、胡萝卜汁等新鲜饮料,您需要哪一种饮料?"结果很少有客人再点价格相对较低的雪碧,转而选择服务员问题中所提到的椰汁、芒果汁或胡萝卜汁中的一种,它们价格相对较高,但口感和营养度都更好些。一段时间下来,饮料的销售额有了明显的增长。

思考题:

(1)开放式问句与选择性问句各有什么样的优势和劣势?如何在服务中选用?

(2)该酒吧经理的做法哪些是可以借鉴的?

(3)假如你是管理者,你有哪些好方法激发服务人员变被动服务为主动服务?

第二章　发　酵　酒

课前导读

一、世界著名的葡萄酒酒庄

法国　波尔多 France Bordeaux

拉菲庄园 Chateau Lafite

拉图庄园 Chateau Latour

武当庄园 Chateau Mouton Rothschild

宝爵庄 Chateau Pouget

宝嘉龙 Chateau Ducru Beaucaillou

宝马庄 Chateau Palmer

玛歌庄 Chateau Margaux

白马庄 Chateau Cheval Blanc

卓龙 Chateau Trotanoy

柏图斯 Petrus

里鹏庄园 Le Pin

飞卓庄 Chateau Figeac

红颜容 Chateau Haut-Brion

雄狮庄 Chateau Leoville Las Cases

黑教皇城堡 Chateau Pape-Clement

飞龙世家 Chateau Phelan Segur

大宝庄 Chateau Talbot

柏菲庄 Chateau Pavie

骑士庄 Domaine De Chevalier

　　　　林卓贝斯 Chateau Lynch Bages

法国　勃艮第 France Burgundy

　　　　罗曼丽康帝酒园 Domaine de Romanee Conti

　　　　哥德利安 Claude Chonion

法国　香槟区 France Champagne

　　　　路易王妃香槟 Louis Roederer

　　　　菲丽宝娜 Champagne Philipponnat

　　　　丽歌菲雅 Nicolas Feuillatte

意大利 Italy

　　　　内华城堡 Castello Di Neive

　　　　西施佳雅 Sassicaia

　　　　雄狮城堡 Castello Sonnino

　　　　华姿山庄 Tenuta di Valgiano

　　　　乐姬丝 Le Chiuse

　　　　赛拉图 Ceretto

　　　　西卓 Citra

　　　　玛佳连妮 Marcarini

　　　　鲁芬诺基昂蒂 Ruffino Chianti

德国 Germany

　　　　邓肯博士 Weingut Dr. Deinhard

　　　　威特驰 Weltachs

美国 U.S.A.

　　　　贝灵哲庄园 Beringer

　　　　罗伯特蒙大维酒庄 Robert Mondavi Winery

　　　　威迪酒园 Wente

　　　　海狸酒庄 Castoro Cellars

澳大利亚 Australia

　　　　奔富酒庄 Penfolds

　　　　杰卡斯酒庄 Jacob's Creek

　　　　泰来斯 Taylors

　　　　禾富酒园 Wolf Blass

　　　　威拿庄 Wirra Wirra

智利 Chile

蒙特斯酒庄 Vina Montes

圣卡罗酒庄 Santa Carolina

桑塔丽塔庄园 Santa Rita

嘉斯山 Mont Gras

二、葡萄酒盲品

什么是葡萄酒的盲品？不要以为盲品就是蒙住眼睛去品酒。其实盲品是给一瓶葡萄酒，把葡萄酒的瓶身蒙住，然后倒出酒液，让盲品人通过颜色、香气和口感去判断葡萄品种、产地、年份、价位等信息。

在侍酒师等职业资格考试或比赛中，通常都有盲品环节。在考试或比赛中，盲品通常是用专用袋套上酒瓶——因为品种、产地和年份等信息都印在酒标上；酒瓶的形制、瓶口的特征、箔帽的颜色有时也会成为判断的线索，所以必须把酒瓶套上隐蔽起来，以便保证客观公平。盲品既适用于考察品尝者的功力，也常用于评估葡萄酒的品质，国际性的葡萄酒评比大赛通常都以盲品方式进行。

1. 盲品小诀窍

第一，观其色，通过葡萄酒的色调判断是单品葡萄酒还是混合葡萄酒，并可以知晓葡萄品种，葡萄酒的年龄以及葡萄酒的产区等信息。

认真观察，酒色看起来是红的还是黄的，颜色是否较深？色度怎么样？这杯红酒是否还透出褐色或茶色？白葡萄酒是否还透出青色？这些颜色上的细微差别就是非常有价值的视觉线索，可以提高酒评方面的准确度。

第二，闻其香，轻摇几次酒杯。先闻葡萄酒静止状态下的香气，继而以画小圆圈的方式轻摇酒杯，要避免液体溅出酒杯。摇晃会使葡萄酒活跃起来，尽情释放出果香与酒香。静止后，仔细观察酒杯内壁及葡萄酒是怎样往下流的。人们也把挂杯称作"酒泪"或"酒腿"。挂杯仅仅传递一个讯息，那就是酒精度的高低，"酒泪"越厚，说明酒精和糖分越高。

关于葡萄酒的香味，有业内人士表示闻酒香比尝酒味更重要。闻酒香是很重要的一步，当轻摇酒杯时，在酒杯内壁会残留下葡萄酒，当它们与空气接触后，就会蒸发逸失，酒杯中就溢满了各种香气。

第三，品其味，啜取一小口含在口腔，然后用舌头搅动几下，让酒与口腔内充分接触，并让味道在口腔中慢慢扩散开。

用舌头细细体味葡萄酒的质地。是否滑润？是否会觉得舌头突然很干？在这个过程中，记得要花时间慢慢体味，不要猛灌一口就赶紧咽下，好好地琢磨葡萄酒带来的感觉。

慢慢地咽下这口酒，体味这个过程中的香味与质感。特别要留意舌头后部捕捉到的最后一丝香味。当酒下肚后，要回味口中的余香是什么？余香能留存多长时间？初品后，是否还能捕捉到更多的香味？

2. 葡萄酒全球化使盲品变得越发艰难

实际上，除了极少数量的葡萄酒，或者因供不应求（像波尔多的拉菲），或者因酿酒师的执著（像有勃艮第"铁娘子"之称的乐花酒园出产的圣维望之罗曼尼酒），坚持古老的酿造传统并体现当地的风土条件及葡萄特性，大多数的葡萄酒出品还是以市场为导向，市场需要什么类型的香气及口味，酿酒师就调制出相应的产品。

以澳大利亚为例，葡萄酒的产量严重过剩，酒厂必须依赖大量的出口才能生存，2009 年，其出口量为 76.4 万吨。当地酒厂的酿酒师最主要的任务不是保持自己的特点，而是根据进口国的需要调整出各种各样的香气及口感：出口美国的葡萄酒，往往会用美国橡木桶进行陈酿；出口到欧洲的葡萄酒，则会使用法国橡木桶进行陈酿，甚至使用两种橡木桶进行混合陈酿。

法国人酿造出了世界上最好的葡萄酒，可是随着经济持续的不景气，他们也不得不顺应市场的潮流，比如现在许多法国南部的酒厂，都会进口美国橡木桶，一方面降低成本（美国橡木桶只有法国橡木桶 1/2 左右的价格），另一方面，也是要迎合北美及亚洲市场的需求。法国政府为了帮助酒厂走向国际市场，甚至降低葡萄酒的贮存标准，允许部分地区的酒厂像澳大利亚酒厂一样使用橡木片等。

类似的情况在其他葡萄酒的出产国也相当普遍，产地特征已经模糊了。因此，对于一个葡萄酒爱好者来说，依靠盲品来推测其出产国，变得越来越困难。再说，这样的推测，也越来越没有意义。

但是，盲品仍是一种乐趣。可以把各种类型、年份的葡萄酒都混在一起品尝。也许你没有大师级的判断力，但是这种盲品有一种乐趣，不仅能让你掌握更多的葡萄酒知识，还能让你感受这种混合的滋味！不要害怕失败，即使最有经验的品酒大师，在盲品的时候也没什么信心。独乐乐不如众乐乐，不妨邀请一些朋友一起来玩这个有趣的游戏吧！

【学习目标】

通过本章的学习，了解发酵酒的主要类型，葡萄酒的分类与品鉴，黄酒的品饮与品鉴，啤酒的分类与品鉴，以及各种发酵酒的酒水服务过程与要求。

【知识目标】

通过教学，学生明确发酵酒的概念和分类，了解不同的发酵酒的种类及特点，熟悉各种发酵酒的服务流程与要求；掌握各种发酵酒的品鉴方法。

【学习任务】

1. 了解各类发酵酒的制作方法；
2. 掌握各类发酵酒的主要类别及其特点；
3. 熟悉各类发酵酒的服务要求。

发酵酒又称酿造酒、原汁酒，是借着酵母作用，把含淀粉和糖质原料的物质进行发酵，产生酒精成分而形成酒。发酵酒是最自然的造酒方式，主要酿酒原料是谷物和水果，其最大特点是原汁原味，酒精含量低，属于低度酒，对人体的刺激性小。例如用谷物酿造的啤酒一般酒精含量为3%～8%，果类的葡萄酒酒精含量为8%～14%。发酵酒中含有丰富的营养成分，适量饮用有益于身体健康。发酵酒可以分为水果类、谷物类和其他原料类等。

发酵酒在酿酒过程中，淀粉吸水膨胀，加热糊化，形成结构疏松的α-淀粉，在淀粉酶的作用下分解为低分子的单糖。单糖在脱羧酶、脱氢酶的催化下分解，逐渐分解形成二氧化碳和酒精。生产过程包括糖化、发酵、过滤、杀菌等工艺。

1. 糖化工艺

薯类和谷类以及野生植物原料经过加压蒸煮，淀粉糊化成为溶解状态，但是还不能直接被酵母菌利用，不能发酵生成酒精。因此，经过蒸煮以后的糊化醪，在发酵前必须加入一定量的糖化剂，使溶解状态的淀粉变为酵母能够发酵的糖类，这一个由淀粉转变为糖的过程，称为糖化。糖化过程是淀粉酶或酸水解的作用，把淀粉糖化变成可发酵性糖。

酒精生产上常用的糖化剂有麦芽和曲两种，欧美等国多采用麦芽做糖化剂，我国则普遍采用曲做糖化剂，此外，国外采用酶制剂作糖化剂已经成为必然的趋势。如日本、波兰、德国等一些国家应用酶法糖化已逐步普及。上述这些糖化剂内部含有一系列的淀粉酶，但不同的糖化剂所含的酶也不相同。糖化过程是一个复杂的生物化学变化过程，其中包括液化和糖化的作用，同时也经过一系列中间产物的变化，最终产物才是可发酵性糖，还有一些是属于非发酵性糖。

2. 发酵工艺

葡萄糖在酒化酶的作用下,进行水解生成乙醇,形成发酵液(质量分数为 10%~18%)。而且,在酒的发酵过程中,窖池中会产生种类繁多的微生物和香味物质,并且慢慢地向泥窖深入渗透,变成了丰富的天然香源。窖龄越长,微生物和香味物质越多,酒香越浓。新生的窖池微生物少且不均衡,新陈代谢方向不定,酿制的酒新泥味很重。老泥窖由于使用时间历久,有益微生物不断纯化、富集,使产的酒越来越好,越来越香,一般窖池要经过 20 年的自然老熟方能出部分质量较好的酒,同时,越是连续使用时间长的窖池生产的酒也就越好。

3. 过滤工艺

在古代,酒的过滤技术并不成熟之时,酒是呈混浊状态的,当时称为"白酒"或"浊酒"。后来,国内外相继开发应用过滤精度及效能高的酒用过滤机,有力地推动了酿酒业的发展。酒用过滤机的使用使啤酒、葡萄酒、黄酒等清亮、透明而且稳定性好,提高了成品酒的外观,不仅体现了酒的高质量,也能诱发消费者的饮用欲望。

4. 灭菌工艺

酿造酒是粮食及水果等酿造的食品,其营养成分十分丰富,内含氨基酸及蛋白质、维生素和对人体有益的低聚糖等成分,由于酒在生产和加工过程中,空气和容器上有杂菌,酒自身发酵中产生了大量的酵母菌、酶菌等,要让酿造酒贮藏增香,保证酒液久贮不变质,关键要做好酒的灭菌工作。

灭菌的方法很多,有高温灭菌法、紫外线灭菌法、臭氧灭菌法、膜过滤灭菌法等。目前,国内各黄酒企业一般都是用高温灭菌法,它成本低、操作简单、灭菌效果好,其他几种方法虽能达到灭菌的目的,但成本大,有的会影响酒的口味和黄酒特有的风味。

第一节 葡 萄 酒

一、葡萄酒概述

一般来说,任何果汁经过发酵所得到的,含有酒精的液体都可以称为酒。在所有的水果类发酵酒中,葡萄酒是唯一一种能让全世界的人都广为饮用的酒品。如今人们大面积种植葡萄主要也是为了酿制葡萄酒。

根据国际葡萄与葡萄酒组织(International Office of Vine and Wine,简称 OIV,1996)的规定,葡萄酒只能是破碎或未破碎的新鲜葡萄果实或葡萄汁经完全或部分酒精发酵后获得的饮料。由此可知,这些葡萄酒中的香气纯属天然,并非人工添加而成。

(一)葡萄酒分类

国际葡萄与葡萄酒组织将葡萄酒分为两大类,即一般葡萄酒和特殊葡萄酒。

1. 一般葡萄酒

一般葡萄酒可以根据葡萄酒的颜色与葡萄酒的含糖量进一步细分。

1)根据葡萄酒的颜色分类

(1)白葡萄酒:选择白葡萄或浅红色果皮的酿酒葡萄,经过皮汁分离,取其果汁进行发酵酿制而成的葡萄酒。这类酒的色泽应近似无色,浅黄带绿或浅黄或禾秆黄,颜色过深不符合白葡萄酒色泽要求。

(2)红葡萄酒:选择皮红肉白或皮肉皆红的酿酒葡萄,采用皮汁混合发酵,然后进行分离陈酿而成的葡萄酒。这类酒的色泽应成自然宝石红色或紫红色或石榴红色等,失去自然感的红色不符合红葡萄酒色泽要求。

(3)桃红葡萄酒:此类酒介于红、白葡萄酒之间,选用皮红肉白的酿酒葡萄,进行皮汁短期混合发酵,达到色泽要求后进行皮渣分离,继续发酵,陈酿成为桃红葡萄酒。这类酒的色泽是桃红色或玫瑰红或淡红色。

2)根据葡萄酒的含糖量分类

(1)干型葡萄酒:含糖(以葡萄糖计)小于或等于 4.0 g/L。或者当总糖与总酸(以酒石酸计)的差值小于或等于 2.0 g/L 时,含糖最高为 9.0 g/L 的葡萄酒。尝不出甜味,具有洁净、幽雅、香气和谐的果香和酒香。

(2)半干型葡萄酒:含糖大于干型葡萄酒,最高为 12.0 g/L。或者当总糖与总酸(以酒石酸计)的差值小于或等于 2.0 g/L 时,含糖最高为 18.0 g/L 的葡萄酒。微具甜感,酒的口味洁净、幽雅、味觉圆润,具有和谐恰悦的果香和酒香。

(3)半甜型葡萄酒:含糖大于半干型葡萄酒,最高为 45.0 g/L 的葡萄酒。具有甘甜、爽顺、舒愉的果香和酒香。

(4)甜型葡萄酒:含糖大于 45.0 g/L 的葡萄酒。具有甘甜、醇厚、舒适、爽顺的口味,具有和谐的果香和酒香。

2. 特殊葡萄酒

根据 OIV 的规定,特殊葡萄酒的原料为新鲜葡萄、葡萄汁或葡萄酒,其特殊性不仅来源于葡萄本身,而且取决于所采用的酿制生产技术。它们可以分为以下四种:

1)起泡葡萄酒

起泡葡萄酒的气必须是自然发酵时产生的二氧化碳,其气压在 20 ℃ 的条件下大于 0.3 Pa,酒精度在 8~14 度之间。法国香槟酒是该类型的代表酒。

2)加气葡萄酒

加气葡萄酒与起泡葡萄酒非常相似,但酒液中所含的二氧化碳气体是通过人工方法加入到酿制好的葡萄酒中的。

3)加强葡萄酒

发酵成原酒后添加白兰地或脱臭酒精的方法来提高酒精含量,叫加强干葡萄酒。既加白兰地或酒精,又加糖,以提高酒精含量和糖度的叫加强甜葡萄酒,我国叫浓甜葡萄酒。

4)加香葡萄酒

采用葡萄原酒浸泡芳香植物,再经调配制成,属于开胃型葡萄酒,如味美思、丁香葡萄酒、桂花陈酒;或采用葡萄原酒浸泡药材,精心调配而成,属于滋补型葡萄酒,如人参葡萄酒。

(二)葡萄酒的酿造工艺

常见的三种葡萄酒类型分别是:红葡萄酒、白葡萄酒、桃红葡萄酒。红葡萄酒采用红和黑葡萄酿制的葡萄酒,利用果汁,果皮,有时连枝一起进行发酵,这样将赋予葡萄酒以色素和单宁酸,使它们在木桶中继续发生变化,使之日臻完美。白葡萄酒采用白葡萄(青色或黄色)和红葡萄酿制,但以红葡萄酿制时必须先将果汁榨出,在发酵前除去果皮,以避免酿出的酒染上果皮的色素。而白葡萄只能酿制白葡萄酒。桃红葡萄酒采用红葡萄酿制,初期保持果皮一起发酵,在适当时间除去果皮,然后继续发酵至完整的过程,因此,它的单宁酸不多,较为干口,而果皮则赋予酒液粉红色的色泽和品味。

1. 红葡萄酒的酿造过程

(1)破皮去梗:红葡萄酒的颜色和口味结构主要来自葡萄皮中的红色素和单宁,所以必须先破皮,让葡萄汁和皮充分接触以释放出这些酚类物质。葡萄梗中的单宁较粗涩,通常会除去,有些酒厂为了增加单宁的涩味,会留下一部分葡萄梗。为了延迟发酵的速度,也有酒庄不破皮去梗,直接用整串葡萄进行酿造。

(2)浸皮与发酵:完成破皮去梗后,将葡萄汁和皮一起放入酒槽中,一边发酵一边浸皮,传统多使用无封口的木造或水泥酒槽,现多使用自动控温不锈钢酒槽。较高的温度会加深酒的颜色,但超过 35 ℃就有可能会使酵母失活,并丧失葡萄酒的新鲜果香,所以温度的控制必须适中。发酵时产生的二氧化碳会将葡萄皮推到酿酒槽顶端,无法达到浸皮的效果,可用人工脚踩、机器搅拌或直接用会自动旋转的酒槽,让皮和汁能够充分混合,另外也有用泵将酒抽到酒槽顶端进行淋汁。浸皮的时间越长,释入酒中的酚类物质及香味物质越浓。当酒精发酵完成,浸皮达到预期的程度之后,就可以把葡萄酒导引到其他酒槽,这部分成为自流酒。葡萄皮的部分还含有少量的葡萄酒,需经过榨汁取得。

(3)榨汁:如果浸皮的时间不是非常长,葡萄皮榨汁后所得的榨汁酒一般比较浓厚,单宁和红色素的含量高,酒精含量反而较低。酿酒师通常会保留一部分榨汁酒将其添加入自流酒中,以混合成更均衡丰富的葡萄酒。

(4)酒槽中的培养:完成酒精发酵后,只要环境合适,葡萄酒会在培养槽中开始乳酸发酵,并且开始进入培养的阶段。红葡萄酒的培养过程主要是为了让原本较粗涩的口感变得柔和,香气变得更丰富,有更细腻均衡的风味。此外,培养的过程也可以让酒质更稳定。

(5)橡木桶中的培养:大部分高品质的红酒在发酵完成后,都会经过一段时间的橡木桶培养,橡木桶不仅可以增添来自木桶的香气,而且还提供了葡萄酒缓慢氧化的储存环境,让红酒不会氧化变质,反而变得更圆润和谐。培养时间长短依据酒的结构、橡木桶的大小新旧而定,通常不会超过两年。依需要会进行换桶,让酒跟空气接触,同时去掉沉淀在桶底的酒渣。为避免桶内的葡萄酒因蒸发产生的空隙加速氧化,每隔一段时间须进行添桶的工作。

(6)澄清:红葡萄酒是否清澈,跟葡萄酒的品质没有太大的关系,除非是因为细菌感染使酒混浊。但为了美观,或使葡萄酒的结构更稳定等原因,通常还是会进行澄清的程序。酿酒师可以从过滤、凝结澄清与换桶等方法中,选择适当的澄清法。

2.白葡萄酒的酿造过程

(1)采收:白葡萄比较容易氧化,采收时必需尽量保持果粒完整,以免葡萄氧化影响品质。

(2)破皮、榨汁:采收后的葡萄必须尽快进行榨汁,白葡萄榨汁前通常会先进行破皮的程序以方便压榨,有时也会进行去梗的程序,不过整串葡萄直接压榨的品质更好。此外,用红葡萄酿造的白葡萄酒则一定要直接榨汁。为了避免将葡萄皮、梗和籽中的单宁和油脂榨出,压榨时压力必须温和平均,而且不要过分翻动葡萄渣。

(3)澄清:在进行酒精发酵之前,必须先去除葡萄汁中的杂质,传统方式采用低温沉淀法,约需一个晚上到一天的时间。澄清后的葡萄汁则依酒庄的选择放入橡木桶或酒槽中进行酒精发酵。

(4)橡木桶发酵:传统白葡萄酒发酵是在橡木桶中进行的,由于容量小、散热快,虽无冷却设备,但控温效果却相当好。此外,在发酵过程中,橡木桶的香气会溶入葡萄酒中,使酒香更丰富。一般清淡的白葡萄酒并不太适合此种方法,酿制的成本也相当高。

(5) 酒槽发酵：白葡萄酒发酵必须缓慢进行，以保留葡萄原有的香味，而且可使发酵后的香味更加细腻。为了让发酵缓慢进行，温度必须控制在 18℃ 到 20℃。发酵完成之后，白葡萄酒的乳酸发酵和培养可依酒庄喜好在橡木桶或是酒槽内进行。酿造甜白葡萄酒时，在糖分还没完全发酵成酒精之前，通过添加二氧化硫或降低温度中止发酵，即可在酒中保留糖分。

(6) 橡木桶培养：经橡木桶中发酵后，失活的酵母会沉淀于桶底，酿酒工人会定时搅拌让失活的酵母和酒混合，此法可使酒变得更圆润。由于桶壁会渗入微量的空气，所以经桶中培养的白葡萄酒颜色较为金黄，香味更趋成熟。

(7) 酒槽培养：白葡萄酒发酵完之后，还需经过乳酸发酵等程序，使酒变得更稳定。由于白葡萄酒比较脆弱，培养的过程必须在密封的酒槽中进行。乳酸发酵之后会减弱白葡萄酒的新鲜酒香以及酸味，一些以新鲜果香和高酸度为特性的白葡萄酒，会特意抑制乳酸发酵。这种酒的结构通常较脆弱，最好趁新鲜尽早饮用。

(8) 装瓶：装瓶前，酒中有时还会含有失活的酵母和碎葡萄屑等杂质，必须除去。白葡萄酒澄清的方法有许多种，比较常用的有换桶、过滤、用离心分离器和黏合过滤法等。过度的过滤虽会让酒稳定清澈，但也会降低酒的风味。

3. 起泡酒的酿造过程

(1) 采收：起泡酒看重爽口的酸味，葡萄不用太熟就可采收，葡萄皮的颜色不深，所以即使是酿造白起泡酒，黑葡萄或白葡萄都适合采用。不过，采收时必须注意保持葡萄的完整并且避免氧化，比酿造红葡萄酒时更需要由人工采收。

(2) 榨汁：为了避免葡萄汁氧化及释放出红葡萄的颜色，起泡酒通常都是使用完整的葡萄串直接榨汁，榨汁的压力必须非常轻柔。不同阶段榨出的葡萄汁会分别酿造，先榨出来的糖分和酸味比较高，之后的葡萄汁酸味较低，也比较粗犷。

(3) 发酵：起泡酒的发酵和酿造白葡萄酒时一样，没有太多的差别，只需低温缓慢进行即可。起泡酒的香气主要来自瓶中的二次发酵和培养，通常会使用较中性的酵母，以免香气太重。

(4) 酒槽培养与调配：在瓶中二次发酵之前需先进行酒质的稳定，包括乳酸发酵和去酒石酸化盐等，之后还要进行酒的澄清。为了维持一定的品质与风格，起泡酒常会混合不同产区和年份的葡萄酒，由酿酒师调配出特定的品牌风味。

(5) 添加糖和酵母菌：酒精发酵的过程会产生二氧化碳，起泡酒的酿造法是在已酿成的酒中发酵，发酵过程产生的二氧化碳被封在瓶中，就成为酒中的气泡。

（6）瓶中二次发酵及培养：在瓶中进行二次发酵的方法起源于香槟，原称为香槟制造法，现为避免混淆，只要不是在香槟制造，都改称传统制造法。将添加了糖和酵母的葡萄酒装入瓶中后，封瓶，在低温的环境下发酵，10℃左右最佳，以酿造出细致的气泡。发酵结束后直接进行数月或数年的瓶中培养。

（7）人工摇瓶：瓶中发酵后，失活的酵母沉淀于瓶底，虽可提升酒的香气和口感，但为了美观，上市前必须除去。酿好的起泡酒不能换瓶，所以除酒渣并不容易，传统方法是由摇瓶工人每日旋转八分之一圈，且抬高倒插于人字形架上的瓶子，约三星期后，所有的沉积物会完全堆积到瓶口，以利于酒渣的清除。

（8）机器摇瓶：为了加速摇瓶过程及减少费用，已有多种摇瓶机器可以代替人工进行摇瓶的工作。

（9）开瓶去除酒渣：为了自瓶口除去沉淀物而不影响气泡酒，动作必须非常熟练才能胜任。较现代的方法是将瓶口插入－30℃的盐水中，让瓶口的酒渣结成冰块，然后再开瓶利用瓶中的压力把冰块推出瓶外。

（10）加糖与封瓶：去酒渣的过程会损失一小部分气泡酒，必须再补充，同时还要依不同添堵的气泡酒加入不同分量的糖，例如干型的糖分每升在 15 g 以下，半干型介于 33～50 g，甜型则是 50 g 以上。因为压力大，气泡酒必须使用直径更大的软木塞来封瓶，而且还要用金属线圈固定住。

二、通过葡萄酒瓶了解葡萄酒

消费者对葡萄酒的认知往往是从葡萄酒瓶开始的，一般而言，葡萄酒瓶因所盛装的葡萄酒不同而有所差异，但可以通过观察葡萄酒瓶的瓶封、瓶型、瓶底、瓶色、瓶量以及酒标来了解葡萄酒的诸多信息。

1. 瓶封

通常以纸、塑料、锡合金等材质制成。气泡酒会用铁丝罩住木塞并缠绕在瓶口。瓶封的颜色，有时也会代表不同的酒，以勃艮第酒为例，有些酒商会以黄色瓶封代表白酒，红色瓶封代表红酒。

2. 瓶量

标准的瓶子虽然外形有所不同，一般都是 750 mL 的，但在德国很多是 700 mL 的。

3. 瓶底

瓶底凹不凹，均不会影响酒质，也与品质没有关系，但凹底瓶通常会暗示这瓶酒可以被陈放。因现在的酿酒技术，可将杂质过滤得很干净，所以有很多酒商会用平底酒瓶来包装,以节省包装体积及运费,因为瓶底凹度愈深,瓶子就愈高,包装体积也会增大许多。但也有酒商反过来将一般日常饮用的餐酒用深的凹底瓶来包装,使酒留给人一种好的形象以促进销售,因为深的凹底瓶,瓶子会比较高,而一般人都是比较喜欢高挑的"身材",因此会给人一种"这就是高级葡萄酒"的感觉(其实是错觉)。但是凹底瓶对气泡酒(尤其是香槟),是非常重要的。

4. 瓶色

通常会因产区及类型不同而有所不同,例如德国白酒,棕色酒瓶是代表莱茵河区的酒,绿色酒瓶是代表莫斯尔河区的酒。

5. 酒瓶的尺寸

酒瓶的大小会影响葡萄酒的品质。大型酒瓶中的葡萄酒比小型酒瓶中的葡萄酒更可保持新鲜度,大型酒瓶可使葡萄酒的老化速度减缓,但这也是其缺点,因酒成熟速度太慢了,所以要耐心等她"长大"!

6. 瓶型

(1) 波尔多瓶:波尔多瓶也称克莱尔特瓶,其瓶壁平直、瓶肩呈尖角状。这一形状的酒瓶用于盛装波尔多型葡萄酒以及波尔多生产并装瓶的葡萄酒。波尔多红葡萄酒、苏特恩葡萄酒和格拉夫葡萄酒都使用这种有尖角的酒瓶。加利福尼亚的某些特种葡萄酒,如卡百内索维农酒、墨尔乐酒、白索维农酒、塞米翁酒和津芬德尔酒,也都属于波尔多型葡萄酒。

(2) 勃艮第瓶:比波尔多型酒更醇、香味更浓的葡萄酒通常装入勃艮第瓶中。这种酒瓶瓶肩较窄,瓶形较圆。加利福尼亚的勃艮第型葡萄酒,如夏敦埃酒和黑比诺酒均装入此形瓶中出售。西班牙和意大利较为浓烈的葡萄酒(如巴罗洛葡萄酒和巴巴莱斯科酒)也用不同的勃艮第瓶包装。

(3) 霍克瓶:德国霍克瓶又高又细,呈棕色,又称德国长笛瓶。它的一种变体为绿色的摩泽尔瓶。德国的传统规则是莱茵葡萄酒装入棕色瓶,而摩泽尔酒则装入绿色瓶。但不是百分之百如此。不过你仍可将其作为可靠的依据。大部分阿尔萨斯产的葡萄酒的酒瓶与霍克瓶形状相似。许多加利福尼亚的雷司令酒、杰乌兹拉米的酒和西尔瓦那酒的酒瓶形状也与霍克瓶相似。霍克酒瓶遍布世界各地,但要注意:这种酒瓶并不一定反映其内部葡萄酒的种类及质量。

(4) 香槟酒瓶:这种香槟酒瓶是勃艮第瓶的一种,与同类瓶相比更大、更坚实,通常瓶底凹陷,瓶壁较厚,可以承受碳化过程产生的压力,瓶塞是一个七层闭合式设计,一旦塞入瓶颈中便可将酒瓶严密封实。

(5) 波特酒瓶:这种酒瓶采用厚玻璃制造,看起来很厚重,其设计是为了便于酒在酒窖里长期储藏。方形的瓶肩和褶皱的瓶颈能够在倒酒时有助于留下沉淀物。

(6)桃红葡萄酒瓶：主要用于盛装普罗旺斯桃红葡萄酒原装酒，瓶型如同少女婀娜的体型，但是现在已很少使用了，现在很多桃红葡萄酒的酿酒商们都选择其他酒瓶形状了。

以上6种酒瓶的形状如图2-1所示。

图 2-1　葡萄酒常用酒瓶类型

1—波尔多瓶；2—勃艮第瓶；3—霍克瓶；4—香槟瓶；5—波特瓶；6—桃红葡萄酒瓶

7. 酒标

酒标，即贴在酒瓶上的标签，是酒的名片、身份证，包含了酒的相关信息。酒标的作用最主要是告诉消费者瓶中的内容物和可以期望的质量。各葡萄酒产区酒标所标示的内容并不尽相同，但基本上有产地、葡萄品种、年份、瓶装地、分级等要项。

三、葡萄酒的产区与等级

1. 旧世界与新世界

何为新世界？何为旧世界？一般来说，欧洲大陆酿酒历史相对较长的国家被称为葡萄酒的旧世界，例如法国、意大利、德国、西班牙、葡萄牙以及匈牙利、捷克、俄罗斯、摩尔达维亚等国家；而欧洲以外，最近一两百年新兴的葡萄酒生产国被称为葡萄酒的新世界，包括美国、澳大利亚、南非、阿根廷、智利、巴西、中国、加拿大等国家。

新世界的葡萄酒国家工业化生产葡萄酒的历史并不长，但富有活力和创新精神。酿酒的理念更加倾向于适应市场要求，市场欢迎什么就生产什么。酒的风格上，大多数属于清新淡雅型或果香型，不过分追求复杂的口感和陈酿效果。在葡萄酒管理上，充分发挥土地潜力，对单产不作严格限制，酿酒工艺则适应于对酒风格的要求。

旧世界的葡萄酒国家生产葡萄酒的历史悠久,葡萄栽培、酿酒工艺和产品风格都有固定的模式。酒的风格追求丰满复杂,红葡萄酒虽有清新雅致、即时消费的普通佐餐酒,但更多的是高档酒,要求有很强的结构感,橡木桶陈酿等。

1)葡萄品种的不同

新世界国家(包括中国)因为历史的原因,主要引种的法国品种,现在通称为"国际化"品种;在生产理念上,新世界国家与旧世界正好相反,不受过多的条条框框束缚,例如:往往没有产地限定,可以自由使用橡木片来加速葡萄酒的熟化;在葡萄的种植上,可以大面积进行单品种的推广,便于机械的操作;生产酒厂往往规模较大,产量较高,同时在品质控制上往往采用最新的科学技术,注重产品的理化指标等。

而旧世界因为历史的原因,酒庄规模往往不大,强调小产区、小地块、微气候,通过法律严格限制产量来提高品质,葡萄品种丰富,强调个性,喜欢传统的酿造方式,例如:使用历史较长的大型旧橡木桶进行陈酿,甚至是发酵。

在历史方面,旧世界历史悠久,其生产酒庄有的甚至可以达到几百上千年的历史;新世界比较短,最长只有二三百年。也许是历史差距导致新旧世界葡萄酒有着许多不同之处。

2)种植方式的不同

旧世界亩产限量比较严格;新世界较为宽松。而且在方式上,旧世界讲究精耕细作,注重人工;新世界以机械化为主。

3)酿造工艺的不同

旧世界以人工为主,讲究小产区、穗选甚至粒选,产品档次差距大,比较讲究年份;新世界以工业化生产为主,产品之间品质差距不大。

4)等级划分的不同

旧世界有更严格的等级标准,以法国酒为例,每一瓶葡萄酒的正标上都标注等级,一目了然。新世界也有相关法规,但不如旧世界严格。

5)其他不同

旧世界的酒标信息复杂,包含各项元素,便于消费者认知,而新世界酒标信息简单,不易从酒标信息中了解酒的好坏。

另外,旧世界的生产单位比较小,有的甚至每年只有几百箱的产量,而新世界有可能达到几十万吨。

2. 葡萄酒的等级

1)法国葡萄酒四级制

法国为了保持"葡萄酒王国"的美称,从生产到销售,对葡萄酒的质量控制管理都相当严格,并且于1935年7月30日颁布法律对葡萄酒的名品进行保护,建立了名酒的"名称监制制度"。法国依照欧盟对葡萄酒分类的要求,将葡萄酒分为四个等级,只要符合规定的标准,国家有关的葡萄酒管理机构就予以承认并授予相应的葡萄酒等级。

(1)法定产区葡萄酒(AOC):最高等级的法国葡萄酒,其使用的葡萄品种、最低酒精含量、最高产量、培植方式、修剪以及酿酒方法等都受到最严格的监控。只有通过官方分析和化验的法定产区葡萄酒才可获得AOC证书。正是这种非常严格的规定才确保了AOC等级的葡萄酒始终如一的高贵品质。在法国,每一个大的产区里又分很多小的产区。一般来说,产区越小,葡萄酒的质量也会越高。

(2)优良地区餐酒(VDQS):等级位于地区餐酒和法定产区葡萄酒之间。这类葡萄酒的生产受到法国原产地名称管理委员会的严格控制。

(3)地区餐酒(VDP):由最好的日常餐酒升级而成。其产地必须与标签上所标示的特定产区一致,而且要使用被认可的葡萄品种,最后,还要通过专门的法国品酒委员会核准。法国绝大部分的地区餐酒产自南部地中海沿岸。

(4)日常餐酒(VDT):又分三级,即

Ⅰ:高级,只混合法国产的葡萄。

Ⅱ:中级,混合欧联诸国生产的葡萄酒。

Ⅲ:低级,不限定葡萄品种,在法国国内酿造者。

2)德国葡萄酒的等级

德国对葡萄酒的管制也很严格,自1971年起,法律规定设立三个等级来管制葡萄酒的品质。

(1)普通葡萄酒(T.W):这是最普通的级别,也是广受欢迎的葡萄酒。产品不需标明产区和葡萄品种,也不需标明葡萄园的名称。不同产地的葡萄酒不能混合使用,也不能与欧盟其他国家产的葡萄酒混合配制。

(2)优质葡萄酒(Q.B.A):这一类葡萄酒在加糖前测定糖分含量不得低于7.5%,要标明来自指定的产区和葡萄品种,还要标上检验合格的编号。

(3)特级葡萄酒(Q.M.P):这一级别的葡萄酒是不允许加入糖分的,所以只能在某些特别好的年份待葡萄熟透后,才可以生产,葡萄本身含糖量不得低于9.5%。葡萄种类及产区村庄也受政府指定,还要注明检验合格编号。

特级葡萄酒中,还可以再细分级别来表明收货的时间。收货越迟,葡萄会越甜,糖分含量就越高,酒质也就越珍贵。具体级别如下:

Ⅰ:Q.M.P级别中最低的一级,与正级葡萄酒相比,除了糖分含量标准提高外,就是不准许额外加糖。

Ⅱ:比正常收获期(9月底至10月初)采摘的葡萄较为丰厚甜香。

Ⅲ:这一级只采摘成熟的葡萄来酿制,未成熟的留在枝干上。其酒味更加浓郁香甜。

Ⅳ:这一级要挑选熟透的葡萄来酿制,产量很少。

Ⅴ:这一级是特级葡萄酒中的极品。专门采摘熟透到腐烂的葡萄来酿制出白葡萄酒。

Ⅵ:这一级被称为冰酒。要等到结冰后才采摘葡萄,小心榨碎葡萄后,采用未结成冰块的葡萄汁来酿制葡萄酒。

3)意大利葡萄酒的等级

自古以来,意大利就是葡萄酒产地。随着罗马帝国政治势力的扩张,意大利葡萄酒也被推广到整个欧洲,所以意大利对欧洲葡萄酒有着很大的贡献。从生产量来看,每年意大利和法国竞争世界之冠;而在出口量方面,意大利则一直保持世界第一。

意大利将葡萄酒等级划分四级:

(1)佐餐酒:此类酒是意大利人日常佐用的葡萄酒。佐餐酒于酒标上不可列葡萄品种或产酒区名称。

(2)产区酒:在此等级中,法国酒只有小产区出现,大产区全被纳入更高级的"法定产区"中。但在意大利,大产区如Piemonte或Toscana的酒也可在此等级中出现。换言之,意大利的产区酒级别的酒比法国的地区餐酒级别的酒整体质量更佳。另外,有某一类的产区酒,其实是最高质量的意大利酒。由于有关法律严格,意大利酒庄使用外国葡萄酿成的酒,即使酒质很高,也不能使用更高的评级,只能用产区酒,甚至是佐餐酒。这些"名小于实"的葡萄酒多来自托斯卡纳地区,于是专家们称其为"超级托斯卡纳"。

(3)法定产区酒:其相对的法国评级是法定产区葡萄酒,但以整体素质而言,可能较后者更平均。

(4)特级酒:直译为"法定保质产区酒"。这些意大利的最好产区多来自于Piemonte及Toscana大酒区。

四、葡萄酒的储藏

1.储藏条件及要领

1)温度

保持恒定的温度对于葡萄酒的储藏至关重要,理想的储藏温度是介于

10～15℃。缓慢的、季节性的温度波动不会造成太大影响,但是温度的极端变化和波动会对酒产生影响。热气向上升,所以在任何空间,顶部总是会比底部要热一些。因此无论酒窖储藏条件如何,摆放酒的时候要把白葡萄酒和桃红葡萄酒放在底部,而把红葡萄酒放在顶部。

2) 湿度

葡萄酒储藏理想的湿度条件是介于60%～80%。如果湿度条件低于或高于这个区间,虽然不会破坏酒瓶里酒液的酒质,却会使酒瓶上的标签受潮被霉化。如果湿度太低,那么封瓶塞就会干化萎缩,可能导致瓶中的酒蒸发。

3) 光照

葡萄酒的最佳存放环境是处于黑暗的地方。强烈的太阳光线能够穿过酒瓶,特别是浅色的酒瓶更易透光,这样很容易破坏瓶中酒的品质。如果酒窖里有能透过阳光的窗户,一定要用窗帘遮挡,或者干脆常年将其封堵上。

4) 通风

葡萄酒的存放酒窖里应允许少量的空气流动,这样可以避免存放空间里产生腐臭的气味,这类气味会对酒的口感很不利。如果有必要,可在酒窖里加装一个排气扇。强烈的刺激性气味也会影响葡萄酒的品质,因此必须使酒远离油漆、化学物品、有刺激性气味的食品,以及任何散发出刺鼻味道的东西。

5) 稳定

要将葡萄酒放置在不会被移动或摇晃的地方。如果附近有火车铁轨或者是喧嚣的公路,一定要把酒窖放到离地面和墙远的地方,以把震动影响降到最低。

6) 放置

如果储存酒需数天,可以采取酒瓶水平放置的方式。这样能够让封瓶塞和酒接触,以使瓶塞保持湿润,并避免酒的氧化。如果封瓶塞变得干燥,就会很快开始萎缩,并能使其与酒瓶间出现细小的缝隙,空气就可以通过瓶塞下的缝隙渗入到瓶中(瓶盖并不是一种有效的密封方式),导致瓶中的酒变质。当准备开瓶时,再将酒瓶竖直放置以使瓶内的沉淀物沉降到瓶底。

2. 储藏时间与饮用

1) 储藏时间

葡萄酒并非越陈越好,因为葡萄酒有生命周期,装瓶后仍有轻微发酵。葡萄酒的陈酿包括橡木桶中的陈酿及装瓶后的继续发酵两个过程。因为葡萄酒是有生命的酒品,一般而言,除非陈年佳酿,其他的酒皆应在保质期内喝完,白葡萄酒应在出厂后6个月内喝完,红葡萄酒应在2年内喝完。储藏时间的长短取决于酒中单宁的含量,单宁多则需要储藏时间长。通常好酒可以储藏15～25年,一般的酒可以储藏3~5年。

2) 开瓶后的存放

开瓶的酒应该将软木塞塞回,把酒瓶放进冰箱,直立摆放。通常,白葡萄酒开瓶后可以在冰箱中保存1个星期,红葡萄酒开瓶后可在冰箱中保存2~3个星期。在开启一瓶较大包装的起泡酒后,如果一次不能喝完,最好马上塞紧瓶口,用铁丝扎住,以免酒中的二氧化碳逸出,影响起泡酒的清新爽口感。如果有冰箱,最好在塞好瓶口后放在冰箱里,在较低的温度下冷藏,并在一周内喝完。

【补充阅读】

一、法国葡萄酒酒标解读

每瓶酒也有一张"身份证",列明该瓶酒的酒龄、级数、出品酒庄、产地。所以品鉴葡萄酒首先便要学会阅读不同的酒标,才可更进一步了解葡萄酒。这里将向您介绍法国葡萄酒酒标上主要信息的含义。一般来说,法国葡萄酒的酒标上包含了以下9种信息:

(1) 酒庄或酒名。在法国,常见以城堡或庄园开头。

(2) 原产地控制命名,即法定产区标志 AOC。

(3) 酒庄的标志。一般是建筑图案、家族徽章等。

(4) 酒庄的所在地。

(5) 年份。葡萄收获的年份。

(6) 葡萄品种。指葡萄酒酿制所用的葡萄品种。

(7) 装瓶信息。注明葡萄酒在哪或由谁装瓶,一般由酒厂、酒庄、批发商装瓶。

(8) 糖分信息。香槟和起泡酒一般会标注出这个信息,表示酒的含糖量。包括 Extra Brut(绝干)、Brut(干)、Extra Dry(半干)、Sec(微甜)、Demi Sec(半甜)、Doux(甜)。

(9) 其他信息。包括酒精度、容量、生产国家等。

二、法国葡萄酒酒标常见词汇

Appellation＊＊＊＊.Controlee:法定产区等级葡萄酒,简称 AOC。通常在＊＊＊＊后加入被认定为 AOC 酒的地域名,例如 Appellation Bordeaux Controlee 指的就是波尔多的 AOC 酒。

Blanc:白葡萄酒。

Chateau:城堡酒庄。

Cave cooperative:合作酒厂。

Cru：葡萄园。

Grand Cru：最优良的特等葡萄园。Grand Cru Class 最优良的特等葡萄园中的"高级品"，Premier Cru Classe 一级园，Cru Exceptional 特中级酒庄，Cru Bourgeois 中级酒庄。

Demi Sec：半干型葡萄酒，含些微糖分。

Doux：甜葡萄酒。

Domaine：独立酒庄。

Mis En Bouteille：装瓶。以在酒庄装酒为最佳，称为"酒庄原装酒"。

Negociant：葡萄酒中介商。

Proprietaire recoltant：自产葡萄、酿酒的葡萄农。

Premier cru：次于特等葡萄园但优于一般等级的葡萄园。

Rouge：红葡萄酒。

Rose：玫瑰红酒。

Sec：干型葡萄酒，不含糖分。

VIN：葡萄酒。

V. D. Q. S.：优良地区餐酒。

V. D. P.：地区餐酒。

V. D. T.：日常餐酒。

三、法国葡萄酒的命名

法国的葡萄酒，除了阿尔萨斯之外，都是以产地名作为葡萄酒名。而 AOC 标示生产地名的范围愈小，等级愈高。例如，波尔多大产区下面可细分为梅多克次产区、格拉夫次产区等，而梅多克次产区内部又有很多村庄，如玛尔戈村庄，玛尔戈村庄内又包含几个城堡，如力士金城堡。

(1)最低级是标注大产区名 AOC：例如原产地管理证明＋波尔多产区

(2)次低级是标注次产区名 AOC：例如原产地管理证明＋梅多克次产区

(3)较高级是标注村庄名 AOC：例如原产地管理证明＋玛尔戈村庄

(4)最高级是标注城堡名 AOC：例如原产地管理证明＋力士金城堡

第二节 黄　　酒

一、黄酒概述

黄酒是我国特有的传统酿造酒，至今已有 3000 多年历史，因其酒液呈黄色而取名为黄酒。黄酒以糯米、大米或黍米为主要原料,经蒸煮、糖化、发酵、压榨而成。黄酒为低度(15%～18%)原汁酒,色泽金黄或褐红,含有糖、氨基酸、维生素及多种浸出物,营养价值高。成品黄酒用煎煮法灭菌后用陶坛盛装封口。酒液在陶坛中越陈越香,故又称为老酒。

1. 黄酒的分类

现代黄酒根据含糖量、酿造工艺、糖化发酵剂、原料的不同划分为不同的类别。

1) 按含糖量分类

(1) 干黄酒:含糖量小于 1.00 g/100 mL(以葡萄糖计)。"干"表示酒中含糖量少,糖分都发酵变成了酒精,故酒中的糖分含量最低。该酒属稀醪发酵,总加水量为原料米的三倍左右。发酵温度控制得较低,开耙搅拌的时间间隔较短。酵母生长较为旺盛,故发酵彻底,残糖很低。此类酒的色香味格表现为:口味醇和鲜爽,浓郁醇香,呈橙黄至深褐色,清亮透明,有光泽。

(2) 半干黄酒:含糖量为 0.01～0.03 g/mL。半干黄酒中糖分还未全部发酵成酒精,还保留了一些糖分。在发酵过程中,要求较高。酒质浓厚,风味优良,可长久贮藏,是黄酒中的上品。我国大多数出口酒均属此类。此类酒的色香味格表现为:口味醇厚,柔和鲜爽,浓郁醇香,呈橙黄至深褐色,清透有光泽。

(3) 半甜黄酒:含糖量为 0.03～0.10 g/mL。该酒工艺独特,是用成品黄酒代替水,加入发酵醪中,使糖化发酵在开始时,发酵醪中的酒精浓度就达到较高的水平,这在一定程度上抑制了酵母菌的生长速度;由于酵母菌数量较少,对发酵醪中产生的糖分不能转化成酒精,故成品酒中的糖分较高。该酒酒香浓郁,酒度适中,味甘甜醇厚,为黄酒中之珍品。缺点:不宜久存。贮藏时间愈长则色泽愈深。此类酒的色香味格表现为:醇厚鲜甜爽口,酒体协调,浓郁醇香,清亮透明,有光泽。

(4) 甜黄酒:含糖量为 0.10～0.20 g/mL。一般采用淋饭操作法,拌入酒药,搭窝先酿成甜酒酿,当糖化至一定程度时,加入 40%～50% 浓度的米白酒或糟烧酒,以抑制微生物的糖化发酵作用。由于加入了米白酒,酒度也较高。可常年生产。此类酒的色香味格表现为:鲜甜醇厚,酒体协调,浓郁醇香,呈橙黄至深褐色,清亮透明,有光泽。

(5) 浓甜黄酒:含糖量为 0.20 g/mL。此类酒的色香味格表现为:蜜甜醇厚,酒体协调,浓郁醇香,呈橙黄至深褐色,清亮透明,有光泽。

2) 按酿造工艺分类

(1) 淋饭酒:淋饭酒是指蒸熟的米饭用冷水淋凉,然后,拌入酒药粉末,搭窝,糖化,最后加水发酵成酒。口味较淡薄。这样酿成的淋饭酒,有的工厂是用来作为酒母的,即所谓的"淋饭酒母"。

(2)摊饭酒:指将蒸熟的米饭摊在竹筐上,使米饭在空气中冷却,然后再加入麦曲、酒母(淋饭酒母)、浸米浆水等,混合后直接进行发酵。

(3)喂饭酒:按这种方法酿酒时,在发酵投料时米饭不是一次性加入,而是分批加入。

3)按糖化发酵剂分类

(1)麦曲黄酒:以传统的酒药加小麦麦曲为糖化发酵剂酿制而成。

(2)红曲黄酒:以糯米、粳米为原料,采用耐高温的红曲(包括红曲、乌衣红曲及黄衣红曲)为糖化发酵剂酿制而成,具有酒味芬芳、醇和柔润的特点,酒度为15%左右。

(3)小曲黄酒:以小曲为糖化发酵剂酿制而成。

(4)纯种曲黄酒:以纯菌种培养的各种糖化曲和酒酵母酿制而成。

4)按原料分类

黄酒根据其原料、酿造工艺和风味特点的不同,可以划分为糯米黄酒、粳米黄酒、黍米黄酒三类。酿制黄酒的主要原料是黏性比较大的糯米、黍米和大黄米,由于这些原料种植量少、产量低,给黄酒的生产带来了一定困难。为解决黄酒生产原料不足的问题,近年来,我国不少地区用玉米、地瓜干酿制黄酒取得了成功,并已通过鉴定。

(1)糯米黄酒:以糯米为主要原料酿制而成。传统黄酒有许多糯米黄酒,以浙江绍兴黄酒、湖北孝感米酒、福建客家米酒为代表,历史悠久,声名远播。

(2)粳米黄酒:以粳米为主要原料酿制而成。传统的黄酒原料是糯米和粟米,由于糯米产量低,不能满足生产需要,在20世纪50年代中期,通过改革米饭的蒸煮方法,实现了用粳米和籼米代替糯米的目的,酒质保持稳定。粳米黄酒具有清凉透明、香气淡雅、口味爽适、协调细腻等特点。

(3)黍米黄酒:我国北方黄酒的典型代表,最早创于山东即墨,现在北方各地已广泛生产。黍米黄酒以颗粒饱满的黍米为原料,以米曲霉制成的麸曲为糖化发酵剂酿制而成。

2.黄酒的产区

黄酒产地较广,品种很多。中国的黄酒主要产于浙江、江苏、江西、福建、山东和上海,其中浙江省的黄酒产量及销售量均占全国的50%左右。各地的黄酒各有特色,以下分别予以介绍。

1)绍派黄酒

"天下黄酒源绍兴",黄酒的正宗在绍兴。绍兴黄酒是酒精度相对较高,采取传统工艺酿制的黄酒。绍派黄酒酿制具有以下特点：

(1)原料是精白糯米，早在西汉，人们就将酒分为三级，而以糯米酿制的酒为上等。

(2)绍兴酒的酿制用鉴湖之水，鉴湖水体清洁，无杂质，水硬度适中，符合酿酒的一切条件，这是绍兴得天独厚的自然环境和地质条件所赐予的，非人工所能合成。

(3)绍兴酒工艺操作严格，道道工序把关，其精心酿制的酒，再进行一段时间的贮藏，或一年，或三五年，甚至十年、几十年，使其味更醇厚，香更芬芳。

绍派黄酒以古越龙山、会稽山、女儿红、塔牌、鉴湖等品牌为代表。

2)海派黄酒

海派黄酒是营养黄酒，通过创新传统黄酒的酿制工艺、配方，如添加枸杞、蜂蜜、姜汁，起到改变口感和增加营养双重目的。工艺上采用冷冻24小时后反复过滤的葡萄酒制作方法，酿成的黄酒呈琥珀色且口感清爽。海派黄酒以和酒、石库门等品牌为代表。

3)苏派黄酒

原产于江苏地区，酒精度10~12度。采用传统生产操作工艺，通过选用优质大米、过筛、浸渍、摊冷、落缸、发酵、压榨、澄清、煎酒等工序，生产出的黄酒偏甜，口感舒适，甜而不腻，比较符合江苏、上海一带人的口味。苏派黄酒以沙洲优黄、南通白蒲、无锡惠泉、丹阳黄酒、百花漾等品牌为代表。

4)闽派黄酒

采用红曲、糯米，配以山泉精酿而成，是福建的特有酒种。用红曲作为糖化发酵剂，具有清爽、低糖、原味、本色、营养、绿色等特色。鼓山派福建老酒是其代表酒种。

闽派黄酒中著名的还有龙岩沉缸酒，属甜型黄酒，是久负盛名的高级营养滋补低度酒。该酒选用优质糯米，配以祖传秘方药曲(内含冬虫夏草等三十多种名贵中药材)，精心酿制，陈酿而成。其工艺独特，异于别种黄酒，采取两次小曲米酒入酒醅的方法，让酒醅三沉三浮，最后沉入缸底。此酒营养极为丰富，滋补健身，有"斤酒当九鸡"之说。

5)徽派黄酒

徽派黄酒具有独特的魅力，有着深厚的文化历史背景。徽州人多以诗书传家，不惧远游，很多人少小离家，以期荣归故里。出门前家中都会备一坛黄酒，临行满饮一碗，挥泪辞行。余酒则深埋储存。十余年后，少年衣锦还乡。此时，宗室长者便会亲自挖出那一坛黄酒，举杯共庆。这是徽派黄酒的由来。徽派黄酒以古南丰、海神黄等品牌为代表。

6）鲁派黄酒

鲁派黄酒起源于商朝,兴盛于春秋战国时期。鲁派黄酒选用大黄米、陈伏麦曲、崂山(麦饭石)矿泉水,按照"黍米必齐、曲糵必时、水泉必香、陶器必良、火炽必洁、火剂必得"的古代造酒六法酿制而成("古遗六法"),经自然发酵后压榨所得的原汁而成。酒中的糖、酒、酸、色、香、味全为天然所得,不添加任何成分,是名副其实的绿色食品。营养成分比较齐全。鲁派黄酒以即墨、妙府等品牌为代表。

7）湘派黄酒

无论是选料、工艺,还是口感、香型,湘派黄酒都有自己独特的风味。湘派黄酒采用"绿色糯米"加湖湘地区的"湘莲"和大补之红枣、桂圆、枸杞等,形成独特的配方工艺,并创造了"四酶二曲一酵母"生物酿造黄酒技术。湘派黄酒的代表是胜景山河·古越楼台。

3.黄酒的功效

1）活血祛寒,通经活络

在冬季,喝黄酒宜饮。在黄酒中加几片姜片煮后饮用,既可活血祛寒,通经活络,还能有效抵御寒冷的刺激,预防感冒。需要注意的是,黄酒虽然酒精度低,但饮用时也要适量,一般以每餐100～200 g为宜。

2）抗衰护心

在啤酒、葡萄酒、黄酒、白酒组成的"四大家族"中,当数黄酒营养价值最高,而其酒精含量仅为15%～16%,是名副其实的美味低度酒。作为我国最古老的饮料酒,其蛋白质的含量较高,并含有21种氨基酸及大量b族维生素,经常饮用对妇女美容、老年人抗衰老较为适宜。

我们都知道,人体内的无机盐是构成机体组织和维护正常生理功能所必需的,黄酒中已检测出的无机盐有18种之多,包括钙、镁、钾、磷等常量元素和铁、铜、锌、硒等微量元素。其中镁既是人体内糖、脂肪、蛋白质代谢和细胞呼吸酶系统不可缺少的辅助因子,也是维护肌肉神经兴奋性和心脏正常功能,保护心血管系统所必需的。人体缺镁时,易发生血管硬化、心肌损害等疾病。而硒的作用主要是消除体内产生过多的活性氧自由基,因而具有提高机体免疫力、抗衰老、抗癌、保护心血管和心肌健康的作用。已有的研究成果表明,人体的克山病、癌症、心脑血管疾病、糖尿病、不育症等40余种病症均与缺硒有关。因此,适量饮用黄酒,对心脏有保护作用。

3）减肥、美容、抗衰老

黄酒的热量非常高,喝多了肯定会胖。但是适当的饮酒可以加速血液循环和新陈代谢,还有利于减肥。黄酒中含有大量糖分、有机酸、氨基酸和各种维生素,具有较高的营养价值。由于黄酒是以大米为原料,经过长时间的糖化、发酵制成的,原料中的淀粉和蛋白质被酶分解成为小分子的物质,易被人体消化吸收,因此,人们也把黄酒列为营养饮料酒。

黄酒的度数较低,口味大众化,尤其对女性美容、老年人抗衰老有一定功效,比较适合日常饮用。但也要节制,例如度数在15度左右的黄酒,每日饮用量别超过8两;度数在17度左右的,每天饮用量别超过6两。

4)有药用价值

药引是引药归经的俗称,指某些药物能引导其他药物的药力到达病变部位或某一经脉,起向导的作用进行针对性治疗。它们不仅与汤剂配合,更广泛地和成药相配合在一起应用。另外,药引子还有增强疗效、解毒、矫味、保护胃肠道等作用。在一张处方中,需不需要药引子,由医生根据病情而定,一般不需要病家自己去配制。

黄酒不仅能将药物的有效成分溶解出来,易于人体吸收,还能借以引导药效到达需要治疗的部位。在唐代,我国第一部药典《新修本草》规定了米酒入药。李时珍在《本草纲目》上说:"诸酒醇醨不同,惟米酒入药用"。米酒即是黄酒,它具有通血脉、润肠胃、护皮肤、养脾气、扶肝、除风下气等治疗作用。由此可知,历来人们用黄酒作酒基制成养生和医用治病的酒,说明黄酒与中药药剂有一种天然的糅合因子或亲和性。

白酒虽对中药溶解效果较好,但饮用时刺激较大,不善饮酒者易出现腹泻、瘙痒等现象。啤酒则酒精度太低,不利于中药有效成分的溶出,而黄酒酒精度适中,是较为理想的药引子。

5)烹饪时祛腥膻、解油腻

黄酒在烹饪中的主要功效为祛腥膻、解油腻。烹调时加入适量的黄酒,能使造成腥膻味的物质溶解于热酒精中,随着酒精挥发而被带走。黄酒的酯香、醇香同菜肴的香气十分和谐,用于烹饪不仅为菜肴增香,而且通过乙醇挥发,把食物固有的香气诱导挥发出来,使菜肴香气四溢、满座芬芳。黄酒中还含有多种多糖类物质和各种维生素,具有很高的营养价值,用于烹饪能增添鲜味,使菜肴具有芳香浓郁的滋味。在烹饪肉、禽、蛋等菜肴时,调入黄酒能渗透到食物组织内部,溶解微量的有机物质,从而令菜肴更可口。

6)促进子宫收缩、舒经活络

黄酒又称米酒,是水谷之精,性热。产后少量饮用此酒可祛风活血、避邪逐秽,有利于恶露的排出,促进子宫收缩,对产后受风等有舒经活络之作用。除此之外,利用黄酒还可以做出味美并具有一定医疗作用的食品,例如黄酒和桂圆或荔枝、红枣、核桃、人参同煮,不仅味美,而且具有一定益气补血之功效,对体质虚弱、元气损耗等有明显疗效,这种功能优势更是其他酒类饮品无法比拟的。但饮用过量容易上火,并且可通过乳汁影响婴儿。饮用时间不宜超过1周,以免使恶露排出增多,持续时间过长,不利于早日恢复。

7) 辅助医疗

黄酒多用糯米制成。黄酒在酿造过程中,注意保持了糯米原有的多种营养成分,还有它所产生的糖化胶质等,这些物质都有益于人体健康。在辅助医疗方面,黄酒不同的饮用方法有着不同的疗效作用。例如凉喝黄酒,有消食化积、镇静的作用,对消化不良、厌食、心跳过速、烦躁等有显著的疗效;烫热喝的黄酒,能祛寒驱湿,对腰背痛、手足麻木和震颤、风湿性关节炎及跌打损伤患者有益。

二、黄酒的品评与选购

1. 黄酒品评的内容

1) 色泽

黄酒的色多为黄色,包括浅黄、金黄、禾秆黄、橙黄、褐黄等,另外还有橙红、褐红、宝石红、红色等。色泽为一种带颜色的亮光,指黄酒装在瓶里或倒入玻璃杯中显示的晶莹透亮,或迎光侧视而闪闪有光的现象。检查色泽是对黄酒品评的第一步。

2) 香气

黄酒的香气成分主要是酯类、醇类、醛类、氨基酸类等,因黄酒工艺、原料、地域等传统习惯的不同,经常呈现出的香气是醇香(酒香)、原料香、曲香、焦香、特殊香等等,但一个好的黄酒要求诸多香气要融和协调,呈现出浓郁、细腻、柔顺、幽雅、舒适、愉快的感觉,不能出现粗杂的现象。

3) 口味

口味中应该有甜、鲜、苦、涩、辣、酸诸多味道,但要各不出头,就是辛辣的酒精味也应该恰到好处,让品评者感到丰满纯正,醇厚柔和,甘顺爽口,鲜美味长,具有本类黄酒应有的滋味。

4) 风格

风格就是典型性。每一种成型的黄酒,都有其色香味构成的品种特性,尤其是历史名酒和地方特产,以及有影响力的新特产品。判断时注意三点:一是香味成分是否和谐统一;二是酒质酒体是否幽雅舒爽;三是风格是否独特典型。

2. 品评方法

1) 酒杯

选择无色透明、郁金香型玻璃高脚杯,容量 50 mL。评酒:将酒注入酒杯,注入量为酒杯的三分之二或五分之二。

2) 举杯

在充分的光线下进行视觉检查。顺序为一看颜色,二看浊度(澄清度),三闻香气,四尝口味。三闻:一闻静止状态下的黄酒整体的放香情况,香气协调完美程度;二闻摇动或转动酒杯后,香气和谐精细情况,反复几次,以确定该酒的品质和个性特征;三闻异杂气味,远近左右动静辨别,直到确定为止。

3) 品尝口味

主要用口腔和舌喉等触觉器官来完成。第一口:饮入酒 3~5 mL,通过口腔蠕动,酒液在舌面上逐渐向后移动,感觉到甜、酸、苦、香、辣、鲜、涩诸多味道。当香味充满口腔时,就会感知其流动性、圆润性、和谐性、持久性、舒适性等一系列感觉,以及其浓淡、长短、强弱、厚薄等状况。当体会充分时,便可将酒咽下,接着便会从喉部冒出一种香味,经鼻腔或口腔喷出,这就是常说的回味。

第二口、第三口要看情况而定。如果第一口品尝中,发现什么不愉快或不协调之处,那就要再喝一口仔细品味,直到把疑虑解决之后停止,评酒员应该有很强的辨别力和记忆力。

风格判断把色、香、味各方面的状况综合起来,经过思维判断,确定其典型性或特有风格,有时需要与类似的酒进行比较,以确定其风格特点。

中国黄酒是历史最悠久的传统美酒,酿出的酒质具有民族气质,饮用习俗具有传统美德,饮用方法纯朴而多样,呈现出许多饮酒经典和饮酒艺术的画面。品评过程中,肯定会感受到黄酒的美妙、深奥与优秀,在漫不经心的饮用中,一定会领略出它的别致、幽雅、浪漫和愉悦,会有益于身心健康。

3. 黄酒的鉴赏程序

对于黄酒来说,就是鉴赏、识别、审美、观察、体味和研究。当你拿到一瓶黄酒,观赏是第一步,当上下左右里里外外观察清楚之后,就要进入第二步审美研究,像欣赏美女一样来欣赏黄酒,从艺术的角度和情趣来观察其审美价值;第三步就是品尝,欣赏黄酒内在的和谐美、柔性美、韵味美。通过细品慢饮来欣赏黄酒的醇香、和顺、丰满、细腻、幽雅、净爽、回味的艺术感受。

黄酒的鉴赏程序,凝聚着中华民族的酒文化历史,是典型的民族产品,自古有一套品饮鉴赏的方法。

第一步,鉴别酒型、酒种、产地、年代。

第二步,观看包装、色泽。

第三步,开瓶或开坛。

第四步,倒杯。斟酒时一般倒入三分之二或五分之三,以便香味集中在酒杯的上部,便于观看和闻香。视觉检查:一看颜色,二看清亮度,三看色泽亮度,四看流动性(黏稠度)。

第五步,嗅觉检查,鼻对杯口,静吸气,接收挥发性香味;摇动或转动杯子,检查酒的香味、品质、强弱和个性。

第六步,味觉检查,品尝酒的六味及协调程度。

第七步,回味检查,品尝后将酒咽下,感觉其回味及后味长短。

第八步,综合判断酒的品质风格,在体味中享受黄酒的美味和香醇。

4. 黄酒的选购

(1)观色泽:优质黄酒符合标准要求,色橙黄,清澈透明,允许有少量蛋白质沉淀;而浑浊不清、有杂质等为劣质产品。

(2)闻香味:优质黄酒拥有黄酒特有香气,醇香浓郁,无其他异杂味;而劣质的黄酒由于是用酒精等配制而成,没有原料香味,有酒精、醋酸气等杂气。

(3)尝味道:真品黄酒口感醇厚爽口,味正纯和,具有黄酒的典型风味,无杂异味;而假劣酒一般口味较淡,用酒精配制的有较强的酒精味;而以次充好者则口味不清爽,缺少优质黄酒应有的清爽和醇厚,常有其他杂味如酒精味、香精味、水性味、焦苦味等。

(4)试手感:倒少量酒在手心,酿造的黄酒有十分强烈的滑腻感,干了以后非常黏手;而勾兑的黄酒触手就是水的感觉。

(5)看价格:用纯糯米酿造的黄酒,经过三五年甚至更长时间的陈酿,价格一般不会很便宜,所以低价的陈酿黄酒需引起注意。

三、黄酒的保存

储存黄酒是有讲究的,如果方法不对,黄酒就会酸败、变质。因此黄酒的储存是保证酒质好坏的关键因素之一。那该如何保存黄酒呢?

(1)黄酒属于发酵酒类,一般酒精的含量较低,越陈越香是黄酒最显著的特征,所以贮存地点最好在阴凉、干燥的地方。即温度应在4℃以上,15℃以下,变化平稳,干湿度合适的通风良好的仓库。这样,能促进酒质陈化,并能减少酒的损耗。但在-5℃至-15℃则会出现冰冻,影响酒质,甚至会冻裂酒坛和酒瓶。

(2)黄酒的包装容器以陶坛和泥头封口为最佳,这种古老的包装有利于黄酒的老熟和提高香气,在贮存后具有越陈越香的特点。

(3)黄酒堆放平稳,酒坛、酒箱堆放高度一般不得超过4层,每年夏天翻一次坛。

(4) 黄酒不宜与其他有异味的物品或酒水同库储存。

(5) 黄酒储存不易经常受到震动,不能有强烈的光线照射;要远离热源,不能潮湿。

(6) 不可用金属器皿储存黄酒。

(7) 黄酒贮存时间要适当。普通黄酒宜贮存1~3年,这样能使酒质变得芳香醇和,如果贮存时间过长,酒的色泽则会加深,尤其是含糖分高的酒更为严重;香气则会由醇香变为水果香,这是酸类和醇类结合生成的醇香,并有焦臭味;而且口味会由醇和变为淡薄。优质黄酒可长期贮存。

(8) 黄酒经贮存会出现沉淀现象,这是酒中的蛋白质凝聚所致,属于正常现象,不影响酒的质量。但应注意不要把细菌引起的酸败混浊视为正常的沉淀,如果酒液发浑,酸味很浓,那是变质,已不可饮用。

【补充阅读】
绍兴酒的生产工艺

绍兴酒独一无二的品质,既得益于稽山鉴水的自然环境和独特的鉴湖水质,更是上千年来形成的精湛的酿酒工艺所致,三者巧妙结合,缺一不可。

绍兴酒工艺流程:

浸米——蒸饭——落缸——发酵——压榨——煎酒——封坛——陈贮

绍兴酒把糯米称为"酒之肉",麦曲称为"酒之骨",鉴湖水称为"酒之血",整个操作技艺称为"酒之经络"。把其酿造的绍兴酒与育人等同对待,其重视程度和精工细作便可见一斑。

1. 开耙

发酵期间的搅拌冷却,俗称"开耙",其作用是调节发酵醪的温度,补充新鲜空气,以利于酵母生长繁殖。它是酿酒工艺中较难控制的一项关键性技术,一般由经验丰富的老师傅把关。开耙技术是酿好酒的关键,开耙技工在酒厂享有崇高的地位,工人们习惯称开耙技工为"头脑",即酿酒的首要人物。

作为开耙头脑,必须具备丰富的酿酒经验,能熟练处理酿酒过程中发生的一切问题,如断米质、观麦粒、制酒药、做麦曲、酿淋饭等酿酒的先期准备工作。先期工作做好了,开耙就容易把握。一位优秀的开耙头脑,往往能尽早发现前期工作某些方面的失控,并在开耙时细心调整,努力把酒酿好。

开耙操作应具备一听、二嗅、三尝、四摸的经验。一听,指开耙师傅用耳朵仔细倾听发酵缸中的醪液发酵声,以分辨发酵的强弱;二嗅,通过听音,不能了解黄酒发酵是否正常,要会嗅味,以明白酒香纯正;三尝,用嘴巴尝一下发酵醪的真实味道,区分不同的味感,即酒精的辣味、糖化的甜味、发酵液的鲜味及酸味强弱等;四摸,经前面几个动作,基本掌握了发酵的真实情况,是否要调节品温进行开耙?只要用手一摸,便可知道。

由于气候变化、原料品质等不可控因素的存在,没有一位开耙头脑敢保证其一生中所酿的每一坛酒都是好酒,因此,不断追求完美成了每个开耙技工的最高境界。

2.陈化

绍兴黄酒俗称"老酒",这"老"是指"陈",要陈酿三五年以上才好喝。

一般,煎酒后迅速将酒灌入已杀菌的23公斤装的陶坛中,坛口用煮沸杀菌的荷叶覆盖,荷叶上用小瓦盖盖住,再包以沸水杀菌的箬叶,用细丝扎紧坛口,外面还要用泥封存。因为陶坛的分子结构比较大,不像玻璃瓶、瓷瓶紧密,有微量空气,经过滤进入坛内,起促进后熟的作用。这种陶坛虽然有点土,但非常科学。

老酒存放宜选透气、通风,避阳光直射的大房子(大仓库)。这样酒质的反应变化比较均匀,口感一致性好。每年夏季将堆叠四坛高的大坛酒进行上、下翻堆,俗称"反幢",使库存黄酒上下感受到的温度均匀,另外反幢时适当振荡有利于酒体酯化反应的进行。

绍兴酒的贮存主要针对元红酒、加饭酒而言。人们推崇的也主要是陈年加饭。绍兴酒中的善酿酒、香雪酒及其他甜酒,并非越陈越好。因为甜酒1年陈后颜色就明显变褐黑色。

第三节 清 酒

一、清酒概述

1.清酒的历史渊源

清酒为举世公认的日本民族酒,然而打开日本造酒史,我们可以说,假使没有中国,现在可能喝不到日本清酒……根据日本《大隅国风土记》记载,日本酒的历史可以追溯到公元前三世纪,当稻米种植技术从中国传到日本之后,九州近畿地方就有用嘴咬嚼蒸煮过的稻米数分钟再吐到碗里发酵的"口嚼酒",虽然是很简单的制程,不过却只有巫女才有嚼制口嚼酒的资格,可见酒在日本初现,即和宗教有所关联。

照日本历史的记载,口嚼酒时期约有五六百年,一直到公元250年左右,中国的魏志东夷传中有关倭国之酒的记载,说明当时日本酒已经脱离口嚼酒的形式,而清酒名称的正式出现,则是在日本地方史《播磨国风土记》中首次披露,推算时间,日本历史首次出现清酒,为公元400年左右。

综观日本的造酒使,其实清酒受中国文化的影响很深,隋唐时期日本多次派出遣隋使与遣唐使,所带回日本的文化中,制酒正是其中的一环,而根据日本"古事记"记载,中国的曲先传到韩国,唐朝时再由韩国辗转传到日本,从此日本清酒原料中才加入了"曲"的成分。因为隋唐文化的大量灌注,才让日本清酒得到改良与进化,也让日本人更重视酒的文化。

公元689年,日本朝廷正式设立宫内省造酒司,专司清酒之制造与研发,清酒的酿造体制至此完整。隋唐文化的介入,让日本酒正式由"民族酒"进入到"朝廷酒"的时代。酒被认定为是上天所赐,因此只有皇宫、大型庙宇与神社才能酿造,日本清酒在所谓的"朝廷酒"时代,是至为神圣与尊贵的,与当时的中国相比,酒在中国已经是公开贩卖的商品,在日本却遭到诸多的限制,可见当时日本朝廷对酒的重视程度。

严格说起来,现在日本清酒并未真实重现1400年前的制程与风味,现代日本清酒的制法,是承袭自公元927年所编撰的《延喜式》一书,该书不仅明载当时的律法与宗教仪礼,也明载了十五种清酒的酿制法,延喜式所记载的酿法可以说是有正式完整记载的流传下来最早的清酒酿制法,当年以延喜式酿造法所酿制之清酒,只限使用于宗教仪式,一般平民百姓根本就不可能喝得到,与此同时,由庙宇神社所酿造的"僧坊酒"也与造酒司所酿之清酒齐名。

清酒变成平民化商品,大概始于公元1150年,当时日本以促进都市化及商业繁荣为要务,酒是与米有相等经济价值的产品,因此朝廷准许民间酿酒及卖酒,制酒中心由朝廷转到寺庙及神社,以京都为中心的酒屋也在此时兴盛了起来,不过民间卖酒的时间并不长久,随着日本建立了第一个幕府,政权也由朝廷转到幕府,统治者由贵族变成了武士,幕府与朝廷对酒的管理持相左意见,公元1252年,幕府就下了禁制令,破坏了所有的民间酒器,禁止清酒在民间贩售,日本造酒史称此事件为清酒发展的大倒退。

清酒的禁制令,大大阻碍了清酒的发展,不过这期间日本人发现了以65度低温杀菌的原理,算是清酒制造史上的一大突破。一直到江户时代(17世纪左右),幕府开放民间酿酒,原来只有朝廷及神社寺庙才能酿造的清酒,民间只要领有执照,同样可以酿制(公元1657年),此时日本清酒才由"僧坊酒"转入"地酒"的时代。禁酒令的完全开放,让清酒进入百家争鸣的灿烂时期,当时丰臣秀吉在京都建立伏见城,伏见一地即成为江户时期的清酒酿制中心,现在日本人仍称伏见地区为"清酒的故乡"。1698年幕府做过正式统计,当时全国酿酒户数高达

27251户，一年酿酒用米量高达 91 万石。

随着酿制清酒的开放，日本清酒在江户时代之后，于技术上有很多的进步，江户时代末期（约公元 1840 年），日本人首度发现水质对酒的好坏有极大的影响，兵库县滩区鱼崎乡的山邑太右卫门发现西宫的泉水是一种富含高磷酸、碳酸钾、铁质及碳酸锰的硬水，这种水正是清酒的理想酿制用水，因此直到现在为止，西宫市的"滩之宫水"仍旧是最理想的清酒酿制用水，兵库县从此变成与京都伏见地区相庭抗礼之清酒圣地。

江户时代紧接着出现的是明治时代，明治维新看重富国强兵，酒的税收对当时的财政有很大影响，为了增加税收，明治维新时期下令没有执照的一般民众不准在自家私酿清酒，清酒也是在明治时代首度外销（公元 1872 年）。日本政府在接触西方科学之后，开始正视化学原理对制酒过程的重要性，1897 年日本微生物家研发了第一种专供清酒发酵用的清酒酵母，让日本政府信心大振，因此于 1904 年设立大藏省酿造试验所，正式利用化学及微生物学之知识研发清酒的酿造。

科学让清酒在这个时候产生质与量的大跃进，但是在两次世界大战物资缺乏期间，科学虽维持住清酒的量，却扼杀了清酒的质……

昭和时期是清酒变化最大的时期，1933 至 1935 年间，日本相继研发了坚型精米机及其他酿制清酒的机器，投入清酒生产行业。机器化大大提高了清酒的生产效率及产量，微生物学也在这个时候发挥了效用，适合各种口味清酒的酵母相继研发，大量投入生产行列，科学的成就，让清酒在质与量方面都得到提升，不过紧接在后发生的第二次世界大战，却让日本清酒面临了空前的浩劫。

战时的日本，发生了米荒，偏偏又不能停止生产代表日本精神的清酒，为了用更少的米酿更多的酒，日本政府于 1944 年下令，全国生产清酒的造酒场，在生产清酒的过程中，皆需强制加入由废糖蜜所提炼出的酿酒用酒精，以期降低成本，提高产量。

日本清酒在战前很少添加酒精，因为添加非天然成分的酒精加速发酵，会破坏清酒的口味，战争可以说大大地扼杀了清酒的品质。战败后日本经济萧条，有人甚至因为没米吃而饿死，米在这个时期喂饱肚子的意义大于酿制清酒，而日本政府也在 1945 年下禁酒令，限制酒类的自由贩售，但是禁酒令只造成私酿酒横行，直到 1949 年，政府才取消禁酒令，因为禁不住非法私酿酒的风潮，因此有人戏称这是"幻的禁酒令"。禁酒令开放之初，日本米的生产量依然不敷使用，为了增加清酒产量，酒商自行提高酒精的用量及添加葡萄糖，而政府也认定这是合法行为，清酒品质再度向下沉沦，这个时期的清酒，可以说是日本有史以来最糟糕最劣质的,直到 1955 年日本米的生产量总算足以应付日本人民在食用上的需求,酒精添加量才稍有节制,但是一直到了 1964 年,无添加酒精的纯米清酒才宣告复活,不过许多厂商却在战后学到了降低成本提高产量的酿酒哲学。纵然日本米产量足以供应纯米清酒的生产,在成本与利益的考量下,大部分的厂商选择牺牲品质,依然利用添加酒精的方式酿制清酒,目前日本清酒中,只有少部分是无添加酒精的纯米清酒,因此现在日本清酒中能标榜纯米酿造无添加酒精的,可以说是弥足珍贵。

2. 清酒的酿造

酿造清酒的基本原料是白米、曲、水及酒酵母,基本制造方法是先蒸好白米,然后加曲、水和酒酵母使之发酵成酒,将之过滤就成了清酒。

清酒最早出现在平安时代,初期由朝廷酿造,之后就转到寺院,直到镰仓时代,才普及到民间。到了江户时代初期,出现了"池田"酿酒中心,之后又出现了"伊丹"酿酒中心及江户的"滩"酿酒中心。酿酒技术也不断得到改进,例如精确计算蒸白米时水和米的比例,采用三段下料方式,严格控制火力以及采用三九天酿酒方式等,大大提高了清酒的品质。不过,真正确定下来的日本清酒的酿制法,还是在明治时代引进西欧科学酿酒法以后才形成的。

目前,清酒的酿制方法如下:

首先把粗米精制成 70% 的精白米,放水浸泡后蒸,往蒸熟的米里加入黄曲菌,制成米曲,使产生淀粉酶和蛋白酶,做成酒母。然后将米曲、蒸好的米以及水混合,再加入乳酸和清酒酵母,乳酸可防止其他杂菌的繁殖,促进清酒酵母繁殖。在曲的酵素作用下,米的各成分被分解成葡萄糖、氨基酸及维生素,反过来又成为酵母的营养来源。这个操作过程需要十天时间,最后制成未过滤的酒。必须注意的是,往酒母内加米曲、蒸米和水时,要分三次放,称为三段下料方式,即"初添"、"仲添"和"留添"。当然其中每一个阶段都有严格的时间、温度和比例的限制。

大约 20 天,酒精成分达到 18%～20% 时,表示酒已成熟,将酒放入木棉袋内,用水压机慢慢地挤压,流出来的酒就叫"新酒"。将新酒放在冷的地方保存使之沉淀,加温到摄氏 65 度进行低温杀菌。把杀菌后的酒放入容器贮藏。需要出货时,将几个容器的酒调和,按规格掺入水,再过滤、加热,最后装瓶。

清酒酿造的关键一是好水好米,二是温度,三是操作。不同地区的水、不同品种的米、独特的发酵过程都会影响到清酒的味道和口感,有的清新香甜,有的醇而易入口,有的则较辛辣。清酒在日本各地都有酿造,但以有好山好水好米的地方为佳,如兵库县的滩、京都的伏见、广岛的西条等地所产的清酒举世闻名。

3. 清酒的分类

1) 按制法不同分类

(1) 纯米酿造酒。纯米酿造酒即为纯米酒,仅以米、米曲和水为原料,不外加食用酒精。此类产品多数供外销。

(2) 普通酿造酒。普通酿造酒属低档的大众清酒,是在原酒液中兑入较多的食用酒精,即 1 吨原料米的醪液添加 100% 的酒精 120 L。

(3) 增酿造酒。增酿造酒是一种浓而甜的清酒。在勾兑时添加了食用酒精、糖类、酸类、氨基酸、盐类等原料调制而成。

(4) 本酿造酒。本酿造酒属中档清酒,食用酒精加入量低于普通酿造酒。

(5) 吟酿造酒。制作吟酿造酒时,要求所用原料的精米率在 60% 以下。日本酿造清酒很讲究糙米的精白程度,以精米率来衡量精白度,精白度越高,精米率就越低。精白后的米吸水快,容易蒸熟、糊化,有利于提高酒的质量。吟酿造酒被誉为"清酒之王"。

2) 按口味分类

(1) 甜口酒。甜口酒为含糖分较多、酸度较低的酒。

(2) 辣口酒。辣口酒为含糖分少、酸度较高的酒。

(3) 浓醇酒。浓醇酒为含浸出物及糖分多、口味浓厚的酒。

(4) 淡丽酒。淡丽酒为含浸出物及糖分少而爽口的酒。

(5) 高酸味酒。高酸味酒是以酸度高、酸味大为其特征的酒。

(6) 原酒。原酒是制成后不加水稀释的清酒。

(7) 市售酒。市售酒指原酒加水稀释后装瓶出售的酒。

3) 按贮存期分类

(1) 新酒。新酒是指压滤后未过夏的清酒。

(2) 老酒。老酒是指贮存过一个夏季的清酒。

(3) 老陈酒。老陈酒是指贮存过两个夏季的清酒。

(4) 秘藏酒。秘藏酒是指酒龄为 5 年以上的清酒。

4) 按酒税法规定的级别分类

(1) 特级清酒。品质优良,酒精含量 16% 以上,原浸出物浓度在 30% 以上。

(2) 一级清酒。品质较优,酒精含量 16% 以上,原浸出物浓度在 29% 以上。

(3) 二级清酒。品质一般,酒精含量 15% 以上,原浸出物浓度在 26.5% 以上。

日本清酒的分级制度,始于 1943 年,当时将清酒分为一级、二级、三级、四级四种等级,当时的清酒品质都很差,分级的意义不大,主要目的是为了方便管理与征税。直到 1962 年日本清酒四等级才改为特级、一级、二级三种等级,不过分级制的实施并没有多久的时间,1989年日本政府就立法废除清酒等级,1992年正式通过清酒等级之废除,现在日本清酒不再以级别区分,而是以特定名称来区分酒的种类,以精米率及使用原料来做区分。现在日本清酒共分八种,依序为纯米大吟酿、大吟酿、纯米吟酿、吟酿、纯米酒、本酿造酒、特别纯米酒、特别本酿造酒。

5)按香气分类

(1)高香气形态的熏酒,如吟酿造酒、大吟酿造酒。

(2)清爽柔顺的爽酒,如生酒、生贮藏酒。

(3)浓厚形态的醇酒,如纯米酒、本酿造酒。

(4)浓郁香甜的熟酒,如古酒。

二、清酒的品评与选购

1. 清酒的品评

在隆冬季节,饮用清酒一般将其加热到45℃,用小瓷瓶饮用。在夏季许多年轻人则喜欢喝冷酒,冰饮的方法也各有其不同的表现方式,较常见的是将饮酒用的杯子预先放入冰箱,饮用时再取出倒入酒液,让酒杯的低温均匀地传导融入酒液中以保持纤细的口感。至于下酒菜,则以清淡的日本菜为最合适,刺身更是清酒的上佳菜肴。

饮清酒时还有一套礼节,如斟酒、接酒、献酒以及坐都有一定的手势和姿势,所以饮酒是最能看出一个人教养的。

普通酒质的清酒只要保存良好,没有变质,颜色呈清亮透明,都有一定的香气与口感,若是酒质高的酒种,其品鉴方式就像高级洋酒一般,也有辨别好酒的诀窍及方法,其方法不外三个步骤:

1)眼观

观察酒液的色泽与色调,是否纯净透明,若是有杂质或颜色偏黄甚至呈褐色,表示已变质或是劣质酒。

2)鼻闻

有独特芳醇香味的酒为好酒,最忌讳过熟的陈香或其他容器逸散出的杂味,因此品鉴优质的清酒使用的杯器与葡萄酒一样,需注意温度的影响与材质的特性;日本人有使用一种木质的方形杯饮用的习惯,主要是让酒杯的木质香味与酒液的香味融合,呈现一种特殊的口感,与品鉴无关。

3)口尝

在口中含3~5 mL的酒液,然后让酒在舌面上翻滚,使之充分均匀地遍布舌面,进行品味,同时闻酒杯中的酒香,让口中的酒与鼻闻的酒香融合(含混),吐出之后再仔细品尝口中的余味,若是酸、甜、苦、涩、辣五种口味均衡调和,余味清爽柔顺的酒就是优质的好酒。

根据清酒的不同种类及其特性,都有各自最适合的饮用方式。按照各式清酒的种类来确定不同的饮用方式,并不是绝对的建议。例如吟酿、大吟酿等较细致的酒种,或者香气高、酒质良好清爽的品类,无论温热饮用或冰饮都有不错的表现。

2. 清酒的选购

挑选清酒,通常要从酒标入手,清酒酒标(图2-2)通常包括以下内容。

(1)日本酒度:表示日本酒比重的数值,可借此判断日本酒属于甘口或辛口类型。比重较重属于甘口型,日本酒度为"-",糖分较多。若糖分少,比重较轻,日本酒度为"+",属于辛口型。日本酒度一般为-10至+10,-10甜度高,+10甜度低,+4为中位数。市面上也偶有超甘口的(<-10)或超辛口的(>+10)的清酒。

(2)酸度:表示酒内的总酸度含量,度数愈高愈辛辣,一般以1.5~1.7度为标准。部分还会列明氨基酸度,数字愈高愈浓厚,但过高会有杂味。

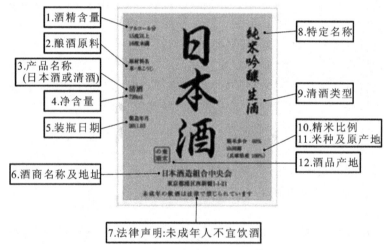

图 2-2 清酒酒标(正面)[①]

(3)杜氏:指酿酒师名称,有的会详细列出酿酒师的全名,有的只列流派,如南部杜氏,这流派酿出来的酒一般会带果香;"丹波杜氏"一般较辛口、重身。

(4)产地:其实酿酒产地都会带有当地风格,如奈良一般会清爽偏甜,茨城县

---

① 图片来源:http://www.wine-world.com/UserFiles/images/2013/lisx/6/03-Sake-Label-140218.

带香味和甜度,兵库县用的是硬水因此会以醇厚为主,等等。

(5)级数:清酒一般分9级,由最高级的纯门大吟酿至本酿造八级都会列明于标签内,只有第九级最低级清酒不会列明。

(6)米种:一般会注明酿酒用的米种,最普遍如山田锦或五百万石,前者制出来的一般带甜,后者会较淡口带涩。

(7)精米步合:如前所述即被磨后的米粒百分比,百分比愈低即杂质愈少,一般甜度较高;虽然已有规定各级数的精米率要求,但一些较优质的酒厂连吟酿级的精米率都可达至大吟酿级数。

(8)酵母:各种酵母均有其独特性,如"6号"、"10号"等,前者清澄有香气,后者酸度较低。

三、清酒的贮存

清酒与葡萄酒一样只要有良好的贮存环境,酒质就会愈甘醇可口,其最大的特色就是在装瓶出货之后,还会在瓶中持续熟成,长时间的放置储存,会随着保存环境的不同,影响酒质的香气与味道。因此,要保持清酒的香醇可口,就必须注意每一个保存的细节与方法。

1. 避光

清酒的保存更要注意光线的遮蔽效果,因为光线的照射是清酒的天敌,清酒不但害怕阳光的照射,甚至日光灯照射过久都会使得酒质变化,如果日光灯持续照射2~3个小时,不仅肉眼即可看出酒质颜色的变化,有时还会散发所谓"日光臭"的特殊臭味。

为了防止光线照射影响清酒的品质与口味,购入的清酒最好能保存在日光无法照射到的地方,现今的酒瓶大多设计成深褐色或青绿色等遮阳效果佳的颜色,其目的就是便于清酒的保存。

2. 控温

除了防止光线的照射外,清酒的保存还要注意温度与湿度的控制。一般而言,保存的温度控制在20℃以下最好,由于清酒的制作过程中采用过滤及低温杀菌,因此装瓶后仍会在瓶中继续熟成,此时周遭的物理环境,对酒质的好坏便有决定性的影响,过剧的温湿度变化最能影响清酒的品质,因此最好能保持低温的恒温状态。

3. 保存期适当

因为清酒不含防腐剂,其保存期不太长,多在一年左右,有些清酒的保存期仅为三个月。保存得当的清酒保存期可达一年至一年半,不过若是开过瓶未喝完的酒最好能放入冰箱冰存,因接触过空气容易氧化改变酒质,倒出的酒是绝对禁止再倒回酒瓶中的。一般清酒是清净透明的色泽,若发现清酒颜色已变为黄褐色,表示已超过保质期,除非是掺了特殊香料或口味的酒种,如加入了金箔、中药材等。

【补充阅读】

日本清酒的种类、制作方法及饮用方法(见表2-1)。

表2-1 日本清酒的种类、制作方法及饮用方法

种类	制作方法	饮用方法			
		常温	冷饮	温酒	加冰
吟酿酒	吟酿:精米率60%以下,使用低温发酵制成。 大吟酿:精米率50%以下。 纯米吟酿、纯米大吟酿:不添加其他酒精。	适合	最适合	不适合	稍适合
纯米酒	精米率70%以下,用白米、米麴、水等原料制成,没有添加其他酒精。	适合	最适合	微温	适合
本酿造	精米率70%以下,用白米、米麴、酿造用酒精+水等原料制成。	适合	适合	适合	适合
原酒	清酒醪榨酒后,没有再加水的酒。酒精浓度较高。	适合	适合	不适合	最适合
生酒	酒醪上槽榨酒后,完全没有加热杀菌的酒,要冷藏。	适合	最适合	不适合	适合
活性清酒	没有将清酒醪完全过滤,酒中仍然有一些白色米渣的生酒,要冷藏。	适合	最适合	不适合	适合
浊酒	活性清酒做加热杀菌处理的酒。	适合	最适合	不适合	适合
古酒	酒醪榨酒后,至少经过贮藏2~3年以上,才出货的酒。	适合	最适合	适合	适合
生贮藏酒	只有在装瓶前进行一次加热杀菌的酒,要冷藏。	适合	最适合	不适合	适合
樽造	将酿成的酒放入杉木桶贮藏、带有木香的酒。	适合	适合	微温	适合
一般酒	用米、米麴、水、酿造用酒精、酿造用糖类所酿造的酒。一般用于佐餐酒。	适合	适合	适合	适合

第四节 啤　　酒

【小问答】
你知道德国的啤酒节吗？

一、啤酒概述

啤酒是采用发芽的谷物做原料，经过磨碎、糖化、发酵等工序制得。啤酒是原料加酒花，经酵母引发发酵而制成，含有二氧化碳，起泡低度的饮料。

1. 啤酒的发展历史

啤酒最早起源于西亚，苏美尔人是酿造啤酒的始祖。在公元前8000年左右，苏美尔人偶然发现将野生的大麦、小麦浸泡在水里，会变成黏糊状，在露天的空气中，酵母菌使它自然发酵，产生泡沫，颜色逐渐加深，喝过的人感觉很美味。为了能经常喝到这种美味的液体，苏美尔人有意识地大量收割野生谷物并保留种子，尝试人工栽培。这样获得足量的谷物就用来制造美味，啤酒就这样诞生了。

公元前2000年左右，苏美尔王朝彻底崩溃，古巴比伦人接管了美索不达米亚平原，也继承和发展了古代啤酒的酿造技术，可酿造20种不同的啤酒。

公元前1780年，古巴比伦人最先把啤酒输送到其他地区，他们生产的一种窖藏啤酒深受1000公里之外的古埃及人喜爱。随后，古埃及人把古代啤酒推向高峰，种植用于酿造啤酒的谷物，并在古巴比伦人的研究成果之上掌握了露天放置水促使谷物发芽的技术。

公元前1300年左右，埃及的啤酒作为国家管理下的优秀产业得到高度发展。拿破仑的埃及远征军在埃及发现的罗塞塔石碑上的象形文字表明，在公元前196年左右当地已盛行啤酒酒宴。苦味剂虽早已使用，但首次明确使用酒花作为苦味剂是公元768年。啤酒的酿造技术是由埃及通过希腊传到西欧的。公元1—2世纪，古罗马政治家普利尼（公元62—113年）曾提到过啤酒的生产方法，其中包括酒花的使用。

中世纪以前，啤酒多由妇女在家庭酿制。到中世纪，啤酒的酿造已由家庭生产转向修道院、乡村的作坊生产，并成为修道院生活的一个重要内容。修道院的主要饮食是面包和啤酒。中世纪的修道院，改进了啤酒酿造技术，与此同时啤酒的贸易关系也建立并掌握在牧师手中。中世纪，在欧洲可用啤酒来向教会交纳什一税、进行交易和向政府缴税。在中世纪的德国，啤酒的酿造业主结成了同业公会。使用啤酒花作苦味剂的德国啤酒也已输往国外,不来梅、汉堡等城市均因此而繁荣起来。17—18世纪,德国啤酒盛行,一度使葡萄酒不景气。19世纪初,英国的啤酒生产大规模工业化,年产量达200立方米,9世纪中叶,德国巴伐利亚州开始出现小麦发酵法,酿出的啤酒由于风味好,逐渐在全国流行。德国在16世纪颁布法令,严格规定啤酒的原料以保持啤酒的纯度,从而提高了啤酒的质量,成为近代德国啤酒享有盛誉的基础。在美洲新大陆,17世纪初由荷兰、英国的新教徒带入啤酒技术,1637年在马萨诸塞建立了最初的啤酒工厂。

不久,啤酒作为近代工业产业迅速发展,使美国成为超过德国的啤酒生产国。19世纪,酿造学家相继发明有关酿造技术。1857年,L·巴斯德确立生物发酵学说;1845年,C·J·巴林阐明发酵度理论;1881年,E·汉森发明了酵母纯粹培养法,使啤酒酿造科学得到飞跃的进步,由神秘化、经验主义走向科学化。蒸汽机的应用,1874年林德冷冻机的发明,使啤酒的工业化大生产成为现实。2013年全世界啤酒年产量已居各种酒类之首,已达到1.92亿立方米。

2.啤酒的分类

1)根据啤酒色泽划分

(1)淡色啤酒:淡色啤酒是各类啤酒中产量最多的一种,按色泽的深浅,淡色啤酒又可分为以下三种。

①淡黄色啤酒。此种啤酒大多采用色泽极浅,溶解度不高的麦芽为原料,糖化周期短,因此啤酒色泽浅。其口味多属淡爽型,酒花香味浓郁。

②金黄色啤酒。此种啤酒所采用的麦芽,溶解度较淡黄色啤酒略高,因此色泽呈金黄色,其产品商标上通常标注"Gold"一词,以便消费者辨认。口味醇和,酒花香味突出。

③棕黄色啤酒。此类酒采用溶解度高的麦芽,烘烤麦芽温度较高,因此麦芽色泽深,酒液黄中带棕色,实际上已接近浓色啤酒。其口味较粗重、浓稠。

(2)浓色啤酒:浓色啤酒呈红棕色或红褐色,酒体透明度较低,产量较淡色啤酒少。根据色泽的深浅,又可划分成三种:棕色、红棕色和红褐色。浓色啤酒口味较醇厚,苦味较轻,麦芽香味突出。

(3)黑色啤酒:黑色啤酒的色泽呈深棕色或黑褐色,酒体透明度很低或不透明。一般原麦汁浓度高,酒精含量5.5%左右,口味醇厚,泡沫多而细腻,苦味根据产品类型而有轻重之别。此类啤酒产量较少。

2)根据啤酒杀菌处理情况划分

(1)鲜啤酒:鲜啤酒又称为"生啤"。酒液不经过巴氏灭菌法处理的统称为鲜啤酒。因啤酒中保存了一部分营养丰富的酵母菌,所以口味鲜美。但稳定性差,不能长时间存放,常温下保鲜期仅一天左右,低温下可保存3天左右。其产品就地销售,多数桶装。

鲜啤酒具有爽口美味的优点,国外采用"瞬时杀菌"方法或"无菌膜过滤工艺",而不用巴氏菌法,使啤酒不易变质,且较好地保留了鲜啤酒的优点。由于这种啤酒多数以广口瓶为计量单位进行零售,故依其英语"jar"一词的发音称为"扎啤"。由于技术发展,现已有瓶装纯生啤酒。

随着世界啤酒工业的发展,现在的"扎啤",经瞬时杀菌后,就直接灌入不锈钢专用酒桶内,采取冷藏运输、存放,出售时用特制充氧制冷生啤机销售。通过这种设备,低温下可保存一个月的时间,其口味鲜美,营养价值高于瓶装啤酒,是当前国际上最流行的啤酒。

(2)熟啤酒:把鲜啤酒经过巴氏灭菌法处理即成为熟啤酒或叫杀菌啤酒。经过杀菌处理后的啤酒,稳定性好,保质期可长达90天以上,而且便于运输。但口感不如鲜啤酒,超过保质期后,酒体会老熟和氧化,并产生异味、沉淀、变质的现象。熟啤酒均以瓶装或罐装形式出售。

3)根据原麦汁浓度划分

(1)低浓度啤酒:原麦汁浓度在2.5%～9.0%之间,酒精含量在0.8%～2.5%之间的属低浓度啤酒。儿童啤酒、无醇啤酒均属此类型。

(2)中浓度啤酒:原麦汁浓度在11%～14%之间,酒精含量在3.2%～4.2%之间的属中浓度啤酒。这类啤酒产量最大,最受消费者欢迎。淡色啤酒多属此类型。

(3)高浓度啤酒:原麦汁浓度在14%～20%之间,酒精含量在4.2%～5.5%,少数酒精含量高达7.5%,这种啤酒均属高浓度啤酒。黑色啤酒即属此类型。这种啤酒生产周期长,含固形物较多,稳定性强,适宜贮存或远销。

4)根据发酵性质划分

(1)顶部发酵啤酒:使用该酵母发酵的啤酒在发酵过程中,液体表面大量聚集泡沫发酵。这种方式发酵的啤酒适合温度高的环境(16～24 ℃),在装瓶后啤酒会在瓶内继续发酵。这类啤酒偏甜,酒精含量高,其代表就是各种不同的爱尔啤酒。

(2)底部发酵啤酒:顾名思义,该啤酒酵母在底部发酵,发酵温度要求较低,酒精含量较低,味道偏酸。这类啤酒的代表就是国内常喝的窖藏啤酒。

5)根据传统风味划分

(1)白啤酒或称麦酒:白啤酒主要产于英国,它是用麦芽和酒花酿制而成的饮料。采用顶部高温发酵法,酒液呈苍白色,具酸味和烟熏麦芽香,酒精含量为4.5%,麦芽浓度为5%~5.5%。饮时需稍加食盐,为欧洲人所喜爱。

(2)黄啤酒:它是市场上销售最多的一种啤酒,呈淡黄色,味清苦、爽口、细致。

(3)熟啤酒或称拉戈戈:主要产于美国,采用低温发酵法酿制,在储存期中使酒液中的发酵物质全部耗尽,然后充入大量二氧化碳装瓶,它是一种彻底发酵的啤酒。

(4)烈啤酒或称司陶特啤酒:主要产于英国和爱尔兰。它与白啤酒风味近似,但比白啤酒强烈。此酒最大的特点是酒花用量多,酒花、麦芽香味极浓,略有烟熏味。

(5)黑啤酒或称跑特啤酒:它最初是伦敦脚夫喜欢喝的一种啤酒,故以英文"Porter"相称。它使用较多的麦芽、焦麦芽,麦汁浓度高,香味浓郁,泡沫浓而稠,酒精含量为4.5%,其味较烈啤酒要苦、要浓。

(6)烈黑啤酒或称包克啤酒:包克啤酒是一种浓质啤酒,通常比一般的啤酒黑而甜,但酒性最强。它通常是冬天制,春天喝。在美国,春天一至就是包克啤酒节,大约要持续6周。在这个节日里,人们都喝包克啤酒。

(7)扎啤:扎啤,即高级桶装鲜啤酒。这种啤酒的出现被认为是啤酒生产史上的一次革命。鲜啤酒即人们称的生啤酒。它和普通啤酒相比只是在最后一道工序中未经过杀菌处理。鲜啤酒中仍有酵母菌生存,所以口味淡雅清爽,花香味浓,更易于开胃健脾。生啤酒的保存期是3~7天。随着无菌罐装设备的不断完善,现在已有能保存3个月左右的罐装、瓶装和大桶装的鲜啤酒。啤酒的酵母菌是由多种矿物质组成的细胞体,维生素含量高,且无毒性,畅饮新鲜啤酒大有裨益。

6)根据生产方法分类

(1)比尔森啤酒:原产于捷克,是目前世界上饮用人数最多的一种啤酒,是世界上啤酒的主导产品。中国目前绝大多数的啤酒均为此种啤酒。它为一种低温发酵的淡色啤酒,特点为色泽浅,泡沫丰富,酒花香味浓,苦味重但不长,口味纯爽。

(2)多特蒙德啤酒:一种淡色的下面发酵啤酒,原产于德国的多特蒙德。该啤酒颜色较浅,苦味较轻,酒精含量较高,口味甘淡。

(3)慕尼黑啤酒:一种下面发酵的浓色啤酒,原产于德国的慕尼黑。色泽较深,有浓郁的麦芽焦香味,口味浓醇而不甜,苦味较轻。

(4)博克啤酒:一种低温发酵的烈性啤酒,棕红色,原产地也为德国。发酵度极低,有醇厚的麦芽香味,口感柔和醇厚,泡沫持久。

(5)英国棕色爱尔啤酒:英国最畅销的爱尔啤酒。色泽呈琥珀色,麦芽香味浓,口感甜而醇厚,爽口微酸。

(6)司陶特黑啤酒:一种爱尔兰生产的上面发酵黑啤酒。都柏林 Guinmess 生产的司陶特是世界上最受欢迎的品牌之一。特点为色泽深厚,酒花苦味重,有明显的焦香麦芽味,口感干而醇,泡沫好。

(7)小麦啤酒:在啤酒制作过程中添加部分小麦所生产的啤酒。此种酒的生产工艺要求较高,酒的储藏期较短。此种酒的特点为色泽较浅,口感淡爽,苦味轻。

3.啤酒的生产工艺

啤酒生产工艺流程可以分为制麦、糖化、发酵、包装四个工序。现代化的啤酒厂一般已经不再设立麦芽车间,因此制麦部分也将逐步从啤酒生产工艺流程中剥离。

1)制麦工序

大麦必须通过发芽过程将内含的难溶性淀料转变为用于酿造工序的可溶性糖类。大麦在收获后先贮存2~3月,才能进入麦芽车间开始制造麦芽。

制麦的主要过程为:大麦进入浸麦槽洗麦、吸水后,进入发芽箱发芽,成为绿麦芽。绿麦芽进入干燥塔/炉烘干,经除根机去根,制成成品麦芽,整个过程为10天左右。

2)糖化工序

麦芽、大米等原料由投料口或立仓经斗式提升机、螺旋输送机等输送到糖化楼顶部,经过去石、除铁、定量、粉碎后,进入糊化锅、糖化锅糖化分解成醪液,经过滤槽/压滤机过滤,然后加入酒花煮沸,去除凝固物,冷却分离。

麦芽在送入酿造车间之前,先被送到粉碎塔。在这里,麦芽经过轻压粉碎制成酿造用麦芽。糊化处理即指将粉碎的麦芽/谷粒与水在糊化锅中混合。糊化锅是一个巨大的回旋金属容器,装有热水与蒸汽入口,搅拌装置如搅拌棒、搅拌桨或螺旋桨,以及大量的温度与控制装置。在糊化锅中,麦芽和水经加热后沸腾,这时天然酸将难溶性的淀粉和蛋白质转变成为可溶性的麦芽提取物,称作"麦芽汁"。然后麦芽汁被送至称作分离塔的过滤容器中。麦芽汁在被泵入煮沸锅之前需先在过滤槽中去除其中的麦芽皮壳,并加入酒花和糖。混合物在煮沸锅中被煮沸以吸取酒花的味道,并起色和消毒。在煮沸后,加入酒花的麦芽汁被泵入回旋沉淀槽以去除不需要的酒花剩余物和不溶性的蛋白质。

3)发酵工序

在冷却的麦汁中加入啤酒酵母使其发酵。麦汁中的糖分分解为酒精和二氧化碳,大约一星期后,即可生成"嫩啤酒",然后再经过几十天使其成熟。将成熟的啤酒过滤后,即得到琥珀色的生啤酒。

成熟的时间随啤酒品种的不同而异,一般在 7~21 天。经过后发酵而成熟的啤酒在过滤机中将所有剩余的酵母和不溶性蛋白质滤去,就成为待包装的清酒。

4)包装工序

每一批啤酒在包装前,还会通过严格的理化检验和品酒师感官评定合格后才能送到包装流水线。成品啤酒的包装常有瓶装、听装和桶装几种包装形式。再加上瓶子形状、容量的不同,标签、颈套和瓶盖的不同以及外包装的多样化,从而构成了市场中琳琅满目的啤酒产品。瓶装啤酒是最为大众化的包装形式,也具有最典型的包装工艺流程。酿造好的啤酒先被装到啤酒瓶或啤酒罐里,然后经过目测和液体检验机等严格的检查后,再被装到啤酒箱里出厂。

二、啤酒的品鉴

1. 啤酒品鉴要领

啤酒的鉴赏是有规律的。首先是外观清浊度、泡沫,随后是闻香入口品尝,有些类似品茶。

1)颜色

啤酒的颜色有很多,从淡色、金色、琥珀色、铜色到红色、棕色、黑色,有一个连续的色谱。不必认为某种颜色的啤酒会比其他颜色的啤酒要更好,它们的差异只在味道上。

啤酒的外观色泽颜色可以告诉你很多东西。如果酒体清澈,表明该啤酒不含酵母,已经不是鲜啤。含有酵母的啤酒多少都有一些浑浊。

2)泡沫

啤酒泡沫是高质量啤酒的一个主要表征。只有高浓度的啤酒,其内部含有大量的蛋白质,才有足够的黏稠使泡沫不散。泡沫不是气泡。有很多低档酒可以像可乐一样产生大量的气泡,激起很多的泡沫。但是这种泡沫的寿命很短,不到一分钟就消失了。德国的一些酿酒师们认为需要至少花上 7 分钟的时间才能倒好一杯啤酒,也就是说,啤酒的泡沫一定要能活过 7 分钟以上。

在饮用啤酒的过程中,啤酒泡沫会渐渐降低,直至消失。但是,无论如何,啤酒杯的上缘会永远地保留一圈白色的泡沫。这些泡沫会伴随你到杯中的最后一滴酒喝完。随着啤酒在杯中一口一口地降低高度,在每口的间隙中,啤酒沫会在杯壁上形成挂杯。如果你每次都从杯子的同一个部位喝啤酒,这时就会产生一层层的挂杯图案,俗称"比利时花边"。

3)香味

香味可以是嗅觉香味或者是口感香味。啤酒的香味主要来自两种原料——啤酒花和麦芽,当然还有发酵时产生的酯香。拉格啤酒主要是麦芽香,艾尔啤酒主要是酯香。比如小麦酵母啤酒中,可以闻到很清冽的香蕉橘子味道。一款啤酒花很足料的啤酒中可以闻到很浓烈的啤酒花香。各种啤酒花有不同的香味,有些辛辣,有些温柔。

4)口味

无论啤酒看起来如何,闻起来如何,最重要的还是口味。舌头是品尝食物的器官。我们先来认识一下舌头的功能。舌尖尝甜味,舌中间两侧尝咸味,后面两侧尝酸味,舌后跟部尝苦味。所以,为什么品尝啤酒不能像喝茶叶那样小口呷了。小口呷是品不出味道的。品尝啤酒的时候,需要喝上慢慢一口,在嘴里停留10秒左右,然后下咽。这样啤酒经过舌头上的所有感觉味蕾才能品尝到它真正的口味。舌头的侧面和上颚的后面可以感觉到杀口的力度。所以,品尝啤酒必须下咽才能体验到所有的感觉。寻找它的麦芽香、酒花香、酯香、酒香等,同时去感受啤酒的酒体厚薄和甘甜,杀口感力度。最后咽下后,还要感受它的回味。

2. 啤酒饮用要领

1)冰镇后饮用

啤酒最佳饮用温度在8～10℃左右。啤酒所含二氧化碳的溶解度是随温度高低而变化的。温度高,二氧化碳逸出量大,泡沫随之增加,但消失快;温度低,二氧化碳逸出量少,泡沫也随之减少。啤酒泡沫的稳定程度与酒液表面张力有关,而表面张力又与温度有关,一般情况下,温度升高,表面张力下降,泡沫持久性降低。因此,啤酒的饮用温度很重要,适宜的温度可以使啤酒的各种成分协调平衡,给人一种最佳的口感。冬季饮用啤酒时不必冰镇,如需热饮,可将酒瓶放入30℃左右的水中浴热,然后取出摇匀即可。

2)开启与斟酒

开启瓶啤时不要剧烈摇动瓶子,要用开瓶器轻启瓶盖,并用洁布擦拭瓶身及瓶口。倒啤酒时以桌斟方法进行,斟倒时,瓶口不要贴近杯沿,可顺杯壁注入,泡沫过多时,应分两次斟倒。酒液占3/4杯,泡沫占1/4杯。

3)饮用

啤酒不宜细饮慢酌,否则酒在口中升温加重苦味。因此喝啤酒的方法有别于喝烈性酒,宜大口饮用,让酒液与口腔充分接触,以便品尝啤酒的独特味道。另外,不要在喝剩的啤酒的杯内倒入新开瓶的啤酒,这样会破坏新啤酒的味道,最好的办法是喝干之后再倒。

3. 饮用啤酒的注意事项

1)不宜同时吃腌熏食品

腌熏制品中含有机胶以及在加工过程中因烹调不当而产生多环芳烃类物质,当饮啤酒超度时血铅含量就会增高,容易诱发消化道疾病。

2)饮啤酒不宜过量

一次饮用啤酒过多将会使血铅含量增高,若长期饮用将导致脂肪堆积而阻断核糖核酸合成,将造成"啤酒心"而影响心脏功能并抑制破坏脑细胞。

3)消化系统疾病患者不宜饮

凡慢性胃炎、胃及十二指肠溃疡病患者过量饮用,二氧化碳就易使胃肠的压力增加,易诱发胃及十二指肠溃疡穿孔而危及生命。

4)不宜用啤酒送服药品

啤酒与药物混合将产生不良副作用,既能增加酸度而使药物在胃中迅速溶解,又能破坏血液吸收而降低药品疗效,甚至殃及生命。

5)不宜与烈性酒同饮

有些人习惯于喝了啤酒随即又饮烈性酒,这样会对胃肠道产生刺激,容易引起消化功能紊乱。

6)大汗之后不宜饮用啤酒

人体出大汗后,汗毛孔扩张,此时饮啤酒将导致汗毛孔因骤然遇冷而引起即速闭塞,从而暂时中止出汗,造成体温散发受阻,可诱发感冒等疾病。

7)不宜饮用超期久贮的啤酒

市售的普通啤酒保存期为两个月,优质的可保存4个月,散装的为3~7天。超期久贮的啤酒的多酸物质极易与蛋白氧化聚合而混浊。

8)不宜饮用冷冻啤酒

贮存啤酒的温度,冬春为9~10 ℃,夏饮为5~10 ℃,冷冻后的啤酒蛋白质与鞣酸会产生沉淀,易致胃肠不适引起食欲不振。

9)不宜饮用热水瓶贮存的啤酒

因热水瓶胆内积集着水垢,当啤酒存放瓶内后,其水垢中所含的汞、镉、砷、铅、铁等多种金属成分,即可被啤酒中的酸性所溶解而混在啤酒中,饮后对人体有危害,往往导致人体金属中毒。

10)忌空腹多饮冰镇啤酒

由于腹空,啤酒甚凉。多饮易使胃肠道内温度骤然下降,血管迅速收缩,血流量减少,从而造成生理功能失调,影响正常的进餐和人体对食物的消化吸收;

同时,还会使人体内的胃酸、胃蛋白酶、小肠淀粉酶的分泌大大减少,极易导致消化功能紊乱。胃肠受到过冷刺激,变得蠕动加快,运动失调,久而久之,则易诱发腹痛、腹泻以及营养缺乏等症。

11)忌运动后饮啤酒

人在剧烈运动后立即喝一杯清凉味美的啤酒,感到再惬意不过了,其实这样做有害健康。因为剧烈运动后饮酒会造成血液中尿酸急剧增加,使尿酸和次黄嘌呤的浓度比正常情况分别提高几倍。尿酸是体内高分子有机化合物被酶分解的产物,当血液中尿酸值异常高时,就会聚集于关节处,使关节受到很大刺激,引起炎症,从而导致痛风病。所以,剧烈运动后不宜饮啤酒。

12)忌食海鲜饮啤酒

有关专家研究指出,食海鲜时饮用啤酒,将有可能发生痛风症。痛风即身体无法排泄过多的尿酸,尿酸沉积在关节或软组织内而引起发炎。当痛风发作时,不但被侵犯的关节红肿热痛,甚至会引起全身高烧,使人全身战栗。久而久之,患部关节会逐渐被破坏,同时,还可能引起肾结石和尿毒症。这是因为大多数海鲜食物会给身体制造过多的尿酸,而海鲜食品却常常被当作饮用啤酒时的美味佳肴,这是令人担忧的。

三、啤酒的贮存

1. 避高温

啤酒是一种非常敏感的饮料,最好把啤酒保存在一个阴凉的地方。啤酒应该保存在 10~15℃ 的环境中,最好不要放冰箱,因为冷冻的啤酒不仅不好喝,而且会破坏啤酒的营养成分。可以把啤酒保存在阴凉、避光的地方。贮藏啤酒的时候,要直立摆放;移动的时候,尽量避免让它倾斜或者摇动,不然会搅起瓶底的死酵母。不管怎样,都不能把啤酒放在室外,因为紫外线很容易损坏啤酒的品质。

2. 避光

啤酒瓶的颜色呈褐色或是绿色,采用褐色或是绿色啤酒瓶主要的目的是,一方面使人感受到轻松、和谐的气氛;另一方面这些颜色还能很好地遮蔽光线,减轻光合作用,从而可以保持啤酒的质量。经试验,将一瓶啤酒曝晒在日光下数小时与未经日光曝晒的啤酒试样作一对比,很快就可以知道,曝晒在日光后的啤酒产生所谓日光照射的气味(焦味、动物气味),这一气味称之日光臭。日光臭的形成是由于啤酒里的苦味成分分解产生。

3. 在保存期内饮用

从啤酒被灌装在容器的瞬间起，无论放置何种理想的条件下保存，随着时间的推移，啤酒新鲜口味都会逐渐丧失，如想真正地尝到啤酒的美味感，只有尽可能趁新鲜饮用才能完全达到。当啤酒放置时间较长时，啤酒的颜色会变深，由于各种不同的情况还会发生混浊和沉淀现象，及氧化味。虽然这种啤酒还能饮用，但主要是已失去了啤酒的风味，所以不要过长时间存放啤酒。

【补充阅读】

一、啤 酒 花

别名忽布、蛇麻花、酵母花、酒花，拉丁文名 Humulus lupulus，是桑科葎草属一种多年生草本蔓性植物，古人取为药材。雌雄异株，酿造所用均为雌花。成熟的新鲜酒花经干燥压榨，或以整酒花使用，或粉碎压制颗粒后密封包装，也可制成酒花浸膏，然后在低温仓库中保存。其有效成分为酒花树脂和酒花油。

欧洲栽培最早，远在公元 736 年就有关于啤酒花的记述。但作为啤酒工业原料始于德国。中国先后从苏联和日本引入。世界上有 20 多个国家生产商品性的啤酒花。主产美国、德国、俄罗斯、捷克、英国等国，约占世界总产量的 80%。质量以德国和捷克斯洛伐克最负盛名。中国主产新疆、甘肃、宁夏、黑龙江、山东等地。

二、德国啤酒节

啤酒节源于德国。1810 年的十月，为了庆祝巴伐利亚的路德维格王子和萨克森国的希尔斯公主的婚礼而举行盛大庆典。自那以后，十月啤酒节就作为巴伐利亚的一个传统的民间节日保留下来。每年从九月下旬到十月上旬，人们倾巢而出，亲朋好友相伴，欢聚在一起，喝着自制的鲜酿啤酒，吃着德国独有的各式各样的香肠和面包，其间乐队身着民族服装穿梭于人群之中，娴熟地演奏轻松欢快的乐曲。

德国人将喝酒视为每天的"必修课"，仅人口 100 万的慕尼黑就有 3000 多个每天都座无虚席的啤酒馆，几乎每个踏进酒馆的人至少都点半升啤酒佐餐（最受欢迎的是"比尔森"啤酒），但人们最常点的还是一升。当地有一谚语"有节制地一天喝一升，健康赛神仙"。人们也不只是进餐时才喝酒，几乎是随时随地喝。德国各地几乎都有"啤酒公园"。

慕尼黑一向是公认的"啤酒之都"，每年秋季都会举行世界上规模最大的啤酒节——十月庆典。来自世界各地的观光客纷至沓来，涌向慕尼黑，一品"巴伐利亚啤酒"，并亲身体验德国人民欢庆节日的热闹和喜悦。其实，早从公元 1517

年起,德国每隔7年就会在慕尼黑举行一场"桶匠之舞"。这种花式舞蹈是由18人共同演出,他们不断舞动桶箍,并把它们弄成王冠。在黑死病终止蔓延的年代,这些桶匠就是第一批通过欢乐的舞蹈而重燃希望之火的灾民。而制造啤酒桶的这种职业,对整个啤酒业和饮酒者都是不可或缺的。不过,由于清洁大木桶的工作不仅费事又昂贵,所以如今仅剩下少数酿酒厂遵循古老的习惯将啤酒装进大木桶中。桶装啤酒的味道最是香醇。

第五节 酿造酒酒水服务

【小问答】
1. 黄酒与清酒有一定的渊源,其酒水服务也是一样的吗?
2. 红葡萄酒与白葡萄酒在酒水服务时都需要醒酒和冰镇吗?

一、葡萄酒的酒水服务

1. 服务程序

(1)递酒单:将酒单打开至第一页后,递给客人。一般先女宾后男宾,先客人后主人。

(2)点酒(落单):接受客人的点酒,准确记录酒名、数量,并复述一遍。

(3)验酒:从吧台取出客人所点的酒,请客人检验并确认无误。

(4)开瓶:根据酒水类型不同,采取相应的开瓶方式,并将软木塞让客人过目,查看是否潮湿或有异味。

(5)试酒:往点酒者酒杯中倒入少许酒,请其品评并检查酒质,客人认可无误后方可斟酒。

(6)斟酒:自主宾开始顺时针斟酒,一般先客人后主人,先女宾后男宾。红葡萄酒斟1/2,白葡萄酒斟2/3。右手持瓶从每位客人的右侧斟酒;手应握住酒瓶下部,酒标朝向客人;斟酒完后,轻转瓶口,避免酒液滴在台布上。

2. 开瓶要领

(1)开酒时左手扶住瓶颈,右手用酒刀割开铅封,并用口布擦拭瓶口。

(2)将酒钻垂直钻入酒塞,注意钻入时不能转动瓶身。待酒钻完全钻入酒塞后,轻轻缓慢拔出酒塞,拔出时不应有声音,不能带出酒液。

(3)将酒塞从酒钻上取下,放置于小碟中(垫餐巾纸一张),放在主人酒杯右侧,供客人鉴别。

3. 服务温度

葡萄酒既可冷藏后服务,也可在常温下服务,这应根据葡萄酒的色泽、种类、气候条件和个人爱好来决定。通常红葡萄酒服务温度宜稍高些,因为红葡萄酒酒质丰满,略高的温度有利于品尝其浓厚的风味;白葡萄酒除了少数极品外,绝大部分都呈现出其清鲜爽快的酒质,若稍加降温冷藏后更能彰显这份特性。适宜饮用的温度各不相同,香槟酒为 8～10 ℃,干白葡萄酒为 10～11 ℃,甜白葡萄酒为 13～15 ℃,桃红葡萄酒为 12～14 ℃,干红葡萄酒为 16～18 ℃,浓甜葡萄酒为 18 ℃,干型雪利酒为 8 ℃,甜型雪利酒为 18 ℃。

4. 酒杯选择

每种葡萄酒需要特别的酒杯才能产生与众不同的酒香。比如,用窄杯饮用浓郁的勃艮第葡萄酒,将会使酒打漩的空间小,然而该酒香就是靠打漩产生的。杯子还必须适当地向顶端变细,这样啜饮的同时可以截留酒香。一般杯脚须够长以防手碰到杯体,那样的话会影响酒的温度乃至酒香。图 2-3 中所示为常见的葡萄酒杯,从左至右分别为白葡萄酒杯、勃艮第葡萄酒杯、香槟杯和红葡萄酒杯。

图 2-3　常见的葡萄酒杯[①]

白葡萄酒:带阔口略微小的杯以截获酒香,握杯脚以保留其冷温。

勃艮第红葡萄酒:用宽阔大酒杯以催生其复杂酒香。该杯略比白葡萄酒杯高些。

香槟酒:狭窄有凹槽的杯,以减少酒的表面区域,防止气泡消散。

红葡萄酒:酒杯中较大的那种,持握在杯体和杯脚相连之处。

5. 葡萄酒的醒酒

葡萄酒的大部分生命都在沉睡中度过。我们可以想象一下,在经过短暂的采摘、发酵、酿造、过滤之后,葡萄酒新酒被封存到橡木桶中,放入酒窖陈酿,一般的酒都需要两三年的陈酿期才能出售,而品质出众的名庄酒更是需要储存十来

---

① 图片来源:http://t1.baidu.com/it/u=19559089,3459755324&fm=15&gp=0.

年才会达到最佳饮用的状态。由此可见,葡萄酒越沉睡越有魅力,是不折不扣的"睡美人"。而醒酒就是把这个"睡美人"唤醒的过程,让"她"焕发生命的活力,以最美的状态展示在世人眼前。

通过醒酒,葡萄酒中因为陈年而积累的沉淀物质可以被分离,使酒质更纯净;通过醒酒,可以让酒体苏醒,让口感的层次更丰富;通过醒酒,可以去掉因为放置太久而产生的腥味,让酒中的花香、果香逐渐挥发出来;通过醒酒,可以让单宁充分氧化,降低涩味,使酒的口感更加醇厚、柔和。

醒酒是一件优雅的事情,有风度的绅士会利用自己的醒酒知识充分展示修养和男士魅力,比如一边有条不紊地进行醒酒,一边介绍自己的这一步骤是"为了去掉沉淀物"或者"为了让酒体充分接触空气",这无疑是吸引异性赞赏的机会。醒酒的器皿需要干净、干燥;倒酒要倾斜醒酒器(图2-4),使酒沿瓶壁缓缓流下,切忌倒入沉淀物;葡萄酒倒入醒酒器后缓慢地晃动手腕,让器中的红酒搅动,使酒分子充分接触空气。倒酒时,目光与酒瓶和瓶下方的光源成一垂直线,光源与醒酒器相距约15 cm。开始换瓶时,只需逐渐倾斜酒瓶,慢慢地让葡萄酒注入醒酒器中。为容量750 mL的酒换瓶约耗时一分钟。

醒酒时间因为酿酒葡萄、酒庄、陈年期、酒体状况甚至醒酒器的不同而各有差异,从十几分钟到一两天,时间跨度极大。一般而言,花香、果香比较明显的白葡萄酒、新酒、餐酒,以及较便宜的酒(100元以下)可以开瓶即饮,不需要醒酒;甜白葡萄酒、贵腐酒开瓶静放一小时左右,不需要倒入醒酒器中;较年轻的红酒倒入醒酒器中醒酒2小时左右,处于陈年期的酒在醒酒器中醒酒1小时左右;较老的酒换瓶去渣,半小时以内就可以饮用。

图 2-4　醒酒器[①]

---

① 图片来源:http://www.jqjdyp.com/uploadfile/201202/20120209144642269.

年轻的葡萄酒需要充分接触空气,通过氧化作用来柔化酒质,使它成熟圆润,开酒后直接倒入醒酒器,酒器则选用比较扁平的,这种扁平的醒酒器有一个宽大的肚子,能够促进氧化作用的进行。年老的葡萄酒,在醒酒前要直立2天沉淀,醒酒的过程要格外慎重与小心,当酒沿酒壁缓缓倒入醒酒器后要立刻盖上酒塞,防止过分的氧化作用,使酒衰老死去。

名庄出产的白葡萄酒需要醒酒一小时左右,其他大部分白葡萄酒可以开瓶即饮;香槟酒、起泡酒、粉红葡萄酒不需要醒酒;处于成熟期的大部分干红都需要醒酒一小时左右,名庄出产的好酒醒酒时间更长,甚至每隔一小会儿就会有不同的状态呈现出来,是爱酒者最爱把玩的品酒享受。

二、黄酒的酒水服务

1. 黄酒的饮用方法

1) 温饮

一直以来黄酒的饮用方法都以温饮为主,可以说这是一种极为传统的饮酒方法。黄酒在稍稍加热后具有酒香浓郁的特点,并且酒味柔和,这个时候饮用不仅可以品尝极致的酒香,同时对人体健康而言也是最有利的。将盛酒器放入热水中烫热,还有一种方法是隔火加温,这些方法都可以在最短的时间内将黄酒加热。

但是品酒专家同时提醒,在加热黄酒的时候应该尽量避免太长时间,否则的话酒精都挥发掉了反而淡而无味。最佳的温度是在38℃左右,黄酒烫热的过程中一些极微量的对人体健康无益的甲醇、醛、醚类等有机化合物都会挥发掉。

2) 冰镇黄酒

通常情况下老一辈的人才会习惯将黄酒烫温后饮用,而在年轻人的世界中,他们似乎更喜欢将黄酒冰镇后饮用。这是近几年来最流行的黄酒饮用方式,尤其在我国香港及日本,很多人在喝黄酒的时候都喜欢在黄酒中加入适量的冰块后饮用。冰镇黄酒的方法很简单,只需要买来黄酒后放入冰箱冷藏室,并且将冰箱温度控制在3℃左右,这样一段时间后就可以品尝到冰镇的黄酒了。

在饮用的时候往杯中放几块冰,口感更好。或者还可以根据个人的口味以及爱好在黄酒中放入话梅、柠檬等,抑或兑些雪碧、可乐、果汁等饮品。

3) 佐餐黄酒

黄酒的饮用方法有很多,除了可以加温饮用或者是冰镇饮用之外,在平时生活中还可以在佐餐的时候饮用。酒的配餐十分讲究,以不同的菜配不同的酒,只有这样才可以更好地领略各种酒的特有风味。通常情况下干型的元红酒,宜配蔬菜类、海蜇皮等冷盘；而半干型的加饭酒，宜配肉类、大闸蟹；还有就是半甜型的善酿酒，宜配鸡鸭类。

而对于甜型的香雪酒而言，最适合搭配的就是甜菜类，这样的搭配方式可以帮助我们更好地品尝到黄酒的美味以及特点。

2.黄酒的服务技巧

1）温度

黄酒服务时，应主动询问客人是否要加热或加姜汁等。黄酒加温至40～50℃即可。黄酒温热后饮用，不仅暖胃活血，入口温和舒适，而且有利于身体健康。

2）用具

加温后的黄酒即倒入锡壶，然后将酒倒入碗中或杯中。传统饮用绍兴黄酒应使用黄酒碗，现在也使用玻璃酒杯。

3）用量

应在客人右边为客人斟酒，黄酒应倒入酒杯中八分满为宜。

3.饮用黄酒的注意事项

（1）不宜空腹：人在饱腹时对酒精吸收慢，而空腹时吸收快，易醉。

（2）不宜快饮：喝黄酒宜慢慢地品，放宽节奏，从容心境，充分享受酒味，是真正的饮酒。绍兴酒富于营养，慢慢饮容易吸收，是一种好方式，也是一种好境界。

（3）不宜混饮：各种不同的酒混合起来饮用，易醉，而且会产生副作用，引起胃不适和头痛等。

（4）不宜过量：黄酒口感温和，但切勿轻视它，因为喝醉后，后劲比较足。若你的白酒酒量有半斤，喝黄酒千万别超过八两，这样比较好。而且适量常饮，对身体有益。

（5）不宜酒后洗澡：酒后洗澡容易将体内贮存的葡萄糖消耗掉。而血糖含量大幅度下降，能导致体温急剧降低，严重的会引起休克。

三、清酒的酒水服务

1.日本清酒文化

日本清酒是典型的日本文化，有这么一说，每年的元月15日是成人节，在这天日本年满20周岁的男男女女都要穿上华丽庄重的服饰，所谓男着吴服，女穿和服，与三五同龄好友共赴神社祭拜，然后饮上一杯淡淡的清酒（据日本法律规定不到成年不能饮酒），在神社前合照一张饮酒的照片。此节日的程序一直延至今日不改，由此可见清酒在日本人心目中的地位。

古往今来,诗歌、酒、美人、工作是日本男人生存意义的基本要素,活到老、做到老是日本人生存的信念,故异常勤劳。工作之余,一杯清酒,富裕的人会来一杯"上善如水"或"男山",做体力劳动的人则来一杯"百鹤",希望能像仙鹤一样神游于心中美好的地方。

饮食方面,日本菜以海鲜鱼类为主,喝其他烈性酒,破坏了日本菜原有的鲜美味,所以还是香醇甘美的清酒配上日本菜才有滋有味。特别是10年以上的古酒和大吟酿酒,更是酒中佳品。

目前,日本酒大致可以分成两大类,一是有特定名称的日本酒,二是称为普通酒(或经济酒)的日本酒。日本全国有大小清酒酿造厂2000余家,其中最大的5家酒厂及其著名产品是:大包厂的月桂冠、小西厂的白雪、白鹤厂的白鹤、西宫厂的日本盛和大关厂的大关酒。日本著名的清酒厂多集中在关东的神户和京都附近。

2.清酒的饮用服务

1)酒杯

饮用清酒时可采用浅平碗或小陶瓷杯,也可选用褐色或青紫色玻璃杯作为杯具。酒杯应清洗干净。

2)饮用温度

清酒一般在常温(16 ℃左右)下饮用,冬天需温烫后饮用,加温一般至40~50 ℃,用浅平碗或小陶瓷杯盛饮。

3)饮用时间

清酒可作为佐餐酒,也可作为餐后酒。

3.清酒的礼仪

1)酒杯

一般使用褐色、青紫色酒杯,要求干净素雅,以增加饮酒时的特有味道。

2)礼数

喝酒时,如有人来给你倒酒,你要先喝干杯中剩下的酒,然后再接受敬酒。而且还要回敬。

3)第一杯酒

第一杯酒是一定要喝的,第二杯可以不喝。不过,真不会喝酒,不喝也没有太大关系。

4)男性和女性的不同

在正式的商务宴会上,男士可以举起酒杯,一口喝下去,女性则必须用右手拿着酒杯,而左手垫在酒杯下,慢慢地呡。

四、啤酒的酒水服务

1. 啤酒的饮用

有许多人在饮用啤酒时跟饮用白酒一样,慢慢地饮,一杯啤酒要饮很长时间,这种饮用方法是错误的。啤酒应该是大口大口地喝,一杯啤酒应该尽快喝完。首先啤酒的醇香和麦芽香刚刚倒入杯中是很浓郁、很诱人的,若时间放长,香气就会挥发掉。其次啤酒刚倒入杯中时有细腻洁白的泡沫,它能减少啤酒花的苦味,减轻酒精对人的刺激。再次是啤酒中的二氧化碳倒入杯中时,能从杯底升起一串串很好看的二氧化碳气泡,酒内含有的这些二氧化碳饮入口中,因有麻辣刺激感,而令人有一种爽快的感觉。尤其是在大口喝进啤酒后,容易打嗝,这就使人有了一种舒适、凉爽的感觉。最后啤酒的酒温以 10~15℃ 饮用为宜。若倒在杯内的时间过长,其酒温必然升高,酒香就会产生异味,而使苦味突出,失去爽快的感觉。因而啤酒应该大口地喝。

2. 啤酒的服务操作

1) 啤酒杯

常用的标准啤酒杯有三种形状,一种是杯口大、杯底小的喇叭形平底杯,俗称皮尔森杯;第二种是杯底较厚的飓风杯,这种酒杯用于啤酒的服务,增加了倒酒的难度。这两种酒杯常用于瓶装啤酒。第三种是带把柄的啤酒杯,酒杯容量大,一般用于桶装生啤酒。

洁净的啤酒杯能让泡沫在酒杯中呈圆形,保持新鲜口感。啤酒杯必须洁净,必须没有油污、灰尘和其他杂物。油脂对泡沫形成极大的销蚀作用,任何油污无论能否看出,都会浮在酒的液面上,使浓郁而洁白的泡沫层受到影响甚至很快消失;此外不干净的杯子还会影响口感和味道。

2) 倒啤酒的程序

一杯优质的啤酒应带有很丰富的泡沫,俗称"八分酒液、二分泡沫"。杯中无泡沫或啤酒少而泡沫太多并溢出都会使客人扫兴。另外,应注意洁净的啤酒杯中优质的泡沫形成还取决于倒啤酒时杯子的倾斜角度和保持倾斜度时间的长短两个因素。

瓶装啤酒开启时,要尽量减少酒瓶的晃动,左手握酒瓶,瓶颈略呈倾斜状,右手握开酒器一次性将酒瓶开启开。如有酒液溢出时,应用干净的餐巾将瓶口压住以防止更多的酒液溢出。酒封开启后,要用洁净的口布擦拭瓶口。

开启罐装啤酒时,同样在开启前尽量减少晃动,开启时先将拉环轻轻拉开,然后慢慢扩大直至全部拉开。这种方法可以使罐中的二氧化碳有少量的漏出,避免因罐中二氧化碳含量过大而造成酒液冲冒。

　　桶装啤酒在安装时需小心，必须使用一定的专门工具。首先冷却酒桶，将其置于台子上，出酒孔向前，稍停15分钟之后，将龙头插进出酒孔，拧紧龙头，以防渗酒漏气。前10杯啤酒泡沫较厚，是正常现象。有的酒桶装有龙头开关，只要开启开关即可。

■ 本章回顾

　　发酵酒是人类酒文化的起源，同时也是当今人类消费量最大的酒精饮料。本章对葡萄酒、黄酒、清酒和啤酒的种类、酿制方法、饮用方法、保存方法以及酒水服务进行了较为深入的介绍。掌握和了解发酵酒的基本知识，对于从事餐厅、酒吧服务与管理的人都是必不可少的。

■ 关键概念

　　葡萄酒　黄酒　清酒　啤酒

■ 复习与思考

　　1. 搜集资料，了解世界著名的啤酒品牌。
　　2. 根据资料，对比法国波尔多与勃艮第地区葡萄酒的差异。
　　3. 思考如何在中国非黄酒产区和世界市场推广中国黄酒？

■ 单元实训

　　1. 策划：了解葡萄酒品鉴知识，组织设计一场葡萄酒品鉴会。
　　2. 策划：为某五星级酒店策划德国啤酒节活动。
　　3. 课外实践：对比绍兴黄酒四大传统品牌的差异。
　　4. 思考：假如你是一名高档餐厅的服务员，一天，有客人在你服务的包厢内点了一瓶红葡萄酒极品，但似乎客人并不懂得红酒的品鉴知识，准备和他的朋友像喝啤酒一样饮用，你是否会提醒他正确的品尝方法？具体你会怎么做？

第三章 蒸馏酒品鉴与服务

课前导读

蒸馏酒的历史

人类饮酒历史相当久远,酒精饮料与人类生活密不可分,并在人们的生活中起着重要的作用。蒸馏酒何时出现于人类的生活中已无可考,最初的记载始于中世纪之后。

一般认为蒸馏酒技术源自阿拉伯的炼金术(alchemy),英语系国家将旧式蒸馏器称为 alembic,即来自阿拉伯炼金过程中所使用的净化器名称。而"酒精"一词(alcohol),亦来自阿拉伯语的 alkohil(音),原意是蒸馏的粉末,即一种黑色粉末液化后,加热转化成气体,再凝结硬化成为阿拉伯王宫后院佳丽的化妆眉笔,而烈酒的蒸馏过程与其相似,故采用该词为其字源。

蒸馏酒通常被习惯分为七大类:金酒(Gin)、威士忌(Whisky)、白兰地(Brandy)、伏特加(Vodka)、朗姆酒(又叫罗姆酒、蓝姆酒或兰姆酒)(Rum)、龙舌兰酒(Tequila)、中国白酒(Spirits)。

阿拉伯人在公元 711 年入侵西班牙,同时把炼金术带入欧洲,当时的欧洲人称烈酒为 aquavitae,意即"生命之水",这个词目前在瑞典、挪威及丹麦仍使用。

在中世纪,最早以炼金技术研究蒸馏方法的是蒙伯利尔大学教授阿诺·维拉诺瓦及其门生雷门多·卢利欧。Aquavitae 一开始是作为医疗使用,在烈酒内加入水果及植物以增加其香味,用以治疗病痛,后来才成为饮料,并调配更多种不同的植物以改善风味。1800年,亚当发明精馏法,即再一次蒸馏以去除更多的杂质。

法国白兰地始于蒸馏夏朗德地区浓郁的葡萄酒,由于出口到其他国家,为了改善长途运输的品质,乃将葡萄酒蒸干,到达目的地再加水,却发觉风味更佳。夸·马洪曾言:"我在煮过的葡萄酒中发现葡萄酒的灵魂。""Brandy"一词来自日耳曼文 Branntwein,意即煮过的酒。英国在 1622—1650 年之间则使用"brand wine"一词。蒸馏酒始于中世纪之后,当时欧洲人称"生命之水"。

美国的威士忌始于 18 世纪,早期多以蒸馏稞麦及大麦为主,后由于政府的重税及管制,酒厂从宾州大量西移到肯塔基州的波本镇生根,开始以玉米作为原料,并以地名命名,称之为"波本威士忌"。

朗姆酒产自西印度群岛的甘蔗产区,这种由甘蔗汁液酿制、蒸馏的酒,早已存在岛上土著的日常生活中,而这个近代动荡不安的地区,浓烈的甘蔗蒸馏液亦成为战士们喜爱的饮料。

中国蒸馏酒的出现始于唐宋时期,随着制酒技术的进步,发展出举世闻名的中国白酒(如茅台酒、五粮液等),其不但酒精含量高于世界其他国家所生产的蒸馏酒,而且在饮用时,仍不会感觉到辛辣、呛鼻,品质之优越可见一斑。

第三章　蒸馏酒品鉴与服务

【学习目标】

通过本章的学习，了解蒸馏酒的主要类型，中国白酒的分类与品鉴，白兰地的分类与品鉴，威士忌的分类与品鉴，朗姆酒的分类与主要名品，伏特加的分类与主要名品，以及各种蒸馏酒的酒水服务过程与要求。

【知识目标】

通过教学，明确蒸馏酒的概念和分类，了解不同的蒸馏酒的种类及特点，熟悉各种蒸馏酒的服务流程与要求，掌握各种蒸馏酒的品鉴方法。

【学习任务】

1. 了解各类蒸馏酒的生产工艺；
2. 掌握各类蒸馏酒的主要类别及其特点；
3. 熟悉各类蒸馏酒的历史与文化；
4. 熟悉各类蒸馏酒的服务要求。

蒸馏酒是将经过发酵的水果或谷物等酿酒原料加以蒸馏提纯酿制而成的、酒精含量通常在40%以上的烈性酒。蒸馏酒的原料一般是富含天然糖分或容易转化为糖的淀粉等物质。如蜂蜜、甘蔗、甜菜、水果和玉米、高粱、稻米、麦类、马铃薯等。糖和淀粉经酵母发酵后产生酒精，利用酒精的沸点（78.5℃）和水的沸点（100℃）不同，将原发酵液加热至两者沸点之间，就可从中蒸出和收集到酒精成分和香味物质。

用特制的蒸馏器将酒液、酒醪或酒醅加热，由于它们所含的各种物质的挥发性不同，在加热蒸馏时，在蒸汽中和酒液中，各种物质的相对含量就有所不同。酒精（乙醇）较易挥发，则加热后产生的蒸汽中含有的酒精浓度增加，而酒液或酒醪中酒精浓度就下降。收集酒气并经过冷却，得到的酒液虽然无色，气味却辛辣浓烈。其酒度比原酒液的酒度要高得多，一般的酿造酒，酒度低于20度，蒸馏酒则可高达60度以上。

蒸馏酒的酒精浓度依各国规定而有所不同，美国规定为37度以上，欧洲国家则需在40度以上，方可称之为蒸馏酒。现代人们所熟悉的蒸馏酒分为白酒（也称烧酒）、白兰地、威士忌、伏特加酒、朗姆酒等。白酒是中国所特有的，一般是粮食酿成后经蒸馏而成的。白兰地是葡萄酒蒸馏而成的，威士忌是大麦等谷物发酵酿制后经蒸馏而成的，朗姆酒则是甘蔗酒经蒸馏而成的。

第一节　中国白酒与中国酒文化

【小问答】

唐朝诗人杜甫曾做一首著名的诗《饮中八仙歌》，对唐朝 8 位嗜酒如命的名人做了生动的描述，请在欣赏《饮中八仙歌》后指出这 8 位名人。

知章骑马似乘船，眼花落井水底眠。
汝阳三斗始朝天，道逢麴车口流涎，恨不移封向酒泉。
左相日兴费万钱，饮如长鲸吸百川，衔杯乐圣称世贤。
宗之潇洒美少年，举觞白眼望青天，皎如玉树临风前。
苏晋长斋绣佛前，醉中往往爱逃禅。
李白一斗诗百篇，长安市上酒家眠，天子呼来不上船，自称臣是酒中仙。
张旭三杯草圣传，脱帽露顶王公前，挥毫落纸如云烟。
焦遂五斗方卓然，高谈雄辩惊四筵。

中国白酒又名烧酒、干白，因其无色透明而得名。烧酒是指将经过发酵的原料入甑加热蒸馏而得的酒。白酒是世界蒸馏酒家族的重要成员，也是调配中华鸡尾酒的主要基酒。

最新的国家标准对白酒的定义：以曲类、酒母为糖化发酵剂，利用淀粉质（糖质）原料，经蒸煮、糖化、发酵、蒸馏、陈酿和勾兑酿制成的蒸馏酒。白酒是中国传统的酒类，工艺独特，历史悠久，享誉中外。从古至今白酒在酒类消费者的心目中都占有十分重要的位置，是社交、喜庆等活动中不可缺少的特殊饮品。

一、中国白酒的分类

中国白酒品种繁多，制法和风味都各有特色，白酒大致可从以下几个方面分类：

1. 按生产原料分

1）粮食白酒

粮食白酒以高粱、玉米、大米及大麦等为原料酿制而成。出名及优良白酒中绝大多数为此类酒。

2）薯干白酒

以甘薯、马铃薯及木薯等为原料酿制而成。薯类作物富含淀粉和糖分，易于蒸煮糊化，出酒率高于粮食白酒，但酒质不如粮食白酒，多为普通白酒。

3）其他原料白酒

以富含淀粉和糖分的农副产品和野生植物为原料酿制而成。如大米糠、高粱糠、甘蔗、土茯苓及葛根等。这类酒的酒质不如粮食白酒和薯干白酒。

2. 按酿造用曲分

1）大曲法白酒

以大曲（麦曲，一种粗制剂，由微生物自然繁殖而成）作为酿酒用的糖化剂和发酵剂。因其形状像大砖块而得名。酒醅经蒸馏后成白酒。具有曲香馥郁、口味醇厚、饮后回甜等特点。多为名酒和优质酒。但因耗费粮食、生产周期长等原因，发展受到限制。

2）小曲法白酒

以小曲（米曲，相对于大曲而言，因添加了各种药材而又称为药曲或酒药）作为酿酒用的糖化剂和发酵剂。此酒适合气温较高的地区生产。具有一种清雅的香气和醇甜的口感，但不如大曲酒香气馥郁。

3）麸曲法白酒

以麸曲（用麸皮为原料，由人工培养而成。因生产周期短，又称快曲）为糖化剂，酵母菌为发酵剂制成。以出酒率高、节约粮食及生产周期短为特点，但酒质不如大曲白酒及小曲白酒。

4）小曲大曲合制白酒

先用小曲，后用大曲酿造而成，酒质风格独特。

3. 按香型分

1）酱香型白酒

酱香型白酒因有一种类似豆类发酵时的酱香味而得名。因源于茅台酒工艺，故又称"茅香型"。这种酒，优雅细腻，酒体醇厚，丰富，回味悠长。当然，酱香不等于酱油的香味，从成分上分析，酱香酒的各种芳香物质含量都较高，而且种类多，香味丰富，是多种香味的复合体。这种香味又分前香和后香。所谓前香，主要是由低沸点的醇、酯、醛类组成，起呈香作用。所谓后香，是由高沸点的酸性物质组成，对呈味起主要作用，是空杯留香的构成物质。茅台酒是这类香型的楷模，根据国内研究资料和仪器分析测定，它的香气中含有100多种微量化学成分。启瓶时，首先闻到幽雅而细腻的芬芳，这就是前香；继而细闻，又闻到酱香，且夹带着烘炒的甜香，饮后空杯仍有一股香兰素和玫瑰花的幽雅芳香，而且5~7天不会消失，美誉为空杯香，这就是后香。前香、后香相辅相成，浑然一体，卓然而绝。

除茅台酒外,国家名酒中还有贵海酒、四川的郎酒也是享名国内的酱香型白酒。贵州的习酒、怀酒、珍酒、黔春酒、颐年春酒、金壶春、筑春酒、贵常春等也属于酱香型白酒。

2)浓香型白酒

浓香型白酒,香味浓郁,以四川泸州老窖酒为代表,所以又叫"泸香型"。这种香型的白酒具有窖香浓郁、绵甜爽净的特点。它的主体香源成分是己酸乙酯和丁酸乙酯。泸州窖酒的己酸乙酯比清香型酒高几十倍,比酱香型白酒高十倍左右。另外还含丙三醇,使酒绵甜甘洌。酒中含有机酸,起协调口味的作用。浓香型白酒的有机酸以乙酸为主,其次是乳酸和己酸,特别是己酸的含量比其他香型酒要高出几倍。白酒中还有醛类和高级醇。在醛类中,乙缩醛较高,是构成喷香的主要成分。除泸州老窖外,五粮液、古井贡酒、双沟大曲、洋河大曲、剑南春、全兴大曲、郎牌特曲等都属于浓香型,贵州的鸭溪窖酒、习水大曲、贵阳大曲、安酒、枫榕窖酒、九龙液酒、毕节大曲、贵冠窖酒、赤水头曲等也属于浓香型白酒。贵州浓香型名牌白酒品种较多。

3)清香型白酒

清香型白酒芬芳清香,甘润爽口,是一种传统的老白干风格,以山西杏花村的汾酒为代表,所以又叫"汾香型"。其特点是:清香纯正,诸味协调,余味爽净。它的主要香味成分是乙酸乙酯和乳酸乙酯,从含酯量看,它比浓香型、酱香型都要低,而且突出了乙酸乙酯,但乳酸乙酯和乙酸乙酯的比例协调。除此以外,宝丰酒、特制黄鹤楼酒也是清香型白酒,贵州生产清香型白酒的厂家不多。

4)米香型白酒

米香型白酒 2000 年前以桂林三花酒为代表,2000 年以后以"冰峪庄园"大米原浆酒为代表,其特点是蜜香清雅,入口柔绵,落口爽净,回味怡畅。它的主体香味成分是 β-苯乙醇和乳酸乙酯。在桂林三花酒中,这种成分每百毫升高达 3 克,具有玫瑰的幽雅芳香,是食用玫瑰香精的原料。从脂的含量看,米香型白酒中,仅有乳酸乙酯和乙酸乙酯,基本上不含其他酯类。这是米香型白酒的特点之一。全州湘山酒也属这种香型。

5)兼香型白酒

兼香型白酒包括以下两种类型:酱中带浓型,其特点为芳香、舒适,细腻丰满,酱浓协调,余味爽净悠长;浓中带酱型,其特点是浓香带酱香,诸味协调,口味细腻,余味爽净。

第三章 蒸馏酒品鉴与服务

4. 按白酒中酒精含量分

1) 高度白酒

酒度一般为51%～67%,但目前60%以上的白酒已经很少见,我国许多名优白酒属于此类。

2) 中度白酒

在传统白酒的基础上采用降度工艺,酒度为38%～50%。

3) 低度白酒

因满足了新的消费需求,低度白酒具有可观的国内外市场前景。酒度一般在38%以下,甚至低至25%。

二、中国白酒的命名

1. 以原料命名

以原料命名在中国白酒中十分普遍。如高粱酒、大曲酒、瓜干酒就是以高粱、大曲、瓜干为原料生产出来的酒。

2. 以产地命名

以产地命名白酒,具有方便、易于消费者识别的特点,我国许多名优白酒用这种方法命名,如茅台、汾酒、景芝白干、曲阜老窖、兰陵大曲等。

3. 以名人命名

以历史上或传说中的人物命名,具有增加白酒文化内涵,提升品牌附加值的作用,如杜康酒、范公特曲等。

4. 按发酵、贮存时间长短命名

一些传统白酒以发酵、贮存时间为命名依据,易于区分白酒的品质与价格。如泸州老窖分为特曲、陈曲、头曲、二曲,价格也各不相同。

5. 以生产工艺的特点命名

一些传统白酒以生产工艺特点命名,直接明了,如二锅头、回龙酒等。二锅头是我国北方固态法白酒的一种古老的名称,现在有的酒仍叫做二锅头。现在的二锅头是在蒸酒时,掐头去尾取中间蒸馏出的酒。真正的二锅头是指制酒工艺中在使用冷却器之前,以古老的固体蒸馏酒方法,即以锅为冷却器,二次换水后而蒸出的酒。

三、中国酒文化

1. 中国酒具的演变

1) 远古时代的酒器

远古时期的人们,茹毛饮血;火的使用,使人们结束了这种原始的生活方式;

农业的兴起,人们不仅有了赖以生存的粮食,随时还可以用谷物作酿酒原料酿酒。陶器的出现,人们开始有了炊具;从炊具开始,又分化出了专门的饮酒器具。究竟最早的专用酒具起源于何时,还很难定论。因为在古代,一器多用应是很普遍的。远古时期的酒,是未经过滤的酒醪(这种酒醪在现在仍很流行),呈糊状和半流质,对于这种酒,就不适于饮用,而是食用。故食用的酒具应是一般的食具,如碗、钵等大口器皿。远古时代的酒器制作材料主要是陶器、角器、竹木制品等。

酿酒业的发展,饮酒者身份的高贵等原因,使酒具从一般的饮食器具中分化出来成为可能。酒具质量的好坏,往往成为饮酒者身份高低的象征之一。在新石器时期晚期,尤以龙山文化时期为代表,酒器的类型增加,用途明确,与后世的酒器有较大的相似性。这些酒器有罐、瓮、盂、碗、杯等。酒杯的种类繁多,有平底杯、圈足杯、高圈足杯、高柄杯、斜壁杯、曲腹杯、觚形杯等。

2) 商周的青铜酒器

在商代,由于酿酒业的发达,青铜器制作技术提高,中国的酒器达到前所未有的繁荣。当时的职业中还出现了"长勺氏"和"尾勺氏"这种专门以制作酒具为生的氏族。周代饮酒风气虽然不如商代,但酒器基本上还沿袭了商代的风格。在周代,也有专门制作酒具的"梓人"。

青铜器起于夏,现已发现的最早的铜制酒器为夏二里头文化时期的爵。青铜器在商周达到鼎盛,春秋没落,商周的酒器的用途基本上是专一的。据《殷周青铜器通论》,商周的青铜器共分为食器、酒器、水器和乐器四大部,共五十类,其中酒器占二十四类。按用途分为煮酒器、盛酒器、饮酒器、贮酒器。

3) 汉代的漆制酒器

商周以降,青铜酒器逐渐衰落,秦汉之际,在中国的南方,漆制酒具流行。漆器成为两汉、魏晋时期的主要类型。

漆制酒具,其形制基本上继承了青铜酒器的形制。有盛酒器具、饮酒器具。饮酒器具中,漆制耳杯是常见的。汉代,人们饮酒一般是席地而坐,酒樽放在席地中间,里面放着挹酒的勺,饮酒器具也置于地上,故形体较矮胖。魏晋时期开始流行坐床,酒具变得较为瘦长。

4) 瓷制酒器

瓷器大致出现于东汉前后,与陶器相比,不管是酿造酒具还是盛酒或饮酒器具,瓷器的性能都超越陶器。唐代的酒杯形体比过去的要小得多,故有人认为唐代出现了蒸馏酒。唐代出现了桌子,也出现了一些适于在桌上使用的酒具,如注子,唐人称为"偏提",其形状似今日之酒壶,有喙,有柄,既能盛酒,又可注酒于酒杯中,因而取代了以前的樽、勺。宋代是陶瓷生产鼎盛时期,有不少精美的酒器。

宋代人喜欢将黄酒温热后饮用。故发明了注子和注碗配套组合。使用时,将盛有酒的注子置于注碗中,往注碗中注入热水,可以温酒。瓷制酒器一直沿用至今。

2. 酒与宗教祭祀和丧葬习俗

从远古以来,酒是祭祀时的必备用品之一。原始宗教起源于巫术,在中国古代,巫师利用所谓的"超自然力量",进行各种活动,都要用酒。巫和医在远古时代是没有区别的,酒作为药,是巫医的常备药之一。在古代,统治者认为:"国之大事,在祀在戎"。祭祀活动中,酒作为美好的东西,首先要奉献给上天、神明和祖先享用。战争决定一个部落或国家的生死存亡,出征的勇士,在出发之前,更要用酒来激励斗志。酒与国家大事的关系由此可见一斑。反映周王朝及战国时代制度的《周礼》中,对祭祀用酒有明确的规定。如祭祀时,用"五齐"、"三酒"共八种酒。主持祭祀活动的人,在古代是权力很大的,原始社会是巫师,巫师的主要职责是奉祀天帝鬼神,并为人祈福禳灾。后来又有了"祭酒",主持飨宴中的酹酒祭神活动。

我国各民族普遍都有用酒祭祀祖先,在丧葬时用酒举行一些仪式的习俗。人死后,亲朋好友都要来吊祭死者,汉族的习俗是"吃斋饭",也有的地方称为吃"豆腐饭",这就是葬礼期间举办的酒席。虽然都是吃素,但酒还是必不可少的。有的少数民族则在吊丧时持酒肉前往,如苗族人家听到丧信后,同寨的人一般都要赠送丧家几斤酒及大米、香烛等物,亲戚送的酒物则更多些,如女婿要送二十来斤白酒,一头猪。丧家则要设酒宴招待吊者。云南怒江地区的怒族,村中若有人病亡,各户带酒前来吊丧,巫师灌酒于死者嘴内,众人各饮一杯酒,称此为"离别酒"。死者入葬后,古代的习俗还有在墓穴内放入酒,为的是死者在阴间也能享受到人间饮酒的乐趣。汉族人在清明节为死者上坟,也有带酒肉的习惯。

在一些重要的节日,举行家宴时,都要为死去的祖先留着上席,一家之主这时也只能坐在次要位置。在上席,为祖先置放酒菜,并示意让祖先先饮过酒或进过食后,一家人才能开始饮酒进食。在祖先的灵像前,还要插上蜡烛,放一杯酒,若干碟菜,以表达对死者的哀思和敬意。

3. 中国古代酒政

1) 榷酒

榷酒,现在称为酒的专卖,即国家垄断酒的生产和销售,不允许私人从事与酒有关的行业。由于实行国家的垄断生产和销售,酒价或者利润可以定得较高,一方面可获取高额收入,另一方面,也可以用此来调节酒的生产和销售。其内涵是极为丰富的。在历史上,专卖的形式很多,主要有以下几种:

(1)完全专卖。这种榷酒形式,是由官府负责全部过程,诸如造曲,酿酒,酒的运输,销售。由于独此一家,别无分店,酒价可以定得很高,故往往可以获得丰厚的利润,收入全归官府。

(2)间接专卖。间接专卖的形式很多,官府只承担酒业的某一环节,其余环节则由民间负责。如官府只垄断酒曲的生产,实行酒曲的专卖,从中获取高额利润。

在南宋时实行过一种"隔槽法",官府只提供场所、酿具、酒曲,酒户自备酿酒原料,向官府交纳一定的费用,酿酒数量不限,销售自负。

(3)商专卖。官府不生产,不收购,不运销,而由特许的商人或酒户在交纳一定的款项并接受管理的条件下自酿自销或经营购销事宜,非特许的商人则不允许从事酒业的经营。

2)税酒

税酒是对酒征收的专税。这与一般的市税的概念有所不同。由于将酒看成是奢侈品,酒税与其他税相比,一般是比较重的。在汉代以前,对酒不实行专税,而只有普通的市税。在清代后期和民国时对卖酒的还有特许卖酒的牌照税等杂税。

3)特许下的税酒制

禁酒的结果无疑会使酿酒业受到很大的摧残,酒的买卖少了,连酒的市税也收不到。唐代宗广德元年,安史之乱终于结束。唐政府为了应付军费开支和养活皇室及官僚,巧立名目,征收苛捐杂税。据《新唐书·杨炎传》的记载,当时搜括民财已到了"废者不削,重者不去,新旧仍积,不知其涯"的地步。为确保国家的财政收入,再次恢复了税酒政策。代宗二年,"定天下酤户纳税"。

唐朝的税酒,即对酿酒户和卖酒户进行登记,并对其生产经营规模划分等级,给予这些人从事酒业的特权。未经特许的则无资格从事酒业。

4)对违反官府酒业政策的处罚

处罚制度是为了保证官府的酒业政策得到顺利实施的必要手段,在国家实行专卖政策、税酒政策或禁酒政策时,都对私酿酒实行一定程度的处罚。轻者没收酿酒器具,酿酒收入,或罚款处理,重者处以极刑。

4. 酒令——酒桌上的游戏

酒令是对酒礼的变革、丰富和发展,是佐酒助兴、活跃宴席的重要手段,是文化入于酒,更是酒中的文化。最早的酒令是辅助礼的,后来才发展为佐酒助兴、宾主尽欢的方法,甚至成了劝酒、赌酒、逼酒的手段。

春秋战国时代的饮酒风俗和酒礼有"当筵歌诗","即席作歌"。从射礼转化而成的投壶游戏,实际上是一种酒令。秦汉之间,承前代遗风,人们在席间联句,名曰"即席唱和",用之日久,便逐渐丰富,作为游戏的酒令也就产生了。唐宋时代是我国游戏文化发展的一个高峰期,酒令也相应地得以长足发展。酒令到明清时代则进入另一个高峰期,其品种更加丰富,可谓五花八门,琳琅满目。举凡世间事物、人物、花木、虫禽、曲牌、词牌、诗文、戏剧、小说、中药、月令、八卦、骨牌,以及种种风俗、节令,无不入令。

酒令按其流行范围分,其中较为复杂、书卷气重的大多在书本知识较丰富的人士之间流行,称为雅令;而在广大民众之间则流行比较简单的酒令,称为俗令。当然,这种区分并不是绝对的。酒令的形式千变万化,可以即兴创造和自由选择。酒令可以说是中国特有的一种酒文化。

最早的酒令,完全是在酒宴中维护礼法的条规。在古代还设有"立之监"、"佐主史"的令官,即酒令的执法者,这种酒令是限制饮酒而不是劝人多饮的。随着历史的发展,时间的推移,酒令愈来愈成为席间游戏助兴的活动,以致原有的礼节内容完全丧失,纯粹成为酒酣耳热、比赛劝酒的助兴节目,最后归结为罚酒的手段。

第二节　中国白酒品鉴

一、白酒的品鉴方法

1. 品鉴方法

品赏鉴别白酒本身就是中国历经两千多年酒文化积淀的一部分,在您尽兴畅饮时是否也领略到了它那令人心醉的文化意境?白酒的感官质量指标主要包括色、香、味、格四部分。品评白酒就是通过眼观其色、鼻闻其香、口尝其味,并以综合色、香、味三方面感官印象确定其风格的全过程。鉴品白酒之前品酒人需保持身体体验器官(主要为口腔、舌、喉)的干净,最好不抽烟、不涉辛辣食物,准备一杯清水,具体步骤为:

1) 观色闻香

先取一 25 mL 或 50 mL 的透明水晶杯洗净,然后倒入需鉴品的白酒 10 mL 左右进行涮洗扔掉,重新倒入需鉴品的白酒至七分满,首先举杯观看酒液,好的白酒澄清透明,不浑浊,无悬浮物及沉淀物;接着对白酒的嗅闻方法是将酒杯举起,置酒杯于鼻下二寸处,头略低,轻嗅其气味。最初不要摇杯,闻酒的香气挥发情况;然后摇杯闻酒的香气。凡是香气协调,有愉快感,主体香突出,无其他邪杂气味,溢香性又好,一倒出就香气四溢,芳香扑鼻的,说明酒中的香气物质较多。在闻的时候,要先呼气,后再对酒吸气,不能对酒呼气。一杯酒最多闻三次就应该有准确记录。最好用右手端杯,左手扇风继续闻。闻完一杯,稍微休息片刻,再闻另一杯。所谓的余香悠长,首先应鉴别酒的香型,检查芳香气味的浓郁程度,继而将杯接近鼻孔,进一步闻,分析其芳香气的细腻性,是否纯正,是否有其他邪杂气;好的浓香型白酒主体酒香突出,具有浓郁的粮香味、窖香味和陈香味,无邪杂味,且能带来丰富的愉悦感。

2)品其口味

轻啜一口(约三分之一),注意入口时慢而稳,在嘴中含而不动30秒,酒的浓香会自然发射,满口生香,香味纯正自然、愉快。30秒后将酒在嘴中咂吧,滚动舌头,使酒液布满口腔中或酒入口后略微抬起头,使酒液沿舌头两侧流向舌根。再让酒从舌中间流向舌尖并将舌体紧贴口腔上壁,吸入一丝空气,以利于颤动口中的酒来分辨香味,用味觉感知酒的醇香度、柔度、和谐度及持久度。若其香味经久不散,落喉爽净,绵甜澈冽,且饮后满口生香,回味悠长,留香持久,说明具有浓香型白酒后味悠长的典型风格。

3)综合评价

品完白酒后,去净酒杯中所余白酒,保留空杯,过一段时间,嗅其酒杯,优质的白酒较长时间还残留五谷陈酿的味道,而且香味纯正;低质量白酒和酒精勾兑的白酒,白酒香味留杯时间较短(挥发较快),而且会残留勾兑时使用食用香料的异味。经过色、香、味三步的品赏,基本可体会到酒的风格,同时也达到了品酒的最高境界。

2. 好酒与差酒的鉴别

好酒与差酒主要从酒质和包装上进行鉴别。好酒的酒体纯净透明,无色或微黄,无沉淀、杂质,香气复合自然,香味协调,口味干净,柔顺易下喉,饮后舒适。贮存期长的陈酒还具有优雅的陈香、酒体变得微黄、酒体黏稠、挂杯好等特点。

差酒则酒体不纯净不透明,部分带有异色、沉淀、杂质,香味不协调、香气冲、刺鼻,带有不协调的浮香,口感有异杂味,糙辣、刺口,饮后不舒适。差酒和贮存期短的酒没有挂杯的现象。

好酒和高档酒的包装整洁,设计精美,标识清晰、规范、正确,配件齐全,配合紧密、合理,包装轮廓清晰。

差酒以及低档酒则包装粗糙,不清洁有污染,标识不规范、不清晰,缺少配件或配合差,包装轮廓不清晰。

二、中国十大名优白酒鉴赏

1. 茅台酒

茅台酒历史悠久、源远流长,有从公元前135年汉武帝"甘美之"的褒奖到1704年后清代大儒郑珍"酒冠黔人国"的赞誉。

茅台酒系以优质高粱为原料,用小麦制成高温曲,而用曲量多于原料。用曲多,发酵期长,多次发酵,多次取酒等独特工艺,是茅台酒风格独特、品质优异的重要原因。酿制茅台酒要经过两次加生沙(生粮)、八次发酵、九次蒸馏,生产周期长达八九个月,再陈贮三年以上,勾兑调配,然后再贮存一年,使酒质更加和谐醇香,绵软柔和,方准装瓶出厂,全部生产过程近五年之久。

茅台酒是风格最完美的酱香型大曲酒之典型,故"酱香型"又称"茅香型"。其酒质晶亮透明,微有黄色,酱香突出,令人陶醉,敞杯不饮,香气扑鼻,开怀畅饮,满口生香,饮后空杯,留香更大,持久不散。口味幽雅细腻,酒体丰满醇厚,回味悠长,茅香不绝。茅台酒液纯净透明、醇馥幽郁的特点,是由酱香、窖底香、醇甜三大特殊风味融合而成,现已知香气组成成分多达300余种。酒度53度。陈毅有诗:"金陵重逢饮茅台,万里长征洗脚来。深谢诗章传韵事,雪压江南饮一杯。"

2. 五粮液

五粮液为大曲浓香型白酒,产于四川宜宾市,用小麦、大米、玉米、高粱、糯米五种粮食发酵酿制而成,在中国浓香型酒中独树一帜。宋代宜宾姚氏家族私坊酿制,采用小麦、大米、玉米、高粱、糯米五种粮食酿造的"姚子雪曲"是五粮液最成熟的雏形。公元1368年,宜宾人陈氏继承了姚氏产业,总结出陈氏秘方,时称"杂粮酒",后由晚清举人杨惠泉改名为"五粮液"。

五粮液在中国市场中占非常重要的地位,是浓香型白酒的杰出代表,她经陈年老窖发酵,长年陈酿,精心勾兑而成。她以"香气悠久、味醇厚、入口甘美、入喉净爽、各味协调、恰到好处、酒味全面"的独特风格闻名于世,常用作喜庆宴会及馈赠亲友的热门选择。

3. 洋河大曲

洋河大曲,产于江苏省宿迁市宿城区洋河镇(原江苏省泗阳县洋河镇),因地故名。洋河大曲酒液无色透明,酒香醇和,味净尤为突出,既有浓香型的风味,又有独自的风格。醇香浓郁,余味爽净,回味悠长,是浓香型大曲酒,有"色、香、鲜、浓、醇"的独特风格,以其"入口甜、落口绵、酒性软、尾爽净、回味香、辛辣"的特点,闻名中外。是名扬天下的江淮派(苏、鲁、皖、豫)浓香型白酒的卓越代表"三沟一河"(即汤沟酒、洋河酒、双沟酒、高沟酒)之一。

4. 泸州老窖

泸州曲酒的主要原料是当地的优质糯高粱,用小麦制曲,大曲有特殊的质量标准,酿造用水为龙泉井水和沱江水,酿造工艺是传统的混蒸连续发酵法。蒸馏得酒后,再用"麻坛"贮存一二年,最后通过细致评尝和勾兑,达到固定的标准,方能出厂,保证了老窖特曲的品质和独特风格。

此酒无色透明,窖香浓郁,清洌甘爽,饮后尤香,回味悠长。具有浓香、醇和、味甜、回味长的四大特色,酒度有38度、52度、60度三种。

5. 汾酒

汾酒是我国古老的历史名酒,产于山西省汾阳市杏花村。汾酒的名字究竟起源于何时,尚待进一步考证,但早在一千四百多年前,此地已有"汾清"这个酒名。汾酒是我国清香型白酒的典型代表,工艺精湛,源远流长,素以入口绵、落口甜、饮后余香、回味悠长特色而著称,在国内外消费者中享有较高的知名度、美誉度和忠诚度。

历史上,汾酒曾经过了三次辉煌,汾酒有着4000年左右的悠久历史,1500年前的南北朝时期,汾酒作为宫廷御酒受到北齐武成帝的极力推崇,被载入廿四史,使汾酒一举成名。晚唐著名诗人杜牧一首《清明》诗吟出千古绝唱:"借问酒家何处有?牧童遥指杏花村。"这是汾酒的二次成名。1915年,汾酒在巴拿马万国博览会上荣获甲等金质大奖章,为国争光,成为中国酿酒行业的佼佼者。

6. 郎酒

郎酒产于四川省古蔺县。郎酒产地二郎滩是一方神韵十足的风水宝地。发源于云贵高原的赤水河,绵延千余公里,其流域千沟万壑,海拔都在1000米以上,而流经二郎滩时却陡然降至400余米。千百年来,在郎酒生产基地一带形成了独特的微生物圈。科学工作者发现,在郎酒成品中的微生物多达400多种,它们中的某些种类通过一系列复杂的组合,替郎酒催生110多种芳香成分,自然形成了郎酒的独特品位。该酒的特点为酒液清澈透明,酱香浓郁,醇厚净爽,入口舒适,甜香满口,回味悠长,属于酱香型白酒。

7. 古井贡酒

产自安徽省亳州市古井镇的古井贡酒,据考证始于公元196年,曹操将家乡亳州特产"九酝春酒"及酿造方法晋献给汉献帝,自此,该酒便成为历代皇室贡品,古井贡酒由此得名。1800多年酒文化历史,孕育出古井贡酒浓厚的文化品位和独特的名酒风范。以本地优质高粱做原料,以大麦、小麦、豌豆制曲,沿用陈年老发酵池,继承了混蒸、连续发酵工艺,并运用现代酿酒方法,加以改进,博采众长,形成自己的独特工艺,酿出了风格独特的古井贡酒。

古井贡酒酒液清澈如水晶,香醇如幽兰,酒味醇和,浓郁甘润,黏稠挂杯,余香悠长,经久不绝。酒度分为38度、55度、60度三种。

8. 西凤酒

西凤酒,产于陕西省凤翔县柳林镇,始于殷商,盛于唐宋,已有三千多年的历史,历史悠久,文化灿烂。凤翔是民间传说中产凤凰的地方,有凤鸣岐山、吹箫引凤等故事。唐朝以后,又是西府台的所在地,人称西府凤翔。酒遂因此而得名。史载此酒在唐代即以"醇香典雅、甘润挺爽、诸味协调、尾净悠长"列为珍品。苏轼任职凤翔时,酷爱此酒,曾有"柳林酒,东湖柳,妇人手"的诗句,后来传为佳话。

9. 贵州董酒

董酒产于贵州遵义董酒厂,属大曲其他香型优质白酒;它以独特的工艺、典型的风格、优良的品质驰名中外,在中国名酒中独树一帜。

董酒无色,清澈透明,香气幽雅舒适,既有大曲酒的浓郁芳香,又有小曲酒的柔绵、醇和、回甜,还有淡雅舒适的药香和爽口的微酸,入口醇和浓郁,饮后甘爽味长。由于酒质芳香奇特,被人们誉为其他香型白酒中独树一帜的"董香型"典型代表。

10. 剑南春

绵竹剑南春酒,产于四川省绵竹县,因绵竹在唐代属剑南道,故称"剑南春"。四川的绵竹县素有"酒乡"之称,绵竹县因产酒而得名。早在唐代就产闻名遐迩的名酒——"剑南烧春",相传李白为喝此美酒曾在这里把皮袄卖掉买酒痛饮,留下"士解金貂"、"解貂赎酒"的佳话。北宋苏轼称赞这种蜜酒"三日开瓮香满域","甘露微浊醍醐清",其酒之引人可见一斑。剑南春源自水谷清华,香气幽雅,醇厚协调,绵甜爽净,回味悠长,风格典雅独特,酒体丰满完美,自古浓香独秀,风华绝世,不可易地仿制,诚为天工开物,琼浆玉液,国色天香。

三、白酒的贮存

白酒一般是没有保质期的,但这并不意味着酒存放的时间越长越好,普通香型的白酒到5年以后,口味变淡,香味会减弱;酱香型陈酒是好酒,而存放多年的浓香酒是否是好酒目前还无定论,存在着较大的争议。

低度白酒,尤其是32度以下的白酒,摆放时间越长越容易引起性能改变,失去白酒本来固有的特性。国家为了严格规定,要求乙醇含量10%以下的饮料酒等,必须标注保质期。

白酒易挥发、渗漏,气温升高还会外溢。因此,散装白酒在零售、使用时必须注意以下几点:

（1）盖严。在付货暂停时，要将酒容器的盖盖好，封严，以防挥发，减少酒的风耗。

（2）勿太满。容器不要装得太满，以免气温升高造成酒的外溢。还要经常检查酒的容器，发现渗漏，要及时采取措施处理。

（3）减少损耗。售取酒时不要距离容器太远，并要用酒盘接酒。售取酒的工具用完后要及时放回缸内，以保持工具的潮湿，减少酒的皮沾。随着科学技术的不断发展，机械化、自动化的贮售酒工具将日趋增多，要很好地学习和掌握其使用方法。

【补充阅读】

龙舌兰酒(Tequila)

龙舌兰(Agave，墨西哥当地人又称其为 Maguey)是墨西哥原生的特殊植物，虽然它经常被认为是一种仙人掌，实际上的渊源却与百合较为接近。龙舌兰拥有大型的茎部，通常要生长 12 年。当地人称为龙舌兰的心，非常像一颗巨大的凤梨，内部多汁富含糖分，因此适合被用来发酵酿酒。

龙舌兰成熟后割下送至酒厂，切割、泡洗、榨汁，汁水加糖发酵，然后经两次蒸馏出酒。酒精纯度高，香气突出，口味醇烈。特基拉市一带是龙舌兰品质最优良的产区，通常也只有该地生产的龙舌兰酒，才允许以 Tequila 之名出售；其他地区所制造的龙舌兰酒则称为 Mezcal。

龙舌兰酒是墨西哥的国酒，墨西哥人对此情有独钟，饮酒方式也很独特。首先把盐巴撒在手背虎口上，用拇指和食指握一小杯纯龙舌兰酒，再用无名指和中指夹一片柠檬片，迅速舔一口虎口上的盐巴，接着把酒一饮而尽，再咬一口柠檬片，整个过程一气呵成，无论风味或是饮用技法，都堪称一绝。

除此之外，龙舌兰酒也适宜冰镇后纯饮，或是加冰块饮用。它特有的风味，更适合调制各种鸡尾酒。龙舌兰酒是调酒界最常用到的六大基酒之一（其他五种是朗姆酒、伏特加、白兰地、威士忌与金酒），通常在一些口味厚重的调酒里面都可以见到其身影。

第三节　白兰地与威士忌品鉴

一、白兰地概述

白兰地是英文 Brandy 的译音，它是以水果为原料，经发酵、蒸馏制成的酒。

通常所称的白兰地专指以葡萄为原料,通过发酵再蒸馏制成的酒。而以其他水果为原料,通过同样的方法制成的酒,常在白兰地酒前面加上水果原料的名称以区别其种类。比如,以樱桃为原料制成的白兰地称为樱桃白兰地,以苹果为原料制成的白兰地称为苹果白兰地。

1. 白兰地的历史

白兰地起源于法国干邑镇(Cognac)。干邑地区位于法国西南部,那里生产葡萄和葡萄酒。早在公元12世纪,干邑生产的葡萄酒就已经销往欧洲各国,外国商船也常来夏朗德省滨海口岸购买其葡萄酒。约在16世纪中叶,为便于葡萄酒的出口,减少海运的船舱占用空间及大批出口所需缴纳的税金,同时也为避免因长途运输发生的葡萄酒变质现象,干邑镇的酒商把葡萄酒加以蒸馏浓缩后出口,然后输入国的厂家再按比例兑水稀释出售。这种把葡萄酒加以蒸馏后制成的酒即为早期的法国白兰地。当时,荷兰人称这种酒为"Brandewijn",意思是"燃烧的葡萄酒"(Burnt Wine)。

公元17世纪初,法国其他地区已开始效仿干邑镇的办法去蒸馏葡萄酒,并由法国逐渐传播到整个欧洲的葡萄酒生产国家和世界各地。

公元1701年,法国卷入了"西班牙王位继承战争",法国白兰地也遭到禁运。酒商们不得不将白兰地妥善储藏起来,以待时机。他们利用干邑镇盛产的橡木做成橡木桶,把白兰地贮藏在木桶中。1704年战争结束,酒商们意外发现本来无色的白兰地竟然变成了美丽的琥珀色,酒没有变质,而且香味更浓。于是从那时起,用橡木桶陈酿工艺就成为干邑白兰地的重要制作程序。这种制作程序,也很快流传到世界各地。

公元1887年以后,法国改变了出口外销白兰地的包装,从单一的木桶装变成木桶装和瓶装。随着产品外包装的改进,干邑白兰地的身价也随之提高,销售量稳步上升。据统计,当时每年出口干邑白兰地的销售额已达三亿法郎。

2. 白兰地的生产工艺

1) 白兰地的原料

白兰地是以葡萄酒蒸馏而来的,现今白兰地的主要的葡萄品种为Ugni－Blanc及Colombard,这些葡萄的特性是含糖少,酸味较强,而且还有成熟期晚、抗病性强的特点,而且干邑地区由于气候较凉,葡萄的糖度只上升到百分之十八、十九左右。

其酸度较高、糖分少产生了以下两种结果:一是糖分少,为了提高成酒的酒精度,势必就需要更大量的葡萄;二是使用比一般更多量的葡萄,又加上本身酸度高,所以原酒的酸味极为浓郁,况且酸味成分本来就是造就葡萄酒复杂度的来源之一,所以用此原料所产生的白兰地就相当美味了。

2)白兰地的制作流程

将葡萄采收、榨汁、发酵制成葡萄酒外,白兰地还要经过下列程序,如蒸馏、储存、调配。经发酵完成的葡萄原酒,需尽快进行蒸馏。按法国法律规定,干邑白兰地(Cognac)需要在葡萄收成的翌年三月底之前蒸馏,雅马邑白兰地(Armagnac)需要在葡萄收成的翌年四月底之前一定要完成蒸馏作业。

蒸馏又可分三种方式:单式蒸馏法、半连续蒸馏法及连续式蒸馏法。

(1)单式蒸馏法。单式蒸馏法通常用于法国干邑区的白兰地,其特征为具有葡萄汁所特有的果汁香味,酒质浓烈,味道协调,且需经过二次的蒸馏,酒精度约70%。

(2)半连续式蒸馏法。只蒸馏一次,得到55~60度的原酒,常用于法国雅马邑区。其特征除上述外,不同于单式二次蒸馏法的原酒,它以有强烈特殊的个性著称。

(3)连续式蒸馏法。此法类似于石油的精馏法,有些像是蒸馏塔的结构,用此种方式所蒸馏出的白兰地口感非常柔顺爽口,并且有果汁的香味。

蒸馏后的白兰地原酒,还须经过储存的手续,因为刚蒸馏完成的原酒为无色透明,口感和香气都不是非常醇厚,所以须经存于橡木桶内熟成。

和红酒一样,木桶也有新旧之分,也需要相同的储存条件,唯一不同的是,红酒不会因为木桶而有颜色的差别,但白兰地却非常需要上色这个条件。

蒸馏过后的白兰地原酒,由于带有原始粗犷的香味,所以必须经过储存陈熟酿造。而储存用的容器,一般都使用容量在三百至六百公升左右的木桶,干邑地区多半使用产于法国中部林茂山森林、拖隆歇森林非常有名的橡木所制成的木桶,而阿曼涅克(雅文邑)地区使用卡斯更出产的橡木桶来储存原酒。(木桶不仅是储存容器,其材质对于白兰地品质有很大的影响,特别是橡木所含的纤维种类是决定陈熟后酒色香味好坏的直接因素。)

在木桶洗净之后,将无色透明的白兰地原酒装入,置于温度变化小的低温储藏库中,经过长时间的储存,由于与木桶的单宁酸起作用,使白兰地原酒的粗糙感消失,逐渐呈现出芬芳、圆润的风味,且色泽也会由无色转成琥珀色。

储存在木桶内的白兰地原酒,因葡萄品种、蒸馏、陈熟的差异,使每一桶酒的酒质都不尽相同。世界各国的白兰地都是由数十种长、短不同时间熟成的原酒调配而成。

因为每一桶的白兰地口感味道皆不相同,如何使得每年所生产的酒皆有类似的感觉,这就需要通过调配的功力了。为了使酒精成分保持一定的浓度,会添加无离子水,然后在摄氏零下五至十度内过滤,必要的时候,用焦糖来调整酒的色泽,然后装瓶上市。

二、白兰地的分类

1. 干邑白兰地(Cognac)

众所周知,白兰地最著名的产地当属法国,然而当人们提到极品白兰地的时候,不是泛指法国白兰地,而是指干邑白兰地。干邑,是法国南部的一个地区,位于夏朗德省境内。干邑地区的土壤、气候、雨水等自然条件特别利于葡萄的生长,因此,这个地区所生产的葡萄是全世界首屈一指的,但这并不是说好的葡萄就一定可以酿出优质的白兰地。干邑是法国白兰地最古老、最著名的产区,干邑地区生产白兰地有其悠久的历史和独特的加工酿造工艺,干邑之所以享有盛誉,与其原料、土壤、气候、蒸馏设备及方法,老熟方法密切相关,干邑白兰地被称为"白兰地之王"。

干邑白兰地酒体呈琥珀色,清亮透明,口味讲究,风格豪壮英烈,特点十分独特,酒度为43度。爱米勇(Saint Emilim)、哥伦巴(Colombard)、白疯女(Folle Blanche)三个著名的白葡萄品种,以夏朗德壶式蒸馏器,经两次蒸馏,再盛入新橡木桶内贮存,一年后,移至旧橡木桶,以避免吸收过多的单宁。

干邑是白兰地的极品,干邑产品受到法国政府的严格限制和保护,依照1909年5月1日法国政府颁布的法令:只有在干邑地区(包括夏朗德省及附近的7个区)生产的白兰地才能称为干邑,并受国家监督和保护。

干邑白兰地的名品很多,远销世界各地,常见的有:人头马 V.S.O.P、马爹利 V.S.O.P、轩尼诗 V.S.O.P、拿破仑 V.S.O.P、普利内 V.S.O.P、百事吉 V.S.O.P、长颈 F.O.V、蓝带马爹利、人头马俱乐部、轩尼诗 X.O、马爹利 X.O、人头马 X.O、卡米 X.O、拿破仑 X.O、人头马路易十三、天堂轩尼诗、天堂马爹利、金像 V.S.O.P、金像 X.O、海因 V.S.O.P、海因 X.O、卡姆斯 V.S.O.P、大将军拿破仑、奥吉尔 V.S.O.P、金路易拿破仑等。

2. 阿曼涅克白兰地(Armagnac)

仅次于干邑的是阿曼涅克白兰地,阿曼涅克位于干邑南部,即法国西南部的热尔省境内,以产深色白兰地驰名,虽没有干邑著名,但风格与其很接近。酒体呈琥珀色,因贮存时间较短,所以口味烈。陈年或远年的阿曼涅克白兰地(也称雅邑)酒香袭人,它风格稳健沉着,醇厚浓郁,回味悠长,留杯许久,有时可达一星期之久,酒度为43度,当地人更偏爱雅邑。雅邑也是受法国法律保护的白兰地品种。只有阿曼涅克当地产的白兰地才可以在商标上冠以 Armagnac 字样。阿曼涅克白兰地的名品有：卡斯塔浓、夏博、珍尼、索法尔、桑卜。

3. 其他地区白兰地

其他国家和地区的白兰地：除了干邑、雅邑以外，世界上还有其他许多国家和地区生产葡萄蒸馏酒，均可称之为白兰地。

法国白兰地：指除干邑、雅马邑以外的法国其他地区生产的白兰地，与其他国家的白兰地相比，品质上乘。

西班牙白兰地：除法国以外，西班牙白兰地是最好的。有些西班牙白兰地是用雪利酒蒸馏而成的。目前许多这种酒，是用各地产的葡萄酒蒸馏混合而成。此酒在味道上与干邑和雅邑有显著的不同，味较甜而带土壤味。

美国白兰地：大部分产自于加州，它是以加州产的葡萄为原料，并贮存在白色橡木桶中至少两年，有的加焦糖调色而成。

除此之外，葡萄牙、秘鲁、德国、希腊、澳大利亚、南非、以色列和意大利、日本也主产优质白兰地。

三、白兰地的饮用与贮存

1. 白兰地的饮用

比较讲究的白兰地饮用方法是净饮，用白兰地杯，另外用水杯配一杯冰水，喝时用手掌握住白兰地杯壁，让手掌的温度经过酒杯稍微暖和一下白兰地，让其香味挥发。充满整个酒杯（224 mL 的白兰地杯只倒入 28 mL 白兰地酒），边闻边喝，才能真正地享受饮用白兰地酒的奥妙。冰水的作用是：每喝完一小口白兰地，喝一口冰水，清新味觉能使下一口白兰地的味道更香醇。

2. 白兰地的保存

（1）不可直接日照阳光；

（2）不可置于高温处（易蒸发），汽车、机车车厢内都不可（会有爆瓶的危险）；

（3）瓶盖为软木塞的商品，每隔一段时间需将酒瓶平放，让软木塞能保持湿润，以避免开瓶时软木塞断裂于瓶头内（陶瓷瓶除外）；

（4）白兰地无保存期限，但存放过久，酒体会蒸发掉，造成短少；

（5）白兰地的最佳饮用时间为购入后三年内；

（6）白兰地于装瓶后即无陈年作用，陈年的计算是以存放于橡木桶的时间为依据。

四、威士忌概述

威士忌（Whisky）是一种由大麦等谷物酿制，在橡木桶中陈酿多年后，调配成 43 度左右的烈性蒸馏酒,英国人称之为"生命之水"。

1. 威士忌的起源

威士忌这名称当初是源自于苏格兰盖尔语里的 uisge beatha（意指"生命之水",拉丁文里称为 aqua vitae）。所谓的"生命之水",一开始其实是指酒精这种物质本身,早期的人类在刚发现蒸馏术时,并不是非常了解这种新技术本身的原理,因此他们误以为酒精是从谷物（或是谷物溶水形成的麦汁在发酵后的产物如啤酒）里面提炼出来的精髓,一如人的身体里面藏有灵魂,而灵魂是生命的精髓。

威士忌、灵魂(烈酒)、生命之水乃至于如白兰地、伏特加、阿克瓦维特等跟蒸馏有关的名词,背后其实都有相关的语源。从这点不难理解威士忌其实是经过非常长的时间、在非常广泛的区域里逐渐演变而成的一种酒,它在不同地区会有不同的称呼,纵使同样的一个称呼也可能在不同地区代表不同的意义,而非一个很明确的分类。但为了方便理解,人们通常只会称呼以谷物这类农产品为原料制造出的烈酒叫威士忌。

最早有关苏格兰蒸馏酒的记载大约出现在 1494 年,不过最有名的威士忌事件,则是 1780 年英国政府对酿酒（包括威士忌与琴酒）的重税,让苏格兰人索性往南跨过斯佩赛河逃到格兰利威这个区域,继续做起私酿生意。

2. 威士忌的生产工艺

一般威士忌的酿制工艺过程可分为下列七个步骤：

1）发芽

首先将去除杂质后的麦类或谷类浸泡在热水中使其发芽,其间所需的时间视麦类或谷类品种的不同而有所差异,但一般而言约需一周至两周的时间来发芽,待其发芽后再将其烘干或使用泥煤熏干,等冷却后再储放大约一个月的时间,发芽的过程即算完成。在这里特别值得一提的是,在所有的威士忌中,只有苏格兰地区所生产的威士忌是使用泥煤将发芽过的麦类或谷类熏干的,因此就赋予了苏格兰威士忌一种独特的风味,即泥煤的烟熏味,而这是其他种类的威士忌所没有的一个特色。

2）磨碎

将存放一个月后的发芽麦类或谷类放入特制的不锈钢槽中加以捣碎并煮熟成汁,其间所需要的时间约 8 至 12 个小时,通常在磨碎的过程中,温度及时间的控制是相当重要的环节,过高的温度或过长的时间都会影响到麦芽汁（或谷类的汁）的品质。

3）发酵

将冷却后的麦芽汁加入酵母菌进行发酵的过程,由于酵母能将麦芽汁中糖转化成酒精,因此在完成发酵过程后会产生酒精浓度为5%～6%的液体,此时的液体被称为"Wash"或"Beer"。由于酵母的种类很多,对于发酵过程的影响又不尽相同,因此不同的威士忌品牌都将其使用的酵母的种类及数量视为商业机密,而不轻易告诉外人。一般来讲,在发酵的过程中,威士忌厂会使用至少两种以上不同品种的酵母进行发酵,但最多也有使用十几种不同品种的酵母混合在一起发酵的。

4)蒸馏

一般而言蒸馏具有浓缩的作用,因此当麦类或谷类经发酵后所形成的低酒精度的"Beer"后,还需要经过蒸馏的步骤才能形成威士忌酒,这时的威士忌酒精浓度在60%～70%之间,被称为"新酒"。麦类与谷类原料所使用的蒸馏方式有所不同,由麦类制成的麦芽威士忌是采取单一蒸馏法,即以单一蒸馏容器进行两次的蒸馏过程,并在第二次蒸馏后,将冷凝流出的酒去头掐尾,只取中间的"酒心"部分成为威士忌新酒。另外,由谷类制成的威士忌酒则是采取连续式的蒸馏方法,使用两个蒸馏容器以串联方式一次连续进行两个阶段的蒸馏过程,基本上各个酒厂在筛选"酒心"的量上,并无一固定统一的比例标准,完全是依各酒厂的酒品要求自行决定。一般各个酒厂取"酒心"的比例多掌握在60%～70%之间,也有的酒厂为制造高品质的威士忌酒,取其纯度最高的部分来使用。如享誉全球的麦卡伦单一麦芽威士忌即是如此,即只取17%的"酒心"来作为酿制威士忌酒的新酒使用。

5)陈年

蒸馏过后的新酒必须要经过陈年的过程,使其经过橡木桶的陈酿来吸收植物的天然香气,并产生出漂亮的琥珀色,同时亦可逐渐降低其高浓度酒精的强烈刺激感。

目前在苏格兰地区有相关的法令来规范陈年的酒龄时间,即每一种酒所标示的酒龄都必须是真实无误的,苏格兰威士忌酒至少要在木酒桶中酿藏三年以上,才能上市销售。有了这样的严格措施规定,一方面可保障消费者的权益,更替苏格兰地区出产的威士忌酒在全世界建立起了高品质的形象。

6)混配

由于麦类及谷类原料的品种众多,因此所制造而成的威士忌酒也存在着各不相同的风味,这时就靠各个酒厂的调酒大师依其经验和本品牌酒质的要求,按照一定的比例勾兑出自己与众不同口味的威士忌酒,也因此各个品牌的混配过程及其内容都被视为是绝对的机密,而混配后的威士忌酒品质的好坏就完全由品酒专家及消费者来判定了。需要说明的是这里所说的"混配"包含两种含义,即谷类与麦类原酒的混配和不同陈酿年代原酒的勾兑混配。

7）装瓶

在混配的工艺做完之后，最后剩下来的就是装瓶了，但是在装瓶之前先要将混配好的威士忌再过滤一次，将其杂质去除掉，这时即可由自动化的装瓶机器将威士忌按固定的容量分装至每一个酒瓶当中，然后再贴上各自厂家的商标后即可装箱出售。

五、威士忌的种类

几百年来，威士忌大多是用麦芽酿造的。直至1831年才诞生了用玉米、燕麦等其他谷类所制的威士忌。到了1860年，威士忌的酿造又出现了一个新的转折点，人们学会了用掺杂法来酿造威士忌，所以威士忌因原料不同和酿制方法的区别可分为麦芽威士忌、谷物威士忌、五谷威士忌、稞麦威士忌和混合威士忌五大类。掺杂法酿造威士忌的出现使世界各国的威士忌家族更加壮大，许多国家和地区都有生产威士忌的酒厂，生产的威士忌酒更是种类齐全、花样繁多，最著名最具代表性的威士忌分别是苏格兰威士忌、爱尔兰威士忌、美国威士忌和加拿大威士忌四大类。

1. 苏格兰威士忌

在苏格兰有四个生产威士忌的区域，即高地、低地、康倍尔镇和伊莱，这四个区域生产的产品各有其独特风格。

苏格兰威士忌的配制需经六道工序，即：将大麦浸水发芽，烘干，搅拌麦芽，入槽加水糖化，入桶加酵母发酵，两次蒸馏，陈酿、混合。调制的苏格兰威士忌，是由麦芽威士忌供给其香味特色。谷物威士忌的酒味较淡，酿藏时间也较短，调和时间占整个苏格兰威士忌的60%~70%。调和后的威士忌口味比较粗劣，仍需注入橡木桶中贮存、陈酿。苏格兰威士忌在酿制过程中，需将浸水的麦芽置于泥煤上烤干，所以成品酒均含有烟熏味道。在贮存过程中，酒中粗劣的味道逐渐被橡木桶吸收，木桶的颜色也慢慢渗入酒中，因而成品酒的颜色呈淡琥珀色。苏格兰威士忌必须陈年3年以上方可饮用，普通的成品酒需贮存7~8年，醇美的威士忌需贮存10年以上，通常贮存15~20年的威士忌是最优质的，这时的酒色、香味均是上乘。贮存超过20年的威士忌，酒质会逐渐变坏，但装瓶以后，则可保持酒质永久不变。苏格兰威士忌具有独特的风格，它的色泽棕黄带红，清澈透明，气味焦香，略带烟熏味的特色，口感甘冽、醇厚、劲足、圆正绵柔，酒度一般在40~43度之间。衡量苏格兰威士忌的重要标准是嗅觉的感受，即酒香气味。苏格兰威士忌是世界上最好的威士忌之一。

苏格兰威士忌分为纯威士忌和混合威士忌两大类。所谓纯威士忌是以一种原料加工酿制而成的,通常指纯麦威士忌,而混合威士忌通常指的是谷物威士忌和兑和威士忌。

1) 纯麦威士忌

纯麦威士忌是以在露天泥煤上烘烤的大麦芽为原料,经发酵后,用罐式蒸馏器蒸馏,然后装入特别的木桶(由美国的一种白橡木制成,内壁需经火烤炙后才能使用)中陈酿,装瓶前加以稀释,酒度在40度以上。大多数人认为,这种纯麦威士忌的泥煤味太浓了,不宜被接受,而混合威士忌中原有的麦芽味已经被冲淡,嗅觉上更为吸引人。所以提到威士忌,多数是指混合威士忌而言的。较著名的纯麦威士忌的品牌有:格兰菲蒂切、托玛亭、卡尔都、格兰利非特、不列颠尼亚、马加兰、高地派克、阿尔吉利、斯布林邦克。

2) 谷物威士忌

谷物威士忌是以燕麦、小麦、黑麦、玉米等谷物为主料。大麦只占20%,主要用来制麦芽,作为糖化剂使用。谷物威士忌的口味很平淡,几乎和食用酒精相同,属清淡型烈酒,多用于勾兑其他威士忌酒,谷物威士忌很少零售。

3) 兑和威士忌

兑和威士忌是用纯麦威士忌、谷物威士忌或食用酒精勾兑而成的混合威士忌。勾兑时加入食用酒精者,一般在商标上都有注明。勾兑威士忌是一门技术性很强的工作,通常是由出色的兑酒师来掌握。在兑和时,不仅要考虑到纯、杂粮酒液的兑和比例,还要照顾到各种勾兑酒液的年龄、产地、口味及其他特征。威士忌的勾兑不同于干邑白兰地,它在勾兑时,不用口品尝,而是用嗅觉判断来勾兑,在气味分辨遇到困难时,取一点酒液涂于手背上,使其香味挥发,再仔细嗅别鉴定。著名的厂家,凭其出色的酿酒师的经验和技术,独到而保密的勾兑方式,调制出比原来各种个别原料更令人畅快的新口味。据不完全统计,苏格兰威士忌有2000多种勾兑方式,但只有100种左右的苏格兰威士忌,在勾兑后能达到卓越的水平,因而风行一时,销售量远远大于其他混合威士忌。在英国名气最大,产量又最高的牌子"红方"、"黑方",则是由40种不同的原酒样品勾兑而成的,经勾兑混合、贮存若干年后的威士忌,烟熏味则被冲淡,香味更加诱人,并且在世界上销量最多,这是苏格兰威士忌的精华所在。

兑和威士忌通常有普通和高级之分。一般来说,纯麦威士忌用量在50%~80%之间者,为高级兑和威士忌。如果谷物威士忌所占的比重大于纯麦威士忌,即为普通威士忌。高级威士忌兑和后要在橡木桶中贮存12年以上,而普通威士忌在兑和后贮存3年左右即可出售。

普通威士忌名品有：特醇百龄坛、金铃威、红方威、白马威、龙津威、先生威、珍宝、顺凤威、维特。

高级威士忌名品有：金玺百龄坛、百龄坛 30 年、高级海格、格兰、高级白马、黑方威、特级威士忌、高级詹姆斯·巴切南、百龄坛 17 年、老牌、芝华士、皇室敬礼等。

在饮用苏格兰威士忌时用古典杯服侍，这种宽大而不深的平底杯，更利于苏格兰威士忌风格的表现。苏格兰威士忌在餐前或餐后饮用，标准用量为每份 40 mL。可纯饮，也可加冰、加水或用来调制鸡尾酒。

2. 爱尔兰威士忌

爱尔兰制造威士忌据说有 700 多年的历史了，还有一些专家和权威人士认为蒸馏技术起源于爱尔兰，而后传到苏格兰的。

爱尔兰威士忌是以 80% 的大麦为主要原料，混以小麦、黑麦、燕麦、玉米等为配料，制作程序与苏格兰威士忌大致相同，但不像苏格兰威士忌那样要进行复杂的勾兑。另外，爱尔兰威士忌在口味上没有那种烟熏味道，是因为在熏麦芽时，所用的不是泥煤而是无烟煤，爱尔兰威士忌陈酿时间一般为 8～15 年，成熟度也较高，因此口味较绵柔长润，并略带甜味。蒸馏酒液一般高达 86 度，用蒸馏水稀释后陈酿，装瓶出售时酒度为 40 度，名品有：约翰波尔斯父子、老布什米尔、约翰·詹姆森父子、帕蒂、特拉莫尔露等。

爱尔兰威士忌口味比较醇和、适中，所以人们很少用于净饮，一般用来作鸡尾酒的基酒。比较著名的爱尔兰咖啡，就是以爱尔兰威士忌为基酒的一款热饮。其制法是：先用酒精炉把杯子温热，倒入少量的爱尔兰威士忌，用火把酒点燃，转动杯子使酒液均匀地涂于杯壁上，加糖、热咖啡搅拌均匀，最后在咖啡上加上鲜奶油，同一杯冰水配合饮用。

3. 美国威士忌

美国威士忌与苏格兰威士忌在制法上大致相似，但所用的谷物不同，蒸馏出的酒精纯度也较苏格兰威士忌低，可分为以下四种。

（1）纯威士忌，是指不混合其他威士忌或谷类制成的中性酒精，以玉米、黑麦、大麦或小麦为原料，制成后贮放在炭化的橡木桶中至少两年。此酒又细分为四种：

①波本威士忌。波本是美国肯塔基州的一个地名，它是用 51%～75% 的玉米谷物发酵蒸馏而成的，在新的内壁经烘炙的白橡木桶中陈酿 4～8 年，酒液呈琥珀色，原体香味浓郁，口感醇厚绵柔，回味悠长，酒度为 43.5 度。波本威士忌并不意味着必须生产于肯塔基州波本县。按美国酒法规定，只要符合以下三个

条件的产品,都可以用此名:第一,酿造原料中,玉米至少占51%;第二,蒸馏出的酒液度数应在40~80度范围内;第三,以酒度40~62.5度贮存在新制烧焦的橡木桶中,贮存期在2年以上。所以伊利诺、印地安纳、俄亥俄、宾夕法尼亚、田纳西和密苏里州也出产波本威士忌,但只有肯塔基州生产的才能称"Kentucky Straight Bourbon Whiskey"。

②黑麦威士忌。它是用51%以上的黑麦及其他谷物制成的,颜色为琥珀色,味道与波本不同,略感清洌。

③玉米威士忌。它是用80%以上的玉米和其他谷物制成的,用旧的炭橡木桶贮存。

④保税威士忌。它是一种纯威士忌,通常是波本或黑麦威士忌,是在美国政府监督下制成的。政府不保证它的质量,只要求至少陈年4年,必须是一个酒厂所造,装瓶时酒度达到50%,装瓶也为政府所监督。

(2)混合威士忌,是用一种以上的单一威士忌,以及20%的中性谷物类酒精混合而成的。装瓶时酒度为40%,常用来做混合饮料的基酒,共分三种:

①肯塔基威士忌,是用该州所产的纯威士忌和中性谷物类酒精混合而成的。

②纯混合威士忌,是用两种以上的纯威士忌混合而成的,但不加中性谷物类酒精。

③美国混合淡质威士忌,是美国的一种新酒种,用不得多于20%纯威士忌和80%的酒精纯度为100 Proof的淡质威士忌混合而成。

(3)淡质威士忌,是美国政府认可的一种新威士忌,蒸馏时酒精纯度高达161~189 Proof,口味清淡,用旧桶陈年。淡质威士忌所加的100 Proof的纯威士忌用量不得超过20%。

在美国还有一种酒称为苏禾-迈什威士忌,这种酒是用老酵母加入要发酵的原料里蒸馏而成的,其新旧比率为1:2。此种发酵的情况比较稳定,而且多用在波本酒中,是由比利加·克莱在1789年所发明使用的。

美国西部的宾州、肯塔基和田纳西地区,水中含有石灰质成分,这是制造威士忌最重要的条件,所以这几个区为美国制造威士忌的中心。美国威士忌的名品有:美格波本威士忌、天高、四玫瑰、杰克·丹尼、西格兰姆斯7王冠、老祖父、老乌鸦、老林头、老火鸡、伊万·威廉斯、金冰、野鸡。

美国威士忌的饮用方法与苏格兰威士忌大致相同,有时也常加可乐兑饮。

4. 加拿大威士忌

加拿大威士忌在国外比国内更有名气,它的原料构成受到国家法律条文的制约。主要酿制原料为玉米、黑麦,再掺入其他一些谷物原料。但没有一种谷物超过50%，并且各个酒厂都有自己的配方，比例都保密。加拿大威士忌在酿制过程中需两次蒸馏，然后在橡木桶中陈酿2年以上，再与各种烈酒混合后装瓶，装瓶时酒度为45%。一般上市的酒都要陈年6年以上，如果少于4年，在瓶盖上必须注明。加拿大威士忌酒色棕黄，酒香芬芳，口感轻快爽适，酒体丰满，以淡雅的风格著称。

据专家分析，加拿大威士忌味道独特的原因，主要有以下几点：①加拿大轻冷的气候影响谷物的质地；②水质较好，发酵技术特别；③蒸馏出酒后，马上加以兑和。加拿大威士忌的名品有：加拿大俱乐部、西格兰姆斯特醇、米·盖伊尼斯、辛雷、怀瑟斯、加拿大之家。

加拿大威士忌在餐前或餐后饮用，可纯饮，也可兑入可口可乐或七喜汽水饮用。

六、威士忌品鉴

1. 看色泽

颜色会提供高级威士忌的很多信息，所以当拿到一杯威士忌酒的时候，首先应该仔细来观察这杯酒的色泽。

拿酒杯时应该拿住杯子的下方杯脚，而不能托着杯壁。因为手指的温度会让杯中的酒发生微妙的变化。为了很好地加以观察，可以在酒杯的背后衬上一张白纸作为背景。威士忌的颜色有很多种，从深琥珀色到浅琥珀色都有。因为威士忌酒都是存放在橡木桶里的。酒的色泽和威士忌在橡木桶里存放时间的长短密切相关。一般来说，存放时间越长，威士忌的色泽就越深。

2. 看挂杯

首先，将酒杯慢慢地倾斜过来，过程一定要很轻柔很小心，然后再恢复原状。当酒从杯壁流回去的时候，留下了一道道酒痕，这就是酒的挂杯。所谓"长挂杯"就是酒痕流的速度比较慢，"短挂杯"就是酒痕流的速度比较快。挂杯长意味着酒更浓，更稠，也可能是酒精含量更高。

3. 闻香味

可以在酒里加适量的水，所谓适量就是加入杯子里酒的大约1/3的水。因为水可以把香味带出来，就像下雨后我们在草地上就能闻到草的香味一样。然后仔细分辨酒中的香味。

4. 品尝酒

品尝威士忌的时候，千万不要一口干掉，先尝一小口，让酒在口齿和舌尖回荡，细细品味各种香味，然后缓缓咽下。

【补充阅读】

酒税政策与威士忌的发展

在1643年的英国国内战争以后,谨慎的政府对从芬兰进口的烈酒和本土生产的酒精饮料都提高了赋税,而苏格兰那时不在英国政府的管辖范围内,所以不受这些赋税的影响。然而,威士忌产量的迅猛增加,迫使苏格兰议会在1644年通过了一项法案,对烈酒赋以重税。收税工作是很困难的,因为当时只有很少的收税员,而且很多酒厂地理位置偏僻。在1707年,联合法案(the Act of Union)宣布苏格兰属于英国后,就出台了许多控制威士忌酿造的法律,形势变得复杂。酒厂的税率也各不相同,收税必须由被称为"红外套"的英国士兵伴随,"红外套"的名称是由他们穿的外套的颜色而来的。在那时,已有几个收税员丢掉了性命,收税成为一项危险的工作,因此,不得不派士兵给以保护。同样,哄骗"红外套"们也成为苏格兰全国上下的一种游戏,巧妙戏弄他们的"英雄事迹"被编入了一些酒厂的厂史中,被人们广为传诵。

1823年议会通过了一项法案,此法案规定,酒厂要使其酿酒成为合法,就要付一定的生产许可执照费,并且酒厂每年必须生产出至少150升威士忌。在1840年,政府对酒厂售出的每瓶酒又征收了税。至今在英国仍由政府向酒厂收取每瓶酒的销售税。

尽管酿酒可以秘密地进行不被发现,但隐藏大堆的威士忌存货就不那么容易了。历史上有许多传说是关于珍品威士忌如何逃脱被毁或被充公的命运的。1798年,迈格勒斯·尤森在奥克尼的高地庄园酒厂酿制威士忌。尤森既是一个声名狼藉的走私者,又是当地的一名牧师。他常常把大桶大桶的威士忌藏匿在教堂里,一听说收税员到了这一地区,他就把威士忌转移到一块白布下。当收税员搜查教堂时,尤森和他的同伙们把一个封好的棺材放在白布下,开始装模作样地做法事,尤森手下的人还故意低语说死者死于天花,吓得收税员们迅速离去。

当时英国各地方上层人士餐桌上的佳酿更多的是从法国来的上等白兰地和葡萄酒。

在苏格兰和爱尔兰,根据威士忌酿制的不同程度,实行税收分类,从而征收生产许可证费后,生产这种威士忌的不景气的状况有所改观。情形的变化始于1823年议会法案的出台。威士忌生产合法化意味着酒厂的建立是长久的,而不是为了一时的利益,这样就能促使酒厂不断改进产品品质。

第四节 朗姆酒与伏特加品鉴

一、朗姆酒概述

朗姆酒,是以甘蔗糖蜜为原料生产的一种蒸馏酒,也称为兰姆酒或蓝姆酒。原产地在古巴,口感甜润、芬芳馥郁。

1. 朗姆酒的由来

哥伦布第二次航行美洲时来到古巴,他从加纳利群岛带来了制糖甘蔗的根茎。让人们料想不到的,竟然是这些根茎代替了人们来到土著人称作 Cipango 的这个岛上寻找的金子。

在怀念天主教皇费尔迪南和伊莎贝拉一文中有这样一句话:"把切下的制糖甘蔗一个一个小节种在土里后就会长成一大片"。古巴的气候条件,肥沃的土壤,水质和阳光使刚刚栽上的作物能够在印第安酋长周围成长,制糖甘蔗就这样在古巴这片土地上生长了。

印第安人用来榨甘蔗汁的第一代工具叫古尼亚亚。随后有了用畜力(马和牛)作为动力的制糖作坊,再后来又有了进一步使用大功率水力设备的制糖厂,最后是现代化的制糖厂。原来的劳动力被从非洲带来的黑奴所替代,成为古巴制糖工业发展的一个重要因素。1539年在卡洛斯五世的诏谕中就出现过一些制糖工业的产品,如白糖、粗糖、纯白糖、精制白糖、浮渣、精炼浮渣、蔗糖浆、蔗糖蜜等。

法国传教士拉巴看到岛上处于原始生活状态的土著人、黑人和一小部分居民,用甘蔗汁制作一种刺激性的烈性饮料,喝后能使人兴奋并能消除疲劳,这种饮料是经发酵而成的。欧洲人早在18世纪就知道了这种方法。后经过海盗、商人传到古巴。其中以弗朗西斯·德雷克最为出名,是他把用甘蔗烧酒作为基酒的一种大众饮用酒称作德拉盖(Draque)。

古巴人说的甘蔗烧酒,就是用甘蔗汁酿造的烧酒,在安的列斯群岛、哥伦比亚、洪都拉斯以及墨西哥都生产这种烧酒,都是用制糖甘蔗糖蜜经发酵蒸馏获得的,所不同的是古巴朗姆酒清澈透明,具有一股愉悦的香味,是古巴朗姆酒生产过程的一个特色。

1791年,由于海地黑奴的骚乱,制糖厂遭到破坏,于是古巴垄断了对欧洲食糖的出口。

19世纪中叶,随着蒸汽机的引进,甘蔗种植园和朗姆酒厂在古巴增多了,

1837年古巴铺设铁路,引进一系列的先进技术,其中有与酿酒业有关的技术,西班牙宗主国决定采取大力发展古巴制糖业的措施让古巴出口食糖。

引进新技术使生产过程发生了变化。古巴酿制出了一种含低度酒精的朗姆酒——醇绵芳香,口味悠长的优质朗姆酒。喝朗姆酒在古巴已成为人们日常生活的一部分了,朗姆酒酿造厂主要分布在哈瓦那、卡尔得纳斯、西恩富戈斯和圣地亚哥,新型的朗姆酒酿造厂出产的品牌有:慕兰潭、圣卡洛斯、波谷伊、老寿星、哈瓦那俱乐部、阿列恰瓦拉和百加得。古巴企业家用成批生产酿酒工艺替换了手工制作之后,朗姆酒产量大大提高了。

1966年和1967年,古巴朗姆酒酿造业发展史上开创了新篇章。从那时起古巴所有出口的朗姆酒都贴有原产地质量保证标记,以表明朗姆酒的高质量和真品。古巴朗姆酒在国际消费市场的影响越来越大,在欧洲和拉美市场占据了重要的份额。知名人士喝了古巴朗姆酒后,对其品质无不啧啧称赞,深表满意。

2. 朗姆酒的生产工艺

朗姆酒的生产工艺基本上与威士忌相同,其主要生产过程包括发酵、蒸馏、陈酿和勾兑等。朗姆酒的蒸馏既有烧锅式蒸馏,又有连续式蒸馏,前者的生产效果好一些,生产出的朗姆酒味道浓厚。其工艺流程为:压榨、煮汁、分离、得到糖蜜、发酵、蒸馏、陈酿、勾兑、装瓶。

3. 朗姆酒的分类

朗姆酒已经发展出很多品种,有经过橡木桶酿制的,橡木桶赋予了它们香草以及辛辣的味道;也有不经橡木桶熟化的,很清澈,可以作为鸡尾酒的基酒。

(1)清淡的朗姆酒。基本上是白色的,是各类热带果汁最好的搭配。除了味道有点偏甜之外,没有太多复杂的味道。

(2)金色的朗姆酒。这种酒酒体中等,在白色的、略微烧焦的橡木桶中进行一段时间的陈酿,典型的味道是辛辣,并有香草的气息。这种酒适合那些需要比一般的朗姆酒复杂一些但是又没有黑色朗姆酒那么浓重的人们。

(3)辣味朗姆酒。这些酒经过调理,有各种味道,比如肉豆蔻、丁香的味道。

(4)超级高度数朗姆酒。这些酒的酒精度非常高,可以在酒杯上直接点着火,是酒吧中烘托热闹气氛的产品。

(5)黑色的朗姆酒。这些酒在烧焦的橡木桶中陈酿几个月,味道中有焦糖、胡椒以及糖蜜的味道,往往酒精度较高,是最常见的烹饪用朗姆酒。

(6)调味朗姆酒。以朗姆酒为基础,添加各种口味人工做成的鸡尾酒,最受欢迎的是椰子味道的朗姆酒。

(7)优质朗姆酒。与优质的白兰地和威士忌一样,这些朗姆酒被陈化很多年并且小心制造;它们有各种复杂的口味,饮用起来像饮用威士忌一样慢慢品尝。

二、朗姆酒世界名品

1. 百加得朗姆酒

百加得朗姆酒这个品牌创建于1862年,目前它已经成为全球最大的家族经营式烈酒公司,其产品遍布170多个国家。百加得朗姆酒的瓶身上有一个非常引人注目的蝙蝠图案,这个标记在古巴文化中是好运和财富的象征。百加得旗下有多种风格的朗姆酒,可以满足众多消费者的不同需求,其中包括被称为"全球经典白朗姆酒"的百加得白朗姆酒,被誉为"全球最高档陈年深色朗姆酒"的百加得8年朗姆酒,还有全球最为时尚的加味朗姆酒——百加得柠檬朗姆酒。

2. 丹怀朗姆酒

丹怀朗姆酒产自菲律宾,最初是由扬查斯蒂公司于1854年创建。到1988年,罗秀丹公司收购了"丹怀"这个品牌,并开始大刀阔斧地对它进行改革和扩张,成功地使丹怀朗姆酒的销量翻了50倍!丹怀朗姆酒成功地发掘了国内的主流市场,并加强区域市场的开拓。丹怀朗姆酒将其销售目标长期定位在马里拉和吕宋岛等北方大中心城市。

3. 麦克道威尔庆祝一号朗姆酒

麦克道威尔庆祝一号朗姆酒是联合酒业旗下的产区,于1991年首次发布,初次发布量只有100000箱。现在,麦克道威尔庆祝一号已经成为全球发展最迅速的朗姆酒品牌,在全球13个国家有销售,是印度最大的朗姆酒品牌,它占据了印度45%的市场份额。麦克道威尔庆祝一号朗姆酒之所以取得如此辉煌的成就,无不归功于它世界一流的品质和口感。

4. 摩根船长朗姆酒

1944年,施格兰公司首次发布了名为"摩根船长"的朗姆酒,该酒得名于17世纪一位著名的加勒比海盗——亨利·摩根。2001年,帝亚吉欧集团将摩根船长朗姆酒收到自己麾下。从2011年开始,摩根船长朗姆酒推出了一个新的口号:"向美好的生活、美妙的爱情和激越的奋斗致敬!"

5. 哈瓦那俱乐部朗姆酒

哈瓦那俱乐部朗姆酒出产于古巴的北圣克鲁斯,由Jose Arechabala于1878年创建。1959年古巴革命结束之后,这个朗姆酒公司被国有化,接着它原先的创始人Arechabala家族举家搬迁至西班牙,然后又移民到美国。从1994年开始,哈瓦那俱乐部朗姆酒由保乐力加公司和古巴政府以50∶50的合资方式联合经营。由于保乐力加公司的推动,哈瓦那俱乐部朗姆酒在古巴之外的很多国家都有销售。然而,因为美国对古巴的贸易禁令,这个朗姆酒并没有发展到美国市场。百加得旗下也有一款叫做"哈瓦那俱乐部"的朗姆酒,产于波多黎各,跟古巴的哈瓦那俱乐部朗姆酒完全没有关系。

6. 伯爵夫人朗姆酒

伯爵夫人朗姆酒是印度的品牌,占据了印度国防部门烈酒市场25%的份额。2008年,在布鲁塞尔世界食品品质评鉴大会上,伯爵夫人朗姆酒因为整体的优良品质而成功夺得奖章。伯爵夫人朗姆酒在印度的包装规格有750 mL、375 mL和180 mL;在国际市场上的包装规格则有750 mL、700 mL、375 mL和180 mL。

7. 老古董朗姆酒

"老古董"是印度最受人欢迎的朗姆酒品牌之一,以其强劲而又不失柔顺的口感和中等实惠的价格获得了众多好评。它的包装规格有200 mL、300 mL和750 mL,其中750 mL的瓶型跟橡木桶的形状相似,非常吸引人的眼球。

8. 老波特朗姆酒

老波特朗姆酒产自世界上最大的甘蔗生产国之一——印度,由阿姆伦特酒厂出品。老波特朗姆酒代表了印度朗姆酒的传统风格,陈酿期在15年以上。它的颜色很深,散发出樱桃、核果、奶油糖果和橡木的淡雅香气,口感顺滑,酒体清瘦,酒精度是40%。

9. 酋长朗姆酒

酋长朗姆酒产自委内瑞拉,1959年开始面市,属于帝亚吉欧公司旗下的产品,是委内瑞拉最畅销的朗姆酒。"酋长"包括多款朗姆酒产品,比如酋长奥利金、酋长500等,其中最昂贵的酒款是酋长安帝国。

10. 蒙蒂利亚朗姆酒

蒙蒂利亚朗姆酒也是保乐力加公司旗下的一个品牌,由保乐力加公司于1957年在巴西推出,是巴西最受欢迎的一个高级朗姆酒品牌。蒙蒂利亚朗姆酒的全称是"Ron Montila",其中的"Ron"是西班牙语,跟英语的"Rum"同义,表示"朗姆酒";而"Montila"则是西班牙南部一个城市的名字。

三、伏特加概述

伏特加酒是俄罗斯的传统酒精饮料;伏特加酒以谷物或马铃薯为原料,经过蒸馏制成高达95度的酒精,再用蒸馏水淡化至40度到60度,并经过活性炭过滤,使酒质更加晶莹澄澈,无色且清淡爽口,使人感到不甜、不苦、不涩,只有烈焰般的刺激,形成伏特加酒独具一格的特色。因此,在各种调制鸡尾酒的基酒之中,伏特加酒是最具有灵活性、适应性和变通性的一种酒。

1. 伏特加的起源

俄罗斯伏特加酒起源于14世纪,其原始酿造工艺是由意大利的热那亚人传入的,但当时莫斯科大公瓦西里三世为了保护本国传统名酒——蜜酒的生产销售,禁止民间饮用伏特加酒,当时的伏特加酒只是上流社会贵族的宠儿。1533年,伊凡雷帝开设了一个"皇家酒苑",但不久他又下令只允许自己的近卫军饮用伏特加酒。直到1654年乌克兰并入俄罗斯,伏特加酒才在民间流传开来。

帝国时期俄罗斯传统的优质伏特加酒是用纯大麦酿造的,随着需求量的逐步增加,开始以玉米、小麦、马铃薯等农作物作为酿造原料,经过发酵、蒸馏、过滤和活性炭脱臭处理等工艺,酿成了高纯度的烈性酒——伏特加。十数年后,这种清冽醇香、纯净透明的烈性酒点燃了整个俄罗斯。伏特加犹如一场盛大的晚宴,使得每个俄罗斯人都流连其中。

2. 伏特加的生产工艺

伏特加的传统酿造法是首先以马铃薯或玉米、大麦、黑麦为原料,用精馏法蒸馏出酒度高达96%的酒精液,再使酒精液流经盛有大量木炭的容器,以吸附酒液中的杂质(每10 L 蒸馏液用1.5 kg 木炭连续过滤不得少于8小时,40小时后至少要换掉10%的木炭),最后用蒸馏水稀释至酒精度40%~50%而成的。此酒不用陈酿即可出售、饮用,也有少量的如香型伏特加在稀释后还要经串香程序,使其具有芳香味道。伏特加与金酒一样都主要是以谷物为原料的高酒精度的烈性饮料,并且不需贮陈。但与金酒相比,伏特加干冽、无刺激味,而金酒有浓烈的杜松子味道。

3. 伏特加的特点

伏特加无色无味,没有明显的特性,但很提神。伏特加酒口味烈,劲大刺鼻,除了与软饮料混合使之变得干冽、与烈性酒混合使之变得更烈之外,别无他用。但由于酒中所含杂质极少,口感纯净,并且可以以任何浓度与其他饮料混合饮用,所以经常用于做鸡尾酒的基酒,酒度一般在40%~50%之间。

4. 伏特加的分类

伏特加主要用谷类酿造而成,不需陈酿,酿成后马上装瓶。蒸馏后的原酒必须在白桦活性炭过滤槽中进行缓慢的过滤,使精馏液与活性炭分子充分接触而净化,将原酒中包含的酸类、醛类、醇类等微量物质去除,形成一种无比清纯、透明、无味无臭的蒸馏酒,酒精度为40%~50%。

1) 中性伏特加

中性伏特加以俄罗斯伏特加为代表,主要产于莫斯科和圣彼得堡。酒液清亮透明,除酒香外几乎没有其他香味,口味凶烈,劲大冲鼻,多用于调制各种混合酒。另外,芬兰、瑞典也是伏特加的著名产国。

2)调香伏特加

调香伏特加以波兰伏特加为代表,香味来自各种芳香植物的叶、茎、种子与果实,具有一定的色泽与香味。

四、伏特加世界名品

1. 灰雁伏特加

灰雁伏特加这个品牌于1997年创立,是法国最优质的伏特加之一。它由小麦酿造而成,口感非常柔和,适合用来调配多姿多彩的鸡尾酒。

灰雁伏特加每瓶的价格在30~60美元之间。

2. 水晶头伏特加

"水晶头"是一个很年轻的伏特加品牌,创建于2007年。它的瓶型设计非常特别,是一个晶亮透明的骷髅头,令人过目难忘。很多人把这款伏特加的成功归结于它的瓶型,但其实它的质量才是它获胜的关键。它的口感非常美妙,不掺杂任何其他的风味或者物质,是一款纯粹的伏特加酒。

水晶头伏特加每瓶的价格在50~90美元之间。

3. 芬兰伏特加

芬兰伏特加始于1970年,是芬兰最杰出的伏特加代表,而且价格相对比较低。它最突出的特点是口感比较柔和,令人一尝便难以忘怀。市场上出售的芬兰伏特加有多种口味,消费者可以随心挑选。

芬兰伏特加每瓶的价格在17~30美元之间。

4. 斯托利伏特加

斯托利伏特加的历史开始于1901年,它是俄罗斯获奖最多、最受人欢迎的伏特加品牌之一。这款伏特加由黑麦和小麦酿造而成,其中的斯托利精英伏特加在全球各地都受到了热烈的追捧。

斯托利伏特加每瓶的价格在17~59美元之间。

5. 绝对伏特加

绝对伏特加的历史源于1879年,目前它已经成为享誉全球的高档伏特加品牌。这款伏特加口感温和,而且带有很特别的风味。

绝对伏特加每瓶的价格在15~35美元之间。

6. 皇冠伏特加

皇冠伏特加原初是在1860年由俄国莫斯科的一家酒厂生产的,不过现在它归英国的帝亚吉欧公司所有。可以说,皇冠伏特加是俄国历史最悠久的伏特加品牌之一。它旗下的伏特加产品非常丰富(超过60种),口感各不相同,迎合了众多消费者的需求。

皇冠伏特加每瓶的价格在9～37美元之间。

7. 雪树伏特加

雪树伏特加是在1996年首次生产的,目前它已经成长为波兰最大的伏特加品牌。这款伏特加带有多种多样的美妙风味,这些风味来源于酿造时所用的独特水源和生产工艺。

雪树伏特加每瓶的价格在28～60美元之间。

8. 蓝天伏特加

蓝天伏特加这个品牌开创于1992年,是继绝对伏特加之后最畅销的伏特加产品。它喝起来口感温和,美妙非凡,拥有别具一格的风味。

蓝天伏特加每瓶的价格在20～35美元之间。

9. 品尼高伏特加

品尼高伏特加是在2002年才开始生产的,在美国拥有非常多的消费者,在美国的各大俱乐部和酒品专卖店里都可以看到它的身影。

10. 斯丹达伏特加

"俄国斯丹达"是一个非常年轻的伏特加品牌,始创于1998年。它是伏特加爱好者们爱不释手的一个产品,展现了俄罗斯传统伏特加的独特魅力和特殊风味。

俄国斯丹达伏特加每瓶的价格在18～51美元之间。

【补充阅读】

俄罗斯人与伏特加

关于酒器:俄罗斯人饮用伏特加不太讲究酒器材质和外形,基本上不会提到"酒杯"二字。他们习惯用200～300 mL的大杯子,或者直接用嘴对着瓶子豪爽地一饮而尽,享受那种"原汁原味"。

关于下酒菜:俄罗斯人对下酒菜不甚看重,酒瘾上来,随时随地都可以喝上一场。一口酒,一块面包,一块奶酪,几乎就是全部了。在小酒馆甚至可以看到人们围着小桌站着喝酒的场景。据说1917年十月革命之前,有的穷人只有买酒的钱,买不起小菜,就干脆喝口酒,再把油腻的袖口贴近鼻子闻一闻,权当下酒菜。

关于饮用习惯:时间和空间不会对俄罗斯人喝酒起到任何约束作用,这也恰好说明了俄罗斯的豪爽和崇尚自由。他们不愿喝酒慢吞吞,几乎打开一瓶酒就要当天喝光。在俄罗斯最流行的饮法是"冰冻伏特加"。将伏特加冷藏,酒杯上会形成一层薄霜,酒水质地也会变得较稠,但不会结冰。饮用时,将伏特加倒入冰冻过的杯子的三分之二左右,然后一口灌下去,甚是爽快。当冰冻伏特加一口饮下时,起初会感到一阵刺激的清冷,但几秒过后喉头便会感到一阵滚烫,是种极为刺激的饮酒方式。这也充分说明了俄罗斯人不拘泥于形式的豁达性格。

关于酒礼:据考证,俄罗斯的酒礼是从格鲁吉亚传入沙皇俄国的,后来发展成为俄罗斯餐饮礼仪的一个重要组成部分,其中最有特色的当属祝酒礼仪。按照俄式餐饮礼仪,上至官方宴会,下到私人宴席,在饮酒之前先要致祝酒词。在官方宴会上,通常由主办者首先致祝酒词,以表示对宾客的欢迎。祝酒人不仅要致祝酒词,还要安排其他人祝酒,调动起餐桌气氛。但值得注意的是,未经主人同意擅自扮演祝酒人这一角色是没有礼貌的表现。俄罗斯节日颇多,有"圣诞节"、"俄历新年"、"国家卫士日"、"宪法日"、"教师节"、"宇航员节"等。俄罗斯人对每个节日都非常重视,都要郑重其事地喝酒庆祝,经常会一醉方休。俄罗斯人宴宾也喜欢开怀畅饮,但通常把醉酒认为是不文明的表现。

关于婚姻酒俗:在俄罗斯,女方接受男方的求婚后订婚,"订婚"通常于相亲两三天后在女方家进行。之后,未婚夫妇交换订婚戒指,将戒指放入酒杯中再取出,然后互换酒杯,一饮而尽,然后戴上对方所赠的戒指。在中国婚礼有喝交杯酒之说,在俄罗斯,喝交杯酒之后则可以互相以"你"相称,可以说是关系亲密。

关于丧葬酒俗:在俄罗斯,下葬那天死者长子需要喝点酒,然后洒在地上为死者祈祷。参加葬礼的人在唱圣歌后,要将面包和三杯酒倒在地上,以表示对死者的哀悼之情。葬礼结束,死者家属要设宴招待来客,宴席上一定要有伏特加。此后,要为死者安放灵位,放照片供奉食品和伏特加酒,历时40天。

第五节　蒸馏酒酒水服务

一、白酒服务

1. 开瓶

白酒的瓶封一般有三种:冲压式的盖封、螺口金属或塑料旋式盖封、软木或塑料塞封。开启冲压式酒封时,将酒瓶放在操作台上,左手扶酒瓶颈部,右手握酒起子于酒封处开启即可。开启螺口酒封时,左手握扶酒瓶中间略上部位,右手用毛巾盖在酒封上旋转拧开即可。开启软木或塑料塞封时,应先将塞封外面的包装去掉,然后用酒钻钻入或挑起塞封即可。开启该类酒封时,酒瓶底部平放于操作台上使酒瓶呈直立状。

2. 温度

白酒一般是在室温下饮用,但是稍稍加温后再饮,口味较为柔和,香气也浓郁,邪杂味消失。因为在较高的温度下,酒中的一些低沸点的成分,如乙醛、甲醇等较易挥发,这些成分通常都含有较辛辣的口味。温白酒是将白酒放入事先准备好的温酒器内用热水加温,酒温一般控制在30~35 ℃之间即可。

3. 用量

白酒杯的容量为80~100 mL,斟白酒时,以倒八分满为宜。

4. 白酒与菜肴的配饮

白酒与菜肴配饮的基本原则是冬热夏凉、荤素搭配。不同香型的酒的配饮要求又各有不同。清香型白酒的风格是清雅、爽净,所以清香型酒不宜配饮油腻、味重的菜肴,而应配饮味道清淡的菜肴,如凉拌菜等。浓香型白酒则相反,其风格是浓烈、馥香,所以浓香型白酒应与味道厚重的菜肴配饮。酱香型白酒的风格是协调、甘美,回味悠长,所以应配饮味道鲜美、丰富的菜肴。芝麻香型白酒入口丰富醇厚、香气和谐,尤以典型的芝麻香风味为主,宜配饮口味稍重的菜肴。

二、白兰地酒水服务

1. 白兰地酒杯

根据不同的场合的要求,常采用白兰地专用杯(或称球形杯)及郁金香形杯具。

白兰地酒杯是为了充分享用白兰地而特殊设计的,"闻"是享用的主要部分,窄口的设计是让酒的香味尽量长时间地留在杯内,以慢慢享受;白兰地的酒精含量在40%左右,散发较慢,大肚用来加热以利酒香散发。为了充分享其酒香,喝酒时,可手掌托杯,以使温度传至酒中,使杯中的白兰地稍加温,易于香气散发,同时又可晃动酒杯,以扩大酒与空气的接触面,增加酒香味的散发。

2. 白兰地的净饮方法

白兰地主要作为餐后用酒,享用白兰地的最好方法是不加任何东西——净饮,特别高档的白兰地更要如此,这样才能品赏白兰地的醇香。倒在杯子里的白兰地以一盎司为宜,服务方法是:将大肚子杯横放于桌上,以白兰地不溢出为准。

3. 用作混合饮料的配制

因白兰地有浓郁的香味还被广泛用作鸡尾酒的基酒,白兰地常和各种利口酒一起调制鸡尾酒,调制方法大多采用摇壶摇混法。另外,也与果汁、碳酸饮料、奶、矿泉水等一起调制成混合饮料。

三、威士忌酒水服务

1. 酒杯与用量

威士忌的服务用杯是 6～7 盎司古典杯。用平底浅杯饮酒能表现出粗犷和豪放的风格。标准用量为每份 40 mL。

2. 常见的饮用服务

最常见的威士忌的饮用方法有以下四种:

(1)威士忌加冰块。在古典杯中,先放入 2～3 个小冰块,再加入 40 mL 的威士忌。

(2)威士忌净饮。在酒吧中,常用 Straight 或"↑"标号来表示威士忌的净饮。一般仍用古典杯,而美国人在净饮威士忌时,喜欢用容量为 1 盎司的细长小杯。

(3)威士忌兑饮。威士忌可以作调制鸡尾酒的基酒,如威士忌酸、曼哈顿、古典等著名鸡尾酒就是用它作基酒调制的。

(4)威士忌兑水(所兑的水可以是冰水或汽水可乐)。如苏格兰苏打即是苏格兰威士忌兑苏打粉饮用,但需先加冰块,用冷饮杯服务。方法是:在冷饮杯中,先放入 2～3 个小冰块,再加入定量的威士忌和苏打水,以柠檬饰杯,插入吸管供饮用。

威士忌开瓶使用后,需马上加盖封闭,采用竖立置瓶,室温保管。

四、朗姆酒酒水服务

1. 杯具与用量

在朗姆酒的饮用与服务中,杯具没有严格的规定,净饮时可选用古典杯或舒特杯(即 Shot,上下一样粗的小杯,容量为 30 mL),也可根据个人喜好来选择杯具。朗姆酒的标准用量每份为 25 mL。

2. 服务方式

(1)净饮。可加冰块。在朗姆酒的产区,人们大多喜欢喝纯朗姆酒,不加以调混,这是品鉴朗姆酒的最好方法。可餐前饮用,也可以餐后饮用。芳醇、浓郁、清爽的金朗姆适合干饮。

(2)兑饮。朗姆酒的饮法很多,加冰、加水、兑可乐、兑热水等均可。白朗姆酒最适合加冰块饮,舌感畅快异常。

(3)调制鸡尾酒。在美国,一般把朗姆酒用来调制鸡尾酒。比如,德贵丽、卡萨布兰卡、自由古巴均以淡质朗姆酒为基酒。

(4)其他用途。朗姆酒的用途很多,除了广泛用于烹饪外,还可以用作餐后甜点的调味品、蛋糕制品中的增香剂、烟草加工中的风味增强剂等。

■ 五、伏特加的酒水服务

标准用量为每位客人 42 mL,用利口杯或用古典杯服侍,可作佐餐酒或餐后酒。

纯饮时,备一杯凉水,以常温服侍,快饮(干杯)是其主要饮用方式。许多人喜欢冰镇后干饮,仿佛冰溶化于口中,进而转化成一股火焰般的清热。

伏特加作基酒来调制鸡尾酒,比较著名的有:黑俄罗斯、螺丝钻、血玛丽等。

■ 本章回顾

蒸馏酒是世界酒文化的巅峰。本章讲述了蒸馏酒的定义、分类及特点,并系统介绍了世界主要蒸馏酒的品种;对中国白酒、白兰地、威士忌、朗姆酒和伏特加酒的起源、分类、酿制方法、饮用方法、保存方法以及酒水服务进行了较为深入的介绍。掌握和了解蒸馏酒的基本知识,对于酒水经营服务者是必不可少的。

■ 关键概念

蒸馏酒　中国白酒　白兰地　威士忌　朗姆酒　伏特加

■ 复习与思考

1. 搜集资料,了解世界著名的威士忌酒品牌。
2. 在已知的蒸馏酒中,请说出哪些蒸馏酒需要经过陈酿才能出售?
3. 根据不同蒸馏酒的特性,指出哪些蒸馏酒适宜快饮,哪些适宜加冰块?

■ 单元实训

1. 课外实践:品鉴我国五种香型白酒的代表酒,并写下酒品特征与体验感受。
2. 课外实践:前往酒庄寻找四大产国的威士忌品种。
3. 课外实践:选择一种朗姆酒,分别采用净饮、兑饮(加冰、加水、兑可乐、兑热水)方式品尝,并写下体验感受。

第四章　配制酒品鉴与服务

课前导读

配制酒概述

国内外配制酒均是一个比较复杂的酒品系列，相对于其他单一酒品，发展较快。配制酒主要有两种配置工艺，一种是在酒与酒之间进行勾兑配置，另一种是以非酒精物质（包括液体、固体和气体）进行勾调配置。

配制酒的酒基既可以是原汁酒，也可以是蒸馏酒，或者两者兼而用之。较有名的国外配制酒大都出自欧洲主要产酒国，其中法国、英国、德国、荷兰、意大利、匈牙利、希腊、瑞士等国的产品最为有名。

配制酒种类繁多，风格各有不同，划分类别比较困难，较流行的分类法是将配制酒分为三大类，即开胃酒、甜点酒和利口酒，甚至包括我国传统配制的酒品。

第四章　配制酒品鉴与服务

【学习目标】
通过本章的学习,掌握各国配制酒的定义及主要类别,了解中国配制酒的名品,熟悉各类配制酒的成分及功效。

【知识目标】
掌握配制酒的定义和主要构成要素,了解配制酒的分类,熟悉国外及国内配制酒的相似点及不同点,认识配制酒的功效,努力培养学生对不同配制酒的区分能力。

【学习任务】
1.掌握开胃酒的定义及种类;
2.熟悉几种主要甜点酒的特点;
3.了解利口酒的分类依据;
4.体验中国配制酒的口感;
5.认识配制酒的服务方式。

第一节　开　胃　酒

【小问答】
1.什么是开胃酒?开胃酒分为哪几种类型?
2.味美思分为哪几类?著名的品牌有哪些?

开胃酒,顾名思义,即能使人们在餐前饮用此酒而增加食欲。能开胃的酒种类繁多,如威士忌、伏特加、金酒、香槟酒等。某些葡萄原汁酒和果酒等,也都是比较好的开胃酒精类饮料。

开胃酒的界定比较模糊,随着饮酒习惯的演变,开胃酒逐渐被专指为以葡萄酒和某些蒸馏酒为主要原料的配制酒,如味美思、比特酒、茴香酒等。开胃酒有两种定义:一是泛指在餐前饮用能增加食欲的所有酒精饮料,二是专指以葡萄酒基或蒸馏酒基为主的有开胃功能的饮料。

一、开胃酒的主要分类

(一)味美思

据考证,味美思来自古德语"Wermut",也有说法是由盎格鲁—撒克逊语"Wermod"演变过来,但它们都指一种叫苦艾的植物。味美思的主要成分是葡萄酒,约占 80%,以干白葡萄酒为酒基,辅以各种各样的配制香料。通常,生产者对自己产品的配方是保密的,但大体上有这样一些原料,如蒿属植物、金鸡纳树皮、木炭精、鸢尾草、小茴香、豆蔻、龙胆、牛至、安息香、可可豆、生姜、芦荟、桂皮、白芷、春白菊、丁香、苦菊、风轮菜、鼠尾草、接骨木、百里香、香草、陈橘皮、玫瑰花、杜松子、苦艾、海索草等。

不同的味美思有不同的配方,白味美思还需加入冰糖和蒸馏酒,搅匀、冷澄、过滤、装瓶,含糖 10%~15%,色泽金黄。红味美思含糖 15%,琥珀黄色,还需加入焦糖调色。如果酿造干味美思,含糖量不超过 4%,酒精度在 18 度左右。

意大利味美思品牌主要有仙山露、马天尼、干霞、卡帕诺、利开多纳等。

法国味美思最熟知的有香百丽、杜瓦尔、乐华里·普拉。

(二)比特酒

比特酒从古代药酒演变而来,有滋补的效用。比特酒种类繁多,既有清香型,也有浓香型;有淡色,也有深色;有酒,也有精(不含酒精成分)。但不管是哪种比特酒,苦味和药味是它们共同的特征。用于配置比特酒的调料主要是带苦味的植物的根茎和表皮,如阿尔卑斯草、龙胆皮、苦橘皮、柠檬皮等。较有名气的比特酒主要产自意大利、法国、特立尼达和多巴哥、荷兰、英国、德国、美国、匈牙利等地。下面介绍几种著名的比特酒。

康巴丽,产于意大利米兰,由橘皮和其他草药配制而成,酒液呈棕红色,药味浓郁,口感微苦。苦味来自金鸡纳霜,酒精度 26 度。

西娜尔,产于意大利,是由蓟和草药浸泡于酒中配制而成的。蓟味浓,微苦,酒精度 17 度。

菲奈特·布朗卡,产于意大利米兰,是意大利最有名的比特酒,由多种草木根茎植物为原料调配而成,味很苦,号称苦酒之王。但药用功效显著。尤其适用于醒酒和健胃,酒精度 40 度。

苦彼功,产于法国,它的配制原料主要有金鸡纳霜、橘皮和其他多种草药。酒液酷似糖浆,以苦著称,饮用时只用少许,再掺和其他饮料共进,酒精度 21 度。

苏滋,产于法国,它的配制原料是龙胆草的根块,酒液呈橘黄色,口味微苦、甘润,含糖 20%,酒精度 16 度。

杜宝内,产于法国巴黎,主要采用金鸡纳树皮,浸于白葡萄酒,再配以其他草药。酒色深红。药香突出,苦中带甜,风格独特。有红、黄、干三种类型,以红杜宝内最出名,酒精度 16 度。

安高斯拉杜,产于中美洲的特立尼达和多巴哥,以朗姆酒为酒基,以龙胆草为主要调料。酒液呈褐红色,药香悦人,口味微苦,但十分爽适。在拉美国家深为人们喜爱,酒精度44度。

（三）茴香酒

茴香酒实际上是用茴香油和蒸馏酒配制而成的酒。茴香油中含有大量苦艾素。45度酒液可以溶解茴香油。茴香油一般从八角茴香和青茴香中提炼取得,八角茴香油多用于开胃酒制作,青茴香油多用于利口酒制作。

茴香油中以法国产品较为出名。酒液视品种不同而呈不同色泽,一般都有较好的光泽,茴香味浓厚,口感不同寻常,味重而有刺激性,酒精度在25度左右。著名的法国茴香酒有里卡尔、巴斯的士、彼诺、白羊倌等。

二、开胃酒的品鉴与饮用

（一）看酒

看酒最好在白色背景下。把酒杯侧斜45度角来观察,此时,酒与杯壁结合部有一层水状体,它越宽则表明酒的酒精度越高。在这个水状体与酒体结合部,能出现不同的颜色,从而显示出酒的酒龄。蓝色和淡紫色相当于3~5年酒龄,红砖色约5~6年,琥珀色等于8~10年,而橘红色说明已经过期了。

（二）闻酒

闻酒前最好先呼吸一口室外的新鲜空气。把杯子倾斜45度角,鼻尖探入杯内闻酒的原始气味。偏嫩的酒闻起来尚有果味。藏酿有复合的香味。摇动酒杯后,迅速闻酒中释放出的气味,看它和原始气味比是否稳定。

（三）品酒

喝一小口,在口中打转,如果酒中的单宁含量高,口中会有干涩的感觉,因为单宁有收敛作用,这说明此开胃酒还没有完全成熟。最好的口感是酸、甜、苦、咸达到平衡。吐出或咽下酒液后,看口中的留香如何。

（四）净饮

使用工具为调酒杯、鸡尾酒杯、量杯、酒吧匙和滤冰器。做法是先把3粒冰块放入调酒杯中,量42 mL开胃酒倒入调酒杯中,再用酒吧匙搅拌30秒,用滤冰器过滤冰块,把酒滤入鸡尾酒杯中,加入一片柠檬。还可以加冰饮用,使用工具为平底杯、量杯、酒吧匙,做法是先在平底杯加入半杯冰块,量1.5量杯开胃酒,倒入平底杯中,再用酒吧匙搅拌10秒钟,加入一片柠檬。

（五）混合饮用

开胃酒可以与汽水、果汁等混合饮用,也是作为餐前饮料。以金巴利酒为例:金巴利酒加苏打水的做法是先在柯林杯中加进半杯冰块,一片柠檬,再量

42 mL金巴利酒,加入68 mL苏打水,最后用酒吧匙搅拌5秒钟;金巴利酒加橙汁的做法是在平底杯中加进半杯冰块,再量42 mL金巴利酒,倒入平底杯中,加入112 mL橙汁,再用酒吧匙搅拌5秒钟。

【补充阅读】

酒水温度要领

不同的配制酒类,有不同的最佳饮用温度。在为客人提供酒水时,服务人员一定要掌握酒水温度控制技巧,为客人提供最佳温度的酒水。

1. 冰镇酒品的服务技巧

服务员在为顾客冰镇酒品时,要使用托盘或酒桶架托住冰桶底部,以防止弄脏台布。在桶中放入适量的冰块,将成瓶的酒品埋入冰块中。要注意,埋入冰块时,要让酒品商标朝上,以免弄脏或损坏。达到冰镇的效果之后,将一块毛巾裹在酒瓶上,并连同冰桶一起端到顾客的吧台上。在从冰桶里取酒瓶时,要用毛巾包好瓶身,以防止融化的冰水弄脏台布或顾客衣服。

2. 温热酒品的操作技巧

在酒吧中,有些酒需要温热之后才能饮用,这样才会获得最佳的饮用效果。服务员在为顾客温热酒品时,可采用水烫、火烤、燃烧、冲泡等方法。水烫和燃烧常常现场为顾客操作。

第二节 甜 品 酒

【小问答】

1. 最受欢迎的波尔图酒有哪几个产品?
2. 玛德拉酒产于何地?

甜点是西餐中的最后一道菜,一般是甜点和水果,与之相佐的酒也是口味较甜的,常以葡萄酒基为主体进行配制。但与利口酒有明显区别,后者虽然也是甜酒,但它的主要酒基一般是蒸馏酒。甜品酒的主要生产地有葡萄牙、西班牙、意大利、希腊、匈牙利、法国等。

一、甜品酒的主要分类

(一)波尔图酒

根据葡萄牙政府的政策,如果酿酒商想在自己的产品上写"波尔图"的名称,必须有三个条件:第一,用杜罗河上游的奥特·杜罗地域所种植的葡萄酿造,为了提高产品的酒度,所用来兑和的白兰地也必须使用这个地区的葡萄酿造;第二,必须在杜罗河口的维拉·诺瓦·盖亚酒库内陈化和贮存,并从对岸的波特港口运出;第三,产品的酒度在16.5度以上。如不符合三个条件中的任何一条,即使是在葡萄牙出产的葡萄酒,都不能冠以"波尔图酒"。

波尔图酒是在波尔图港进行储存和销售的。它是用葡萄原汁酒与葡萄蒸馏酒勾兑而成的,有白波尔图酒和红波尔图酒两类。白波尔图酒有金黄色、草黄色、淡黄色之分,是葡萄牙人和法国人喜欢的开胃酒。红波尔图酒作为甜食酒在世界上享有很高的声誉,有黑红、深红、宝石红、茶红四种,统称为色酒。红波尔图酒香气浓郁芬芳,果香和酒香协调,口味醇厚,鲜美,圆润,有甜、半甜、干三个类型。最受欢迎的是1945年、1963年、1970年的产品。

波尔图酒在市场上分三个品种销售:青大、佳酿、陈酿。著名的产品有库克本、克罗夫特、道斯、方瑟卡、西尔法、桑德曼、沃尔、泰勒。

(二)雪利酒

雪利酒产于西班牙的加勒斯,英国人称其为 sherry,法国人则称其为 Xérés。英国人嗜好雪利酒胜过西班牙人,慢慢地人们就以英文名称呼此酒。雪利酒以加勒斯所产的葡萄酒为酒基,勾兑当地的葡萄蒸馏酒,逐年换桶陈酿,陈酿15至20年时,质量最好,风格也达极点。雪利酒分为两大类:菲奴和奥罗路索,其他品种均为这两类的变形。

菲奴颜色淡黄,是雪利酒中色泽最淡的,它香气精细优雅,给人以清新之感,就像新苹果刚摘下来时的香气一样,十分悦人。口味甘冽、清新、爽快。酒精度在15.5～17度之间。菲奴不宜久藏,最多贮存2年,当地人往往只买半瓶,喝完再购。曼赞尼拉是一种陈酿的菲奴,此酒微红色,透亮晶莹,香气与菲奴接近,但更醇美,常有杏仁苦味的回香,令人舒畅。西班牙人最喜爱此酒。巴尔玛雪利酒是菲奴的出口学名,分1至4档,档次越高,酒越陈。阿蒙提拉多是菲奴的一个品种,它的色泽十分美丽沉稳,香气带有核桃仁味,口味甘冽而清淡,酒精度在15.2～22.8度之间。奥罗路索与菲奴有所不同,是强香型酒。金黄棕红色,透明晶亮,香气浓郁扑鼻,具有典型的核桃仁香味,越陈越香。口味浓烈、柔绵,酒体丰满。酒精度在18～20度,也有24度、25度的,但为数不多。巴罗高大多是雪利酒中的珍品,市场上供应很少,风格很像菲奴,人称"具有菲奴酒香的奥罗路索"。大多陈酿20年再上市。阿莫路索又叫"爱情酒",是用奥罗路索与甜酒勾兑而成的雪利酒,呈深红色,有的近乎棕红色,加有添加剂。香气与奥罗路索接近,但不那么突出,甘甜纯正,英国人爱好此酒。

雪利酒的名牌产品有克罗夫特、多默、当佐伊罗、哈维斯、桑德曼等。

（三）玛德拉酒

玛德拉岛属于葡萄牙，处于非洲西北部附近的大西洋海域。玛德拉酒产于此岛上，用当地生产的葡萄酒和葡萄烧酒为基本原料勾兑而成，深受广大饮酒者欢迎。玛德拉酒既是上好的开胃酒，也是世界上屈指可数的优质甜点酒。

玛德拉酒分为四大类：舍西亚尔、弗德罗、布阿尔、玛尔姆赛。其中，舍西亚尔是干型酒，酒色金黄或淡黄，色泽艳丽，香气优美，人称"香魂"，口味醇厚、浓正，西方厨师常用来做料酒。弗德罗也是干型酒，但比舍西亚尔稍甜一点。布阿尔是半干型或半甜型酒。玛尔姆赛是甜型酒，是玛德拉酒家族中享誉最高的酒。此酒呈棕黄色或褐黄色，香气悦人，口味极佳，比其他同类酒更醇厚浓重，风格和酒体给人以富贵豪华的感觉。玛德拉酒的酒精度大多在16~18度。

玛德拉酒的名品有：鲍尔日，巴贝都王冠，利高克，法兰加等。

二、甜品酒的品鉴

品尝甜品酒可以帮助人们促进食物消化，改善健胃功能，餐后配咖啡或奶油冰淇淋则口味更佳。另外，甜品酒可做滋补用，在鸡尾酒类中有一种B-52的鸡尾酒具有相当好的口感，饮用后全身暖和，适合男女饭后饮用，并且有舒缓心情的作用，但不能用于镇定。

在欧洲，等级最低的葡萄酒称为"桌酒"，例如法国的"VindeTable"、西班牙的"VinodeMesa"、意大利的"VinodaTavola"或是德国的"Tafelwein"等等，无论是哪一种语言，大都是把"桌子"和"葡萄酒"两个字加在一起，意思是最普通平凡的日常用酒，除了少数的例外，价格通常也便宜得可以当水喝。总之，"桌酒"是等级，却无关酒的风味。但是在北美，却常习惯将不带甜味的葡萄酒称为"Tablewine"，意思是可以上餐桌佐餐的葡萄酒，所以，不论是法定产区等级（AOC）或甚至顶级稀有的葡萄酒也都可能冠上"桌酒"这个在欧洲被当成廉价酒的字眼。和桌酒对等的则是"甜点酒（Dessertwine）"，指的是带甜味的葡萄酒。被冠上这样的名称，甜酒变成好像只能配甜点，被许多人误认为不适合佐餐。但事实上，甜酒在餐桌上所能扮演的角色却远超出我们的想象，尤其是许多口味滑腻浓重的顶级食材，要是没有甜酒还真的很难找到可以搭配的葡萄酒。

第三节 利 口 酒

【小问答】
1. 什么是利口酒？利口酒的配制方法有哪几种？
2. 利口酒可分为哪几种类型？各自有哪些著名品种？

利口酒(Liqueurs)美国人称cordial(使人兴奋的)，法国人称Digestifs(餐前或餐后的助消化饮料)，我国音译为利口酒，沿海由广东方言译为力娇酒。其含糖较高，相对密度大，色彩丰富，气味芬芳独特，用以增加鸡尾酒的色香味。利口酒的酒精度，一般在20～45度。调香物质有果类、草类和植物种子类等。西餐中可用于烹调，也用于制作冰淇淋、布丁及甜点。药用上也有舒筋活血、助消化的功用。一般作餐后酒。

一、利口酒的主要分类

(一)果类利口酒

果类利口酒一般采用浸泡法酿制，其突出特点是口味清爽新鲜。下面介绍几类主要的果类利口酒。

库拉索酒：产于荷属库拉索岛，该岛位于距委内瑞拉60千米的加勒比海中。库拉索酒是由橘子皮调香浸制成的利口酒。有无色透明的，也有呈粉红色的、绿色、蓝色的，橘香悦人，香馨优雅，味微苦，但十分爽口。酒精度在25～35度，比较适合作为餐后酒或用于配制鸡尾酒。

君度酒：在世界上享有很高的声誉，产量颇丰，主要由法国和美国的冠特浩酒厂生产。是用苦橘皮和甜橘皮浸制而成的，也是库拉索酒的仿制品，酒精度40度，较适于作为餐后酒和兑水饮料。

大马尼尔酒：产于法国哥涅克地区，是用苦橘皮浸制成"橘精"调香配制而成的果类利口酒。大马尼尔酒也是库拉索酒的仿制品。大马尼尔酒有红标和黄标两种，红标以哥涅克为酒基，黄标则以其他蒸馏酒为酒基。它们具有浓烈的橘香，口味厚重，并且甘甜、醇浓，酒精度40度左右，属特精制利口酒。

库舍涅橘酒：产于法国巴黎地区，配制原料是苦橘皮和甜橘皮，库舍涅橘酒也是库拉索的仿制品，风格与库拉索相仿，但略为逊色，酒精度40度。

下面几类橘酒也属于库拉索一类：库拉索三干酒，酒精度39度；库拉索橘酒，酒精度30度；蜜橘利口酒，酒精度25度；金水酒；橘烧酒；梅道克真酒等。

(二)草类利口酒

草类利口酒的配制原料是草本植物,制酒工艺较为复杂,有点秘传色彩,让人感到神秘难测。由于其配方保密程度很严,人们只能了解其中的大概情况。下面简单介绍几类主要的草类利口酒。

修道院酒:法国修士发明的一种驰名世界的配制酒,目前仍然由法国 Isère(依赛)地区的卡尔特教团大修道院所生产。修道院酒的秘方至今仍掌握在教士们的手中,从不对外透露。经分析表明:该酒用葡萄蒸馏酒为酒基,浸制130余种阿尔卑斯山区的草药,其中有虎耳草、风铃草、龙胆草等,再配兑以蜂蜜等原料,成酒需陈酿3年以上,有的长达12年之久。其中最有名的叫修道院绿酒,酒精度55度左右。

修士酒:有人译为本尼狄克丁,也有称之为泵酒。此酒产于法国诺曼底地区的费康,是很受欢迎的一种利口酒。人们虽然对它有所了解,但对其细节仍然一无所知,因为此酒为祖传秘方,是参照教士的炼金术配制而成的。

除此以外,生产者又用修士酒和白兰地兑和,创造出另一新产品,命名为"B and B"(Bénédictine and Brandy)。酒精度为43度,属特精制利口酒。修士酒瓶上标有"D. O. M."字样,是一句宗教格言"Deo Optimo Maximo"的缩写,意为"奉给伟大圣明的上帝"。

杜林标酒:产于英国,是用草药、威士忌和蜂蜜配制的利口酒。在美国也十分流行。

利口乳酒:一种比较稠浓的利口酒,以草料配制的乳酒比较多,如薄荷乳酒、玫瑰乳酒、香草乳酒、紫罗兰乳酒、桂皮乳酒等。

(三)种料利口酒

种料利口酒,顾名思义,是用植物的种子为基本原料配制的利口酒。用以配料的植物种子有许多种,那些香味较强、含油较高的坚果种子往往是首选。

茴香利口酒:起源于荷兰阿姆斯特丹,为地中海诸国最流行的利口酒之一。法国、意大利、西班牙、希腊、土耳其等国均生产茴香利口酒,其中以法国和意大利的最有名。该酒先用茴香和酒精制成香精,再兑以蒸馏酒基和糖液,搅拌、冷处理、澄清而成,酒精度30度左右。茴香利口酒中最出名的叫玛丽·布利查(Marie Brizard),是18世纪一位法国女郎的名字,该酒又称为 Anisettes de Bordeaux(波尔多茴香酒),产于法国。

荷兰蛋黄酒:产于荷兰和德国,主要配料为鸡蛋黄和杜松子。该酒香气独特,口味鲜美。酒精度15~20度。

咖啡乳酒:主要产于咖啡生产国,它的原料是咖啡豆,先焙烘粉碎咖啡豆,再进行浸制和蒸馏,然后将不同的酒液进行勾兑,加糖处理,澄清过滤而成。酒精度 26 度左右。咖啡乳酒属普通利口酒。较出名的品牌有高拉、蒂亚·玛丽亚、爱尔兰绒、巴笛奶、巴黎佐等。

杏仁利口酒:以杏仁和其他果仁为配料,酒液绛红发黑,果香突出,口味甘美。较为有名的杏仁利口酒有阿玛雷托、仁乳酒、阿尔蒙杏仁利口酒等。

调酒师经常用各种颜色的利口酒做调色溶液,如红色的石榴糖浆、绿色的薄荷乳酒、蓝色的蓝橙利口、金色的加力安奴、黑色的咖啡乳酒、棕色的可可乳酒等。

二、利口酒的品鉴

(一)观色

观察利口酒酒液的色泽与色调是否纯净透明,若是有杂质或颜色浑浊,则表示酒已经变质或是劣质酒。尤其是利口酒有丰富的色彩,其实都是来自水果本身的天然颜色。

(二)鼻闻

好的利口酒通常是醇香、和谐的,当然各种类别的利口酒会感受到不同的香味。

(三)品尝

在口中含 3~5 mL 的利口酒,然后让酒在舌面上翻滚,使其充分均匀地遍布舌面来进行品味,同时闻酒杯中的酒香,让口中的酒与鼻闻的酒香融合在一起,之后再仔细品尝口中的余味,若是酸、甜、苦、涩、辣五种口味均衡调和,余味清爽柔顺的酒,就是优质的好酒。

【补充阅读】

怎样保存利口酒

利口酒泡制完成之后,需要密封瓶口。由于蒸馏酒中的酒精挥发性强,所以密封不严的话,会导致酒精浓度降低。酒与空气接触之后,很可能会氧化或者腐坏、变质,所以一定要确保容器的密封性。保存方法会很大程度上影响到酒的品质。

首先,酒最好在没有光线的阴凉处保存。光线强、温度变化大的话,不仅会改变酒的颜色,而且也容易导致酒变质。通常酒吧的仓库或地下室等地方适合保存酒。如果条件限制,也可以把酒装在纸箱等容器中,然后放在没有光线、通风良好的地方。如果把酒泡在坛子里,可以埋在地下。由于地下的温度变化小,所以非常适合让酒熟化。不过,利口酒不仅是让嘴享受的酒,也是让眼睛感到快乐的酒。尤其是选用果实或花朵为原料的利口酒,泡在酒中的材料形状非常漂亮,所以放在透明、形状漂亮的玻璃瓶中,摆放在没有阳光直射的地方作为装饰也是不错的选择。把酒放在显眼处,细心观察着它的熟化过程,试饮酒的味道也是一件美事。

其次,泡完酒之后,对酒的名称、材料、泡酒日期、过滤材料的日期等各种信息进行简单的记录。如果使用的材料多,泡酒的时间长,或者过滤材料的时间需要等待太久的话,最好养成记录泡酒日期、过滤日期和酒名的习惯。

第四节 中国配制酒

【小问答】
1. 中国配制酒有几种类型?
2. 介绍几种常见的中国配制酒及其特点。

中国配制酒的传统配制方法一般有浸泡法、蒸馏法、精炼法三种。浸泡法是指将药材、香料等原料浸没入成品酒中而制成配制酒的方法;蒸馏法是指将药材、香料等原料加入成品酒中进行蒸馏而制成配制酒的方法;精炼法是指将药材、香料等原料提炼成香精加入成品酒中而制成配制酒的方法。下面介绍几种常用的中国传统配制酒。

一、露酒

根据《中华人民共和国行业标准》对露酒的定义,露酒是以蒸馏酒、清香型汾酒或食用酒精为酒基,以药食两用的动植物精华,按先进工艺加工而成,是改变了其原酒基风格的饮料酒。露酒主要是以酒基和原辅料按照先进工艺加工而成。其原辅料可供选择的品种很多,特别是近年来应用科技的发展,原料的应用范围不断扩大,具有强大的优势。如枸杞、红枣、龙眼、黑豆等食材,和甘草、茶多酚精华等药用食物,另外还有一些虾蟹提取物等,可以说,凡是可以食用或入药的品种,基本上都能按照生产工艺而生产露酒。

(一)竹叶青酒

竹叶青酒产于山西汾阳杏花村汾酒厂,酒精度45度,含糖10%左右,已有1000多年的历史。我国古代的竹叶青酒仅以竹叶泡制,近代竹叶青酒以汾酒为底酒,保留了竹叶的特色,再添加砂仁、紫檀、当归、陈皮、公丁香、零香、广木香等十余种名贵中药材以及冰糖、雪花白糖、蛋清等配伍,精制陈酿而成,据说这一配方是明末清初的爱国者、著名医学家傅山先生设计并流传至今的。现代的竹叶青酒用的是经过改进的配方,使得该酒具有性平暖胃、舒肝益脾、活血补血、顺气除烦、消食生津等功效。

（二）五加皮酒

五加皮酒最早出自明朝李时珍的《本草纲目》记载,五加皮"补中益气,坚筋骨,强意志,久服轻身耐老",民间更盛誉"宁得一把五加,不要金玉满车"。据史料记载,五加皮酒是十大宫廷御酒之一,历史久远,极负盛名。在我国,五加皮酒的产地有广州、天津、浙江等,其中广州产的五加皮酒最有名。1963 年及 1979 年,广州五加皮酒曾在全国名酒评选会第二届（1963 年）及第三届（1979 年）中荣获全国优质酒称号；1988 年更获得全国第一届食品博览会金牌奖,这是改制酒唯一的最高荣誉奖。饮用此酒,具有祛风湿、行气血、养胃、健脾等功效。

（三）莲花白酒

莲花白酒系我国历史名酒,汉高祖刘邦钦定御酒。此酒为历代贡品,尤以金元时代为盛,那是因为时任西峡县令的文坛巨子、金末元初最有成就的作家和历史学家元好问平生偏爱莲花白酒的缘故。元公曾以"情知天上莲花白,压尽人间竹叶青"的诗句,给予莲花白酒以极高的评价,即使在他入京做官后也不忘用此酒宴请宾客,并将其向宫廷和同僚推荐。莲花白酒采用新工艺,以陈酿高粱酒辅以当归、何首乌、肉豆蔻等 20 余种有健身、乌发功效的名贵中药材,取西峡名泉——五莲池泉水酿制而成。莲花白酒,酒香充溢,酒质柔和,酒味纯厚,风味独特,常饮可滋阴补肾、和胃健脾、祛风避瘴。

（四）茴香甘露酒

茴香甘露酒以茴香剂、白酒和糖等为原料,用科学方法酿制而成。酒液淡黄,柔和香醇,自然宜人。酒精度有 18 度和 40 度两种。有开胃口、增食欲、提神理气、活血通络、利尿驱寒等保健功效。

（五）白玉露酒

白玉露酒将佛手、丁香、当归、广皮、肉桂等多种药材浸泡于稀释的粮食酒精中,经蒸馏提露制成。该酒酒液晶莹透明,洁白如玉,故称白玉露酒。白玉露酒由黑龙江哈尔滨酒精厂出品,曾获黑龙江独特优质产品奖,酒精度 5 度。

二、药酒

药酒是用白酒或者食用酒精、黄酒浸泡各种药材制成的,分为以防止疾病为目的的药性酒和以滋润强身为目的的补性酒。

在古代,药酒已成为我国独特的一个重要滋补饮料,至今在国内外医疗保健事业中仍享有较高的声誉。随着人们生活水平的不断提高,药酒作为一种有效的防病祛病、养生健身的饮料已开始走进千家万户。一杯气味醇正、芳香浓郁的药酒,既没有古人所讲的"良药苦口"的烦恼,又没有现代打针输液的痛苦,给人们带来的是一种佳酿美酒的享受,所以人们乐意接受。诸如人参酒、鹿茸酒、虎骨酒、十全大补酒、国公酒、首乌酒、龟龄集酒、雪蛤酒等享有盛名的药酒。

（一）人参酒

我国的人参酒中的人参大多是正宗的长白山山参,是东北长白山深山老林中自然条件下生长的参。它吸天地之甘露,受日月之精华,得自然之灵气,独成参体,世人称之"百草之王——仙草"。历史上多为皇家贡品,宫廷王室专有专用。人参酒大补元气,补脾益肺,生津固脱,安神益智。适用于久病气虚,脾肺不足,食欲不振,动则气喘,自汗乏力。

（二）鹿茸酒

"壮元阳、补气血、益精髓、强筋骨,治虚劳羸瘦、精神倦乏、眩晕、耳聋、目暗、腰膝酸痛、阳痿、滑精、子宫虚冷、崩带下。"鹿茸酒养血壮阳之功效可见于历代古籍。如《本草纲目》曰：生精补髓、养血益阳、强健筋骨、治一切虚损虚痢等。《本经》云：主漏下恶血,寒热惊,益气强志。

（三）十全大补酒

十全大补酒原料为人参（或党参）80 g、肉桂（去粗皮）20 g、川芎 40 g、熟地 120 g、茯苓 80 g、炙甘草 40 g、白术（炒）80 g、黄芪 80 g、当归 120 g、白芍 80 g、白酒 16 kg、砂糖 1.5 kg、生姜 50 g、大枣 150 g 等,功效为大补气血,强筋健骨,治诸虚不足,五劳七伤,不思饮食,可治疗潮热自汗,面色萎黄,神疲乏力等。

三、中国配制酒的品鉴

（一）观色

选用无色透明的老式酒杯,然后将某一中国配制酒倒入其中,如观察结果为酒液清亮透明,无悬浮物和沉淀物,色泽柔和,则该酒品质良好。也有一些名优酒储存期较长,允许酒中存在极轻微黄色。

（二）闻香

酒倒入杯中后,可以通过嗅觉来辨别分散在杯口周围的空气中的易挥发呈香物质,如能闻到明显的溢香,则该酒品质上佳。

(三)品饮

对口味的鉴定最为直接,各类别的配置酒口味应和谐爽口。其酒香味独特,无怪味,没有强烈的刺激性,无不适感。

【补充阅读】

中国少数民族的配制酒

中国各少数民族都有自己悠久的民族民间医药和医疗传统,其中,内容丰富的配制酒是其重要构成部分之一,他们利用酒能"行药势、驻容颜、缓衰老"的特性,以药入酒,以酒引药,治病延年。明初,药物学家兰茂吸取各少数民族丰富的医药文化营养,编撰了独具地方特色和民族特色的药物学专著《滇南本草》。在这部比李时珍《本草纲目》还早一个半世纪的鸿篇巨制中,兰茂深入探讨了以酒行药的有关原则和方法,记载了大量配制药酒的偏方、秘方。

少数民族的配制酒五花八门,丰富多样。有用药物根块配制者,如滇西天麻酒、哀牢山区的茯苓酒、滇南三七酒、滇西北虫草酒等;有用植物果实配制者,如木瓜酒、桑葚酒、梅子酒、橄榄酒等;有以植物杆茎入酒者,如人参酒、胶股兰酒、寄生草酒;有以动物的骨、胆、卵等入酒者,如虎骨酒、熊胆酒、鸡蛋酒、乌鸡白凤酒;有以矿物入酒者,如麦饭石酒。

按功效分,少数民族的配制酒有保健型配制酒和药用型配制酒两大类。其中,保健型配制酒种类多,用途广,占配制酒的绝大部分。比如著名的有刺梨酒、杨林肥酒、鸡蛋酒和松苓酒等。

第五节　配制酒酒水服务

【小问答】

1. 配制酒服务包含哪些意识?
2. 配制酒服务需要具备哪些专业素质?

配制酒服务的重要性不言而喻,再好的配制酒,如果没有相应的优质服务,也得不到顾客的认可。下面简单归纳一下配制酒服务的一些基本概念。

一、配制酒服务意识

(一)角色意识

配制酒服务给人的第一印象非常重要,而服务人员的表现又是给顾客印象好坏的关键。根据有关调查,对配制酒服务的投诉原因中,服务态度不佳是最主要的,其次是顾客要求没有得到足够重视,第三位是配制酒口感不理想。因此,为使顾客满意,首要是端正服务态度,而服务态度提高的关键是加强服务人员的角色意识。配制酒服务人员应该做到使顾客在物质和精神上得到满足,这需要他们以客人的感受、心情和需求为出发点向客人提供服务。

(二)宾客意识

作为配制酒服务人员,要有"顾客即我"的宾客意识。没有对工作对象有正确的理解,就不可能有正确的工作态度,其方法和效果也达不到客人的满意。所以配制酒服务人员必须意识到宾客是酒吧的财源,直接关系到其工作稳定和经济收入。顾客是上帝,不断迎合顾客,为顾客着想,这是服务工作最基本的意识。服务人员必须增强荣誉感,学会尊重别人,才会受到别人的尊重,努力做到想在客人所想之先,做在客人所需之前。

(三)行动意识

配制酒服务的行动意识是高度的从事服务的自觉性表现,是树立"顾客就是上帝"思想的体现。该意识主要体现在:预测并解决或及时到位地解决客人遇到的问题;发生情况,按规范化的服务程序解决;遇到特殊情况,提供专门服务、超常服务,以满足客人的特殊需要;避免一切不该发生的事故。

二、专业素质

(一)专业操作

酒水服务是一项专业化程度很高的服务,服务员要熟知不同酒水的服务方法、最佳饮用温度及斟倒方法。优雅的操作给客人带来的不仅仅是感官的享受,更是一种美的体验。酒吧员工斟配制酒时,左手将盘托稳,右手从托盘中取下客人所需要的酒种,将手放在酒瓶中下端的位置,食指略指向瓶口,与拇指约成60度,中指、无名指、小指基本上排在一起。斟酒时站在客人右后侧,既不可紧贴客人,也不可离客人太远。给每一位客人斟酒时都应站在客人的右后侧,而不能图省事,站在同一个地方左右开弓给多个客人同时斟酒。给客人斟酒时,不能将酒瓶正对着客人,或将手臂横越客人。斟酒过程中,瓶口不能碰到客人的杯口,保持1厘米距离为宜,同时也不拿起杯子给客人斟酒。每斟完一杯酒后,将握有瓶子的手顺时针旋转一个角度,与此同时收回酒瓶。给下一位客人继续倒酒时,要用干净布在酒瓶口擦拭一下,然后再倒。

(二)存酒服务

对于客人一次未能喝完的配制酒提供存酒服务,既能体现酒店的服务档次,又能体现对客人的尊重。制作存酒牌时,写上客人的姓名,精心制作,可使客人感到很有面子。

(三)语言技巧

对于醉酒客人的处理一定要注意语言的使用技巧。但凡醉酒的客人都最不喜欢听人说起自己喝醉,服务员要寻求客人同伴的配合,妥善处理醉酒客人,同时为客人提供热茶或解酒的饮品。

■ 本章回顾

本章系统介绍了开胃酒、甜品酒、利口酒和中国配制酒的基本种类和品鉴方法,阐析了配制酒服务的基本理念和操作方法。

■ 关键概念

味美思 比特酒 茴香酒 波尔图酒 雪利酒 玛德拉酒 利口酒 露酒 药酒

■ 复习与思考

1.了解开胃酒、甜品酒和利口酒的种类。
2.外国配制酒和中国配制酒有哪些异同点?
3.配制酒服务素质包含哪些内容?

■ 单元实训

1.实地调查:去某高档酒店的吧台调查10～15种配制酒,用列表的方式对其进行分类并说明其特点。
2.以小组为单位,通过实际操作训练,正确使用不同的调酒方法调制甜口酒。
3.通过对传统药店的实地考察,收集4个著名中国药酒的配方内容。

第五章　鸡尾酒品鉴与服务

课前导读

亚洲顶级酒吧[①]

1.泰国曼谷星空餐厅

当你站在曼谷星空餐厅的第63层楼俯瞰曼谷的时候,你才会相信这就是我们所说的迄今为止最浪漫的屋顶餐厅及酒吧。星空餐厅也是世界上海拔最高的露天餐厅,而这里毫无疑问也是中国美食爱好者梦寐以求的目的地。星空餐厅必须事先预订,所以当你想带你的伴侣在一个特殊的日期来这里约会的话,必须确保你是已经预定了的。在这里令人惊艳的城市景色和湄南河将作为您用餐的背景,日落是这里无与伦比的美丽时刻。当然你还可以享受优质的地中海食物或者享受几杯鸡尾酒。见图5-1。

图5-1　最浪漫的星空餐厅

---

① 资料及图片来源:http://qdifeng.com/shishangqingdao/club/detail201302/01/5716470.shtml

2.马来西亚吉隆坡盛贸饭店的天空酒吧

天空酒吧位于吉隆坡盛贸饭店的第33层,它几乎已经成为吉隆坡一个标志性的坐标。这里有最酷的饮料,最佳的城市风景,还有现代的都市氛围。游客伴着欢快的音乐欣赏窗外绚丽的双子塔,这里时尚舒适的氛围令客人身心无比放松。天空酒吧被马来西亚的《Tatler》杂志评为"最佳马来西亚酒吧"。见图5-2。

图5-2　马来西亚盛贸饭店室内屋顶酒吧

3.香港湾仔餐厅

如果你喜欢在一顿美味的牛排晚餐之后来杯餐后酒,那么香港湾仔餐厅是一个不错的选择。这里有一个最好的露天屋顶露台,能看到香港耀眼的全景。见图5-3。

图5-3　香港湾仔餐厅

4.新加坡第一高度酒吧

置身1-Altitude——新加坡娱乐的至高场所,绝对可以让你兴奋到血脉贲张。海拔282米的高度,1-Altitude绝对可以以"世界第一高户外酒吧"的称号自居。这里好似北欧战神"托尔"与诸位神斗士的宫殿,在这里你尽可安心享乐,因为这里的门神就是北欧神话中的"光之女神"海姆达尔。见图5-4。

图5-4　新加坡第一高度酒吧

5.日本东京纽约酒吧

情调迷人的纽约酒吧是东京最动人心弦的音乐场所,每一晚均有国际顶尖爵士乐手驻场演奏。这里供应传统和原创的鸡尾酒,上等干邑和白兰地,全日本品种最丰富的美国餐酒,以及轻简的美食餐单。见图5-5。

图5-5　日本东京纽约酒吧

第五章　鸡尾酒品鉴与服务

【学习目标】

通过本章的学习，正确识别调酒所使用的各类杯具和器具，掌握鸡尾酒的定义和基本结构，了解鸡尾酒的种类及品鉴，掌握鸡尾酒的服务要领，激发进一步学习调酒技艺的热情。

【知识目标】

掌握鸡尾酒的定义和鸡尾酒的主要构成要素，了解鸡尾酒的分类，熟悉鸡尾酒常用调制器具，体验鸡尾酒的服务，努力培养学生的专业眼光和专业鉴别能力。

【学习任务】

1. 区分调酒器具及设备；
2. 掌握鸡尾酒的命名与调制；
3. 感受鸡尾酒的品鉴；
4. 学会鸡尾酒的服务。

第一节　调酒器具及设备

【小问答】

1. 吧台设备及用品有哪些特点？
2. 制冰机可以制作哪些形状的冰块？

一名合格的调酒师必须非常熟悉吧台调酒设备的性能，并严格按其标准进行操作，才能达到并保证饮品品质，并且保持服务效率。

国家和地方卫生部门对酒吧吧台结构及设备器具安装有明确要求。酒吧的设备和用具很多，这里按照各种设备的摆放位置及功能予以说明。

一、前吧台设备及用品

一套完善的前吧设备应包括下列设备：三格洗涤槽或自动洗杯机，水池，冰槽，酒瓶架，酒杯搁置架，以及饮料或啤酒配出器等。每件设备的表层均应是不锈钢的，以保证表层美观，光亮，容易清洗，不易被杀菌化学清洗机腐蚀，同时又能保证设备经久耐用。每件设备脚的高度必须保证在6厘米以上，以便安装水管和清洁打扫。

1. 三格洗涤槽

放置在两个服务区中心或最便于调酒师操作的地方，具有初洗、刷洗、消毒功能。三格中分别是清洗、冲洗、消毒清洗。

2. 冰槽

它是用不锈钢制成的盛放冰块的专用槽,通常分两个槽,一个用于盛放冰块,一个用于放置碎冰。

3. 酒瓶架

用来贮放常用酒瓶。一般为烈性酒,如威士忌、白兰地、金酒、伏特加等。常用酒要放在便于操作的位置,其他酒陈放在吧柜里。

4. 酒杯搁置架

又称沥水槽,三格洗涤槽两边都设有便于清洗的杯沥水的沥水槽。玻璃杯应该倒扣在沥水槽上,这样杯里的水就能顺槽沟流入池内。

5. 饮料或啤酒配出器(苏打枪)

销售二氧化碳饮料的设施。这种机器包括一个喷嘴和7个按钮,可配出7种饮料:苏打水、汤力水、可乐、七喜、姜汁汽水、薄荷水和哥连士饮料。

6. 洗杯机

该器具的优点是节省人力并保持干净。通常认为,传统的酒吧洗涤槽不仅洗酒杯和餐具,又洗烟灰缸和布巾,容易滋生细菌。但使用洗杯机后可以将酒杯、餐具和其他物品分开洗涤,除此以外它还有消毒功能。小型洗杯机既不占太大的空间,又灵活方便,自动化强,很适合酒吧使用。

7. 生啤机

属于急冷型设备,整桶的生啤无需冷藏,只要将桶装的生啤酒连接在该设备上,就可以快速输出冷藏的生啤酒,泡沫厚度可以根据需要加以控制。

8. 电动搅拌机

某些鸡尾酒需要小型电动搅拌机将冰块和水果等原料搅碎,因此,多功能的电动搅拌机是酒吧中的必要设备。

二、后吧台设备及用品

后吧台设备的位置一般都是按酒水服务操作要求来确定的。后吧包括下列设备:酒瓶贮藏柜、瓶酒、饮料陈列柜、葡萄酒、啤酒冷藏柜、饮料、配料、水果饰物冷藏柜、制冰机和酒杯贮藏柜等。后吧的橱柜通常分为上下两层:上层的橱柜通常陈列酒具、酒杯及各种酒瓶,一般多为配制混合饮料的各种烈酒;下层橱柜存放红葡萄酒以及其他酒吧用品,安装在下层的冷藏柜则作冷藏白葡萄酒、啤酒以及各种水果原料之用。

1. 冷藏柜

用于冷藏酒水和饮料的设备,柜内温度通常在 6℃ 至 12℃ 之间,柜内分数层,以存放不同种类的酒品和饮料。根据酒水饮用温度不同,香槟酒、白葡萄酒、玫瑰红葡萄酒和啤酒及果汁等需放入冷藏柜中冷藏。

2. 制冰机

属于酒吧常用设备,有不同的尺寸和类型,因此制出的冰块形状也可为正方体、扁圆体、长方体或较小颗粒等。调酒师可以根据不同需要加以控制。

3. 葡萄酒贮藏柜

用于存放香槟酒和葡萄酒。某些大型饭店需要这种设备。该柜一般由木质材料做成,里面分横竖成行的格子,不同的酒可以分门别类地放入格子内存放,温度可以根据酒的品种进行调节。这样可以保持酒水的木塞湿润,从而保证瓶中酒的芬芳和味道。

三、吧台常用用具

酒吧用具是指日常操作中用于制作各类酒水出品所需的必要工具,吧台常见用具详见表 5-1。

表 5-1 吧台常用用具

序号	名称	用途
1	冰桶	盛装冰块的容器,分为玻璃制品和不锈钢制品两种。
2	压汁器	用于压榨新鲜柠檬汁和橙子汁时的工具。
3	量杯	也叫盎司杯,酒吧中最主要的量酒工具。
4	调酒器	也叫摇酒壶或调酒壶,是调制鸡尾酒的工具,由壶盖、滤冰器、壶身组成。
5	果汁机	主要作用有两个:一是冷冻果汁,二是自动稀释果汁(浓缩汁放入后可自动与水混合)。
6	砧板	切水果等装饰物的板子,由特殊塑料制成。
7	水果刀	切水果和装饰物的小刀。
8	调酒杯	调制鸡尾酒和饮料的容器,经勾兑和搅拌制成混合饮品。
9	调酒匙	搅拌酒水的工具,一端呈匙状,另一端呈叉状,中部呈螺旋状。

【补充阅读】

家庭小酒吧设计

假如您想自己设计家庭酒吧,要注意三个最主要的部分的设计,即吧台、吧柜、吧凳的样式与选材。

吧台是调制饮料和配置果盆操作的工作台,也是人们在休闲坐歇与饮用时伏靠的案台,亦可成为实用的便餐台。吧台大多设双层,其上层为抽屉,供收储筷勺之用;下层为格状的贮藏空间,放置不常用的杯盘、器皿等。吧台形式有单层台面式、双层内分式、两端分隔式和双层一段下落式等。

吧柜具有存放饮料、水果、烟酒、杯盘、器皿的功能,而且有重要的展示功能,吧柜的结构可采用吊挂、壁挂、单体独立、嵌入墙体等多种设计,吧柜的造型有格架式、橱柜式、火墙层板式等。

吧凳设计强调坐视角度的灵活性和烘托吧台主体所需的简洁性,它特别注重形廓的洗练和精致感。吧凳形式较多,一般可分为有旋转角度与调节高度作用的中轴式钢管吧凳和固定式高脚木制吧凳两类。在设计吧凳时要注意三点:首先,吧凳面与吧台面应保持40厘米左右的落差,吧台面较高时,相应的吧凳坐面亦高一些;其次,吧凳与吧台下端落脚处,应设有支撑脚部的支杆物,如钢管、不锈钢管或台阶灯;最后,较高的吧凳宜带靠背,坐起来会感觉更舒服些。

第二节 鸡尾酒命名与调制

【小问答】

1. 鸡尾酒命名的特点有哪些?
2. 鸡尾酒调制的方法有哪些?

鸡尾酒好比是一个庞大的家族,其中每一个成员的名字好似"百家姓",都有各自的渊源,特色风格近似的鸡尾酒又自成体系,形成了相对稳定、个性突出的分类。鸡尾酒的命名和调制之间也存在着紧密的联系。

一、鸡尾酒的命名

鸡尾酒的命名五花八门,虽然带有许多难以捉摸的随意性和文化性,但也有一些可遵循的规律,也可从中粗略地认识鸡尾酒的基本结构和酒品风格。

1. 根据鸡尾酒的基本成分命名

B&B：由白兰地和香草利口酒混合而成，其命名采用两种原料酒名称的缩写而合成。

宾治(Punch)：宾治类鸡尾酒，起源于印度，"Punch"一词来自印度语中的"Panji"，有 5 种原料混合配制而成之意。

香槟鸡尾酒(Champagne Cocktail)：该类鸡尾酒主要以香槟、葡萄汽酒为基酒，添加苦精、果汁、糖等调制而成，其命名较为直观地体现了酒品的风格。

金汤力(Gin Tonic)：金酒加汤力水兑饮。

据鸡尾酒的基本结构与调制原料命名鸡尾酒范围广泛，直观鲜明，能够增加饮者对鸡尾酒风格的认识，除上述列举的外，诸如特吉拉日出、葡萄酒冷饮、爱尔兰咖啡等均采用这种命名方法。

2. 根据创造典故命名

以人名、地名、公司名命名鸡尾酒反映了一些经典鸡尾酒产生的渊源，让人了解到鸡尾酒的一些相关历史典故。

(1) 以人名命名。人名一般指创制某种经典鸡尾酒调酒师的姓名和与鸡尾酒结下不解之缘的历史人物。基尔(Kir，又译为吉尔)，该酒是 1945 年由法国勃艮第地区第市(Dijon)市长卡诺·基尔先生创制，是以勃艮第阿利高(Aligote，白葡萄品种)白葡萄酒和黑醋栗利口酒调制而成。此外，较为著名的与人名相关的鸡尾酒还有玛格丽特、血玛丽、红粉佳人、黑俄罗斯、教父、秀兰·邓波儿、巴黎人、亚历山大等。

(2) 以地名命名。鸡尾酒是世界性的饮料，以地名命名鸡尾酒，饮用各具地域和民族风情的鸡尾酒，犹如环游世界。新加坡司令(Singapore Sling)是由华裔原籍海南岛的严崇文(Ngiam Tong Boon)酒保于 1910 年至 1915 年间发明的，当时他为新加坡的莱佛士酒店工作。他应顾客要求改良琴汤尼这种调酒，调出了一种口感酸甜的酒，后来一炮而红。与地名相关的鸡尾酒典型有：马提尼、蓝色夏威夷、阿拉斯加、环游世界、布朗克斯、横滨、长岛冰茶、代其利等。

(3) 以公司命名。为了倡导酒品最佳的饮用调配方式，生产商通常将鸡尾酒等混合饮料的配方印于酒瓶副标签口或单独印制手册，以扩大企业在市场中的份额。百家地鸡尾酒，必须使用百家地公司生产的朗姆酒调制该鸡尾酒，1933 年美国取消禁酒法，当时设在古巴的百家地公司为促进朗姆酒的销售设计了该酒品。此外，还有阿梅尔·皮孔、飘仙一号等。

3. 根据鸡尾酒特点与风格命名

根据鸡尾酒色、香、味、装饰效果等特点来命名可以使人产生无限的遐想，并能够在酒品和人类复杂的情感、客观事物之间寻找某种联系,以产生耐人寻味的意境。

(1)以鸡尾酒的色泽命名。鸡尾酒悦人的色泽大多数来自丰富多彩的配制酒、葡萄酒、糖浆和果汁等,比较突出的例子有以红色命名的红粉佳人、特吉拉日出、红狮、红衣主教、红色北欧海盗等;以蓝色命名的有蓝色夏威夷、蓝月亮、蓝色珊瑚礁、蓝魔等;绿色在鸡尾酒中有的也称为青色,如绿帽、青草蜢、绿眼睛、青龙等。色彩的迷幻和组合也是鸡尾酒命名的要素之一,例如彩虹鸡尾酒、万紫千红等。

(2)以鸡尾酒的口感命名。大多数鸡尾酒偏酸味,如威士忌酸酒、白兰地酸酒、杜松子酸酒等。

(3)以鸡尾酒的香型命名。鸡尾酒的综合香气效果主要是来基酒和提香辅料中的香气成分,这种命名方法常见于中华鸡尾酒,如桂花飘香(桂花陈酒)、翠竹飘香(竹叶清香)、稻香(米香型小曲白酒)等。

4. 以鸡尾酒为人文特质命名

鸡尾酒的自然属性使鸡尾酒充满了生命力,而鲜明的人文属性,包括情感、联想、象征、典故,一切时间、空间、事物、人物等都成了鸡尾酒形象设计、命名取之不竭的源泉。

(1)以空间命名。以空间命名的鸡尾酒,将大千世界中的天地之气、日月星辰、风雨雾雪、名山秀水、繁华都市、乡野村落等捕捉于杯中,融入酒液,从而使人的精神超越时间、空间的界限,产生神游之感。包括上文所提及的以地命名的著名鸡尾酒,再如永恒的威尼斯、卡萨布兰卡、伦敦之雾、跨越北极、万里长城、雪国、海上微风、飓风等。

(2)以万物命名。大自然中的花鸟鱼虫,尽显露出生活的闲情逸致;草长莺飞,激发起内心的萌动,所有这些为鸡尾酒的创作和命名提供了广博的素材。鸡尾酒的命名以及所产生的联想和情境,愈加提升了生活的艺术。如:百慕大玫瑰、三叶草、枫叶、含羞草、小羚羊、勇敢的公牛、蚱蜢、狗鼻子、梭子鱼、老虎尾巴、金色拖鞋、唐三彩、雪球、螺丝钻、猫眼石、翡翠等。

(3)以时间命名。以时间命名的鸡尾酒往往是为了纪念某一特别的日子及其印象深刻的人物、事件和心情等。如美国独立日、狂欢日、20世纪、初夜、静静的星期天、蓝色星期一、六月新娘、圣诞快乐、未来等。

(4)以人类情感命名。以人类情感命名,喜怒哀乐跃然于酒中,载情助兴。如少女的祈祷、天使之吻、恼人的春心、灵感、金色梦想等。

(5)以外来语的谐音命名。以外来语谐音命名鸡尾酒,大都为异族语汇中对某一事物或状态的俚语、昵称等,从而使鸡尾酒更具民族化。如扎扎(Zaza)、琪琪(Chi-chi)、老爸爸(Papa)等。

鸡尾酒命名的直观形象性、联想寓意性和典故文化性是任何单一酒品的命名所无法比拟和涉及的,鸡尾酒命名所产生的情境是鸡尾酒文化的重要组成部分,也是其艺术化酒品特征的显现。

二、鸡尾酒的调制

1. 调制方法

传统的鸡尾酒调制方法主要有四种,即摇和法、调和法、兑和法和搅和法。

1) 摇和法

摇和法又称摇晃法、摇荡法。当鸡尾酒中含有柠檬汁、糖、鲜牛奶或鸡蛋时,必须采用摇和法将酒摇匀。摇和法采用的调酒用具是调酒壶。调酒壶由壶身、滤冰器和壶盖三部分组成。调酒壶的摇法有单手摇和双手摇两种。

(1)摇和法的分类和操作。

① 单手摇。用右手食指卡住壶盖,其他四指抓紧滤冰器和壶身,依靠手腕的力量用力左右摇晃。同时,小臂轻松地在胸前斜向上下摆动,多方位使酒液在调酒壶中得以混合。单手摇法一般只适用于小号调酒壶,如使用中号或大号调酒壶,酒必须用双手摇。

② 双手摇。双手摇酒的方法是:左手中指托住壶底,食指、无名指及小指夹住壶身,拇指压住滤冰器;右手的拇指压住壶盖,其他手指扶住壶身,双手协调用力将调酒壶抱起,通常手掌不能接触调酒壶,否则会增加调酒壶的温度,改变鸡尾酒的味道。双手摇酒的方法是沿胸前左斜上方—胸前—左斜下方—胸前,右斜上方—胸前—右斜下方—胸前的线路往返摇晃。一般的鸡尾酒来回摇晃五六次,手指感到冰凉,且调酒壶表面出现雾气或霜状物即可,若有鸡蛋或奶油则必须多摇几次,使蛋清等能与酒液充分混合。

(2)波士顿调酒壶的使用方法。

波士顿调酒壶是国外和港澳地区常用的一种调酒用具,由调酒杯和不锈钢壶盖组成。使用方法主要是双手摇。倒酒时最好使用专用滤网。

2) 调和法

调和法又称为搅拌法,搅拌时要使用调酒杯、吧匙和滤冰器等器具。搅拌的方法是在调酒杯中放入数块冰块再加入调酒材料。用左手的拇指和食指抓住调酒杯底部,右手拿着吧匙的背部贴着杯壁,以拇指和食指为中心,一边用中指和无名指控制吧匙,按顺时针方向旋转搅拌。旋转五六圈后,左手指感觉冰凉,调酒杯外有水汽,搅拌就结束了。这时,用滤冰器卡在调酒杯口,将酒滤入杯中即可。

3)兑和法

兑和法是直接在饮用杯中依次放入各类酒品,轻轻搅拌几次即可。常见的如高杯类饮料、果汁类饮品和热饮都采用此法。

彩虹酒也是采用兑和法,一层一层调制而成。

4)搅和法

搅和法主要使用电动搅拌机进行,当调制的酒品中含有水果块或固体食物时必须使用搅和法调制。搅和法操作时先将调制材料和碎冰按配方放入搅拌机中,启动搅拌机迅速搅10秒钟左右,然后将酒品连同冰块一并倒入杯中。目前在酒吧内,一些摇和的酒也可以用搅和法来调制。但两法相比,摇和法更能够较好地把握所调酒品的质量和口味。

2.调制步骤

1)调制前步骤

(1)酒水准备。根据鸡尾酒的配方,首先要分析该鸡尾酒的主要成分,进行初步准备。需注意如下几点:

①器具要洁净透明,操作时只能握酒杯的下部。

②使用新制的冰块。

③调制工具要保持干净,特别是调酒器和电动搅拌机,每次使用前后都要清洗。

④其他器具诸如量杯、吧匙也要保持清洁。

⑤酒水质量需保证,保持其新鲜及良好的口感。

⑥要选用新鲜的水果做装饰物,切好后用保鲜纸包好放入冰箱备用,当天使用。

⑦操作前要洗手,切勿用手去接触酒水、冰块、杯边或装饰物。

(2)传瓶。传瓶是指把酒瓶从酒柜或操作台上传至手中的过程。传瓶一般从左手传至右手或直接用右手将酒瓶传递至手掌部位。用左手拿瓶颈部分传至右手上,用右手拿住瓶的中间部位,或直接用右手提及瓶颈部分,迅速向上抛出,并准确地用手掌接住瓶体的中间部分,要求动作敏捷,一气呵成。

(3)示瓶。用左手托住瓶底,右手扶住瓶颈,呈45度角把商标展示给顾客。

(4)开瓶。用右手握住瓶身,并向外侧旋动,用左手的拇指和食指从正侧面按逆时针方向迅速将瓶盖打开,软木帽形瓶塞直接拔出,并用左手虎口即拇指和食指夹着瓶盖(塞)。

(5)量酒。开瓶后立即用左手的中指、食指、无名指夹起量杯,两臂略微抬,呈环抱状,把量杯置于敞口的调酒壶等容器的正前上方约 4 厘米处,量杯端拿平稳,略呈一定的斜角,然后右手将酒斟入量杯至标准的分量后收瓶口,随即将量杯中的酒倒入摇酒壶等容器中,左手拇指按顺时针方向旋上瓶盖或塞上瓶塞,然后放下量杯和酒瓶。

2)调制鸡尾酒

之后,开始对鸡尾酒的调制方法进行合适确认。不同的鸡尾酒有着不同的调制方法,酒吧通常使用的是传统的英式调酒法,其特点是通常使用英式调酒壶、量杯器、吧勺等来调制,态度需要一丝不苟,具备绅士风范。英式调酒在鸡尾酒调制时要求尊重配方,不能随意改动,通常适合星级酒店酒吧服务。

3)装饰物的准备

标准的鸡尾酒均有相应的装饰物。即使配方大致相同,但装饰物不同,鸡尾酒名也会各异。但事实上并不是每款鸡尾酒都可以装饰,这中间有一定的原则,例如色泽的搭配与载杯是否协调,原料的等份比例是否与装饰物吻合等。另外,有些特定的鸡尾酒款式,其装饰物还有调味效果,例如马天尼中的柠檬皮和品姆杯中的青瓜皮,起着调味的作用。不过有些装饰物,仅局限于装饰功能,只要不影响其固有的风格,稍作改观,也是允许的。

鸡尾酒的装饰物一般选用常用的水果和蔬菜进行制作,如柠檬、橙子、菠萝、樱桃、橄榄、芹菜等,如樱桃挂杯、酒签穿小樱桃、酒签穿橄榄,也有些鸡尾酒采用带有各式图案的调酒棒作为装饰物。

(1)柠檬。有四种准备方式:

①横切。将柠檬或橙子放于砧板上,用吧刀将其拦腰切成两半后,切成圆片,然后整个嵌于杯口。或者将柠檬、橙子切成圆片,再将圆片切成半圆片,去除中间筋络点缀于杯缘,或用酒签与红樱桃串在一起点缀于杯中。

②竖切。将柠檬或橙子放于砧板上,用吧刀将其竖切成四分之一块,将角块两头去尖后,切一嵌口,用酒签穿入樱桃后,插入柠檬中嵌于杯缘上。或者将柠檬、橙子竖切成对半,再均匀地竖切成八分之一瓣,将角瓣两头去尖后,嵌于杯口。或将果皮与果肉部分剥离,呈重叠状,皮外肉内挂于杯缘上。

③马颈式削皮法。像削苹果皮似的,用吧刀将柠檬或橙子皮削成螺旋状,将一头挂在杯缘,其余置于杯中。

④简单制作法。将削好的柠檬和橙子的薄片直接投入杯中。或者用酒签将柠檬、橙子角块与红樱桃串起投入杯中。

(2)菠萝。有三种准备方式:

①切成条块。选择新鲜菠萝置于砧板上,用吧刀削掉头尾部分,竖切成四分之一,再竖切成条块。

②切成棒状。将切成条块的菠萝用吧刀旋转竖切成棒状,菠萝用酒签与红樱桃串在一起,斜搭于杯中。

③切成扇形块。将菠萝切成适当厚度的扇形片,用酒签与红樱桃串在一起。

(3)樱桃。用酒签串起,横搭杯口。或者在樱桃上切一斜口,嵌于杯口上。

(4)橄榄。选用没有核的绿色橄榄,用酒签插起,置于杯中。

(5)芹菜。选择新鲜芹菜洗净,用冰夹夹住芹菜杆,用吧刀切取带叶部分,再竖切成两半,去除多余的叶子后,叶上茎下插入杯中。

(6)杯口加盐边装饰。先将盐放入盘中备用,取玛格丽特杯,用一片切好的柠檬片在杯口擦匀,使杯口涂满柠檬汁,然后将杯口向下在准备好的盐盘中转动一周,使杯口沾满盐,轻弹杯身,弹掉多余的盐粒,最后放于台面以备使用。

3. 调制基本原则

(1)酒杯和所有材料必须预先准备好,以便调制鸡尾酒。

(2)烈酒可以与任何味道的酒或其他饮料搭配调配,味道相同或近似的酒和饮料可以互相混合,其他味道不相同的酒或饮料,如药味酒与水果酒,不宜互相混合。

(3)冰块必需首先准备好。

(4)用清淡、有汽的酒水调制鸡尾酒时,宜采用兑和法和调和法;用易于混合的原料(如各种烈酒、利口酒等)构成的鸡尾酒,使用调和法来调制;用不易相互混合的原料(如果汁、奶油、生鸡蛋、糖浆等)构成的鸡尾酒,使用摇和法来调制。

(5)原材料要尽量保持新鲜,特别是奶、蛋、果汁等。

(6)调酒师经常需要直接用手制作,因此必须保持双手干净。

(7)装饰用水果尽量要当天使用。

(8)各种调制器具均要洁净,并经常清洗。

(9)尽量使用新制的冰块,这样冰块质地坚硬,不易融化。

(10)下料程序要遵循先辅料、后主料的原则。这样在调制过程中出了什么差错,造成的损失也不会太大。按此下料程序,能将冰块的融化速度缩小到最低点。

(11)使用玻璃调酒杯时,如果室温较高,使用前应先将冷水倒入杯中,然后加入冰块,将水滤掉,再加入调酒材料进行调制,其目的是防止冰块直接进入调酒杯中,产生骤冷骤热变化,使玻璃杯炸裂。

(12)在调酒中所使用的糖块、糖粉,首先要在摇酒器或酒杯中用少量水将其溶化,然后加入其他材料进行调制。

(13)在调酒中(配方中)"加满苏打水或矿泉水"这句话是针对容量适宜的酒杯而言的。对于容量较大的酒杯,应酌情掌握用量,一味地"加满"只会使酒味变淡。

(14)类似于苏打水之类的含汽饮料,绝对不能在摇酒器、电动搅拌机里摇动和搅拌。

(15)倒酒时,注入的酒应距杯口 1/8 杯的距离,太满会造成饮用困难,太少又会显得非常难堪。

(16)制作糖浆,糖粉与水的比例为 3∶1。

(17)调酒配方中的蛋黄、蛋白,均为新鲜生鸡蛋的蛋黄和蛋白。

(18)一杯以上的相同鸡尾酒,不论是一次调制完成还是分几次完成,不应倒完第一杯再倒第二杯,而是应该将酒杯排开,杯缘相接,从左至右倾倒,然后再从右至左平均分配,这样可以保证几杯酒的口味相同,避免手掌温度使摇酒器或调酒杯里的冰块融化,造成前后酒品浓度不均等。

第三节　鸡尾酒的创作及品鉴

【小问答】
1.每年著名的调酒师新创作并推广的鸡尾酒配方大概有多少种?
2.鸡尾酒的品鉴有哪几个步骤?

一、鸡尾酒的创作

1.鸡尾酒创作的条件

一款色形味俱全的上品鸡尾酒,可视为一件精美的艺术品,从中能够寻求到无限的美的享受。

(1)创作思路。像时装一样,鸡尾酒也要经常推陈出新。据统计,全世界鸡尾酒的配方已达上万种之多,每年著名调酒师新创作并推广的配方就达几百种。所以,一条新的思路也是调酒师所追求的一种新的境界。

(2)鸡尾酒品种创新,要具备一定的调酒经验和酒水知识,并且对酒水及相关时尚事物有比较深刻的研究。

(3)新创作出的鸡尾酒,应以顾客能接受为第一标准。一款好的鸡尾酒,主要是给顾客饮用,取得顾客的欣赏,才能逐渐流行。

(4)要根据顾客的来源和顾客的口味创作鸡尾酒。

(5)创作时要遵守调制原理及步骤,特别是使用中国酒时,要注意味道搭配。同时要注意,配方如果太复杂,会难以记忆与调制,妨碍鸡尾酒的推广与流行。

(6)新创作出的鸡尾酒通常是以"酒吧特饮"的形式推销给顾客的。鸡尾酒应通过不断筛选,逐渐成熟并受欢迎,形成真正流行的特色品种。

2. 经典鸡尾酒创作案例介绍

(1)血玛丽(亦称玛丽血)鸡尾酒的创作。英国人乔治·乔瑟尔因看到英格兰女王玛丽残酷迫害国内新教徒,而设计了血玛丽鸡尾酒。

(2)曼哈顿鸡尾酒的创作。1840年,有个名叫甘曼的人,因负伤走进美国西部马里兰州的一家酒店。该店调酒师见他伤势很重,便赶紧倒了一杯威士忌酒,加了些糖浆给他提神。这种新型调和酒自此以后便很受顾客欢迎,传到纽约更添加了苦艾酒,冠以市中心区"曼哈顿"这个名称,流行至今。

(3)玛格丽特鸡尾酒的创作。1949年,美国洛杉矶一位叫简·雷德莎的调酒师,为了寄托对情人玛格丽特在他们狩猎时不幸被流弹击中而死在他怀抱里的哀思,设计了耐人寻味的玛格丽特鸡尾酒,尤其是其盐边喻示玛格丽特的眼泪,让人难以忘怀。

(4)彩虹鸡尾酒的创作。据日本著名洋酒评论家间庭长藏说:在19世纪,由美国伊利诺伊州到法国表演的舞蹈团的舞步和衣着,震撼了那些蜂拥前来的绅士淑女们。沉醉在舞蹈家舞姿中的巴黎子弟,看过之后,眼前总是浮现色彩斑斓的舞衣,便从酒中寻找感情的体现,得到灵感,调出了"彩虹鸡尾酒"。这种新款鸡尾酒,本身其实含有"美国的女子光看外表就觉得非常迷人"的意境。在设计该款新型鸡尾酒时,创作者首先"在自己心里唤起曾经一度体验过的感情",在唤起这种感情之后,"用动作、线条、色彩等所表达的表象来传达"(列夫·托尔斯泰:《艺术论》)。最能从酒的色彩组合、变化而焕发美感的"彩虹鸡尾酒"的设计,可以说极有说服力。调这类酒,只要功夫够,就能调出犹如舞蹈家罕见的舞步且让人觉得艳丽非凡的鸡尾酒。

二、鸡尾酒品鉴

一名合格的调酒师,特别是出色的调酒师,不但要懂得鸡尾酒的调制,而且要会品尝和鉴赏调制好的鸡尾酒品种。品尝分为三个步骤:观色、嗅味、品尝。

1. 观色

调好的鸡尾酒都有一定的颜色,通过观色可以初步判断配方比例是否准确。例如红粉佳人调好后呈粉红色,青草蜢调好后呈奶绿色,干马天尼调好后清澈透明如清水一般。如果颜色不符合要求,不能出售给顾客,必须重新制作。如彩虹鸡尾酒,只从观色便可断定是否合格了,任意一层混浊了都不能再出售。

2. 嗅味

嗅味是用鼻子去闻鸡尾酒的香味,但在酒吧进行时不能直接拿起整杯酒来嗅味,要用酒吧吧匙。凡鸡尾酒都有一定的香味,首先是基酒的香味,其次是所加进的辅料酒或饮料的香味,如果汁、甜酒、香料等各种不同的香味。

3. 品尝

品尝鸡尾酒不能大口饮用,而要一小口地喝,喝入口中要停顿一下再吞咽,如此细细地品尝,才能分辨出多种不同的味道。

【补充阅读】

世界经典鸡尾酒背后的故事

1. 红粉佳人(Pink Lady)

诞生于1912年专为女性调制的红粉佳人鸡尾酒,是为当时伦敦上演的一出舞台剧《红粉佳人》的女主角特制的鸡尾酒,颜色鲜红美艳,酒味芳香,入口润滑。

2. 马天尼(Martini)

据说,马天尼鸡尾酒闻名于酒吧与英国首相丘吉尔有关。丘吉尔以爱喝烈性的马天尼鸡尾酒而出名。

3. 得其利(Daiquiri)

得其利是古巴一座矿山的名字。1898年古巴独立后,很多美国人来到了得其利,他们把古巴特产朗姆酒、砂糖与莱姆汁混在一起作为消暑饮料,得其利鸡尾酒从此得名。

4. 白兰地亚历山大(Brandy Alexander)

19世纪中叶,为了纪念英国国王爱德华七世与皇后亚历山大的婚礼,调酒师调制了这种鸡尾酒作为对皇后的献礼。这是一款名副其实的皇家鸡尾酒,它甜美浓醇,向全世界宣告爱情的甜美与婚姻的幸福,很适合恋人共饮。

5. 自由古巴(Cuba Libre)

"自由古巴"是古巴人民在西班牙统治下争取独立的口号。美西战争中,在古巴首都哈瓦那登陆的一个美军少尉在酒吧要了朗姆酒,他看到对面座位上的战友们在喝可乐,就突发奇想把可乐加入了朗姆酒中,并举杯对战友们高呼:"Cuba liberty!"从此就有了这款鸡尾酒。

6. 边车(Side Car)

边车鸡尾酒的初衷是为了去除骑着挎斗摩托车到来的客人身上的寒气。作为吉尼斯售价最高的鸡尾酒纪录保持者,选用的是异常珍贵的1865年里兹私藏的干邑。酿造这种干邑的葡萄都是18世纪60年代葡萄根瘤蚜病害爆发前收获的,全世界只剩下几瓶了。

■ **本章回顾**

本章系统介绍了酒吧设备及用品,吧台常用用具,鸡尾酒的各种命名方式,鸡尾酒的调制方法和调制步骤及其基本原则,鸡尾酒创作的条件和经典案例,鸡尾酒的品鉴步骤,鸡尾酒推销技巧和酒吧服务员的重要角色等。

■ **关键概念**

酒吧设备　鸡尾酒命名　鸡尾酒调制　鸡尾酒服务　鸡尾酒推销

■ **复习与思考**

1. 了解前吧台及后吧台的设备结构。
2. 鸡尾酒根据典故命名可以分为哪几种?
3. 利用推销经营手段获取鸡尾酒的高额利润应注意哪些情况?

■ **单元实训**

1. 实地调查:去某高档酒店的吧台调查10~15种鸡尾酒,用列表的方式对其进行分类并说明其特点。
2. 以小组为单位,通过实际操作训练,正确使用不同的调酒方法调制鸡尾酒。
3. 通过资料收集以及酒吧实地考察,收集6个著名鸡尾酒的经典创作案例。

第六章　非酒精饮料品鉴与服务

课前导读

敬茶之礼

中国是礼仪之邦，自古以来都有客来敬茶之礼。随着茶文化的传播与普及，茶道、茶礼、茶艺已经通过不同的表现渗透到了寻常百姓家。特别是在我国南方一些省市，很多家庭在家里开辟了别致典雅的茶室和饮茶区，茶具、名茶、特色茶点一应俱全，俨然就是一个小茶楼。普通百姓家里通常都会准备茶叶和相应的茶具，既可以待客，也可以自饮。

绿茶、花茶、白茶、黄茶不需洗茶，否则将损失茶叶有效成分；而经发酵的如红茶、黑茶、青茶（如铁观音、乌龙茶等）都需要经过洗茶，保障茶汤的口感和品质。茶叶冲泡时，要轻而快，八分满即可。冲泡后，有礼貌地对客人说："请用茶。"客人也应表达谢意。品茶时，若用茶杯，应右手拿杯柄，左手启杯盖；如用玻璃杯，则用大拇指和食指、中指夹杯，无名指和小指托底；如用盖碗，则右手持杯，左手启盖，客人可以拨去茶汤上的茶叶，慢慢细饮。如感到茶水过热，应放在茶几上稍凉后再饮，不要用嘴吹降温。

拉花咖啡

拉花 Latte Art 是意式咖啡的一种独特表现方式。关于咖啡拉花的起源，其实一直都没有明确的文献记载。咖啡拉花是在咖啡表演时展现的高难度专业技术。表演时所展现的创新技巧大大震撼了咖啡业界，从一开始就得到了大众的注目。所有的人都深深被咖啡拉花神奇而绚丽的技巧所吸引。

咖啡拉花,起先注重的是图案的呈献,但经过长久的发展和演进之后,咖啡拉花不只讲究视觉效果,牛奶的绵密口感与融合方式、技巧也一直不断改进,力求整体的味道呈现,达到色、香、味俱全的境界。

在欧美国家和日本有许多的专业咖啡书籍,介绍"Latte Art"的基本技术,更有许多的咖啡相关书籍,是以咖啡拉花作为封面的专业象征,而且咖啡拉花已经是现今各种咖啡制作比赛的必备专业技术。

每年在美国都会举办世界咖啡拉花比赛,素有咖啡界的奥林匹克大赛之称。聚集了来自世界各地的咖啡拉花高手,在比赛中展现各种创新图案及熟练的技巧(图6-1)。

图 6-1　拉花咖啡[1]

---

[1] 图片来源:http://fashion.eladies.sina.com.cn/z/UKlifestyle。

第六章 非酒精饮料品鉴与服务

【学习目标】

本章主要讲述非酒精饮料的不同种类以及特点,要求重点掌握茶、咖啡的分类和特点,了解茶和咖啡的品鉴方法,掌握茶艺和咖啡的服务技能。

【知识目标】

通过教学,能让学生掌握种茶饮茶历史、制茶工艺、茶叶分类和茶叶的保健价值,以及不同品种茶叶的品鉴方法、服务方法;能让学生了解咖啡豆的种类、著名的咖啡品种和产地,懂得咖啡的基本品鉴方法,学习咖啡的研磨、冲泡和服务技能。

【学习任务】

1. 熟悉不同的茶文化和茶艺;
2. 熟悉咖啡文化;
3. 懂得品鉴主要的茶叶品种和咖啡;
4. 学习茶艺和咖啡的冲泡及服务。

非酒精饮料,或称软饮料,指各种不含酒精成分的饮料,主要包括茶、咖啡、可可、碳酸饮料、乳制品及乳饮料、果蔬汁等。可可、咖啡、茶并称当今世界的三大无酒精饮料,刺激兴奋的可可、浪漫浓郁的咖啡、自然清新的茶香,不同文化背景的国家在饮品选择方面有着各具特色的偏好。非洲是世界最大的可可生产区,多输往西欧和美国。发展中国家占世界咖啡栽培面积的99.9%和产量的99.4%,其中,拉丁美洲的栽培面积和产量最高。消费则集中在发达国家,以美国、西欧各国和日本为多。亚洲是世界著名茶叶产区,亚洲茶文化源于中国,现以中国和日本最为发达。

(1)果蔬汁:包括纯天然果蔬汁、稀释果蔬汁。

(2)茶:绿茶、红茶、乌龙茶、花茶、紧压茶等。

(3)咖啡:咖啡的分类多种多样。以产地命名的一般有巴西咖啡、古巴咖啡、蓝山咖啡、哥伦比亚咖啡等。

第一节 茶与茶文化

【小问答】

何为茶道?

茶道是烹茶饮茶的艺术和仪式。茶道既是一种以茶为媒的生活礼仪,也被认为是修身养性的一种方式,它通过沏茶、赏茶、闻茶、饮茶,增进友谊,美心修德,学习礼法,是很有益的一种和美仪式。喝茶能静心、静神,有助于陶冶情操、去除杂念,这与提倡"清静、恬淡"的东方哲学思想很合拍,也符合佛道儒的"内省修行"思想。茶道精神是茶文化的核心,是茶文化的灵魂。

一、茶的历史

茶是茶树或茶树新梢芽叶加工品的统称。茶树为山茶科,属多年生常绿木本植物。

人类制茶、饮茶的最早记录都在中国,最早的茶叶成品实物也在中国。根据可靠的考古发现,中国是饮茶的真正发源地。茶树是一种很古老的双子叶植物,与人们的生活密切相关。中国的野生大茶树集中在云南等地,其中也包含甘肃、湖南的个别地区。茶叶由我国的云贵川高原向全国传播,古有"蜀地茶称圣,蒙顶第一家"的说法。在浙江余姚田螺山遗址就出土了6000年前的古茶树。中国是最早发现和利用茶的国家。茶的古称很多。如荼、诧、槚、苦荼、茗等在古代有的指茶树,有的指不同的成品茶。至唐代开元年间(公元8世纪),始由"荼"字逐渐简化而成"茶"字,统一了茶的名称。世界各国"茶"字的读音大多由"茶"、"槚"、"诧"以及"荼"等的音韵转变而来。

中国自古有"神农尝百草,日遇七十二毒,得茶而解之"的传说。中国茶圣——唐代陆羽于公元758年左右写成了世界上最早的茶叶专著《茶经》,系统而全面地论述了栽茶、制茶、饮茶、评茶的方法和经验。根据陆羽《茶经》推论,中国发现茶树和利用茶叶迄今已有4700多年的历史。《茶经》中称:"茶者,南方之嘉木也,一尺、二尺乃至数十尺,其巴山、峡川有两人合抱者",不但描述了茶树的形态,而且指出茶产于中国南方。并说:"茶之为饮,发乎神农氏,闻于鲁周公……傍时浸俗,盛于周朝。"

茶叶在中国西周时期是被作为祭品使用的,到了春秋时代茶鲜叶被人们作为菜食,而战国时期茶叶作为治病药品,西汉时期茶叶已成为主要商品之一了。从三国到南北朝的300多年时间内,特别是南北朝时期,佛教盛行,佛家利用饮茶来解除坐禅瞌睡,于是在寺院庙旁的山谷间普遍种茶。饮茶推广了佛教,而佛教又促进了茶灶的发展,这就是历史上有名的所谓"茶佛一味"的来源。到了唐代,茶叶才正式作为普及民间的大众饮料。

茶叶作为药用,记载最早的是《神农本草经》:"神农尝百草,日遇七十二毒,得茶而解之。"李时珍的《本草纲目》中记载:"茶苦而寒,最能降火,又兼解酒食之毒,使人神思爽,不昏不睡。"《吃茶养生记》中记载有:"茶也,养生之仙药,延年之妙术也……"东汉《桐君录》中有:"南方有瓜芦木,亦似茗,至苦涩,取为屑茶饮,亦可通夜不眠,煮盐人但资此饮。"上层社会把茶作为饮料是从周武王以茶代酒开始的。在《封氏闻见记》中有:"开元太山有僧大兴禅教,人人煮茶驱睡,致使人人相仿效,逐成风俗。"到了汉代茶已成商品,汉代王褒的《僮约》中用"烹茶尽具"、"武阳买茶"等记载了我国最早的茶叶市场。到了唐宋时期饮茶已经普及到平民百姓,宋王安石云:茶之为用,等于米盐,不可一日无。茶叶开始作为饮料是摘鲜叶煮饮,到南北朝时开始把鲜叶加工成茶饼。后来,唐代又创制了蒸青团茶,宋代创制了蒸青散茶,明代创制了炒青绿茶、黄茶、黑茶、红茶、花茶等,清代创制了白茶、乌龙茶等。

秦统一中国后,茶叶顺长江而下传遍半个中国,现我国有17省900余县产茶。

茶叶自古以来就成为中日两国人民友谊的纽带。唐朝时,日本僧人最澄到中国浙江天台山国清寺研究佛学,回国时带回茶籽种植于日本贺滋县(即池上茶园),并由此传播到日本的中部和南部。南宋时,日本荣西禅师两次来到中国,到过天台、四明、天童等地,宋孝宗赠他"千光法师"称号。荣西禅师不仅对佛学造诣颇深,对中国茶叶也很有研究,并写有《吃茶养生记》一书,被日本人民尊为茶祖之一。南宋开庆年间,日本佛教高僧禅师来到浙江径山寺攻研佛学,回国时带去了径山寺的"茶道具"、"茶台子",并将径山寺的"茶宴"和"抹茶"制法传播到日本,启发和促进了日本茶道的发展。

中国宋代时就已有阿拉伯商人定居在福建泉州运销茶叶;明代郑和下西洋,茶叶也随着销售到东南亚和南部非洲各国。明代末期,公元1610年荷兰商船首先从澳门运茶到欧洲,打开了中国茶叶销往西方的大门。茶叶作为商品输入欧洲,先是荷兰、葡萄牙,1638年输入英国,1664年输入沙俄,17世纪输入美洲,1674年输入纽约。美国威廉·乌克斯著《茶叶全书》中说:"饮茶代酒之习惯,东西方同样重视,唯东方饮茶之风盛行数世纪之后欧洲人才始习饮之。"

二、茶的种类

1. 茶叶的分类法

根据发酵程度不同将茶叶分为全发酵茶、半发酵茶、不发酵茶。

根据产地不同将茶叶分为川茶、浙茶、闽茶等。

根据生长环境不同将茶叶分为平地茶、高山茶和丘陵茶。

按照茶叶制造阶段的不同,分为初制茶和精制茶。初制茶又称毛茶,毛茶集中到精制工厂加工后的成品,叫精制茶。

按照茶叶采制季节不同,分为春茶、夏茶和秋茶。一般说来,春茶品质最好,芽叶好,芽叶嫩,茶味醇和,有"清明茶,味甜爽口"的说法。秋茶次之,香高味浓,有"白露茶,香气馥郁"的说法。

根据我国出口茶的类别将茶叶分为绿茶、红茶、青茶、黄茶、白茶、花茶、紧压茶和速溶茶等几大类。这种分类主要是按照制造方法的不同而进行的划分。

2. 茶叶品种及特点

绿茶:绿茶是发酵茶,绿茶历史最悠久,花色品名最多。因其汤色和叶底均呈现绿色,故名。著名的绿茶有西湖龙井、碧螺春等。

红茶:红茶是全发酵茶,因其汤色和叶底均呈红色,故名。红茶是世界上产销量最大的一类茶叶。著名的红茶有安徽祁门红茶、云南的滇红等。

青茶:青茶是介于红茶和绿茶之间的半发酵茶。它综合了红茶和绿茶的加工技术,既有红茶的甘醇,又有绿茶的清香;既无红茶的涩味,又无绿茶的苦味。在六大茶类中,青茶制法最为精巧,品质别具一格。青茶分为武夷岩茶和乌龙茶,产地为福建省、台湾地区和广东汕头地区。主要品种有铁观音、乌龙茶、水仙等。

黄茶:黄茶制法与绿茶相似,不同的是多了个闷黄工序。这个闷黄过程,是黄茶制法的主要特点。著名黄茶有君山银针、六安瓜片等。

黑茶:以前四川一带为便于长途运输,不致变质,将绿毛茶加工成团块茶,经过20多天的湿坯堆积,颜色逐渐变黑,故名。我国边疆地区的少数民族地区较喜欢黑茶。黑茶的成品茶有湖南湘尖、湖北的青砖、四川的茯砖等。

白茶:白茶是一种不发酵,也不经过揉捻的特种茶。这种茶不用香花熏制,但却有天然的香味。因茶林分为大白、小白、水仙白等,故称白茶。

花茶:又名香片,是一种经过花香熏制而成的茶。其特点是既有茶香风味,又有鲜花的芬芳,是我国特有的品种。我国北方人大多较喜欢花茶。著名的花茶品种有茉莉花茶、玉兰花茶、柚子花茶等。

紧压茶:也称茶砖,是一种用黑茶、老青茶、花茶、绿茶等散装茶压制成型的块茶,便于长途运输和贮藏。紧压茶主要产于我国湖南、湖北、云南、四川等省,主要产品有青砖、茯砖、黑砖、米砖、沱茶、金尖、普洱茶等。

三、茶叶生产工艺

光有鲜叶,还不足以成就悠悠千年茶韵,只有将自然的恩物,用代代相承的制茶工艺表现出来,那才是完整的茶之传奇。

1. 绿茶的制作:杀青→揉捻→干燥

(1)杀青。是茶的初制工序之一。主要目的是通过高温破坏和钝化鲜叶中的氧化酶活性,抑制鲜叶中的茶多酚等酶的促氧化,蒸发鲜叶部分水分,使茶叶变软,便于揉捻成形,同时散发青臭味,促进良好香气的形成。杀青是绿茶等形状和品质形成的关键工序。

(2)揉捻。破坏鲜叶组织,让茶汁渗出,同时简单造型。

(3)干燥。有炒干、烘干、晒干等方法,目的是挥发掉茶叶中多余的水汽,保持茶叶中酶的活性,抑制其氧化,提高茶香、固定茶形。

2.红茶的制作:萎凋→揉捻→发酵→干燥

(1)萎凋。将鲜叶按一定厚度摊放,通过晾晒,使鲜叶损失部分水分,增强茶的酶活性,同时叶片变柔韧,便于造型。

(2)揉捻。使茶容易成形并增进色香味浓度,同时,由于叶细胞被破坏,便于在酶的作用下进行必要的氧化,利于发酵的顺利进行。

(3)发酵。使多酚类物质在酶促作用下产生氧化聚合作用,形成红叶红汤的独特品质。

(4)干燥。蒸发水分,缩小体积,固定外形,保持干度以防霉变;停止发酵;使红茶滋味醇厚、香甜、浓郁。

3.青茶的制作:日光萎凋→室内萎凋→摇青→杀青→初揉→包揉→干燥

(1)日光萎凋。又称晒青,散发部分水分,使叶内物质适度转化,达到适宜的发酵程度。

(2)室内萎凋。又称凉青,室内自然萎凋,也是青茶萎凋中常见的一种方法。

(3)摇青。萎凋后的茶叶置于摇青机中摇动,形成青茶叶底独特的"绿叶红镶边",还有乌龙茶独特的芳香。

(4)杀青。防止茶叶继续变红,稳定已形成的品质。

(5)初揉和包揉。都是造型步骤。将茶叶制成球形或条索形,同时渗出茶汁,冲水时,茶叶的内含物质更容易溶于水,茶汤更香浓。

(6)干燥。去除多余水分和苦涩味,使茶香味醇。

4.黑茶的制作:杀青→揉捻→渥堆→干燥

(1)杀青。因为鲜叶粗老,含水分低,需高温快炒,呈暗绿色即可。

(2)揉捻。杀青完成的茶叶,揉捻后晒干就成为了黑茶的原料茶。

(3)渥堆:就是把经过揉捻的茶堆成大堆,人工保持一定的温度和湿度,用湿布或者麻袋盖好,使其经过一段时间的发酵,适时翻动1~2次。

(4)干燥。制成紧压茶,使茶叶潮软后,再压制、干燥。

5.黄茶的制作:萎凋→杀青→闷黄→干燥

黄茶制作过程中,一般没有揉捻的过程。萎凋和干燥的过程和作用与其他茶叶的制作相同。

（1）杀青。对黄茶香味的形成有着极为重要的作用。杀青过程中蒸发掉一部分水分，酶的活性降低，散发出青草气，由此形成黄茶特有的清鲜、嫩香。

（2）闷黄。黄茶类制造工艺的特点，通过湿热作用使茶叶内含成分发生一定的化学变化，形成黄茶黄色黄汤的关键工序。

6. 白茶的制作：萎凋→干燥

萎凋过程是形成白茶干茶密布白色茸毫品质的关键。分为室内萎凋和室外萎凋两种方法，根据气候的不同灵活运用。因为没有揉捻工序，所以茶汁渗出得较慢，但是因为制法的独特，恰恰没有破坏茶叶本身酶的活性，所以保持了茶的清香、鲜爽。

四、茶叶营养价值与人体健康

1. 茶叶的营养价值

经分析鉴定茶叶内含化合物多达500种。这些化合物中有些是人体所必需的成分，称之为营养成分，如维生素类、蛋白质、氨基酸、类脂类、糖类及矿物质元素等，它们对人体有较高的营养价值。还有一部分化合物是对人体有保健和药效作用的成分，称之为有药用价值的成分，如茶多酚、咖啡因、脂多糖等。

茶多酚类是茶树酚类物质及其衍生物的总称，到目前为止，茶叶中检测分离到的多酚类物质主要包含以下六类成分：黄烷醇类（儿茶素类）、羟基-黄烷醇类、花色苷类、黄酮类、黄酮醇类和酚酸类。其中黄烷醇类化合物含量最高，占茶多酚总量的60%～80%。黄烷醇类化合物又可分离出4种儿茶素，这些儿茶素不仅是赋予茶叶感官品质的主要品质成分，同时也是最主要的茶叶药效成分。儿茶素是目前研究得最多的茶叶药效成分（机能组分）。对儿茶素的研究和开发应用，目前已发展到对天然组分的人为改性，使之增加功能，克服缺陷，更加符合人们的需要。据文献报道，对儿茶素改性的主要方法有化学修饰、纳米加工等。

茶多酚类是茶叶鲜叶中含量最多的可溶性成分，茶鲜叶一般含有干重15%以上的多酚类物质，高的甚至可超过40%。茶多酚类中的儿茶素组分是茶叶的特征生化成分之一，也是茶叶药用价值的最主要物质基础。大量的生物化学和药理学研究已揭示了茶多酚类物质的抗氧化及清除氧自由基、杀菌抗病毒（与蛋白质的作用）、增强免疫功能、生理调节功能（降血脂、降血糖等）、解毒功能、抗衰老、抗辐射损伤等作用。

（1）饮茶可以补充人体需要的多种维生素。茶叶中含有多种维生素。按其溶解性可分为水溶性维生素和脂溶性维生素。其中水溶性维生素（包括维生素

C 和 B 族维生素），可以通过饮茶直接被人体吸收利用。因此，饮茶是补充水溶性维生素的好方法，经常饮茶可以补充人体对多种维生素的需要。维生素 C，又名抗坏血酸，能提高人体的抵抗力和免疫力。在茶叶中维生素 C 含量较高，一般每 100 g 绿茶中含量可高达 100～250 mg，高级龙井茶含量可达 360 mg 以上，比柠檬、柑橘等水果含量还高。红茶、乌龙茶因加工中经发酵工序，维生素 C 受到氧化破坏而含量下降，每 100 g 茶叶只剩几十毫克，尤其是红茶，含量更低。因此，绿茶档次越高，其营养价值也相对增高。每人每日只要喝 10 g 高档绿茶，就能满足人体对维生素 C 的日需要量。B 族维生素中的维生素 B1 又称硫胺素，B2 又称核黄素，B3 又称泛酸，B5 又称烟酸，B11 又称叶酸。由于脂溶性维生素难溶于水，茶叶用沸水冲泡也难以被吸收利用。因此，现今提倡适当"吃茶"来弥补这一缺陷，即将茶叶制成超微细粉，添加在各种食品中，如含茶豆腐、含茶面条、含茶糕点、含茶糖果、含茶冰淇淋等。吃了这些茶食品，则可获得茶叶中所含的脂溶性维生素营养成分，更好地发挥茶叶的营养价值。

（2）饮茶可以补充人体需要的蛋白质和氨基酸。茶叶中能通过饮茶被直接吸收利用的水溶性蛋白质含量约为 2%，大部分蛋白质为水不溶性物质，存在于茶渣内。茶叶中的氨基酸种类丰富，多达 25 种以上，其中的异亮氨酸、亮氨酸、赖氨酸、苯丙氨酸、苏氨酸、缬氨酸，是人体必需的 8 种氨基酸中的 6 种。还有婴儿生长发育所需的组氨酸。这些氨基酸在茶叶中含量虽不高，但可作为人体日需量不足的补充。

（3）饮茶可以补充人体需要的矿物质元素。茶叶中含有人体所需的大量元素和微量元素。大量元素主要是磷、钙、钾、钠、镁、硫等；微量元素主要是铁、锰、锌、硒、铜、氟和碘等。如茶叶中含锌量较高，尤其是绿茶，每克绿茶平均含锌量达 73 μg，高的可达 252 μg；每克红茶中平均含锌量也有 32 μg。茶叶中铁的平均含量，每克干茶中为 123 μg，每克红茶中为 196 μg。这些元素对人体的生理机能有着重要的作用。经常饮茶，是获得这些矿物质元素的重要渠道之一。

2. 茶叶的药用价值

（1）饮茶能美容祛斑和抗衰老。茶叶中含有皮肤健美所需要的各种维生素，常饮茶使人的皮肤健康而且美丽。绿茶等茶类中富含儿茶素，可有效淡化和祛除黄褐斑，具有美容功效。作为还原剂，茶叶中的茶多酚可抑制能造成皮肤发黑，以及可形成雀斑、黄褐斑和老年斑的酪氨酸酶和过氧化氢酶的活性，从而有效抑制黄褐斑的产生。因此爱美的女士坚持喝茶或用茶水敷脸，具有美容祛斑作用。茶的抗衰老作用是因为茶叶中含有各种维生素和多种氨基酸，常饮茶可防止维生素缺乏，现知其中的维生素 E、维生素 C 和茶鞣酸，有防止人体老化作用。如在日本,茶道人士多高龄长寿,这与他们经常饮茶有密切关系。

(2)饮茶有助消化。茶是一种帮助消化与调节脂肪代谢的饮料,其最可称道的还是消油腻与解膻腥。研究证明,中医的泄泻(多属于急慢性肠炎)、菌痢、霍乱,用茶叶浸剂或煎剂治疗均有疗效,平时适量饮茶,还能起到预防胃肠道传染病的作用。同时,饮茶可防治胃炎。寄生在胃黏膜中的螺杆菌在人体抵抗力下降时引起胃痛,甚至会导致慢性胃炎。经常饮茶会明显减少幽门螺杆菌的感染,还有预防胃炎和保护胃黏膜的作用,对消化道溃疡也有一定疗效。

(3)饮茶可保护肝脏。茶叶中的茶多酚具有抗菌、抗病毒等作用,还可有效改善肝脏炎症和肝纤维化的作用,茶多酚可通过降低过氧化物来促进肝功能的恢复。饮用绿茶不仅能降低乙型肝炎的发病率,还可降低丙氨酸氨基转移酶,因此,饮茶可保护肝。

(4)饮茶可降血压,防治冠心病及预防脑血管疾病。饮茶不但能降血压,而且对动脉硬化、冠心病等也有一定的治疗和预防作用。每天饭后适度饮淡茶,可促进新陈代谢和血液流通,有利于高血压病的防治。茶叶(以绿茶为佳)由于含有多种有效成分,有较好的减肥、降血脂功效,及预防和治疗动脉硬化等。饮茶可改善血液循环,抗凝和促进纤维蛋白质溶解,有预防脑血栓形成,减少脑出血的作用。因此,坚持饮茶,以饮绿茶、青茶(乌龙茶)为主,既可强身,抗衰老,又可预防脑血管疾病的发生。

(5)饮茶有明目作用。茶叶中含有的维生素 B1、维生素 B2、维生素 C 及维生素 A 等是维持眼生理功能不可缺少的物质,所以饮茶对眼睛可起保健作用。另外还可外用,如用绿茶 25 g 煎汁,澄清后用于洗眼,对烂眼边和"红眼病"等,均有较好的疗效。

(6)饮绿、红、白、黑茶能抗癌。喝茶不但可减少体内致癌物亚硝基化合物的形成,而且能明显抑制亚硝基化合物的致癌作用。此外,饮茶可以抗癌,这是因为茶多酚或红茶多酚进入人体后能与致癌物结合,使其分解,从而降低致癌活性,抑制癌细胞生长。茶多酚含量越高,其抗癌作用越强,其中绿茶抗癌效果最佳。

3. 茶叶的品鉴

(1)看外形:品质优良的茶叶,要求形状、大小等均要一致。茶叶或圆、或扁、或条,形状都要一致。圆状的粒粒大小相同,扁状的条条厚薄相等,条状的长短匀称。

(2)看嫩度:嫩度好的,条索紧结,色泽调匀,净度也好,叶底柔软无弹性;嫩度差的,条索粗松,色泽复杂,净度也差,叶底硬而有弹性。评判叶底老嫩时,还可用手指揿压叶底。一般以柔软无弹性的叶底表示细嫩,硬而有弹性的表示粗老。以绿茶来讲,叶底以幼嫩多芽、叶肉厚软匀整、色泽明亮的为好,而叶质硬薄、色泽灰暗、带红梗红叶的为差。

(3)看色泽:色泽审评在于干看茶叶外表,湿看茶汤和叶底色泽。从辨别茶叶色泽,可以了解茶叶品质的好坏、制工是否精良。

首先,干看茶叶色泽:茶叶除看色度外,还可从外表光泽来辨别。光泽均匀、明毫发光的,说明鲜叶细嫩,制工好;光泽不匀,说明鲜叶老嫩不匀,或者也可能是制作时"杀青"不匀所致;而无光泽又暗枯的,则说明鲜叶粗老,或者是制工不好所致。

其次,湿看茶汤色泽:茶汤的色泽以鲜、清、明、净为上品。凡茶汤色泽浊暗、浅薄者,则为品质差之茶叶。汤色的深度、混浊与味道有关。一般色深味则浓,色浅味则淡。鲜叶品质的好坏、制法的精粗和贮藏是否妥当,显著影响茶汤汤色的深浅、清浊、鲜陈、明暗。茶汤冲泡后,以在短时间内汤色不变为上品。

名茶的茶汤色泽各不相同:如庐山云雾茶、黄山毛峰、都匀毛尖等,汤色皆浅绿清澈;铁观音茶的汤色金黄艳丽;龙井和玉露茶的汤色碧绿;武夷岩茶的汤色橙黄;祁门红茶的汤色红亮,云南滇红的汤色红浓鲜明;白牡丹(白茶)的汤色浅杏,清秀可人;上等普洱茶的汤色褐紫红而醇厚;花茶的汤色浅澄黄而明亮等。

以绿茶为例:汤色以碧绿为最佳,次为深绿、浅绿,黄绿最差。汤色清澈,说明无沉淀、无浮游物,汤色明亮,茶汤即有光泽。碧绿汤色大多是既清澈又明亮;深绿汤色清澈较多,明亮较少;浅绿汤色大多是清澈而不明亮;黄绿汤色则大多无清澈、无明亮。低劣红茶的茶汤色泽沉暗似酱油汤。

最后,湿看叶底色泽:叶底色泽与汤色关系较大。叶底色泽鲜亮,汤色清澈;色泽枯暗,汤色混浊。绿茶叶底色度一般以淡绿微黄色最好,次为淡黄绿色,深绿、青绿较差(说明茶叶炒制不好,或鲜叶粗老),红茶叶底鲜红。

(4)闻香气:茶叶香气有外来香和内在香。外来香有窨花香和添加香。如花茶是窨花香,荔枝红茶是添加香料即添加香。内在香有加工香和自然香,高火香就是因高温加工而形成的焦糖香,自然香是由茶叶内在的香气成分随加工过程不断形成的。

不同的香气有不同的沸点,沸点相同的香气物质才能聚集在茶叶里。原料越嫩的茶叶香气成分的沸点越低,原料越老的茶叶香气成分的沸点越高,所以嫩茶如龙井、碧螺春都要低温泡茶,而乌龙茶、普洱都要高温泡茶。

低沸点的香气多为清香易挥发,不易保存。所以名优绿茶多嫩香而难存放,而乌龙茶、普洱多为半成熟枝叶,含高香成分多,多为花香,虽经高温香气不会挥发却更加迷人,耐存放。茶叶的香气有高有低,有长有短,有淡有浓,有雅有俗,有清有浊,有鲜有闷。香型千变万化,如绿茶以板栗香型最多,红茶香型的评语以香气浓郁最多,有点似苹果香;乌龙茶香型多样,有鲜明的品种香型如黄金桂香、奇兰香、毛蟹香等;普洱香气纯正为好,荷香为上,带陈木香为极品。

乌龙茶有香则有韵,有韵则迷人。岩茶有岩韵,品出岩骨花香才能悟出岩茶的好;铁观音有音韵,花香加回味即是音韵;凤凰单枞香艳味重讲求山韵,饮后久久香口嘴巴甘甜;台湾冻顶乌龙讲求喉韵,饮后润喉留香则为好。很多人都说岩韵难体会,山韵最好懂,音韵最醉人。

(5)尝滋味:茶汤味有甜、苦、涩、酸、鲜等。茶汤正常的味道以不苦涩为好,香气高的茶叶,茶味也好。好的茶汤,其味先微苦而后甜,次为苦后不甜,先苦后也苦味最差。茶叶品级以鲜爽而有微甜味为上。

五、中国茶文化

1. 茶文化的内涵

中国是茶的故乡,也是茶文化的发源地。中国茶的发现和利用已有四五千年历史,且长盛不衰,传遍全球。茶是中华民族的举国之饮,发于神农,闻于鲁周公,兴于唐朝,盛于宋代,普及于明清之时。中国茶文化糅合佛、儒、道诸派思想,独成一体,是中国文化中的一朵奇葩。同时,茶也已成为全世界最大众化、最受欢迎、最有益于身心健康的绿色饮料。茶融天地人于一体,提倡"天下茶人是一家"。

茶文化的内涵其实就是中国文化的内涵的一种具体表现。中国素有礼仪之邦之称谓,茶文化的精神内涵即是通过沏茶、赏茶、闻茶、饮茶、品茶等习惯,与中华文化内涵和礼仪相结合形成的一种具有鲜明中国文化特征的文化现象,也可以说是一种礼节现象。茶文化是中国具有代表性的传统文化。中国不仅是茶叶的原产地之一,而且,在中国不同的民族,不同的地区,至今仍有着丰富多样的饮茶习惯和风俗。

种茶、饮茶不等于有了茶文化,仅是茶文化形成的前提条件,还必须有文人的参与和文化的内涵。唐代陆羽所著《茶经》系统总结了唐代以及唐以前茶叶生产、饮用的经验,提出了精行俭德的茶道精神。陆羽和皎然等一批文化人非常重视茶的精神享受和道德规范,讲究饮茶用具、饮茶用水和煮茶艺术,并与儒、道、佛哲学思想交融。在一些士大夫和文人雅士的饮茶过程中,还创作了很多茶诗,仅在《全唐诗》中,流传至今的就有百余位诗人的400余首,从而奠定汉族茶文化的基础。

茶文化包括茶叶品评技法、艺术操作手段的鉴赏、品茗美好环境的领略等整个品茶过程的美好意境。其过程体现形式和精神的相互统一，是饮茶活动过程中形成的文化现象。它起源久远，历史悠久，文化底蕴深厚，与宗教结缘。

2. 茶文化的传承

汉族人饮茶，注重一个"品"字。凡来了客人，沏茶、敬茶的礼仪是必不可少的。当有客来访，可征求意见，选用最合来客口味和最佳茶具待客。以茶敬客时，对茶叶适当拼配也是必要的。主人在陪伴客人饮茶时，要注意客人杯、壶中的茶水残留量，一般用茶杯泡茶，如已喝去一半，就要添加开水，随喝随添，使茶水浓度基本保持前后一致，水温适宜。在饮茶时也可适当佐以茶食、糖果、菜肴等，达到调节口味和点心之功效。

茶文化在汉族的生活中，非常重要。原始社会后期，茶叶成为货物交换的物品。武王伐纣，茶叶已作为贡品。战国，茶叶已有一定规模。先秦《诗经》总集有茶的记载。又如在汉朝，茶叶已成为佛教"坐禅"的专用滋补品。魏晋南北朝，已有饮茶之风。唐朝，茶业昌盛，茶叶成为"人家不可一日无"，出现茶馆、茶宴、茶会，提倡客来敬茶。宋朝，流行斗茶、贡茶和赐茶等等。

中国何时开始饮茶，人人言殊，莫衷一是。唯大体上可谓开始于汉，而盛行于唐。唐以前饮茶，陆羽《茶经》卷下《六茶之饮》概为言之，谓："茶之为饮，发乎神农氏，闻于鲁周公，齐有晏婴，汉有扬雄、司马相如，吴有韦曜，晋有刘琨、张载、远祖纳、谢安、左思之徒，皆饮焉。"但多非史实。纵是史实，非加申述，亦不易明。《茶经》云：神农《食经》"茶茗久服，有力悦志"（刘源长《茶史》卷一）。陆羽《茶经》以为饮茶起于神农氏，然《食经》为伪书，尽人皆知，不足为据。《尔雅》有"苦荼"之句，世以《尔雅》为周公时作品，谬以为饮茶自周公始，不知《尔雅》非作于周公。不足为饮茶起始之证。

浙江余姚田螺山遗址出土的树根，经初步判断是茶树类植物，中国最早种茶的历史可能被改写；茶字的读音源于巴南人，巴渝是茶文化发祥地。

在世界上的很多地方饮茶的习惯是从中国传过去的。所以，很多人认为饮茶就是中国人首创的，世界上其他地方的饮茶习惯、种植茶叶的习惯都是直接或间接地从中国传过去的。

（1）神农时期。唐·陆羽《茶经》："茶之为饮，发乎神农氏"。在中国的文化发展史上，往往是把一切与农业、植物相关的事物起源最终都归结于神农氏。归到这里以后就再也不能向上推了。也正因为如此，神农才成为农之神。

（2）西周时期。晋·常璩《华阳国志·巴志》："周武王伐纣，实得巴蜀之师，茶蜜皆纳贡之。"这一记载表明在周朝的武王伐纣时，巴国就已经用茶和其他珍贵产品纳贡给周武王了。《华阳国志》中还记载,那时已经有了人工栽培的茶园。

(3)秦汉时期。西汉·王褒《僮约》:"烹茶尽具","武阳买荼",经考该荼即今茶,说明当时湖南饮茶颇广。

(4)宋元时期。茶区继续扩大,种茶、制茶、点茶技艺精进。宋代茶文化发达,出现一批茶学著作,如蔡襄的《茶录》、宋子安的《东溪试茶录》、黄儒的《品茶要录》,特别是宋徽宗赵佶亲著《大观茶论》等。宋元之际,刘松年的《卢仝烹茶图》、赵孟頫的《斗茶图》等更是汉族茶文化的艺术珍品。

茶是劳动生产物,是一种饮料。茶文化是以茶为载体,并通过这个载体来传播各种艺术。茶文化是汉族传统优秀文化的组成部分,其内容十分丰富。同时,中国各民族都酷爱饮茶,茶与民族文化生活相结合,形成各自民族特色的茶礼、茶艺、饮茶习俗及喜庆婚礼,以民族茶饮方式为基础,经艺术加工和锤炼而形成的各民族茶艺,更富有生活性和文化性,表现出饮茶的多样性和丰富多彩的生活情趣。

茶文化,是茶与文化的有机融合,这包含和体现了一定时期的物质文明和精神文明。

茶文化是茶艺与精神的结合,并通过茶艺表现精神。兴于中国唐代,盛于宋、明代,衰于清代。中国茶道的主要内容讲究五境之美,即茶叶、茶水、火候、茶具、环境。

茶文化要遵循一定的法则。唐代为克服九难,即造、别、器、火、水、炙、末、煮、饮。宋代为"三点"与"三不点"品茶,"三点"为新茶、甘泉、洁器为一,天气好为一,风流儒雅、气味相投的佳客为一。"三不点"为茶不新、泉不甘、器不洁,是为一不;景色不好,为一不;品茶者缺乏教养举止粗鲁又为一不,共为三不。碰到这种情况,最好是不作艺术的品饮,以免败兴。

3.中国茶道的发展过程

(1)煎茶:把茶末投入壶中和水一起煎煮。唐代的煎茶,是茶的最早艺术品尝形式。

(2)点茶,斗茶:较之于唐代煎茶,宋人更喜爱典雅精致的点茶艺术。由于宋代饮茶之风炽热,所以还风行评比调茶技术和茶质优劣的"斗茶",亦称"茗战"。中国斗茶始于唐而盛于宋,随着贡茶的兴起应运而生。

(3)泡茶:元代人已开始普遍使用茶叶或茶末煎煮饮茶,不加或少加调料。这种简便、纯粹的"清饮"方式被越来越多的人接受,加上后来的沸水冲泡法,到了明代,就形成了"泡茶"这种饮茶方式,一直沿用至今。

4. 饮茶方法与境界

古人品茶讲究六境：择茶、选水、候火、配具、环境、品饮者的修养。

不同种类茶叶的饮用有一定差异。以红茶为例，其饮法如下：

(1) 从使用的茶具来分，大体可分为三种：杯饮法、壶饮法、碗饮法。

(2) 从茶汤中是否添加其他调味品来划分：清饮法、调饮法。

茶叶除了冲泡茶汤饮用外，还有茶与食物结合、茶与插花结合的各种茶席、茶宴。

六、英国茶文化

全世界有100多个国家和地区的居民都喜爱品茗，有的地方把饮茶品茗作为一种艺术享受来推广。英国饮茶，始于17世纪中期，1662年葡萄牙凯瑟琳公主嫁与英国查尔斯二世，饮茶风尚带入皇家。凯瑟琳公主视茶为健美饮料，嗜茶、崇茶而被人称为"饮茶皇后"。由于她的倡导和推动，饮茶之风在朝廷盛行起来，继而又扩展到王公贵族和贵豪世家及至普通百姓。英国人好饮红茶，特别崇尚汤浓味醇的牛奶红茶和柠檬红茶，伴随而来的还出现了反映西方色彩的茶娘、茶座、茶会以及饮茶舞会等。

1. 英国下午茶的由来

英国人喝茶，多数在上午10时至下午5时进行。倘有客人进门通常也只有在这时间段内才有用茶敬客之举。他们特别注重午后饮茶，其源始于18世纪中期。因英国人重视早餐，轻视午餐，直到晚上8时以后才进晚餐。早晚两餐之间时间长，使人有疲惫饥饿之感。维多利亚时代英国公爵斐德福夫人安娜常在下午4时感到意兴阑珊、百无聊赖，心想此时距离穿着正式、礼节繁复的晚餐还有段时间，又感到肚子有点饿了，就请女仆准备几片烤面包、奶油以及茶，作为果腹之用。斐德福夫人很享受用茶点的过程，经常邀请亲友共饮下午茶，同时也可以闲话家常，同享轻松惬意的午后时光，没想到一时之间，在当时贵族社交圈内蔚为风尚，名媛仕女趋之若鹜；一直到今天，已俨然形成一种优雅自在的下午茶文化，成为正统的英国红茶文化，这也是所谓的"维多利亚下午茶"的由来。下午茶最初只是在家中用高级、优雅的茶具来享用茶，后来渐渐演变成招待友人的社交茶会，进而衍生出各种礼节，但现在形式已简化不少。虽然下午茶现在已经简单化，但是茶正确的冲泡方式、喝茶的摆设要优雅、丰盛的茶点，这三点则被视为饮茶的传统而继续流传下来。

久而久之，下午茶逐渐成为一种风习，一直延续至今。如今在英国的饮食场所、公共娱乐场所等都有供应下午茶的。在英国的火车上，还备有茶篮，内放茶、面包、饼干、红糖、牛奶、柠檬等,供旅客饮下午茶用。下午茶实质上是一餐简化了的茶点,一般只供应一杯茶和一碟糕点,只有招待贵宾时,内容才会丰富。

2. 英国下午茶特色

(1)茶时间多:英国人天天"Tea Time"之多,使外来者感觉英国人三分之一的人生都消耗在饮茶之中。清早刚一睁眼,在床头享受一杯"床前茶";早餐时再来一杯"早餐茶";上午公务再繁忙,也得停顿20分钟啜口"工休茶";4点左右,下午放工前又到了下午喝茶吃甜点的法定时刻;回家后晚餐前再来一杯"High Tea"(下午五六点之间,有肉食冷盘的正式茶点);就寝前还少不了"离别茶"。真恰是以茶开始每一天,以茶结束每一天。英国人天天一丝不苟地重复茶来茶去的作息规律并乐此不疲。

(2)茶宴多:英国还有名目繁多的茶宴、花园茶会以及周末远足的野餐茶会,出席不同的茶宴,还有专门的裙子,真是花样百出。

(3)重环境:正宗的英国下午茶一般会选择优雅舒适的环境,如家中的客厅或花园,请客的主人都会以家中最好的房间招待客人。当宾客围坐于大圆台前面时,主人就吩咐侍女捧来放有茶叶的宝箱,在众人面前开启,以示茶叶之矜贵。提前准备好丰盛的冷热点心(要由女主人亲手调制)和高档的茶具——细瓷杯碟或银质茶具、茶壶、过滤网、茶盘、茶匙、茶刀、三层点心架、饼干夹、糖罐、奶盅瓶、水果盘、切柠檬器,全都银光闪闪,晶莹剔透。在缺乏阳光的英国,银质茶具往往透着人们对阳光的渴望。当然最好再有悠扬轻松的古典音乐来佐茶,宾主都要衣着得体。维多利亚时代女人去赴下午茶会都穿缀了花边的蕾丝裙,将腰束紧,茶要慢慢品饮,点心要细细品尝,交谈要低声絮语,举止要仪态万方。男士衣着淡雅,举止彬彬有礼。下午茶会是仅次于晚宴和晚会的非正式社交场合。至于一般家庭的小民,他们也利用下午茶的时间走亲访友,往往是在家中最好的客厅里,小家碧玉的女主人殷勤地沏好茶,烤制好虽然样式不太精美但用料绝对实惠的点心,供客人们享用。

3. 英国下午茶规范

(1)喝下午茶的最传统时间是下午4点。

(2)饮茶品种:一般来讲,下午茶的专用茶为大吉岭与伯爵茶、火药绿茶或锡兰茶,是传统口味纯味茶,若是喝奶茶,则是先加牛奶再加茶。

(3)茶点:英式下午茶的点心是用三层点心瓷盘装盛,第一层放三明治,第二层放传统英式点心,第三层则放蛋糕及水果塔;由下往上吃。至于传统英式点心的吃法是先涂果酱、再涂奶油,吃完一口,再涂下一口。

(4)标准茶器:瓷器茶壶(两人壶、四人壶或六人壶,视招待客人的数量而定);滤匙及放过滤器的小碟子;杯具组;糖罐;奶盅瓶;三层点心盘;茶匙(茶匙正确的摆法是与杯子成45度角);七吋个人点心盘;茶刀(涂奶油及果酱用);吃蛋糕的叉子;放茶渣的碗;餐巾;一盆鲜花;保温罩;木头托盘(端茶品用)。

【补充阅读一】

我国十大名茶

(1)杭州西湖龙井,位居中国十大名茶之冠。产于浙江省杭州市西湖周围的群山之中。多少年来,杭州不仅以美丽的西湖闻名于世界,也以西湖龙井茶誉满全球。相传,乾隆皇帝巡视杭州时,曾在龙井茶区的天竺作诗一首,诗名为《观采茶作歌》。西湖龙井茶向以"狮(峰)、龙(井)、云(栖)、虎(跑)、梅(家坞)"排列品第,以西湖龙井茶为最。龙井茶外形挺直削尖,扁平俊秀,光滑匀齐,色泽绿中显黄。冲泡后,香气清高持久,香馥若兰;汤色杏绿,清澈明亮,叶底嫩绿,匀齐成朵,芽芽直立,栩栩如生。品饮茶汤,沁人心脾,齿间留芳,回味无穷。

(2)六安瓜片,是中国十大名茶中唯一以单片嫩叶炒制而成的产品,堪称一绝。产于安徽西部大别山茶区,其中以六安、金寨、霍山三县所产品最佳,成茶呈瓜子形,因而得名"六安瓜片",色翠绿,香清高,味甘鲜,耐冲泡。它最先源于金寨县的齐云山,而且也以齐云山所产瓜片茶品质最佳,故又名"齐云瓜片"。其沏茶时雾气蒸腾,清香四溢,所以也有"齐山云雾瓜片"之称。

(3)江苏苏州洞庭碧螺春,位居第三,中国著名绿茶之一。洞庭碧螺春茶产于江苏省苏州吴县太湖洞庭山。当地人称"吓煞人香"。碧螺春茶条索纤细,卷曲成螺,满披茸毛,色泽碧绿。冲泡后,味鲜生津,清香芬芳,汤绿水澈,叶底细匀嫩。尤其是高级碧螺春,可以先冲水后放茶,茶叶依然徐徐下沉,展叶放香,这是茶叶芽头壮实的表现,也是其他茶所不能比拟的。因此,民间有这样的说法:碧螺春是"铜丝条,螺旋形,浑身毛,一嫩(指芽叶)三鲜(指色、香、味)自古少"。大多仍采用手工方法炒制,其工艺过程是:杀青—炒揉—搓团焙干。三个工序在同一锅内一气呵成。炒制特点是炒揉并举,关键在提毫,即搓团焙干工序。

(4)福建武夷山的武夷岩茶为乌龙茶类,产于闽北"秀甲东南"的名山武夷,茶树生长在岩缝之中,是中国十大名茶之一。茶之清香,红茶之甘醇,乃中国乌龙茶中之极品。最著名的是武夷岩茶(大红袍茶)。武夷岩茶主要药理功能:明目益思,轻身(减肥)耐老(延缓衰老),提神醒脑,健胃消食,利尿消毒,祛痰治喘,止渴解暑,抗辐射,抗癌防癌,抗衰老,降血脂,降血压,降胆固醇等。国际友人曾赞叹武夷岩茶为"万物之甘露,神奇之药物"。武夷岩茶具有得天独厚的自然条件,生长在岩壁沟壑烂石砾壤中,而经风化的砾壤具有丰富的矿物质供茶树吸收,不仅滋养茶树,而且岩茶所含的矿物质微量元素也更丰富,如钾、锌、硒的含量较多。武夷岩茶由于生长于独特的自然环境和精湛的制作工艺,早在19世纪中叶,欧美茶叶专家学者经化学分析,就从武夷岩茶中分离出一种与众不同的物质。如1847年罗莱特在茶叶中发现"单宁"(儿茶素)并从武夷岩茶中分离出"武夷酸"。1861年哈斯惠茨证实武夷酸乃是没食子酸、草酸、单宁和槲皮黄质等的混合物。由此可见,武夷岩茶所含的化学成分,具有药理功能和营养价值的物质,优于其他茶类是确实无疑的。18世纪传入欧洲后,备受当地人的喜爱,曾有"百病之药"美誉。

(5)太平黄山毛峰,产于安徽省太平县以南,歙县以北的黄山。黄山毛峰茶园就分布在云谷寺、松谷庵、吊桥庵、慈光阁以及海拔1200米的半山寺周围,茶树天天沉浸在云蒸霞蔚之中,因此茶芽格外肥壮,柔软细嫩,叶片肥厚,经久耐泡,香气馥郁,滋味醇甜,成为茶中的上品。黄山茶的采制相当精细,从清明到立夏为采摘期,采回来的芽头和鲜叶还要进行选别,别去其中较老的叶、茎,使芽匀齐一致。在制作方面,要根据芽叶质量,控制杀青温度,不致产生红梗、红叶和杀青不匀不透的现象;火温要先高后低,逐渐下降,叶片着温均匀,理化变化一致。每当制茶季节,临近茶厂就闻到阵阵清香。黄山毛峰的品质特征是:外形细扁稍卷曲,状如雀舌披银毫,汤色清澈带杏黄,香气持久似白兰。

(6)岳阳君山银针,我国著名黄茶之一。君山茶,始于唐代,清代纳入贡茶。君山,为湖南岳阳县洞庭湖中岛屿。清代,君山茶分为"尖茶"、"茸茶"两种。"尖茶"如茶剑,白毛茸然,纳为贡茶,素称"贡尖"。君山银针茶香气清高,味醇甘爽,汤黄澄高,芽壮多毫,条真匀齐,着淡黄色茸毫。冲泡后,芽竖悬汤中冲升水面,徐徐下沉,再升再沉,三起三落,蔚成趣观。君山银针茶于清明前三四天开采,以春茶首轮嫩芽制作,且须选肥壮、多毫、长25～30 mm的嫩芽,经拣选后,以大小匀齐的壮芽制作银针。制作工序分杀青、摊凉、初烘、复摊凉、初包、复烘、再包、焙干等8道工序。

(7)都匀毛尖,又名"白毛尖"、"细毛尖"、"鱼钩茶"、"雀舌茶",是贵州三大名茶之一,也是中国十大名茶之一。产于贵州都匀市,属黔南布依族苗族自治区。都匀毛尖主要产地在团山、哨脚、大槽一带,这里山谷起伏,海拔千米,峡谷溪流,林木苍郁,云雾笼罩,冬无严寒,夏无酷暑,四季宜人,年平均气温为16℃,年平均降水量在1400多mm。加之土层深厚,土壤疏松湿润,土质是酸性或微酸性,内含大量的铁质和磷酸盐,这些特殊的自然条件不仅适宜茶树的生长,而且也形成了都匀毛尖的独特风格。1915年在巴拿马万国食品博览会上荣获优奖,后人誉为"北有仁怀茅台酒,南有都匀毛尖茶"。

(8)信阳毛尖,产于河南信阳车云山、集云山、天云山、云雾山、震雷山、黑龙潭和白龙潭等群山峰顶上,以车云山天雾塔峰为最。人云:"浉河中心水,车云顶上茶。"成品条索细圆紧直,色泽翠绿,白毫显露;汤色清绿明亮,香气鲜高,滋味鲜醇;叶底芽壮、嫩绿匀整。鉴别方法:其外形条索紧细、圆、光、直,银绿隐翠,内质香气新鲜,叶底嫩绿匀整,青黑色,一般一芽一叶或一芽二叶,假的为卷形,叶片发黄。

(9)安徽祁门祁红,在红遍全球的红茶中,祁红独树一帜,百年不衰,以其高香形秀著称。祁红,是祁门红茶的简称,为工夫红茶中的珍品。祁红生产条件极为优越,真是天时、地利、人勤、种良,得天独厚,所以祁门一带大都以茶为业,上下千年,始终不败。祁红工夫一直保持着很高的声誉,芬芳常在。祁红向以高香著称,具有独特的清鲜持久的香味,被国内外茶师称为砂糖香或苹果香,并蕴藏有兰花香,清高而长,国际市场上称之为"祁门香"。

(10)安溪铁观音:属青茶类,是我国著名乌龙茶之一。安溪铁观音茶产于福建省安溪县。安溪铁观音茶历史悠久,素有茶王之称。据载,安溪铁观音茶起源于清雍正年间。安溪县境内多山,气候温暖,雨量充足,茶树生长茂盛,茶树品种繁多,姹紫嫣红,冠绝全国。安溪铁观音茶,一年可采四期茶,分春茶、夏茶、暑茶、秋茶。制茶品质以春茶为最佳。铁观音的制作工序与一般乌龙茶的制法基本相同,但摇青转数较多,凉青时间较短。一般在傍晚前晒青,通宵摇青、凉青,次日晨完成发酵,再经炒揉烘焙,历时一昼夜。其制作工序分为晒青、摇青、凉青、杀青、切揉、初烘、包揉、复烘、烘干等9道工序。品质优异的安溪铁观音茶条索肥壮紧结,质重如铁,芙蓉沙明显,青蒂绿,红点明,甜花香高,醇厚鲜爽,具有独特的品味,回味香甜浓郁,冲泡7次仍有余香;汤色金黄,叶底肥厚柔软,艳亮均匀,叶缘红点,青心红镶边。

其他名茶

(1)普洱茶:在云南大叶茶基础上培育出的一个新茶种。普洱茶亦称滇青茶,原运销集散地在普洱县,故此而得名,距今已有1700多年的历史。它是用攸乐、萍登、倚帮等11个县的茶叶,在普洱县加工成而得名。茶树分为乔木或乔木形态的高大茶树,芽叶极其肥壮而茸毫茂密,具有良好的持嫩性,芽叶品质优异。其制作方法为亚发酵青茶制法,经杀青、初揉、初堆发酵、复揉、再堆发酵、初干、再揉、烘干等8道工序。在古代,普洱茶是作为药用的。其品质特点是:香气高锐持久,带有云南大叶茶种特性的独特香型,滋味浓强富于刺激性;耐泡,经五六次冲泡仍持有香味,汤橙黄浓厚,芽壮叶厚,叶色黄绿间有红斑红茎叶,条形粗壮结实,白毫密布。普洱茶有散茶与型茶两种。

(2)庐山云雾：中国著名绿茶之一。据载，庐山种茶始于晋朝。宋朝时，庐山茶被列为"贡茶"。庐山云雾茶色泽翠绿，香如幽兰，味浓醇鲜爽，芽叶肥嫩显白亮。庐山云雾茶不仅具有理想的生长环境以及优良的茶树品种，还具有精湛的采制技术。采回茶片后，薄摊于阴凉通风处，保持鲜叶纯净。然后，经过杀青、抖散、揉捻等9道工序才制成成品。

(3)太平猴魁：绿茶，产于安徽省太平县猴坑、凤凰尖、狮彤山、鸡公山一带。特点是外形肥壮，平扁挺直，两叶包一芽，如含苞的兰花，主脉暗红，俗称红丝线，香高味醇，回味鲜甜，汤色青，叶底黄嫩。

(4)蒙顶：绿茶，产于四川雅安县的蒙山。西汉末年即开始种茶，唐朝起作为贡品，直到清朝，年年皆为贡品，供皇室享用。白居易曾赞誉蒙顶茶"扬子江中水，蒙顶山中茶"。特点是外形紧卷多毫，色泽嫩绿匀润，香郁味醇，回味甘甜。

(5)顾渚紫笋：产于浙江顾渚山一带，因其色紫且形似竹笋而得名。顾渚紫笋早在唐代就是有名的贡茶。陆羽非常推崇紫笋茶，他在《茶经》中写道："蒙顶第一，顾渚第二。"

【补充阅读二】

各国饮茶趣事：世界茶之"七最"

(1)最雷人奖——马来西亚"肉骨茶"：肉骨茶，就是一边吃肉骨，一边喝茶。肉骨，多选用新鲜带瘦肉的排骨，也有用猪蹄、牛肉或鸡肉的。烧制时，肉骨先用作料进行烹调，文火炖熟。有的还会放上党参、枸杞、熟地等滋补名贵药材，使肉骨变得更加清香味美，而且能补气生血，富有营养。而茶叶则大多选自福建产的乌龙茶，如大红袍、铁观音之类。吃肉骨茶时，有一条不成文的规定，就是人们在吃肉骨时，必须饮茶。如今，肉骨茶已成为一种大众化的食品，肉骨茶的配料也应运而生。在新加坡、马来西亚，以及中国香港等地的一些超市内，都可买到适合自己口味的肉骨茶配料。

(2)最治病奖——新加坡"金奈玛特选茶"：新加坡是一个城市国家，经济高度发达，以前"富贵病"糖尿病非常普遍，但近年来糖尿病发病率不断下降，这要归功于当地悄然兴起的饮用"金奈玛特选茶"热潮。"金奈玛特选茶"是东南亚最大的中药品集团——新加坡永健集团开发的。它是按秘方以珍稀的金奈玛植物与特选绿茶混制而成，不仅仅是解渴的，简直比药还神奇。它最大特点就是喝了后再尝糖、甜品居然不甜了。据当地人说，谁要是得了糖尿病，或有了糖尿病眼病、足病或肾病等并发症，第一选择不是去吃药、打胰岛素，而是喝金奈玛特选茶，喝完的茶渣也不扔掉，直接敷在糖尿病并发症的眼睛周围、脚上或创伤处，一般 3~5 天即能缓解,半个月即能明显好转。

(3)最特别方式奖——印度"舔茶":他们喝茶时要在茶中加入牛奶、姜和小豆,沏出的茶味与众不同。印度人喝茶的方式十分奇特,把茶斟在盘子里,伸出舌头去舔饮,可谓独具一格。他们国家的饮茶习俗大体上是山区人饮绿茶,丘陵和平原地区人多饮红茶。

(4)最清凉奖——北非"薄荷茶":地处北非的苏丹人喝茶,喜欢在绿茶里加几片新鲜薄荷叶和一些冰糖,饮时清凉可口。有客来访,客人得将主人向他敬的三杯茶喝完,才算有礼貌。

(5)最花哨奖——英国"什锦茶":茶几乎成了英国人最喜爱的饮料之一。他们常在茶里掺入橘子、玫瑰,有时加一块糖或少许牛奶。据说,茶中加入这些物质,就使易于伤胃的茶碱减少了,更能发挥茶的健身作用。饮茶在英国分早茶、午饭茶、下午茶和晚饭茶。

(6)最甜蜜奖——俄罗斯果酱茶:先在茶壶里泡上浓浓的一壶茶,然后在杯中加柠檬或蜂蜜、果酱等配料冲制成果酱茶。冬天则有时加入甜酒,以预防感冒,这种果酱茶特别受寒冷地区居民的喜爱。

(7)最美食奖——泰国"腌茶":泰国北部地区,与中国云南接壤,这里的人们有喜欢吃腌茶的风俗,其法与出自中国云南少数民族的制作腌茶一样,通常在雨季腌制。腌茶,名为茶,其实更像是一道美食,吃时将它和香料拌和后,放进嘴里细嚼。又因这里气候炎热,空气潮湿,吃腌茶又香又凉,又能消暑祛湿,所以,腌茶成了当地世代相传的一道家常美食。

第二节　茶　　艺

一、茶艺的内涵

茶艺是包括茶叶品评技法和艺术操作手段的鉴赏,以及品茗美好环境的领略等,整个品茶过程的美好意境,其过程体现形式和精神的相互统一。

就形式而言,茶艺包括选茗、择水、烹茶技术、茶具艺术、环境的选择创造等一系列内容。品茶,先要择,讲究壶与杯的古朴雅致,或是豪华庄重。另外,品茶还要讲究人品、环境的协调,文人雅士讲求清幽静雅,达官贵族追求豪华高贵等。一般传统的品茶,环境要求多是清风、明月、松吟、竹韵、梅开、雪霁等种种妙趣和意境。总之,茶艺是形式和精神的完美结合,其中包含着美学观点和人的精神寄托。传统茶艺是自然和身心体验的统一,从灵与肉的交互中来感受,所以在技艺当中，包含了人们主观的审美情趣和精神寄托。

第一，茶艺是"茶"和"艺"的有机结合。茶艺是茶人把人们日常饮茶的习惯，根据茶道规则，通过艺术加工，向饮茶人和宾客展现茶的冲、泡、饮的技巧，把日常的饮茶引向艺术化，提升了品饮的境界，赋予茶以更强的灵性和美感。

第二，茶艺是一种生活艺术。茶艺多姿多彩，充满生活情趣，可以丰富人们的生活，提高生活品位，是一种积极的方式。

第三，茶艺是一种舞台艺术。要展现茶艺的魅力，需要借助于人物、道具、舞台、灯光、音响、字画、花草等的密切配合及合理编排，给饮茶人以高尚、美好的享受，给表演带来活力。

第四，茶艺是一种人生艺术。人生如茶，在紧张繁忙之中，泡出一壶好茶，细细品味，通过品茶进入内心的修养过程，感悟苦辣酸甜的人生，使心灵得到净化。

第五，茶艺是一种文化。茶艺在融合汉民族优秀文化的基础上又广泛吸收和借鉴了其他艺术形式，并扩展到文学、艺术等领域，形成了具有浓厚民族特色的汉族茶文化。

第六，茶艺是一门唯美是求的生活艺术，只有分类深入研究，不断发展创新，茶艺才能走下表演舞台，进入千家万户，成为当代民众乐于接受的一种健康、诗意、时尚的生活方式。

茶艺主要包括以下内容：

第一，茶叶的基本知识。学习茶艺，首先要了解和掌握茶叶的分类、主要名茶的品质特点、制作工艺，以及茶叶的鉴别、贮藏、选购等内容。这是学习茶艺的基础。

第二，水的基本知识。学习茶艺，必须懂得水，茶性必发于水，无水何以谈茶？

第三，茶艺的技术。指茶艺的技巧和工艺。包括茶艺术表演的程序、动作要领、讲解的内容，茶叶色、香、味、形的欣赏，茶具的欣赏与收藏等内容。这是茶艺的核心部分。

第四，茶艺的礼仪。指服务过程中的礼貌和礼节。包括服务过程中的仪容仪表、迎来送往、互相交流与彼此沟通的要求与技巧等内容。

第五，茶艺的规范。茶艺要真正体现出茶人之间平等互敬的精神，因此对宾客都有规范的要求。作为客人，要以茶人的精神与品质去要求自己，投入地去品尝茶。作为服务者，也要符合待客之道，尤其是茶艺馆，其服务规范是决定服务质量和服务水平的一个重要因素。

第六，悟道。道是指一种修行、一种生活的道路和方向，是人生的哲学，道属于精神的内容。悟道是茶艺的一种最高境界。

二、中国茶道

茶道是中国人的艺术创造,东方文化的瑰宝,世界已有公认,中国是茶之故乡。茶被人类发现和利用大约有4000年到10000年的历史。

茶道,茶以载道,"道"寓于饮茶之中。所以茶道的形成有两个必须具备的条件:一是茶的广为种植,二是茶的普遍饮用。茶在中国的人工栽培史是世界最早的,早在巴蜀时代,园中就已开始人工栽培茶叶。种茶之举不晚于西周,迄今约2700年。中国茶道酝酿于隋朝之前,形成于唐代,鼎盛于宋明。陆羽创立了中国茶道。千余年来,茶叶文学久盛不衰,不断有佳作问世;茶学专著有百余部,可谓著作大备。茶道正是茶文化的结晶。中国茶道深深植根于华夏文化,有着浓郁的民族特色,不仅重视饮茶艺能,还重视饮茶时的自然环境,人际关系和茶人心态;它以中国古代哲学为指导思想,以民族传统美德为追求目标。

中国茶文化自汉代输入日本,中国茶道唐宋时期就已在日本扎下根来。日本人民的聪慧之处在于富有创意地学习中国茶道,并融入日本文化,形成独具特色的日本茶道。不仅毗邻的亚洲诸国,世界上许多国家都借鉴了中国茶道,从而形成具有民族特色的饮茶习俗。

古代众多的茶道专著,尽管年代不同,流派不同,在泡饮技艺上却有一个共同点,即一切外部表现都是为反映茶的自然美,反映茶的"鲜香甘醇",绝非为表演而表演。因此,中国茶道要求:

(1)茶具必须清洗洁净。

(2)主张用轻清之水煎茶,有条件时用泉水、江水,甚至用松上雪、梅花蕊上雪化水煎茶。

(3)讲求水沸适度。刘禹锡在一首煎茶诗中说:"骤雨松风入鼎来,白云满盏花徘徊。"茶便煎好了。苏东坡则更加形象地写道:"蟹眼已过鱼眼生,飕飕欲作松风鸣"(蟹眼形容水沸时的小气泡,鱼眼指随后出现的大些的气泡)。

(4)要求使用名贵优质茶具,并规定首先要将茶碗烫热或烤热,以便于茶汤香气充分升扬。另外要注意的一点是:茶道既然是讲究大自然的美,因而所有刻意的不自然的人和事要尽可能避免,否则的话,则有违茶道。

三、茶艺的分类

当代中国茶艺按照表现形式可分为四大类:

1. 表演型茶艺

表演型茶艺是指一个或多个茶艺师为众人演示泡茶技巧,其主要功能是聚焦传媒,吸引大众,宣传普及茶文化,推广茶知识。这种茶艺的特点是适合用于大型聚会、节庆活动,与影视网络传媒结合,能起到宣传茶文化及祖国传统文化的良好效果。

表演型茶艺重在视觉观赏价值,同时也注重听觉享受。它要求源于生活,高于生活,可借助舞台表现艺术的一切手段来提升茶艺的艺术感染力。

2. 待客型茶艺

待客型茶艺是指由一名主泡茶艺师与客人围桌而坐,一同赏茶鉴水,闻香品茗。在场的每一个人都是茶艺的参与者,而非旁观者。都直接参与茶艺美的创作与体验,都能充分领略到茶的色香味韵,也都可以自由交流情感,切磋茶艺,以及探讨茶道精神和人生奥义。

这种类型的茶艺最适用于茶艺馆、机关、企事业单位及普通家庭。修习这类茶艺时,切忌带上表演型茶艺的色彩。讲话和动作都不可矫揉造作,服饰化妆不可过浓过艳,表情最忌夸张,一定要像主人接待亲朋好友一样亲切自然。这类茶艺要求茶艺师能边泡茶,边讲解,客人可以自由发问,随意插话,所以要求茶艺师要具备比较丰富的茶艺知识,具备较好的与客人沟通的能力。

3. 营销型茶艺

营销型茶艺是指通过茶艺来促销茶叶、茶具、茶文化。这类茶艺是最受茶厂、茶庄、茶馆欢迎的一种茶艺。演示这类茶艺,一般要选用审评杯或三才杯(盖碗),以便最直观地向客人展示茶性。这种茶艺没有固定的程序和解说词,而是要求茶艺师在充分了解茶性的基础上,因人而异,看人泡茶,看人讲茶。看人泡茶,是指根据客人的年龄、性别、生活地域冲泡出最适合客人口感的茶,展示出茶叶商品的保障因素(如茶的色香味韵)。讲好茶,是指根据客人的文化程度、兴趣爱好,巧妙地介绍好茶的魅力因素(如名贵度、知名度、珍稀度、保健功效及文化内涵等),以激发客人的购买欲望,产生"即兴购买"的冲动,甚至"惠顾购买"的心理。

营销型茶艺要求茶艺师诚恳自信,有亲和力,并具备丰富的茶叶商品知识和高明的营销技巧。

4. 养生型茶艺

养生型茶艺包括传统养生茶艺和现代养生茶艺。传统养生茶艺是指在深刻理解中国茶道精神的基础上,结合中国佛教、道教的养生功法,如调身、调心、调息、调食、调睡眠、打坐、入静或气功导引等功法,使人们在修习这种茶艺时以茶养身,以道养心,修身养性,延年益寿。现代养身型茶艺是指根据现代中医学最新研究的成果,根据不同花、果、香料、草药的性味特点,调制出适合自己身体状况和口味的养生茶。养生型茶艺提倡自泡、自斟、自饮、自得其乐,深受越来越多茶人的欢迎。由品茶去感悟生活,感悟人生,探寻生命的意义。

四、茶艺用具

1. 置茶器

(1)茶则:由茶罐中取茶置入茶壶的用具。

(2)茶匙:将茶叶由茶则拨入茶壶的器具。

(3)茶漏(斗):放于壶口上导茶入壶,防止茶叶散落壶外。

(4)茶荷:属多功能器具,除兼有前三者作用外,还可视茶形、断多寡、闻干香。

(5)茶擂:用于将茶荷中的长条形茶叶压断,方便投入壶中。

(6)茶仓:分装茶叶的小茶罐。

2. 理茶器

(1)茶夹:将茶渣从壶中、杯中夹出;洗杯时可夹杯防手被烫。

(2)茶匙:用以置茶、挖茶渣。

(3)茶针:用于通壶内网。

(4)茶浆(簪):撇去茶沫的用具;尖端用于通壶嘴。

3. 分茶器

茶海(茶盅、母杯、公道杯):茶壶中的茶汤泡好后可倒入茶海,然后依人数多寡平均分配;而人数少时则倒出茶水,可避免因浸泡太久而产生苦涩味。茶海上放滤网可滤去倒茶时随之流出的茶渣。

4. 品茗器

(1)茶杯(品茗杯):用于品啜茶汤。

(2)闻香杯:借以保留茶香用来嗅闻鉴别。

(3)杯托:承放茶杯的小托盘,可避免茶汤烫手,也起美观作用。

5. 涤洁器

(1)茶盘:用以盛放茶杯或其他茶具的盘子。

(2)茶船(茶池、茶洗、壶承):盛放茶壶的器具,也用于盛接溢水及淋壶茶汤,是养壶的必须器具。

(3)渣方:用以盛装茶渣。

(4)水方(茶盂、水盂):用于盛接弃置茶水。

(5)涤方:用于放置用过后待洗的杯、盘。

(6)茶巾:主要用于干壶,可将茶壶、茶海底部残留的杂水擦干;其次用于抹净桌面水滴。

(7)容则:摆放茶则、茶匙、茶夹等器具的容器。

6.其他

(1)煮水器:种类繁多,主要有炭炉(潮汕炉)+玉书碨、酒精炉+玻璃水壶、电热水壶、电磁炉等。选用要点为茶具配套和谐、煮水无异味。

(2)壶垫:纺织品。用于隔开壶与茶船,避免因碰撞而发出响声影响气氛。

(3)盖置:用来放置茶壶盖、水壶盖的小盘(一般以茶托代替)。

(4)奉茶盘:奉茶用的托盘。

(5)茶拂:置茶后用于拂去茶荷中的残存茶末。

(6)温度计:用来学习判断水温。

(7)茶巾盘:用以放置茶巾、茶拂、温度计等。

(8)香炉:喝茶焚香可增茶趣。

五、茶叶的冲泡

1.绿茶

(1)用具:玻璃茶杯、香一支、白瓷茶壶一把、香炉一个、脱胎漆器茶盘一个、开水壶两个、锡茶叶罐一个、茶巾一条、茶道器一套、绿茶(每人2~3 g)。

(2)绿茶的用水:绿茶在色、香、味上,讲求嫩绿明亮、清香、醇爽。在六大茶类中,绿茶的冲泡,看似简单,其实极考工夫。因绿茶不经发酵,保持茶叶本身的鲜嫩,冲泡时略有偏差,易使茶叶泡老闷熟,茶汤黯淡香气钝浊。此外,又因绿茶品种最丰富,每种茶,由于形状、紧结程度和鲜叶老嫩程度不同,冲泡的水温、时间和方法都有差异,所以没有多次的实践,恐怕难以泡好一杯绿茶。

水质能直接影响茶汤的品质,古人曾云"茶性发于水,八分之茶,遇十分之水,茶亦十分矣;八分之水,遇十分之茶,茶只八分"。古人的茶书,大多论及用水。所谓"山水上,江水中,井水下"等等,终不过是要求水甘而洁,活而新。纯粹从科学理论上讲,水的硬度直接影响茶汤的色泽和茶叶有效成分的溶解度;硬度高,则色黄褐而味淡,严重的会味涩以致味苦。此外,劣质水不仅无法沏出好茶,长期使用会生成严重水垢,还会损坏茶具。所以泡茶用水,应是软水或暂时硬水。

一般来说,以泉水为佳,洁净的溪水江水河水亦可,井水则要视地下水源而论。茶艺馆的水,也多用矿泉水或蒸馏水,那些依山傍水的地方,则可汲取山上泉水,如杭州虎跑水、广州白云山的泉水。一般家庭使用滤水器过滤后的水,也勉强可用。

古人对泡茶水温十分讲究,特别是在饼茶团茶时期,控制水温似乎是泡茶的关键。概括起来,烧水要大火急沸,刚煮沸起泡为宜。水老水嫩都是大忌。水温通过对茶叶成分溶解程度的作用来影响茶汤滋味和茶香。

绿茶用水温度,应视茶叶质量而定。高级绿茶,特别是各种芽叶细嫩的名绿茶,以 80 ℃左右为宜。茶叶愈嫩绿,水温愈低。水温过高,易烫熟茶叶,茶汤变黄,滋味较苦;水温过低,则香味低淡。至于中低档绿茶,则要用 100 ℃的沸水冲泡。如水温低,则渗透性差,茶味淡薄。

(3)基本程序:绿茶的冲泡,相比于乌龙茶,程序非常简单。根据条索的紧结程度,应分为两种。然而,无论使用何种方法,第一步均需烫杯,以利茶叶色香味的发挥。

①外形紧结重实的茶。

a.烫杯之后,先将合适温度的水冲入杯中,然后取茶投入,不加盖。此时茶叶徐徐下沉,干茶吸收水分,叶片展开,现出芽叶的生叶本色,芽似枪、叶如旗;汤面水汽夹着茶香缕缕上升,如云蒸霞蔚。如碧螺春,此时则似雪花飞舞,叶底成朵,鲜嫩如生。叶落之美,有"春染海底"之誉。

b.一段时间之后,茶汤凉至适口,即可品茶。此乃一泡。茶叶评审中,以 5 分钟为标准,茶汤饮用和闻香的温度均为 45~55 ℃。若高于 60 ℃,则烫嘴也烫鼻;低于 40 ℃,香气较低沉,味较涩。这个时间不易控制。一般用手握杯子,感觉温度合适即饮;如用盖碗,则稍稍倒出一点茶汤至手背以查其温度。第一泡的茶汤,尚余 1/3,则可续水。此乃二泡。如若茶叶肥壮的茶,二泡茶汤正浓,饮后舌本回甘,齿颊生香,余味无穷。饮至三泡,则一般茶味已淡。此种冲泡方法,除碧螺春外,同样适合于平水珠茶、涌溪火青、都匀毛尖、君山银针、庐山云雾等较紧结的茶。

②条索松展的茶。这些茶,如采用上述方法,则茶叶浮于汤面,不易浸泡下沉。应采用如下方法:

a.烫杯后,取茶入杯。此时较高的杯温已隐隐烘出茶香。

b.冲入适温的水,至杯容量 1/3(也可少一些,但要覆盖茶叶),此时需注意的是注水方法。茶艺馆中,普遍是直接将水冲击茶叶,其实这种方法不妥。因为这种茶本身比较舒展,无须利用水的冲力,反而易烫伤嫩叶。平常采用的方法是,如用玻璃杯,则沿杯边注水,盖碗则将盖子反过来贴在茶杯的一边,将水注入盖子,使其沿杯边而下。然后微微摇晃茶杯,使茶叶充分浸润。此时茶香高郁,不能品饮,恰是闻香最好时候。

c. 稍停约两分钟,待干茶吸水伸展,再冲水至满。冲水方法如前。此时茶叶或徘徊飘舞,或游移于沉浮之间,别具茶趣。

d. 其他步骤,皆与紧结茶相同。

合适这种方法的,有六安瓜片、黄山毛峰、太平猴魁、舒城兰花等。有些条索不是特别紧结亦非特别松展的茶,两种方法均可,也是各人的习惯而已。

2. 红茶

(1)清饮法:在红茶中不加任何其他物品,保持红茶的真香和本味的饮法称为清饮法。按茶汤的加工方法可分为冲泡法和煮饮法。其中以冲泡法为好,既方便又卫生。冲泡时可用杯,亦可用壶,投茶量因人而异。清饮时,静品默赏红茶的真香和本味,味浓香永,最容易体会到黄庭坚品茶时感受到"恰似灯下故,万里归来对影,口不能言,心下快活自省"的绝妙境界。

具体操作:根据瓷壶的容量投入适量茶叶,注入开水(冲泡后的茶汤要求汤色红艳为宜,水温以 70~80℃为宜,头几次冲泡使用刚烧开的沸水可能出现酸味),冲泡时间一般为头二泡出水时间为 5 秒钟,三泡后出水时间可视泡数增加以及口味而适当延长。不宜浸泡过久,合适的浸泡时间不仅茶汤滋味宜人,还可增加耐泡次数。

(2)调饮法:在红茶中加入辅料,以佐汤味的饮法称之为调饮法。调饮红茶可用的辅料极为丰富,如牛奶、糖、柠檬汁、蜂蜜甚至香槟酒进行调配。调出的饮品多姿多彩,风味各异,深受现代各层次消费者的青睐。

器具:瓷壶一把(咖啡器具也可)、高壁玻璃杯数个、高柄汤匙与高壁玻璃杯同量、过滤网一把。

具体操作:先以清饮法泡茶,然后往高壁玻璃杯中投入方状冰块,投放冰块时要将冰块不规则地投入,投放的冰块量要求与高壁玻璃杯口齐平。根据客人的口感投入适量的糖浆,不加入糖浆也可。待茶冲泡五分钟后,将过滤网置于茶杯上方,而后快速地将茶水注入茶杯中(此时注入茶水一定要急冲入杯中,否则在茶杯上方会出现白色泡沫,会影响冰红茶的美观),根据环境允许可在杯口切上两片柠檬相镶在杯口,一定很惬意。

3. 台式乌龙茶艺

(1)主要茶具:紫砂茶壶、茶盅、品茗杯、闻香杯、茶盘、杯托、电茶壶、置茶用具、茶巾等。

(2)主要茶品:冻顶乌龙、文山包种、阿里山茶。

(3)基本程序如下。

摆具：将茶具一一摆好，茶壶与茶盅并排置于茶盘之上，闻香杯与品茗杯一一对应，并列而立。电茶壶置于左手边。

赏茶：用茶匙将茶叶轻轻拨入茶荷内，供来宾欣赏。

温壶：温壶不仅要温茶壶，还要温茶盅。用左手拿起电茶壶，注满茶壶，接着右手拿壶，注入茶盅。

温杯：将茶盅内的热水分别注入闻香杯中，用茶夹夹住闻香杯，旋转 360 度后，将闻香杯中的热水倒入品茗杯。同样用茶夹夹住品茗杯，旋转 360 度后，杯中水倒入涤方或茶盘。

投茶：将茶荷的圆口对准壶口，用茶匙轻拨茶叶入壶。投茶量为 1/2 至 2/3 壶。

洗茶：左手执电茶壶，将 100℃ 的沸水高冲入壶。盖上壶盖，淋去浮沫。立即将茶汤注入茶盅，分于各闻香杯中。洗茶之水可以用于闻香。

高冲：执电茶壶高冲沸水入壶，使茶叶在壶中尽量翻腾。第一泡时间为 1 分钟，1 分钟后，将茶汤注入茶盅，分到各闻香杯中。

奉茶：闻香杯与品茗杯同置于杯托内，双手端起杯托，送至来宾面前，请客人品尝。

闻香：先闻杯中茶汤之香，然后将茶汤置于品茗杯内，闻杯中的余香。

品茗：闻香之后可以观色品茗。品茗时分三口进行，从舌尖到舌面再到舌根，不同位置香味也各有细微的差异，需细细品，才能有所体会。

再次冲泡：第二次冲泡的手法与第一次同，只是时间要比第一泡增加 15 秒，以此类推，每冲泡一次，冲泡的时间也要相应增加。优质乌龙茶内质好，如果冲泡手法得当，可以冲泡几十次，每次的色香味甚至能基本相同。自第二次冲泡起，奉茶可直接将茶分至每位客人面前的闻香杯中，然后重复闻香、观色、品茗、冲泡的过程。

台式茶艺侧重于对茶叶本身、与茶相关事物的关注，以及用茶氛围的营造。欣赏茶叶的色与香及外形，是茶艺中不可缺少的环节；冲泡过程的艺术化与技艺的高超，使泡茶成为一种美的享受；此外，对茶具的欣赏与应用，对饮茶与自悟修身、与人相处的思索，对品茗环境的设计都包容在茶艺之中。将艺术与生活紧密相连，将品饮与人性修养相融合，形成了亲切自然的品茗形式，这种形式也越来越为人们所接受。

4.普洱茶茶艺

云南的茶都特别强调香气，普洱茶是一种以味道带动香气的茶，刚喝下去的时候好像没有味道，不过茶汤吞下去的时候，舌根又逐渐浮起甘醇的滋味，因为香气藏在味道里,感觉较沉。

(1)茶壶的选择:泡普洱茶需要选择腹大的壶,因为普洱茶的浓度高,用腹大的茶壶冲泡,较能避免茶泡得过浓的问题,材质最好是陶壶或紫砂壶。

(2)茶叶的处理:冲泡时,茶叶分量约占壶身的1/5。若是普洱砖茶,则需要拨开后,置放约2周后再冲泡,味道较佳。普洱茶可续冲10次以上,因为普洱茶有耐泡的特性,所以冲泡10次以后的普洱茶,还可以用煮茶的方式做最后的利用。

(3)泡茶的水温:由于普洱茶的茶味较不易浸泡出来,所以必须用滚烫的开水冲泡。第一泡在开水冲入后随即倒出来(湿润泡),用此茶水来烫杯。

(4)泡茶的方式:第二次冲入滚开水,浸泡15秒后倒出茶汤来品尝,当然不是必须,依各人口感需求斟酌。第二泡和第三泡的茶汤可以混着一起喝,综合茶性,以免过浓。第四次以后,每增加一泡即增加15秒钟,以此类推。

①用具:碳炉一个、陶制烧水壶一把、根雕茶桌一张、兔毫盏若干个、茶洗一个、有把手的泡壶一把、香炉一个、香一支、木鱼一个、磬一个、铁观音茶十克至十五克、茶道一套、佛乐。

②基本程序:

礼佛——焚香合掌;调息——达摩面壁;煮水——丹霞烧佛;
候汤——法海听潮;洗杯——法轮常转;烫壶——香汤浴佛;
赏茶——佛祖拈花;投茶——菩萨入狱;冲水——漫天法雨;
洗茶——万流归宗;泡茶——涵盖乾坤;分茶——偃流水声;
敬茶——普度众生;闻香——五气朝元;观色——曹溪观水;
品茶——随波逐浪;回味——圆通妙觉;谢茶——再吃茶去。

【补充阅读】

名茶茶艺表演解说词

1.西湖龙井茶艺

第一道:焚香除妄念。俗话说:"泡茶可修身养性,品茶如品味人生。"古今品茶都讲究要平心静气。"焚香除妄念"就是通过点燃这炷香,来营造一个祥和肃穆的气氛。

第二道:冰心去凡尘。茶,致清致洁,是天涵地育的灵物,泡茶时要求所用的器皿也必须至清至洁。"冰心去凡尘"就是用开水再烫一遍本来就干净的玻璃杯,做到茶杯冰清玉洁,一尘不染。

第三道:玉壶养太和。绿茶属于芽茶类,因为茶叶细嫩,若用滚烫的开水直接冲泡,会破坏茶芽中的维生素并造成熟汤失味。只宜用 80 ℃ 的开水。"玉壶养太和"是把开水壶中的水预先倒入瓷壶中养一会儿,使水温降至 80 ℃ 左右。

第四道:清宫迎佳人。苏东坡有诗云:"戏作小诗君勿笑,从来佳茗似佳人"。"清宫迎佳人"就是用茶匙把茶叶投放到冰清玉洁的玻璃杯中。

第五道:甘露润莲心。好的绿茶外观如莲心,乾隆皇帝把茶叶称为"润心莲"。"甘露润莲心"就是在开泡前先向杯中注入少许热水,起到润茶的作用。

第六道:凤凰三点头。冲泡绿茶时也讲究高冲水,在冲水时水壶有节奏地三起三落,好比是凤凰向客人点头致意。

第七道:碧玉沉清江。冲入热水后,茶先是浮在水面上,而后慢慢沉入杯底,我们称之为"碧玉沉清江"。

第八道:观音捧玉瓶。佛教故事中传说观音菩萨捧着一个白玉净瓶,净瓶中的甘露可消灾祛病,救苦救难。茶艺小姐把泡好的茶敬奉给客人,我们称之为"观音捧玉瓶",意在祝福好人一生平安。

第九道:春波展旗枪。这道程序是绿茶茶艺的特色程序。杯中的热水如春波荡漾,在热水的浸泡下,茶芽慢慢地舒展开来,尖尖的叶芽如枪,展开的叶片如旗。一芽一叶的称为"旗枪",一芽两叶的称为"雀舌"。在品绿茶之前先观赏在清碧澄净的茶水中,千姿百态的茶芽在玻璃杯中随波晃动,好像生命的绿精灵在舞蹈,十分生动有趣。

第十道:慧心悟茶香。品绿茶要一看、二闻、三品味,在欣赏"春波展旗枪"之后,要闻一闻茶香。绿茶与花茶、乌龙茶不同,它的茶香更加清幽淡雅,必须用心灵去感悟,才能够闻到那春天的气息,以及清醇悠远、难以言传的生命之香。

第十一道:淡中品滋味。绿茶的茶汤清纯甘鲜,淡而有味,它虽然不像红茶那样浓艳醇厚,也不像乌龙茶那样岩韵醉人,但是只要你用心去品,就一定能从淡淡的绿茶香中品出天地间至清、至醇、至真、至美的韵味来。

第十二道:自斟乐无穷。品茶有三乐:一曰独品得神。一个人面对青山绿水或高雅的茶室,通过品茗,心驰宏宇,神交自然,物我两忘,此一乐也。二曰对品得趣。两个知心朋友相对品茗,或无须多言即心有灵犀一点通,或推心置腹述衷肠,此亦一乐也。三曰众品得慧。孔子曰"三人行,必有我师焉",众人相聚品茶,互相沟通,相互启迪,可以学到许多书本上学不到的知识,这同样是一大乐事。在品了头道茶后,请嘉宾自己泡茶,以便通过实践,从茶事活动中去感受修身养性、品味人生的无穷乐趣。

2. 祁门红茶茶艺

(1)主要用具:瓷质茶壶、茶杯(以青花瓷、白瓷茶具为好),赏茶盘或茶荷,茶中,茶匙、奉茶盘,热水壶及风炉(电炉或酒精炉皆可)。茶具在表演台上摆放好后,即可进行祁门工夫红茶表演。

(2)基本程序。

"宝光"初现:祁门工夫红茶条索紧秀,色泽并非人们常说的红色,而是乌黑润泽。国际通用红茶的名称为"Blacktea",即因红茶干茶的乌黑色泽而来。请来宾欣赏其色被称之为"宝光"的祁门工夫红茶。

清泉初沸:热水壶中用来冲泡的泉水经加热,微沸,壶中上浮的水泡,仿佛"蟹眼"已生。

温热壶盏:初沸之水,注入瓷壶及杯中,为壶、杯升温。

"王子"入宫:用茶匙将茶荷或赏茶盘中的红茶轻轻拨入壶中。祁门工夫红茶也被誉为"王子茶"。

悬壶高冲:这是冲泡红茶的关键。冲泡红茶的水温要在100℃,刚才初沸的水,此时已是"蟹眼已过鱼眼生",正好用于冲泡。而高冲可以让茶叶在水的激荡下,充分浸润,以利于色、香、味的充分发挥。

分杯敬客:用循环斟茶法,将壶中之茶均匀地分入每一杯中,使杯中之茶的色、味一致。

喜闻幽香:一杯茶到手,先要闻香。祁门工夫红茶是世界公认的三大高香茶之一,其香浓郁高长,又有"茶中英豪"、"群芳最"之誉。香气甜润中蕴藏着一股兰花之香。

观赏汤色:红茶的红色,表现在冲泡好的茶汤中。祁门工夫红茶的汤色红艳,杯沿有一道明显的"金圈"。茶汤的明亮度和颜色,表明红茶的发酵程度和茶汤的鲜爽度。再观叶底,嫩软红亮。

品味鲜爽:闻香观色后即可缓啜品饮。祁门工夫红茶以鲜爽、浓醇为主,与红碎茶浓强的刺激性口感有所不同。滋味醇厚,回味绵长。

再赏余韵:一泡之后,可再冲泡第二泡茶。

三品得趣:红茶通常可冲泡三次,三次的口感各不相同,细饮慢品,徐徐体味茶之真味,方得茶之真趣。

收杯谢客:红茶性情温和,收敛性差,易于交融,因此通常用之调饮。祁门工夫红茶同样适于调饮。然清饮更难领略祁门工夫红茶特殊的"祁门香",领略其独特的内质、隽永的回味、明艳的汤色。感谢来宾的光临,愿所有的爱茶人都像这红茶一样,相互交融,相得益彰。

3.乌龙茶茶艺解说词

首先为大家介绍今天我们所选用的茶具:

品茗杯:用来品啜甘霖。
闻香杯:用来品闻茶香。
紫砂壶:又名孟臣壶,用来冲泡茶叶,惠孟臣是明代制壶名家,后世将上等的紫砂壶称为"孟臣壶"。
茶叶桶:用来存放干茶。
茶道组:又名茶道六君子,辅助泡茶用具。
茶荷:用来鉴赏干茶。
随手泡:用来烧煮沸水。
杯托:用来置放品茗杯和闻香杯。
茶巾:用来清理茶盘。
茶盘:又称茶船,用来放置茶具。
焚香安神:希望点燃这炷香,能为您营造一个祥和、肃穆、无比温馨的氛围,但愿这沁人心脾的幽香,能使您心旷神怡,也但愿您的心伴随这悠悠袅袅的香烟升华到无比神奇而又高雅的境界。
活煮山泉:煮沸这壶中的水。
叶嘉酬宾:今天,安溪铁观音属乌龙茶之极品。外形条索卷曲,肥壮圆结,沉重匀整,色泽油亮,被人们形象地比喻为蜻蜓头、螺旋体、青蛙腿。
孟臣净心:"净心"一方面指紫砂壶被内外涤烫,保持壶温的作用;也借此为各位嘉宾接风洗尘,洗去一路风尘,洗去心中的烦恼。
高山流水:连绵起伏的晶莹水线为我们勾画出一幅南方特有的山水风景,水线的美感与流水的声音都令人回味。
乌龙入宫:茶叶被称为乌龙,紫砂壶被称为茶的宫殿,乌龙入宫是将铁观音拨入紫砂壶中。
芳草回春:回春就好像春天来了万物复苏,茶叶又恢复了勃勃生机。
分承香露:迅速将浸润茶叶的水倒出,香气渐出,因此称为香露。将此茶汤分别注入闻香杯中,起烫杯作用。
悬壶高冲:高山流水,细水长流。
春风拂面:用壶盖轻轻由外向内刮去茶沫,再轻轻盖上壶盖。
涤尽凡尘:用高温的热水再次涤烫壶的外身,既冲去壶的外身杂物,也起到再次加热的作用。
内外养身:将浸润茶叶的茶汤再次浇洒在壶身上,以茶汤滋润紫砂壶,起到养壶的作用。
若琛听泉:品茗杯又称若琛杯,听泉是欣赏水流流出时落下的声音,既在欣赏水又表明了人们对水的珍爱。

游山玩水：带给人一种与自然相通、悠然自得的感受。

关公巡城：也就是循环分茶法，是传统茶道过程中的重要步骤。

韩信点兵：将茶汤倒干净，以免留下茶汁影响下一泡的茶汤。

敬奉香茗：铁观音汤色金黄，醇厚甘鲜，入口回甘带蜜味，并有兰花香味，风格独特。有"茶中之王、绿叶红镶边、七泡有余香"之誉。

观茶品茶：下面的动作请与茶艺师一起完成。

乾坤旋转：用右手拇指和中指端起品茗杯，通过无名指的内拉、食指向外推的过程将品茗杯旋转180度。

高屋建瓴：将品茗杯盖在闻香杯上，寓意品茶人目光远大，放眼未来。

物换星移：拇指在上按着品茗杯，食指、中指在下夹住闻香杯，双手同时将杯组通过起落翻转过来。

空谷幽兰：将闻香杯放在双手中转动，细细品味铁观音特有的兰花香。就像空谷中的兰花，又有绽放，不与世间相争，清贵高雅。

三龙护鼎：拇指、食指端起杯身，中指扶在杯底，三指像三条龙，而将品茗杯尊为鼎，表明大家对茶及茶人的尊重。（注意：男士和女士手法不一样，男士无名指小拇指往回收，女士无名指小拇指要往外，像兰花指。）

鉴赏三色：一看茶汤表面的黄金圈，二看茶汤是否清澈明亮，三看杯底茶渣多少，来鉴定茶汤色泽。

初品奇名：品字三个口，一口为抿，让口腔适应茶汤的温度；二口为品，让茶汤顺着舌尖旋转一圈，充分感受茶汤的香气和滋味；三口为饮，一饮而尽，表示对茶人的尊敬。

返盏归原：将茶具收回如初，意在周而复始，期待下次相聚。

4. 普洱茶茶艺表演解说词

普洱茶，她来自崇山峻岭，经历了马背的蹉跎，苦涩中散发了悠悠兰香，洋溢着原始森林中野性阳刚之美，岁月的磨砺后，她变得圆融、平和。经历了沧桑，她却依旧是那么美丽、那么自然。不知道她的生命中，积淀了多少风霜酷暑，但她却永远是那么新鲜、那么年轻。

（1）焚香通灵：我国茶人认为，茶须静品，香能通灵。在泡茶之前，首先点燃这炷香，来营造祥和的气氛。希望这幽香能使大家心旷神怡，也但愿您的心会随着悠悠渺渺的香烟升华到高雅宁静而有神气的境界。

（2）孔雀开屏：孔雀开屏是向同伴展示自己美丽的羽毛，我们借助这道程序向大家展示这典雅名贵而又工艺精湛的茶具。

(3) 初展仙姿：普洱茶有着悠久的历史，她产自云南普洱等多个地区。她因有着独特的制作工艺和不同的收藏方法而驰名中外，受到世人的好评和喜爱。她选自云南大叶种晒制的青毛茶为原料，经过泼水堆积发酵等多种工艺制作，所以她有这么独特而诱人的沉香。

(4) 冰心去凡尘：又称为"涤尽凡尘心自清"。品茶的过程是自己找寻自己心灵的过程，烹茶涤器，不仅是涤净茶具上的尘埃，更重要的是找寻茶人的灵魂。

(5) 风吹浮云：茶中难免会有杂质，水一冲，杂质就会浮在水面。用杯盖轻轻刮去冲水时泛起的白色泡沫，使杯中的茶汤更加洁净。

(6) 洗净沧桑：因普洱茶经过独特的渥堆发酵和多年的陈化，所以在冲泡时头两道洗茶的茶汤是不喝的，应及时倒掉，否则会影响到下一道茶汤的滋味。

(7) 瓯里酝香：有人说人生有许多风景，最美的不过是在风中的等待。品茶的过程也是相似的道理，冲泡时间太短，色香味难以显示，太久则会熟汤失味。

(8) 平分秋色：这道程序代表"酒满敬人，茶满欺人"，茶到七分满，留三分为人情，所谓茶友间不厚此薄彼，斟茶时每杯要浓淡一致，多少均等。

(9) 麻姑祝寿：麻姑是神话传说中的仙女，在东汉时期得道于江西南城县麻姑山，她得道后常用仙泉煮茶待客，喝了这种茶，凡人可延长寿命，神仙可增加道行，借助这道程序祝大家健康长寿。

(10) 时光倒流：普洱茶的汤色红艳靓丽，表面上有一层淡淡的薄雾，乳白朦胧，令人浮想联翩。普洱茶的香气和汤色随着冲泡的次数在不断变化，这会把你带回到逝去的岁月，让你感悟到人世间的沧海桑田的变化。

(11) 品味历史：普洱茶的陈香，陈韵，和茶气滋味在你口中慢慢弥散，你一定能品悟出历史的厚重，感悟到逝者如斯的道理。

(12) 自斟乐无穷：普洱茶茶艺表演已接近尾声，请大家慢慢品味这独特的陈香。

日 本 茶 道

日本茶道源自中国，具有东方文化之韵味。它有自己的形成、发展过程和特有的内蕴。日本茶道是在"日常茶饭事"的基础上发展起来的，它将日常生活行为与宗教、哲学、伦理和美学熔为一炉，成为一门综合性的文化艺术活动。它不仅是物质享受，还通过茶会，学习茶礼，陶冶性情，培养人的审美观和道德观念。

日本茶道是在日本一种仪式化的、为客人奉茶之事。原称为"茶汤"。日本茶道历史可以追溯到13世纪。最初是僧侣用茶来集中自己的思想，唐代赵州从谂禅师曾经以"吃茶去"来接引学人，后来才成为分享茶食的仪式。现在的日本茶道分为抹茶道与煎茶道两种，但"茶道"一词所指的是较早发展出来的抹茶道。

茶道有烦琐的规程，茶叶要碾得精细，茶具要擦得干净，主持人的动作要规范，既要有舞蹈般的节奏感和飘逸感，又要准确到位。茶道品茶很讲究场所，一般均在茶室中进行。接待宾客时，待客人入座后，由主持仪式的茶师按规定动作点炭火、煮开水、冲茶或抹茶，然后依次献给宾客。客人按规定须恭敬地双手接茶，先致谢，尔后三转茶碗，轻品、慢饮、奉还。点茶、煮茶、冲茶、献茶，是茶道仪式的主要部分，需要专门的技术和训练。饮茶完毕，按照习惯，客人要对各种茶具进行鉴赏，赞美一番。最后，客人向主人跪拜告别，主人热情相送。正如桑田中亲说的："茶道已从单纯的趣味、娱乐，前进为表现日本人日常生活文化的规范和理想。"16 世纪末，千利休继承历代茶道精神，创立了日本正宗茶道。他提出的"和敬清寂"，用字简洁而内涵丰富。"清寂"是指冷峻、恬淡、闲寂的审美观；"和敬"表示对来宾的尊重。整个茶会期间，从主客对话到杯箸放置都有严格规定，甚至点茶者伸哪只手、先迈哪只脚、每一步要踩在榻榻米的哪个格子里也有定式。正是定式不同，才使现代日本茶道分成了 20 多个流派。16 世纪前的日本茶道还要烦琐得多，现代茶道是经过千利休删繁就简的改革才成为现在的样子。

现代的茶道，由主人准备茶与点心，还有水果招待客人，而主人与客人都按照固定的规矩与步骤行事。除了饮食之外，茶道的精神还延伸到茶室内外的布置；品鉴茶室的书画布置、庭园的园艺及饮茶的陶器都是茶道的重点。

下面分四个时期来叙述日本茶道的形成和发展。

1. 奈良、平安时代

据日本文献《奥仪抄》记载，日本天平元年（唐玄宗开元十七年，公元 729 年）4 月，朝廷召集百僧到禁廷讲《大般若经》时，曾有赐茶之事，则日本人饮茶始于奈良时代（公元 710—794）初期。据《日吉神道密记》记载，公元 805 年，从中国留学归来的最澄带回了茶籽，种在了日吉神社的旁边，成为日本最古老的茶园。至今在京都比睿山的东麓还立有"日吉茶园之碑"，其周围仍生长着一些茶树。与传教大师最澄从中国同船回国的弘法大师空海，在所撰的《空海奉献表》中，有"茶汤坐来"等字样。

《日本后记》中，记有嵯峨天皇巡幸近江国，过崇福寺，大僧都永忠亲自煎茶供奉的事。永忠在宝龟初（公元 770 年左右）入唐，到延历二十四年（公元 805 年）才回国，在中国生活了 30 多年。嵯峨天皇又令在畿内、近江、丹波、播磨各国种植茶树，每年都要上贡。《拾芥抄》中更近一步说，在当时的首都，一条、正亲町、猪熊和大宫的万一町等地也设有官营的茶园，种植茶树以供朝廷之用。

日本当时是如何饮茶的？从与永忠同时代的几部汉诗集中可以发现，日本当时的饮茶法与中国唐代流行的饼茶煎饮法完全一样。《经国集》有一首题为"和出云巨太守茶歌的诗,描写了将茶饼放在火上炙烤干燥(独对金炉炙令燥),然后碾成末,汲取清流,点燃兽炭(兽炭须臾炎气盛),待水沸腾起来(盆浮沸浪花),加入茶末,放点吴盐,味道就更美了(吴盐和味味更美)。煎好的茶,芳香四溢(煎罢余香处处薰)。这是典型的饼茶煎饮法。

这一时期的茶文化,是以嵯峨天皇、永忠、最澄、空海为主体,以弘仁年间(公元810—824)为中心而展开的,这一段时间构成了日本古代茶文化的黄金时代,学术界称之为"弘仁茶风"。

嵯峨天皇爱好文学,特别崇尚唐朝的文化。在其影响下,弘仁年间成为唐文化盛行的时代,茶文化是其中最高雅的文化。嵯峨天皇经常与空海在一起饮茶,他们之间留下了许多茶诗,如《与海公饮茶送归山》。嵯峨天皇也有茶诗送最澄,如《答澄公奉献诗》等。

弘仁茶风随嵯峨天皇的退位而衰退,特别是由于宇多天皇在宽平六年(公元894年)永久停止遣唐使的派遣,加上僧界领袖天台座主良源禁止在6月和11月的法会中调钵煎茶,于是中日茶文化交流一度中断。但在10世纪初的《延喜式》中,有献濑户烧、备前烧和长门烧茶碗等事的记载,这说明饮茶的风气开始在日本流传。

总之,奈良、平安时期,日本接受、发展中国的茶文化,开始了本国茶文化的发展。饮茶首先在宫廷贵族、僧侣和上层社会中传播并流行,也开始种茶、制茶,在饮茶方法上则仿效唐代的煎茶法。日本虽于9世纪初形成"弘仁茶风",但以后一度衰退。日本平安时代的茶文化,无论从形式上还是精神上,可以说是完全照搬《茶经》。

2. 镰仓、室町、安土、桃山时代

1) 镰仓时代

镰仓时代(公元1192—1333)初期,处于历史转折点的划时代人物荣西撰写了日本第一部茶书——《吃茶养身记》。荣西两度入宋,第二次入宋,在宋四年零四个月,1191年回国。荣西得禅宗、临济宗黄龙派单传心印,他不仅潜心钻研禅学,而且亲身体验了宋朝的饮茶文化及其功效。荣西回国时,在他登陆的第一站——九州平户岛上的富春院,撒下茶籽。荣西在九州的背振山也种了茶,不久繁衍了一山,出现了名为"石上苑"的茶园。他还在九州的圣福寺种了茶。荣西还送给京都栂尾高山寺明惠上人5粒茶籽,明惠将其种植在寺旁。那里的自然条件十分有利于茶的生长,所产茶的味道纯正,由此被后人珍重,人们将栂尾高山茶称为"本茶",将这之外的茶称为"非茶"。

荣西回国的第二年,日本第一个幕府政权——镰仓幕府成立。掌握最高权力的不再是天皇,而是武士集团首领——源氏。政治的中心,也由京都转移到镰仓。建保二年(公元1214年),幕府将军源实朝醉酒,荣西为之献茶一盏,并另献一本誉茶德之书《吃茶养生记》。《吃茶养生记》分上下两卷,用汉文写成,开篇便写道:"茶也,末代养生之仙药,人伦延龄之妙术也"。荣西根据自己在中国的体验和见闻,记叙了当时的末茶点饮法。由于此书的问世,日本的饮茶文化不断普及扩大,导致300年后日本茶道的成立。荣西既是日本的禅宗之祖,也是日本的"茶祖"。自荣西渡宋回国再次输入中国茶、茶具和点茶法,茶又风靡了僧界、贵族、武士阶级而及于平民。茶园不断扩充,名产地不断增加。

荣西之后,日本茶文化的普及分为两大系统,一是禅宗系流,一是律宗系流。禅宗系统包括荣西及其后的拇尾高山寺的明惠上人,律宗系统则有西大寺的叡尊、极乐寺的忍性。饮茶活动以寺院为中心,并且是由寺院普及到民间,这是镰仓时代茶文化的主流。

日本文永四年(公元1267年),筑前崇福寺开山者南浦绍明禅师,自宋归国,获赠径山寺茶道具"台子"(茶具架)一式及茶典七部。"台子"后传入大德寺,梦窗疏石国师率先在茶事中使用了台子,开点茶礼仪之先河。此后,台子茶式在日本普及起来。

镰仓时代末期,上层武家社会的新趣味、新娱乐"斗茶"开始流行,通过品茶区分茶的产地的斗茶会后来成为室町茶的主流。

2)室町时代

室町时代(公元1333—1573),受宋元点茶道的影响,模仿宋朝的"斗茶",出现具有游艺性的斗茶热潮。特别是在室町时代前期,豪华的"斗茶"成为日本茶文化的主流。但是,与宋代文人们高雅的斗茶不同,日本斗茶的主角是武士阶层,斗茶是扩大交际、炫耀从中国进口货物、大吃大喝的聚会。到了室町时代的中后期,斗茶内容是更复杂,奖品种类也更多,据记载有茶碗、陶器、扇子、砚台、檀香、蜡烛、鸟器、刀、钱等。比起中国宋代的斗茶来,室町时代的斗茶更富有游艺性,这是由日本文化具有游艺性的特点决定的。摆弄进口货,模仿宋朝人饮茶,是一件风雅之事。当然,在室町时代的斗茶会里,也有一些高雅的茶会。室町时代的斗茶经过形成、鼎盛之后,逐渐向高级化发展,为东山时代的书院茶准备了条件。

公元1396年,38岁的室町幕府第三代将军足利义满让位于儿子义持。次年,他在京都的北边兴建了金阁寺,以此为中心,展开了北山文化。在他的指令、支持下,小笠原长秀、今川氏赖、伊势满忠协主持完成了武家礼法的古典著述《三义一统大双纸》,这一武家礼法是后来日本茶道礼法的基础,而观阿弥、世阿弥父子草创了能乐。公元1489年,室町幕府第八代将军足利义政隐居京都的东山,在此修建了银阁寺,以此为中心,展开了东山文化。东山文化是继北山文化之后室町文化的又一个繁荣期,是日本中世文化的代表。由娱乐型的斗茶会发展为宗教性的茶道,是在东山时代初步形成的。在第八代将军足利义政建造的东山殿建筑群中,除代表性的银阁寺外,还有一个著名的同仁斋。同仁斋的地面是用榻榻米铺满的,一共用了四张半。这个四张半榻榻米的面积,成为后来日本茶室的标准面积。全室榻榻米的建筑设计,为日本茶道的茶礼形成起了决定性的作用。日本把这种建筑设计称为书院式建筑,把在这样的书院式建筑里进行的茶文化活动称为"书院茶"。书院茶是在书院式建筑里进行,主客都跪坐,主人在客人前庄重地为客人点茶的茶会。没有品茶比赛的内容,也没有奖品,茶室里绝对安静,主客问茶简明扼要,一扫室町斗茶的杂乱、拜物的风气。日本茶道的点茶程序在书院茶时代基本确定下来。书院式建筑的产生使进口的唐宋艺术品与日本式房室融合在一起,并且使立式的禅院茶礼变成了纯日本式的跪坐茶礼。书院茶将外来的中国文化与日本文化结合在一起,在日本茶道史上占有重要的地位。

在以东山文化为中心的室町书院茶文化里,起主导作用的是足利义政的文化侍从能阿弥(1397—1471),他是一位杰出的艺术家,通晓书、画、茶。在能阿弥的指导下,当时所进行的点茶法是一种"极真台子"的茶法。点茶时要穿武士的礼服——狩衣,点茶用具放在极真台子上面,茶具的位置、拿法,动作的顺序,移动的路线,进出茶室的步数,都有严格的规定,现行的日本茶道的点茶程序基本上在那时就已经形成了。能阿弥不愧是室町时代的一位划时代的大艺术家,他一生侍奉将军义教、义胜、义政三代,一扫斗茶会的奢靡嘈杂,创造了"书院饰"、"台子饰"的新茶风,对茶道的形成有重大影响。他推荐村田珠光做足利义政的茶道老师,使后者得以有机会接触"东山名物"等高水准的艺术品,达成了民间茶风与贵族文化接触的契机,使日本茶道正式成立之前的书院贵族茶和奈良的庶民茶得到了融会、交流,为村田珠光成为日本茶道的开山之祖提供了前提。如果说村田珠光是日本茶道的鼻祖,那么能阿弥就是日本茶道的先驱。

应永二十四年(1417年)6月5日,一种由一般百姓主办参加的"云脚茶会"诞生,云脚茶会使用粗茶,伴随酒宴活动,是日本民间茶活动的肇始。云脚茶会自由、开放、轻松、愉快,受到欢迎,在室町时代后期,逐渐取代了烦琐的斗茶会。

在饮茶文化大众化的潮流中,奈良的"淋汗茶"引人注目。文明元年(1469年)5月23日,奈良兴福寺信徒古市播磨澄胤在其官邸举办大型"淋汗茶会",邀请安位寺经觉大僧为首席客人。淋汗茶会是云脚茶会的典型,古市播磨本人后来成为珠光的高徒。淋汗茶的茶室建筑采用了草庵风格,这种古朴的乡村建筑风格,成为后来日本茶室的风格。

日本茶道的鼻祖村田珠光(1423—1502),11岁时进了属于净土宗的奈良称名寺做了沙弥,由于怠慢了寺役,被赶出了称名寺。之后,他来到京都,19岁时进了大德寺酬恩庵(今称一休庵),大德寺是著名的临济禅宗的寺院。珠光跟一体宗纯(1394—1481)参禅,获得一休的认可。他将禅宗思想引入茶道,形成了独特的草庵茶风。珠光通过禅的思想,把茶道由一种饮茶娱乐形式提高为一种艺术、一种哲学、一种宗教。珠光完成了茶与禅、民间茶与贵族茶的结合,为日本茶文化注入了内核,夯实了基础,完善了形式,从而将日本茶文化真正上升到了"道"的地位。

日本茶道宗师武野绍鸥(1502—1555)承前启后。大永五年(1525年),武野绍鸥从界町来到京都,师从当时第一的古典学者、和歌界最高权威、朝臣三条西实隆学习和歌道。同时,师从下京的藤田宗理、十四屋宗悟、十四屋宗陈(三人皆珠光门徒)修习茶道。他将日本的歌道理论中表现日本民族特有的素淡、纯净、典雅的思想导入茶道,对珠光的茶道进行了补充和完善,为日本茶道的进一步民族化、正规化作出了巨大贡献。武野绍鸥的另一个功绩是对弟子千利休的教育和影响。

室町时代末期,茶道在日本获得了异常迅速的发展。

3)安土、桃山时代

室町幕府解体,武士集团之间展开了激烈的争夺战,日本进入战国时代,群雄中最强一派为织田信长—丰臣秀吉—德川家康系统。群雄争战,社会动乱,却带来了市民文化的发达,融艺术、娱乐、饮食为一体的茶道便受到空前的瞩目。宁静的茶室可以慰藉武士们的心灵,使他们得以忘却战场的厮杀,抛开生死的烦恼,所以,静下心来点一碗茶成了武士们日常生活中不可缺少的内容。战国时代,茶道是武士的必修课。

千利休(1522—1592)少时便热心茶道,先拜北向道陈为师学习书院茶,后经北向道陈介绍拜武野绍鸥为师学习草庵茶。天正二年(1574年)做了织田信长的茶道侍从,后来又成了丰臣秀吉的茶道侍从。他在继承村田珠光、武野绍鸥的基础上,使草庵茶更深化了一步,并使茶道摆脱了物质因素的束缚,还原到了淡泊寻常的本来面目上。千利休是日本茶道的集大成者,是一位伟大的茶道艺术家,他对日本文化艺术的影响是无可比拟的。

镰仓时代,日本接受了中国的点茶道文化,以镰仓初期为起点,日本文化进入了对中国文化的独立反刍消化时期,茶文化也不例外。镰仓末期,茶文化以寺院茶院为中心,普及到了日本各地,各地都出现了茶的名产地。寺院茶礼确立。

总之,镰仓、室町、安土、桃山时期,日本学习和发扬中华茶文化,民族特色形成,日本茶道完成了草创。

3. 江户时代

由织田信长、丰臣秀吉开创的统一全国的事业,到了其继承者德川家康那里终于大功告成。公元1603年,德川家康在江户建立幕府,至1868年明治维新,持续了260多年。

千利休被迫自杀后,其第二子少庵继续复兴千利休的茶道。少庵之子千宗旦继承父志,终生不仕,专心茶道。千宗旦去世后,他的第三子江岑宗左承袭了他的茶室不审庵,开辟了表千家流派;他的第四子仙叟宗室承袭了他退隐时代的茶室今日庵,开辟了里千家流派;他的第二子一翁宗守在京都的武者小路建立了官休庵,开辟了武者小路流派。此称三千家,400年来,三千家是日本茶道的栋梁与中枢。

除了三千家之外,继承千利休茶道的还有千利休的七个大弟子。他们是蒲生化乡、细川三斋、濑田扫部、芝山监物、高山右近、牧村具部、古田织部,被称为"利休七哲"。其中的古田织部(1544—1615)是一位卓有成就的大茶人,他将千利休的市井平民茶法改造成武士风格的茶法。古田织部的弟子很多,其中最杰出的是小掘远州(1579—1647)。小掘远州是一位多才多艺的茶人,他一生设计建筑了许多茶室,其中便有被称为日本庭园艺术的最高代表——桂离宫。

片桐石州(1605—1673)接替小掘远州做了江户幕府第四代将军秀纲的茶道侍从,他对武士茶道做了具体的规定。石州流派的茶道在当时十分流行,后继者很多。其中著名的有松平不昧(1751—1818)、井伊直弼(1815—1860)。

千利休去世后,由他的子孙和弟子们分别继承了他的茶道,400年来形成了许多流派。主要有里千家流派、表千家流派、武者小路流派、远州流派、薮内流派、宗偏流派、松尾流派、织部流派、庸轩流派、不昧流派等。

由村田珠光奠其基,中经武野绍鸥的发展,至千利休而集大成的日本茶道,又称抹茶道,他是日本茶道的主流。抹茶道是在宋元点茶道的影响下形成的。在日本抹茶道形成之时,也正是中国的泡茶道形成并流行之时。在中国明清泡茶道的影响下,日本茶人又参考抹茶道的一些礼仪规范,形成了日本人所称的煎茶道。公认的"煎茶道始祖"是中国去日僧隐元隆琦(1592—1673),他把中国当时流行的壶泡茶艺传入日本。经过"煎茶道中兴之祖"卖炭翁柴山元昭(1675—1763)的努力,煎茶道在日本立住了脚。后又经田中鹤翁、小川可进两人使得煎茶确立了茶道的地位。

江户时期,是日本茶道的灿烂辉煌时期,日本吸收、消化中国茶文化后终于形成了具有本民族特色的日本抹茶道、煎茶道。日本茶道源于中国茶道,但是发扬光大了中国茶道。

4. 现代

日本的现代是指1868年明治维新以来。日本的茶在安土、桃山、江户盛极一时之后,于明治维新初期一度衰落,但不久又进入稳定的发展期。20世纪80年代以来,中日间的茶文化交流频繁,另一方面,更主要的是日本茶文化向中国的回传。日本茶道的许多流派均到中国进行交流,日本茶道"里千家"家祖千宗室多次带领日本茶道代表团到中国访问,第100次访问中国时,江泽民总书记在人民大会堂接见了千宗室。千宗室以论文《〈茶经〉与日本茶道的历史意义》获南开大学哲学博士。日本茶道"丹月流"家祖丹下明月多次到中国访问并表演。日本当代著名的茶文化学者布目潮风、沧泽行洋不仅对中华茶文化有着精深的研究,并且到中国进行实地考察。2001年4月,日本中国茶协会会长王亚雷、秘书长藤井真纪子等一行到安徽农业大学中华茶文化研究所进行茶文化交流。

与此同时,国际茶业科学文化研究会会长陈彬藩、浙江大学教授童启庆、台湾中华茶文化学会会长范增平、天仁集团总裁李瑞河、浙江湖州的蔻丹、安徽农业大学中华茶文化研究所顾问王镇恒、安徽农业大学副校长宛晓春等纷纷前往日本访问交流。北京大学的滕军博士在日本专习茶道并获博士学位,出版了《日本茶道文化概论》一书。

日本人相当注重形式,茶道便是这样的一种体现。他们喜欢当着客人的面准备食物,像铁板烧,让客人不仅能吃到食物,还能学习到烹饪的方法,茶道也是如此。

日本茶人在举行茶会时均抱有"一期一会"的心态。这一词语出自江户幕府末期的大茶人井伊直弼所著的《茶汤一会集》。书中这样写道:"追其本源,茶事之会,为一期一会,即使同主同客可反复多次举行茶事,也不能再现此时此刻之事。每次茶事之会,实为我一生一度之会。由此,主人要千方百计,尽深情实意,不能有半点疏忽。客人也须以此世不再相逢之情赴会,热心领受主人的每一个细小的匠心,以诚相交。此便是:一期一会。"这种"一期一会"的观念,实质上就是佛教"无常"观的体现。佛教的无常观督促人们重视一分一秒,认真对待一时一事。当茶事举行时,主客均极为珍视,彼此怀着"一生一次"的信念,体味到人生如同茶的泡沫一般在世间转瞬即逝,并由此产生共鸣。于是与会者感到彼此紧紧相连,产生一种互相依存的感觉和生命的充实感。这是茶会之外的其他场合无法体验到的一种感觉。

由于寺院禅宗的影响,人们常常过分注意禅和佛教的联系。其实禅具有中国文化的背景,比之佛教,禅与儒家思想的关系更深。世界本来也许是有一个终极真理的,如果人能够完全理解这个真理,那么人世就是天堂。可惜人寿有限,我们短暂的一生不足以完全领悟所有的道,这个矛盾是人类所有哲学的根源问题。佛讲轮回,基督讲末日审判,阴阳家讲长生登仙,马克思讲共产主义。儒家的解决办法是薪尽火传,也就是前人根据自己的经验制定规则,后人通过遵循这些规则,可以从比前人更高的起点去领悟人生,从而更加接近真理。然而后人怎能理解前人制定的准则呢?这些准则如何不成为对人的束缚呢?孔子也说,自己到了晚年才能随心所欲而不越矩。儒家在此与禅汇合,人必须先遵循一些规矩,修炼自己的本质,遏制欲望的目的是使欲望不必遏制,当人达到"随心所欲而不越矩"时,规矩就不存在了。人只有通过不断地拂拭内心,才能最终令尘埃无可染之处。所以茶道里禅的内涵,不在于什么"直心就是禅",什么"喝茶去",而是通过烦琐的规则来磨炼人心,当这些定规不再令饮茶者厌烦,当饮茶人信手而为就符合茶道礼法时,才算领会了茶的真谛,才能喝到一杯好茶。繁复而熟练的礼法是为了使人超然物外,浓如苦药的茶汤正如人生,别出心裁的插花显示有限的生命背后人类生生不息的生命力,棒喝的偈语告诉人处处是真理。日本茶道,是用一种仪式来向人讲述禅的思想,正如参禅需要顿悟一样,其中蕴涵的那些人生的经验,需要饮茶者用生命的一段时光来领悟。

第三节　咖啡与咖啡文化

【小问答】
你知道咖啡的来历吗?

1. 牧羊人的故事

传说公元 10 世纪前后,在非洲的埃塞俄比亚高原上,有个牧羊人卡尔,有一天他看到山羊突然都显得无比兴奋,雀跃不已。他觉得很奇怪,后来经过细心观察,发现这些羊群是吃了某种红色果实才兴奋不已的。卡尔好奇地尝了一些,发觉食后自己也觉得精神爽快,兴奋不已,便顺手将这种不可思议的红色果实摘些带回家,分给当地人吃,所以其神奇效力也就因此流传开来了。

2. 阿拉伯僧侣

传说公元 1258 年的也门山区,因犯罪而被族人驱逐出境的酋长雪克·欧玛尔,被流放到很远的瓦萨巴(位于阿拉伯),当他筋疲力尽地在山上走着时,发现枝头上的小鸟在啄食了树上的果实后,发出极为悦耳婉转的啼叫声。于是他便将此果加水熬煮喝,不料竟发出浓郁诱人的香味,饮用后原本疲惫的感觉也随之消除,元气十足。后来,欧玛尔便采集许多这种神奇的果实,遇见有人生病时,就将果实做成汤汁给他们饮用,使他们恢复了精神。由于他四处行善,受到信徒的喜爱,不久他的罪得以被赦,回到摩卡的他,因发现这种果实而被尊崇为圣者。据说当时神奇的治病良药,就是咖啡。

"咖啡"(coffee)一词来源于埃塞俄比亚的一个名叫卡法的小镇,在希腊语中"Kaweh"的意思是"力量与热情"。茶叶与咖啡、可可并称为世界三大饮料。咖啡树属茜草科常绿小乔木,日常饮用的咖啡是用咖啡豆配合各种不同的烹煮器具制作出来的,而咖啡豆就是指咖啡树果实内的果仁,再用适当的烘焙方法制作而成的。

一、咖啡豆的品种

1. 咖啡豆的种类

市面上的咖啡主要为阿拉比卡与罗布斯塔等两个原种。其各自又可再细分为更多的品种分枝。而市场上流通的咖啡豆多半以其产地来区分。以下列举出部分主要产国及其著名的咖啡。

巴西:山多士、巴伊亚、喜拉朵、摩吉安纳。
印度:马拉巴、卡纳塔克、特利切里。
印尼:爪哇、曼特宁、安科拉、麝香猫。
墨西哥:科特佩、华图司科、欧瑞扎巴、马拉戈日皮、塔潘楚拉、维斯特拉、普卢马科伊斯特派克、利基丹巴尔。
巴拿马:博克特、博尔坎巴鲁。
乌干达:埃尔贡、布吉苏、鲁文佐里。
赞比亚:卡萨马、纳孔德、伊索卡。
坦桑尼亚:乞力马扎罗。
波多黎各:尤科特选、大拉雷斯尤科。
哥伦比亚:阿曼尼亚、那玲珑、麦德林。
埃塞俄比亚:哈拉、季马、西达摩、拉卡姆蒂。
危地马拉:安提瓜、薇薇特南果。
中国:云南咖啡、海南咖啡、古坑咖啡、东山咖啡、大武山咖啡、竹山咖啡(鹿谷)。

古巴：图基诺。
夏威夷：可那。
越南：鼬鼠咖啡。

2. 咖啡豆的保存

烘焙过的咖啡豆，很容易受到空气中的氧气产生氧化作用，使得所含的油质劣化，芳香味亦挥发消失，再经过温度、湿度、日光等而加速变质。因此，咖啡豆的保存方法通常是要求密闭、低温和避光。

如果未开封的咖啡豆可以放到冰箱里，温度降低，必然咖啡豆的氧化速度变慢。但是，如果咖啡豆已经开封了，就不建议放到冰箱中了。在影响咖啡重要的元素中，潮湿是对咖啡味道影响最大的，咖啡豆将会吸潮，味道将很大程度地变坏。开封后的咖啡豆保存，建议是将咖啡豆放在专用密封罐或是使用专用的密封条（夹），密闭后放在阴凉干燥处保存即可。

二、咖啡分类

1. 植物分类法

咖啡树属茜草科的常绿乔木，茜草科植物自古以来便以含特殊药效的植物居多，被视为疟疾特效药的奎宁树，及治疗阿米八痢疾的杜根便是。而咖啡定位为最独特的生物碱饮用植物群。咖啡的果实是由外皮、果肉、内果皮、银皮，和被上述几层包在最里面的种子（咖啡豆）所形成，种子位于果实中心部分，种子以外的部分几乎没有什么利用价值。一般果实内有两双成对的种子，但偶尔有果实内只有一个种子的，称之为果豆。而为表示对称，我们便称果实有两双成对种子者为女豆。咖啡属植物至少也有 40 多个"种"，其中较实用的栽培种是三原种：高原栽培、低地栽培、最低栽培。

一般播种 2～3 年，咖啡树可长至树高 5～10 米，但为防咖啡豆失去香气、味道变差，以及采收方便，农民多会将其修到 1.5～2 米。播种后 3～5 年便开始结果。第 5 年以后的 20 年内均为采收期。

咖啡树常绿的叶片，叶端较尖，而且是两片相对成组。叶片表面呈现深绿色，背面呈浅绿色，开的花则是纯白色，花内有雄蕊五根、雌蕊一根，花瓣一般是五瓣，但有的则为六瓣，甚至八瓣，开的花会发出茉莉般的香味，但快的三四天便会凋谢。结的果刚开始是和叶片表面相同的深绿色，待越来越成熟后，便会变成黄色，再变成红色，最后转为深红色。

南北回归线间的环状地带，我们称之为咖啡带。因为该区较肥沃，富含有机质,还有火山灰质土壤,平均气温又在20 ℃左右,平均年雨量在1000～2000 mm 之间,年内无较大温差,故而成为理想的咖啡生产地。栽种咖啡得严防寒气、干热风、降霜的侵害。

2.味觉分类

(1)酸味:摩卡、夏威夷、墨西哥、危地马拉、哥斯达黎加高地、乞力马扎罗、哥伦比亚、津巴布韦、萨尔瓦多出产的咖啡。

(2)苦味:爪哇、曼特宁、波哥大、安哥拉、刚果、乌干达出产的咖啡。

(3)甜味:哥伦比亚美特宁、委内瑞拉的旧豆、蓝山、墨西哥、肯尼亚、山多士、海地出产的咖啡。

(4)中性味:巴西、萨尔瓦多、低地哥斯达黎加、委内瑞拉、洪都拉斯、古巴出产的咖啡。

一般来说,酸味系的咖啡豆,尤其以高质量的新豆居多,烘培程度最好浅些,而苦味系则烘培程度要浅些,甜味系则多属高地产水洗式精选豆。

三、重要的咖啡产区

现在,南北回归线之间的带状地区,广泛种植咖啡。不同地区种植出来的咖啡具有不同的风味:一个国家独有的土壤、气候条件和种植方式使得该国出产的咖啡具有独一无二的风味。法国的酿酒大师把这种现象叫做"地域风格"。在地理概念上,全球性的咖啡种植区有三个:东非和阿拉伯半岛,东南亚和环太平洋地区,拉丁美洲。

1.古巴

在古巴,咖啡的种植是由国家管理的。古巴最好的咖啡种植区位于中央山脉地带。因为这片地区除了种植咖啡外,还有石英、水晶等珍贵矿物出产,所以又被称为水晶山。水晶山与牙买加的蓝山山脉地理位置相邻,气候条件相仿,品味与蓝山咖啡相似,可媲美牙买加蓝山。所以古巴水晶山成了牙买加蓝山相比较的对象,水晶山又被称为"古巴的蓝山"。

水晶山咖啡就是顶级古巴咖啡的代名词,被称为"独特的加勒比海风味咖啡"、"海岛咖啡豆中的特殊咖啡豆"。

2.科特迪瓦

有人说它是仅次于巴西、哥伦比亚的世界第三大咖啡生产国。但可以确定的是其罗布斯塔原种生产量是占全世界第一的。主要产地是在南部地方,生产罗布斯塔原种的中型咖啡豆。

3. 埃塞俄比亚

埃塞俄比亚是拥有堪称咖啡原产地的历史和传统的农产国。被视为"咖啡"这个名称由来的所在地是西南部的卡法,南部的希塔摩地方则是主要产地,东部高地哈拉也非常有名。

4. 印度

西南部的卡尔纳塔卡州是主要产地,咖啡豆颗粒属于大粒形。东南部塔米尔纳得州产的咖啡豆,颗粒虽小,却是印度的高级品。

5. 印度尼西亚

印度尼西亚的咖啡产地主要限于爪哇、苏门答腊、苏拉威西三个小岛。罗布斯塔原种占其咖啡产量的九成。

爪哇岛上生产的少量阿拉伯原种咖啡豆,颗粒小,是一种具酸味的良质咖啡豆。此岛上的阿拉伯原种,曾是世界级的优良品,但1920年因受到大规模病虫害,而改种罗布斯塔原种,到如今它所产的罗布斯塔原种咖啡豆,在世界首屈一指,具个性化苦味的"爪哇",被广泛用来供混合使用。

曼特宁,也称为"苏门答腊咖啡"。曼特宁的颗粒较大,豆质很硬,栽种过程中出现瑕疵的比率偏高,采收后通常要人工挑选,如果控管过程不够严格,容易造成品质良莠不齐,加上烘焙程度不同也直接影响口感,因此成为争议较多的单品。在蓝山还未被发现前,曼特宁曾被视为咖啡的极品,因为它丰富醇厚的口感,不涩不酸,醇度、苦度可以表露无遗;中度烘焙则会留有一点适度的酸味,别有风味;如果烘焙过浅,会有涩味。

6. 也门

有一个说法认为咖啡是被人由埃塞俄比亚带到也门来,才以此为据点,传播到世界各地去。因是罗布斯塔原种名的发祥地,又曾因所生产的摩卡咖啡而声噪一时,但如今已没有当年的盛况了。

7. 墨西哥

咖啡生产地集中在较靠近危地马拉的南部地区,东西侧都有山脉贯穿,使它的山岳倾斜地成为咖啡理想栽培地形,咖啡栽种情形尚称普遍。

咖啡豆大小由中粒到大粒都有,外观、香味都大致良好。

8. 牙买加

因咖啡而声名大噪、成为世人话题的牙买加岛,是位于加勒比海的一个小共和国。贯穿此岛的山脉斜坡,是牙买加咖啡主要产地,最有名的是蓝山咖啡。蓝山,位于首都京斯敦东北方,秀丽的蓝山连峰是绝佳的咖啡栽培地,号称咖啡中的极品"蓝山咖啡"便以最高峰2256米蓝山山系来命名。咖啡树栽种在海拔

1000米左右的险峻山坡上。蓝山咖啡的年产量只有700吨左右。颗粒大、质量佳、味道调和,同时兼具适当的酸、苦、香、醇、甜味,是全世界公认的极品,通常都附上精致的标志和保证书,然后装入类似大型啤酒木桶的大桶内出口。有NO.1、NO.2、NO.3、圆豆等等级。由于产量少,市场上卖的大多是"特调蓝山",也就是以蓝山为底再加上其他咖啡豆混合的综合咖啡。

9. 巴西

巴西是世界上最重要的咖啡产地,总产量占全世界的1/3,巴西有10个州产咖啡豆,由于地域和气候的差异,品质难免良莠不齐,因此,巴西咖啡豆按等级分为No.1～No.3,Screen 18,Screen 19,以求品质的整齐稳定,加工烘焙时也能有较好的效果。巴西咖啡的香、酸、醇都是中度,苦味较淡,以平顺的口感著称。在各类巴西咖啡品种中,以桑托斯咖啡较著名,其品质优良,口感圆润,带点中度酸,还有很强的甘味,被认为是做混合咖啡不可缺少的原料。

10. 哥伦比亚

哥伦比亚是世界上第二大咖啡生产国,生产量是世界总产量的12%,仅次于巴西,而在生产哥伦比亚温和咖啡的国家中占第一位。哥伦比亚咖啡树均栽种在高地,耕作面积不大,以便于采收。采收后的咖啡豆,以水洗式(湿法)精制处理。哥伦比亚咖啡豆品质整齐,堪称咖啡豆中的标准豆。哥伦比亚咖啡豆,豆形偏大,带淡绿色,具有特殊的厚重味,以丰富独特的香气颇受青睐。口感则为酸中带甘、低度苦味,随着烘焙程度的不同,能引出多层次风味。中度烘焙可以把豆子的甜味发挥得淋漓尽致,并带有香醇的酸度和苦味;深度烘焙则苦味增强,但甜味仍不会消失太多。一般来说,中度偏深的烘焙会让口感比较有个性,不但可以作为单品饮用,做混合咖啡也很适合。

11. 夏威夷

产自夏威夷的可娜咖啡所使用的咖啡豆是生长在火山地形之上栽培的。同时有高密度的人工培育农艺,因此每粒豆子可说是娇生惯养,身价自然不菲,价格上仅次于蓝山。夏威夷可娜豆形平均整齐,具有强烈的酸味和甜味。口感湿顺、滑润。中度烘焙则使豆子产生酸味,偏深度烘焙则使苦味和醇味都加重。这种咖啡豆生长的高度从海平面到6000英尺(1英尺=0.3048米)。极品咖啡一般只在山脉的地区生长,生长的高度在4000～6000英尺,且年降雨量大,干季与湿季非常明显。生长极品咖啡豆的土质要非常肥沃,而且通常有火山岩质,浅云或阴天的天气在高质量的咖啡豆的生长环境中也是必需的。白天的气温需要15～20 ℃。这种气候造成一个更长的生长过程,独特的成长及气候环境从而使更为浓郁的咖啡口味产生。

第四节　咖啡品鉴与研磨

花式咖啡的制作

1. 摩卡咖啡

(1)食材:200 mL 牛奶、8 g 咖啡粉、10 g 可可粉、适量鲜奶油、适量巧克力酱。

(2)做法:①所有的材料准备好。②开水直接冲入咖啡粉中,过滤出咖啡渣不要。③牛奶用微波炉高火加热 2 分钟,加入可可粉搅拌均匀。④可可牛奶倒入咖啡中搅拌均匀。⑤淡奶油打至五分发。⑥把打好的淡奶油挤入咖啡杯中,奶油表面再用巧克力酱挤出 2 个同心圆圈。⑦用一根竹签,从圆心向外分别划 5 下。⑧在第一次划出的两个尖中间,再用竹签由同心圆的外面向圆心分别划 5 下。

2. 拉花咖啡

(1)食材:咖啡、牛奶适量。

(2)做法:①首先找一个注入点。②以画圈的方式融合牛奶和咖啡。③放低高度使表面出现白点。④摇晃拉花杯拉出大面积的奶泡。第一个奶泡完成后,将拉花杯的一端拉起。⑤再次将牛奶注入咖啡杯中间,拉出奶泡后如同撞球的动作一般,由后向前拉,将先前的奶泡下压。⑥继续以同样的方式拉出第三个奶泡。⑦中间注入细细的线条,一杯美味的拉花拿铁就完成了。

3. 卡布奇诺

(1)食材:全脂牛奶、巧克力酱。

(2)做法:①将手动奶泡器、拉花杯用温水冲洗干净,备用。②牛奶加热至 65~70 ℃。③将热好的牛奶倒入手动奶泡器中,上下抽动 15~20 下,感觉吃力并有奶泡溢出,基本就打好了。④将上面粗的奶泡撇出。将剩下的细腻的奶泡倒入拉花杯中,轻轻摇晃几下,让奶泡更加均匀。⑤将咖啡杯温热后,制作浓咖啡 60 mL。⑥将奶泡在离咖啡杯口 10 cm 的地方倒入咖啡杯中至八成满。然后用勺盛出少量奶泡,按照你需要的形状放在杯中。⑦补齐边缘的地方,使奶泡大概占整个杯面的 2/3 即可。⑧在离奶泡 5 mm 的地方挤上巧克力酱,用裱花棒画出你喜欢的图案。

4. 焦糖玛奇朵

(1)食材:40 g 细砂糖、100 g 淡奶油、70 mL 黑咖啡、70 mL 牛奶。

(2)做法:①糖加水小火煮至焦糖色,煮的过程中不要搅拌,颜色发黄后就关火。②用余温上色,然后缓缓倒入温热的淡奶油,边倒边快速搅拌均匀即成焦糖浆。③咖啡杯中加入一勺焦糖浆,倒入黑咖啡搅匀。④牛奶加热到温热,用打泡器打出绵密的奶泡,用汤勺捞出铺满杯子。⑤将一勺焦糖浆放入一次性裱花袋,剪细小口,在奶泡上挤上花纹即可。

一、咖啡的营养成分

1.咖啡因

咖啡因是咖啡所有成分中最为人注目的。它属于植物黄质(动物肌肉成分)的一种,性质和可可内含的可可碱、绿茶内含的茶碱相同,烘焙后减少的百分比极微小。咖啡因的作用极为广泛,它可以加速人体的新陈代谢,使人保持头脑清醒和思维灵敏。咖啡这一"提神"功效特别受欢迎。有些人在晚间饮用了咖啡会失眠,也有些人饮用过多的咖啡,就会神经紧张、过度亢奋,但也有很多人不会受到丝毫影响。一旦了解了人体对咖啡因的反应,我们就可以用它来满足自身的需要。在考前温习或者长途驾驶的时候喝上一杯香浓美味的咖啡,一定能减轻疲劳。

2.单宁酸

经提炼后单宁酸会变成淡黄色的粉末,很容易融入水,经煮沸它会分解使咖啡味道变差。而如果冲泡好又放上好几个小时咖啡颜色会变得比刚泡好时浓,而且也较不够味,所以才会有"冲泡好最好尽快喝完"的说法。

3.脂肪

咖啡内含的脂肪,在风味上起极为重要的作用,分析后发现咖啡内含的脂肪分为好多种,而其中最主要的是酸性脂肪和挥发性脂肪。酸性脂肪是指脂肪中含有酸性,强弱会因咖啡种类不同而异,挥发性脂肪是咖啡香气主要来源。烘焙过的咖啡豆内所含的脂肪一旦接触到空气,会发生化学变化,使味道、香气都会变差。

4.蛋白质

咖啡中的蛋白质含量比较有限。

5.糖分

在不加糖的情况下,除了会感受到咖啡因的苦味、单宁酸的酸味,还会感受到甜味,便是咖啡本身所含的糖分造成的。烘焙后糖分大部分会转为焦糖,为咖啡带来独特的褐色。

6.矿物质

有石灰、铁质、硫黄、碳酸钠、磷、氯、硅等,因所占的比例极少,对咖啡的风味影响并不大，综合起来只带来稍许涩味。

7. 粗纤维

生豆的纤维质烘焙后会炭化，这种碳质和糖分的焦糖化互相结合，形成咖啡的色调。但化为粉末的纤维质会给咖啡风味带来相当程度的影响，故不鼓励购买粉状咖啡豆，因为这样无法尝到咖啡的风味。

二、咖啡豆的选择

1. 新鲜度

选用新鲜的咖啡豆。在购买时注意豆的颜色和颗粒的大小是否一致，好的咖啡豆外表光鲜有光泽，并带有浓郁的香气而没有混入异味。不论是哪一种咖啡豆，新鲜度都是影响质量的重要因素。选购时，抓一两颗咖啡豆在嘴中嚼一下，要清脆有声（表示咖啡未受潮）、齿颊留香才是上品，但最好还是用手捏捏，感觉一下是否实心，而不是买到脆壳的咖啡。如咖啡豆已失去香味或闻起来有陈味，就表示这咖啡豆已不再新鲜，不适合购买。

2. 香味

刚炒好的咖啡豆并不适合马上饮用，应该存放一周以便将豆内的气体完全释放出来。此时的咖啡豆最新鲜，香味及口感的表现最佳。

咖啡美味之处在于香气，而香气会在烘焙完成后的一刻开始流失。无论多贵的咖啡豆，不新鲜的话，味道会大打折扣。

3. 纯度

咖啡豆的纯度也是另一个考虑因素，内行人选咖啡，倒不见得是看颗粒的大小，而是抓一把单品咖啡豆，大约数十颗的分量，看一看每颗单豆的颜色是否一致，颗粒大小、形状是否相仿，以免买到以混豆伪装的劣质品。但如果是综合豆，大小、色泽不同是正常的现象。另外重火和中深的焙炒法会造成咖啡豆出油，可是较浅焙炒的豆子如果出油，则表示已经变质，不但香醇度降低，而且会出现涩味和酸味。总之在选购咖啡豆时应注意其新鲜度、香味和有无陈味，而理想的购买数量是以半个月能喝完为宜。

三、咖啡豆的烘焙

咖啡生豆通过烘焙，可以释放出咖啡豆特殊的香味，每一颗咖啡豆蕴藏的香味、酸味、甘甜、苦味，如何淋漓尽致地释放出来主要靠其烘焙的火候。从淡而无味的生豆，到杯中余味无穷的香醇，烘焙是每一颗咖啡豆漫长的旅行中，勾画性格、孕育香味极重要的一个步骤。

咖啡豆在这场长约一二十分钟(与温度成反比)、温度高达200 ℃以上,在与火热切对话的过程中,历经多次化学变化,发出一次爆、二次爆,如爆米花似的响声,并丧失水分。从生豆、浅焙、中焙到深焙,水分一次次释放,重量减轻,体积却慢慢膨胀起来,咖啡豆的颜色加深,芬芳的油质逐渐释放出来,质地也变得爽脆。在生豆中蕴涵有大量的氯酸,随着烘焙的过程,氯酸会逐渐消失,释放出令人熟悉而愉悦的水果酸——如醋酸、柠檬酸和葡萄酒中所含的苹果酸,烘焙恰到好处地可将这些美好的酸味适度地呈现出来。

(1)浅焙:豆子迸发出第一声轻响,体积同时膨胀,颜色转变为可口的肉桂色。酸性主导了浅焙豆子的风味,质感和口感都尚未充分发挥,一般作为罐装咖啡使用。

(2)中焙:咖啡豆呈现出幽雅的褐色。这种烘焙的方法又叫都市烘焙。中焙能保存咖啡豆的原味,又可适度释放芳香,因此牙买加的蓝山、哥伦比亚咖啡、巴西咖啡等单品咖啡,多选择这种烘焙方法。在 20 分钟时,油脂开始浮出表面,豆子被烈火烫烧出油亮的深褐色,称为"full-city roast",这时咖啡的酸、甜、苦味达到最完美的平衡点,咖啡豆的性格也被线条分明地刻画出来。

(3)深焙:咖啡豆的颜色越深,风味也更甘甜香醇,这时油脂已化为焦糖,苦尽回甘,余味无穷,最适合酝酿强劲的意大利浓咖啡,所以又称为意式烘焙法。适度的烘焙赋予咖啡豆生命,化为入口时耐人寻味的酸甜苦涩。对咖啡因敏感的人,不妨选用深焙的豆子,因为在深焙的过程中,咖啡因会慢慢地逸失,所以越深焙的豆子,其咖啡因的含量越低,一杯浓咖啡中的咖啡因含量,只有其他中焙咖啡的一半。

四、咖啡研磨

将烘焙后的咖啡豆粉碎的作业叫研磨。研磨咖啡豆的道具叫磨子。

研磨咖啡最理想的时间,是在烹煮之前才研磨。因为磨成粉的咖啡容易氧化散失香味,尤其在没有妥善贮存之下,咖啡粉还容易变味,自然无法烹煮出香醇的咖啡。

研磨豆子的时候,粉末的粗细要视烹煮的方式而定。烹煮的时间愈短,研磨的粉末就要愈细;烹煮的时间愈长,研磨的粉末就要愈粗。以实际烹煮的方式来说,浓咖啡机器制作咖啡所需的时间很短,因此磨粉最细,咖啡粉细得像面粉一般;用"赛风"方式烹煮咖啡,需要一分多钟,咖啡粉属中等粗细的研磨;美式滤滴咖啡制作时间长,因此咖啡粉的研磨是最粗的,一颗颗像沙滩上的晶粒般。研磨粗细适当的咖啡粉末,对想做一杯好咖啡是十分重要的,因为咖啡粉中水溶性物质的萃取需要理想的时间,如果粉末很细,又烹煮长久,造成过度萃取,则咖啡可能非常浓苦而失去芳香;反之,若是粉末很粗而且又烹煮太快,导致萃取不足,那么咖啡就会淡而无味,因为来不及把粉末中水溶性的物质溶解出来。

咖啡豆内含有油脂,因此磨豆机在研磨之后一定要清洗干净,否则油脂积垢,久了会有陈腐味,即使是再高级的豆子,也被磨成怪味粉末了。磨豆机在每次使用完毕,一定要用湿巾擦拭刀片机台,并用温热水清洗塑料顶盖。但是对于美国流行的加味咖啡,添加的香精味道又浓又重,而且会残存很久,在清洗前最好先放两匙白糖进去搅打去味一下。当然最好是一个研磨机只研磨同一种豆子,那就没混味的问题了。

咖啡豆的研磨方法根据其大小可以分为粗研磨、中研磨与细研磨三种。依咖啡器具不同而使用合适之研磨方法。还有比细研磨更细的极细研磨(成粉状咖啡粉)。而咖啡豆的研磨时机是冲泡咖啡前,只将需要的分量研磨即为上品。咖啡豆磨成粉状后其表面积增加而吸收湿气,容易氧化。总之随着时间的经过,咖啡粉也起劣化作用而使风味受损。

五、世界三大著名现磨咖啡

1. 蓝山咖啡

蓝山咖啡是一种大众知名度较高的咖啡,只产于中美洲牙买加的蓝山地区,并且只有种植在1800米以上的蓝山地区的咖啡才能授权使用"牙买加蓝山咖啡"的标志,占牙买加蓝山咖啡总产量的15%。而种植在海拔457米到1524米之间的咖啡被称为高山咖啡,种植在海拔274米至457米之间的咖啡称为牙买加咖啡。蓝山咖啡拥有香醇、苦中略带甘甜、柔润顺口的特性,而且稍微带有酸味,能让味觉感官更为灵敏,品尝出其独特的滋味,为咖啡之极品。

2. 猫屎咖啡

产于印尼,咖啡豆是麝香猫食物范围中的一种,但是咖啡豆不能被消化系统完全消化,咖啡豆在麝香猫肠胃内经过发酵,并经粪便排出,当地人在麝香猫粪便中取出咖啡豆后再做加工处理,也就是所谓的"猫屎"咖啡。此咖啡味道独特,口感不同,但习惯这种味道的人会终生难忘,由于现在野生环境的逐步恶劣,麝香猫的数量也在慢慢减少,导致这种咖啡的产量也相当有限,能品到此咖啡的人是相当的有幸。

3. 琥爵咖啡

琥爵咖啡生产于古巴水晶山,在咖啡行业同样具有很高的声誉,在世界排名前几位。水晶山与牙买加的蓝山山脉地理位置相邻,气候条件相仿,可媲美牙买加蓝山咖啡。琥爵咖啡坚持完美咖啡的原则,只做单品咖啡,咖啡豆的采摘以手工完成,加上水洗式处理,以确保咖啡的质量。琥爵咖啡像一个优雅的公主,拥有高贵、柔情、优雅的特性。平衡度极佳,苦味与酸味配合很好,在品尝时会有细致顺滑、清爽淡雅的感觉。

六、著名咖啡

(1)浓缩咖啡,原文是意大利语,有"立即为你煮"的意思,是俗称的意大利特浓咖啡。浓缩咖啡是利用高压,让沸水在短短几秒里迅速通过咖啡粉,得到约1/4盎司的咖啡,味苦而浓香。

(2)玛奇朵。玛奇朵原文为意大利语,代表"印记、烙印"的意思,发音为"玛奇雅朵",但我们习惯称为玛奇朵。玛奇朵是在浓咖啡上加上薄薄一层热奶泡以保持咖啡温度,细腻香甜的奶泡能缓冲浓缩咖啡带来的苦涩冲击,想喝咖啡但又无法舍弃甜味的你,可以选择玛奇朵。

(3)美式咖啡。使用滴滤式咖啡壶、虹吸壶、法压壶之类的器具所制作出的黑咖啡,又或者是在意大利浓缩咖啡中加入大量的水制成。口味比较淡,但因为萃取时间长,所以咖啡因含量高。

(4)白咖啡。马来西亚土特产,有100多年的历史。白咖啡并不是指咖啡的颜色是白色的,而是采用特等咖啡豆及特级脱脂奶精原料,经特殊工艺加工后得到的咖啡,甘醇芳香不伤肠胃,保留了咖啡原有的色泽和香味,颜色比普通咖啡更清淡柔和,故得名为白咖啡。

(5)拿铁。拿铁咖啡做法极其简单,就是在刚刚做好的意大利浓缩咖啡中倒入接近沸腾的牛奶。事实上,加入多少牛奶没有一定之规,可依个人口味自由调配。

(6)康宝蓝。康宝蓝即意式浓缩咖啡加上鲜奶油。有一种说法是,正宗的康宝蓝要配一颗巧克力或太妃糖,先将巧克力或太妃糖含在嘴里,再喝咖啡,让美味一起在口中绽放。

(7)卡布奇诺。传统的卡布奇诺咖啡是1/3的浓缩咖啡、1/3的蒸汽牛奶和1/3的泡沫牛奶。卡布奇诺分为干和湿两种。干卡布奇诺是指奶泡较多、牛奶较少的调理法,喝起来咖啡味浓过奶香。湿卡布奇诺则指奶泡较少、牛奶量较多的做法,奶香盖过浓呛的咖啡味,适合口味清淡者。

(8)摩卡。一种最古老的咖啡,得名于著名的摩卡港。摩卡是由意大利浓缩咖啡、巧克力糖浆、鲜奶油和牛奶混合而成的,是意式拿铁咖啡的变种。

(9)焦糖玛奇朵。即加了焦糖的玛奇朵,是在香浓热牛奶上加入浓缩咖啡、香草,最后淋上纯正焦糖而制成的饮品,特点是在一杯饮品里可以喝到三种不同的口味。

(10)爱尔兰咖啡。一种既像酒又像咖啡的咖啡,是由热咖啡、爱尔兰威士忌、奶油、糖混合搅拌而成。

(11)维也纳咖啡。奥地利最著名的咖啡,在温热的咖啡杯底部撒上薄薄一层砂糖或细冰糖,接着向杯中倒入滚烫而且偏浓的黑咖啡,最后在咖啡表面装饰两勺冷的新鲜奶油,一杯维也纳咖啡就做好了。

七、咖啡品鉴

品尝咖啡就是对多种咖啡进行对照、比较和品味。你只品尝一种咖啡,你就无法做出对照和比较。如果你一次品尝两种或者三种咖啡,你不仅可以根据自己的喜好进行对照和比较,还可以根据它们的气味、酸度、醇度和味道来进行对照和比较。注意:当你品尝多种咖啡时,首先要品尝醇度比较低的咖啡,然后再品尝醇度比较高的咖啡。

1. 气味

一种咖啡的味道首先是通过气味来表现的。事实上,人的味觉主要来自嗅觉——这就是气味芳香的咖啡让人满意的原因。

2. 酸度

与咖啡品尝有关的术语中,"酸度"一词并不是指味道发酸或者发苦的程度,酸度意味着味道的活泼、浓烈、清新程度。要想明白酸度的高低到底是怎么一回事,可以想象一下纯水与气泡水之间的区别。有种名叫特级哥伦比亚拿里诺的拉丁美洲咖啡具有非常活泼的口感,于是我们说它的酸度很高。相反,苏拉维西的味道非常醇厚,于是我们就说这种咖啡的酸度比较低。

3. 醇度

舌头所感觉到的一种饮料的重量或者密度。饮料的醇度有低有高。为了让人理解这一概念,有时使用"糖浆"一词来描述一种醇度高的咖啡,例如苏门答腊咖啡。

4. 味道

这是由气味、酸度、醇度融合在一起给人留下的一种总体印象。提到咖啡的味道,你会想起什么呢?例如,我们常常说"在喝肯尼亚咖啡的时候,会想起葡萄柚",意思就是说在这两种东西之间会产生一些联想。但是,当我们这么说的时候,并不是指"肯尼亚咖啡具有葡萄柚的味道",它的味道就是咖啡特有的味道。有许多种描述咖啡味道的方法,就像有许多种描述白雪的方法一样。

八、咖啡的冲泡工具及方法

1. 滴滤壶

这种滴滤壶的构造很简单,只有一个圆锥形容器,很像一只杯子,容器的内缘必须铺上滤纸,放入咖啡粉,用热水冲泡即可。这种方法热水与咖啡粉接触一次,便落入杯子里,所以只会萃取到挥发性较高的物质,因此可以冲煮出气味芬芳、杂味最少的咖啡。

2. 美式电动咖啡壶

一般电动咖啡壶的内部容箱有两种,一种是漏斗式,一种是宽而扁的圆柱形。通常建议在小量冲煮咖啡时使用前者。咖啡粉会集中在狭小的底部,热水流过的速度减慢。而后者,咖啡粉只能平铺在容箱底部薄薄的一层,当热水快速穿过时,根本没有泡到咖啡。目前市面上的电动咖啡机,内部的喷射嘴大多呈辐射状,咖啡粉数量又太少,部分热水只能喷射到滤纸,并没有喷射到咖啡粉,大多都被冲泡成一杯稀释的咖啡。

3. 法式压滤壶

压滤壶最能显示出原始的风味跟狂野。用热水直接冲泡咖啡,并用铁网过滤,几乎把能萃取到的物质全部萃取出来了,会形成一杯较浑浊的咖啡。风味很原始,很复杂。一般优质的咖啡很适合这种冲泡方法。

4. 虹吸壶

利用一根水管用空气的压力将下半容器内的水移到上半容器就变成一杯咖啡。所以也叫真空壶、塞风壶。在欧美基本上不用虹吸壶,但是在日本和台湾地区比较受欢迎。也许是可以在吧台上舞弄着玻璃器具,像是在搞化学实验,让人们认为这是一种很深奥的技巧,误以为用这种方式冲泡的咖啡最好。

5. 摩卡壶

摩卡壶是由上壶、滤网、下壶所组成,滤网在上下壶之间。冲泡时,水装在下壶,咖啡放在中间的网里,当下壶受热后,产生水蒸气,将热水冲上去。穿过咖啡粉,然后进入上壶,形成咖啡。因为它的气压比较高,所以有人将它归类为高压式煮法。也有人将它叫做手工浓缩咖啡,不过它不能煮出意式浓缩咖啡的那层泡沫。

6. 意大利浓缩咖啡机

它是一种易用科技来冲煮咖啡的方法,一杯意大利浓缩咖啡的标准,咖啡粉在 7 克左右,水温 95 ℃左右,水压在 10 个大气压左右,冲煮时间在 22~28 秒之间。如果水温太低,会造成萃取不足,只能煮出一杯风味不足、味道偏酸的咖啡。

但水温过高,则会造成咖啡过度的苦涩。而醇味主要来自它的水压,用高压萃取出咖啡中不能溶于水的物质。高压使咖啡中的脂质完全乳化,溶入水中。冲煮时间将决定这杯咖啡的特色。

【补充阅读】

星巴克的传奇

星巴克(Starbucks),诞生于美国西雅图,靠咖啡豆起家,自1987年正式成立以来,从来不打广告,却在近30年时间里一跃成为巨型连锁咖啡集团,其飞速发展的传奇让全球瞩目。星巴克不仅将丑小鸭变成白天鹅的奇迹演绎得淋漓尽致,它背后还隐藏着感人的故事。

星巴克咖啡公司是世界领先的特种咖啡的零售商,旗下零售产品包括30多款全球顶级的咖啡豆、手工制作的浓缩咖啡和多款咖啡冷热饮料、新鲜美味的各式糕点食品以及丰富多样的咖啡机、咖啡杯等商品。1987年,董事长霍华德·舒尔茨先生收购星巴克,从此带领公司跨越了数座里程碑。1992年6月,星巴克作为第一家专业咖啡公司成功上市,迅速推动了公司业务增长和品牌发展。当前公司已在北美、拉丁美洲、欧洲、中东和太平洋沿岸37个国家拥有超过12000多家咖啡店,拥有员工超过117000人。长期以来,公司一直致力于向顾客提供最优质的咖啡和服务,营造独特的"星巴克体验",让全球各地的星巴克店成为人们除了工作场所和生活居所之外温馨舒适的"第三生活空间"。与此同时,公司不断地通过各种体现企业社会责任的活动回馈社会,改善环境,回报合作伙伴和咖啡产区农民。鉴于星巴克独特的企业文化和理念,公司连续多年被美国《财富》杂志评为"最受尊敬的企业"。

星巴克看好中国市场的巨大潜力,立志于在中国长期发展。自1999年进入中国内地以来,星巴克已在内地60多个城市运营超过千家门店。

■ 本章回顾

本章主要介绍了茶和咖啡两种非酒精饮料。从茶和咖啡的种植历史和分类出发,引导学生思考茶和咖啡的饮用与健康的关系、与文化的关系。要求学生掌握不同品种茶叶的冲泡方法,可以进行一到两种茶艺表演;熟悉主要咖啡品种以及特点,能够在宾客点单时进行详尽的推介。

■ 关键概念

中国茶文化　茶道　咖啡文化

■ **复习与思考**

1. 中国茶道与日本茶道的关系。
2. 红茶与英国人日常生活的关系。
3. 中国茶文化的精髓与当代传承。

■ **单元实训**

1. 根据所在地居民的饮茶习惯,选择一种茶进行茶艺表演。
2. 学生分组,进行不同茶种的冲泡练习,熟悉不同的茶具和不同品种茶叶的冲泡方法。
3. 情景模拟:学生分组,进行酒店咖啡厅的点单操作。
4. 选择一种自己喜爱的花式咖啡进行冲泡练习。
5. 讨论:如何看待星巴克曾经将门店开进故宫?
6. 讨论:如何评价厦门"赵小姐的茶"的营销策划?

第七章 酒水管理

课前导读

中国酿酒的起源

要想准确判断中国酿酒起源年代,必须寻找到成套组合的酿酒器具。可喜的是,1979年山东莒县陵阳河大汶口文化晚期墓葬"墓17"中出土了一组成套的酿酒器具,有大口尊、沥酒漏缸、接酒盆、盛酒瓮等实物,这是我国史前考古中首次发现的成套酿酒用具。古代酿酒一般在缸形器具内发酵,这种缸形器具叫做"大口尊"(又称大汶口文化大口尊)。

此尊出土于山东莒县陵阳河遗址的一座大汶口文化晚期墓葬中,口大腹深,底部尖突。外表呈灰色,遍饰篮纹,尊的上部刻画了一组图像,上为圆圆的太阳,下是五个山峰相连的山脉,中间似飘浮的云气,又像是一弯新月、一簇火焰。有人说这组图像是古代的"图腾",但多数人认为是酒神的形象。大口尊是大汶口文化晚期的重器之一,发现于大墓之中,且数量极少。这说明一般的氏族成员是不能用这种器具酿酒的,只有地位较高的人才能使用,尤其是刻画图像的大口尊,只能为少数人所拥有。更有意思的是,凡随葬大口尊的墓葬中,都同时随葬丰富的温酒、斟酒和饮酒器具,反映出大汶口文化晚期人们对酒的喜爱和占有。

"墓17"出土的大口尊为真砂粗质陶,通高50厘米,口径43厘米,胎壁厚重。该器腹下部与腹上部颜色明显不同,上腹部色深黑,下腹部灰中泛白,似乎与穴埋有关。古人酿酒常将缸形器具全埋或半埋于穴中,目的在于保持发酵期间的恒温状态。这件大口尊出土时内壁有水锈样沉淀物,当时未鉴定是否属于酒液残渣,但就直观效果来看,这件大口尊盛放过液体,并有沉淀物,于此推测这件大口尊为酒器。

  "墓17"发现的成套器具,其关键在于一件沥酒漏缸。漏缸为夹粗砂陶质,褐色,通高42厘米,口径57厘米,直壁,平底,底部直径51厘米。让人兴奋的是,缸的底部中间有大圆形镂孔一个,孔径10厘米,因而命名此缸为"漏缸"。古人酿酒,采用过各种各样的滤酒方法,以便让酝酿后的酒液与糟体分离,其中渗漏法的使用年限最为久远。"墓17"的这件沥酒漏缸就是一种滤酒器具。在使用时,滤酒者会在缸内放上一层过滤网(或用竹篾编成),然后把大口尊里的发酵液体倒入漏缸,让其渗漏。在"墓17"中,与大口尊、沥酒漏缸同时放置的还有盆和瓮,这自然就是接酒盆和盛酒瓮了。如此四组一套,正好反映了中国谷物酿酒的工艺流程。这充分表明,4800年前的莒县先民已经学会了酿酒,并对酿酒有了艺术思维。莒县陵阳河墓址出土的实物证实了大汶口文化晚期的谷物酿酒已经十分成熟。

第七章 酒水管理

【学习目标】

通过教学,学生应了解酒水原料采购、验收、仓储、发放等环节的要求,掌握各环节的相关制度、原则和标准操作程序,建立酒水营销的基本理念,能根据不同的餐饮场合、酒水类型进行合适的营销策划,并能合理控制好酒水成本和质量。

【知识目标】

1. 学习制订采购计划,学会建立采购制度;
2. 掌握采购程序、验收规程和原料发放方法;
3. 了解各种原料的储存要求;
4. 学习填制酒水管理各环节的表单。

【学习任务】

1. 正确制订采购计划,确定合理的采购数量;
2. 掌握采购、验收、发放程序;
3. 了解酒水储存的设计要求以及各种原料对储存环节的要求;
4. 熟悉酒水成本管理、营销管理的基本理念。

【小问答】

你知道为什么酒又被称为"杜康"?

《世本》卷一有言:"帝女仪狄始作酒醪,变五味;少康作秫酒。"

《战国策·魏策二》有言:"昔者帝女仪狄作酒而美,进之禹,禹饮而甘之。"

《艺文类聚》卷七二引《古史考》云:"禹时仪狄作酒。"又引魏王粲《酒赋》曰:"帝女仪狄,旨酒是献。蜜芬享祀,人神式宴。辩其五齐,节其三事。"

《说文解字》七下《巾部》释"帚"字:"古者少康初做箕帚、秫酒。少康,杜康也。"同书十四下《酉部》释"酒"字:"古者仪狄作酒醪,禹尝之而美,遂疏仪狄。杜康作秫酒。"

对于酒的起源,古人早有评说。然而,由于中国酿酒早于文字问世,只能凭借有文字记载的酿酒信息对更早时期的酿酒情况进行追溯性的猜测,因而这种猜测就难免带有传说及臆想的成分。此外,中国古文明还形成一个惯例,就是把每一项重大发明都附着在一位著名人物身上,借以强调这项重大发明的权威性与神圣意义。所以,古文献在涉及酿酒始源问题时,大都使用了同一种观点,把酒的发明与人物联系起来。古人论及酒之发明,主要附着于两位人物,一位是仪狄,一位是少康(也叫"杜康")。仪狄与禹同时,少康则晚于禹五代,亦为夏朝君主。古人不自觉地把与酒有关的活动都联系在仪狄和杜康身上,并通过这种远古定位来确认酒的由来。后代产生的酒祖崇拜、业神祭祀以及酒文化活动,往往使用仪狄或杜康的形象。有更多的人信奉杜康造酒的传说,以至千百年来,杜康那虚无缥缈但又深有价值的踪影在酒史长河中始终闪耀。宋人高承在《事物纪原》卷九中就曾感叹:"不知杜康何世人,而古今多言其始造酒也。"唐人李擀编著儿童识字课本《蒙求》,也把"杜康造酒"与"仓颉造字"相提并论,视为同一类型的发明。凡是生产酒和销售酒的场所,杜康均被奉为行业鼻祖。这种行业性质的崇拜,始终把杜康推到酒业的最高位置。

以这两位人物为基点来探讨中国古酒起源,并没有多少实际意义。因为远在夏朝之前,酒已经问世,考古领域早已证实了这一点。然而,关注中华几千年的酒文化历史,则不能不把两位传奇人物摆在一个始点位置,将仪狄和杜康导向中国酒文化的传说源头。

酒水管理是酒水成本管理和营销管理的综合。

人们通常认为,经营的利润来自于销售;酒水只有通过销售,才能实现利润。但这只是表面现象。确切地说,销售带来的只是营业收入,并非利润。销售仅仅是酒水经营管理过程中的一个环节。如果仅在销售上加价以牟取更高的利润,就会使顾客的消费量减少,从而降低整体销售量,导致酒水的总体效益和利润并不能够增加。产品的市场价格是以价值为基础,并且在竞争中酒水的销售价格逐渐趋于平均化,所以不能仅依靠销售价格的提高来扩大利润,还要努力做好成本控制,在采购环节寻找酒水利润的增长点。

在市场经济条件下,各种酒水原材料的采购价格具有较大差异,比如地区差价、季节差价、批零差价、质量差价等等。这些差价都直接影响原料的采购成本。一般采购者都应该根据酒吧利润最大化的原则,有效掌握和利用这些差价因素,为酒水选择、采购质优价廉的原料,从而确保酒水盈利目标的实现。酒水成本是指酒水在销售过程中的直接成本。用酒水的进货价与销售价来确定,可以用百分比来计算。例如可口可乐的零售价为每罐人民币2元,售价是10元的话,酒水的成本为2元,成本率为20%。成本率是计算成本与售价的比值。同样瓶装的酒水也可以用每杯的进价与售价来计算。

酒水的售价是在酒吧定出成本后确定的。每一个酒吧都要按照本身装修格调和人员素质定出成本率,然后再计算酒水的销售价。计算时不能将每一种饮料单独计算,要分组计算,低价的酒水成本率可以低些,名贵的酒水成本率可以高些。例如:计算果汁的售价与成本。酒吧常用的果汁有5种:橙汁、柠檬汁、菠萝汁、西柚汁和番茄汁。在确定成本率为25%以后,进价与售价如表7-1所示:

表 7-1　酒吧果汁类进价与售价表

项目	进价/元	售价/元
橙汁（每杯）	1.20	6.00
柠檬汁（每杯）	1.20	6.00
菠萝汁（每杯）	1.50	6.00
西柚汁（每杯）	2.00	6.00
番茄汁（每杯）	1.60	6.00
合　计	7.50	30.00

选5种果汁各一杯价相加得7.5元,是果汁类的一组进价成本,按25%成本率计,应卖 7.50÷0.25＝30(元),30元为5杯果汁的总销售额,所以每杯果汁的价格为 30÷5＝6(元),这样制定价格既方便计算,又有利于营业,而且调酒师也方便记忆。

其他酒水的计算方法也相同,可将酒水分为几类:流行名酒(包括一般牌子的烈性酒),名贵酒类(包括各种名贵烈性酒),各类威士忌、干邑白兰地和雅邑白兰地、开胃酒、餐后甜酒、鸡尾酒和餐酒、啤酒、果汁、矿泉水和软饮。然后再进行分组,计算出售价。

总的来说,酒水的成本是指酒水的进货价格,酒水的成本率由各酒吧自行确定,而售价则是根据酒水的成本和成本率计算得出的。

酒水的成本主要在于两个方面:一是控制酒吧的存货量,既不能过多存货造成积压资金,又不能太少存货导致营业困难;二是减少浪费和损耗。酒吧需设立成本分析表(表 7-2),主要是每日成本和累积成本的核算。每日成本是说明酒吧当日的领货与营业状况。累积成本是反映当月的酒吧成本实况。

表 7-2　酒水成本分析表

日期	营业额	成本	百分比	每日成本分析
当月累积分析				

可以从表格中每日的营业额与成本对比分析酒吧的经营状况,假设确定的酒水成本是30%,而当日所反映的酒水成本的百分比是50%,就需要了解实际情况,为什么要领这么多的货,是否领了过多的酒水或较贵重的酒,还没有售出去。每日成本对比还可以分析数个酒吧之间的营业状况。

假设相同状况或营业额接近的酒吧,如果当天成本百分比相差很大,就要检查原因。每日成本数字还可以使酒吧主管或领班按照实际营业状况去领货,而不必过多地积压酒水。表格中的每月累积成本数字则反映当月酒水销售成本的实况,越接近月底,百分比就越接近确定的成本率,反之就有问题了。

计算公式是:

每月成本＝月初存货＋领用酒水＋调拨进酒水－调拨出酒水－月底存货

以上是指每月酒水成本的金额(现金价格)。其中月初存货与月底存货是从每月酒水盘点中得来;领用酒水是当月累积领用酒水的总和;调拨进酒水是指从别的酒吧或厨房借用的食物和酒水;调拨出酒水是指借给别的酒吧或厨房用的酒水和食物。

酒水成本的百分比计算公式是:

酒水成本百分比＝当月酒水成本÷当月营业额×100％

在实际计算时当月营业额还应减去食物的营业额。计算得出的数字不能超出确定的成本率的±0.5％;如果超出了＋0.5％,则说明浪费和损耗太多,要查清原因;如果低于－5％,则说明出品质量有问题,没有按标准出品。成本控制是要求调酒师对酒水的成本率进行分析,从中去调节指导酒吧实际出品和营业情况,以保持领用酒水与销售的平衡。按照预定的计划来减少浪费、积压和损耗,以达到更好的经营效益。全面控制酒水成本,是整个酒水成本控制中不可忽视的一个环节。

第一节 酒水采购

【小问答】

你知道什么是啤酒花吗?

啤酒花是啤酒原料名,简称酒花,又名忽布、蛇麻花。大麻科,葎草属,多年生蔓性草本植物。其地上茎每年更替一次,茎长可达 10 米。根据茎的颜色,可分为紫、绿、白三类品种。每类中均有早、中、晚熟品种。根为宿根,深入土壤 1～3 米,可生存 20～30 年之久。叶对生,分 3 个或 5 个掌状裂片,小叶呈心脏形,不分裂,两面生毛,内面有逆刺,边缘呈锯齿状。雌雄异株,酿制啤酒均用雌花,其花体为绿色或黄褐色,呈松果状,长约 2～4 厘米,由 30～50 个花片被覆在花轴上,花片的基部有许多腺体(蛇麻腺),当酒花成熟时,由此所分泌的酒花树脂和酒花油在啤酒酿造上具有重要价值。啤酒花作为啤酒工业原料,始源于德国,使用的主要目的是利用其苦味、香味、防腐力和澄清麦汁的能力。啤酒花的类型很多,有以香味为主的香型酒花和以苦味为主的苦型酒花。

酒水原料采购是指根据餐厅、酒吧经营的需求,以合理的价格购买符合餐厅和酒吧质量标准的原料。

一、原料采购的品种

1. 确定酒吧原料采购的范围

酒吧采购各项原料,要按照申购单(表7-3)来执行。申购的范围应包括:

(1)各类设备;
(2)酒吧日常用品、耗用品;
(3)各类进口、国产酒类;
(4)酒吧调酒所需配料;
(5)各类进口、国产饮料;
(6)各类水果;
(7)酒吧供应的小食品及食品半成品原料;
(8)各种调味品;
(9)杂项类。

表7-3 酒水原料申购单

申购部门:　　　　　　　　　　　　日期:

编号	品名	数量	单位	单价	用途

主管:　　　　仓库:　　　　采购部:　　　　经理:

2. 根据酒单选定采购项目

不同类型的酒吧有不同的酒单,酒单的内容直接与酒水的供应和采购有关。酒水原料采购项目一般包括以下几大类:

(1)酒水类。包括餐前开胃酒类、鸡尾酒类、白兰地、威士忌、金酒、朗姆酒、伏特加酒、啤酒类、葡萄酒、清凉饮料、咖啡、茶等。酒水订单如表7-4所示。

(2)小吃类。酒吧小吃常见的有饼干类、坚果类、蜜饯类、肉干类、干鱼片及一些油炸小吃和三明治等快餐食品。

(3)水果拼盘类。包括水果拼盘、瓜果、调味酱等。

(4)简餐类。这是新兴酒吧的产物,随着顾客需求的多样化,越来越多的酒吧提供简单的冷热餐,如西餐类的罗宋汤、奶油汤,意大利面或炒饭等,再配以蔬菜沙拉或水果沙拉,庭院酒吧则开发出户外烧烤等产品。

表7-4 酒水订单

编号				
订购日期:			交货日期:	
订货单位:			供货单位:	
付款条件				
名称	数量	容量/ mL	单位/(瓶/元)	小计/元
总计:				
订货人:			经理:	

3.酒水采购注意事项

(1)保持酒吧经营所需的各种酒水及配料适当存货。

(2)保证各项饮品的品质符合要求。

(3)保证以合理的价格进货。

4.其他因素对酒水采购的影响

(1)酒吧档次及类型 ;

(2)消费者类型;

(3)酒水消费价格。

二、原料采购数量计划

1.影响采购数量的因素

为了避免出现采购数量过多或过少而影响酒吧正常经营的情形,确定一个合理的采购数量是酒吧经营者的一项基本工作。

(1)根据酒水销售淡旺季来确定采购数量;

(2)根据现有储藏能力确定采购数量;

(3)根据企业财务状况确定采购数量;

(4)采购地点的远近影响采购数量;

(5)食品原料的内在特点决定了采购数量;

(6)市场供求状况影响采购数量;

(7)原料保质期影响采购数量。

以上一系列制约因素共同决定酒水的进货数量,当然也要考虑上期期末实地盘存数量等因素。

2.采购数量的确定

一般情况下,采购数量的控制应注意:

(1)最低存货点。

$$最低存货点 = 日需要量 \times 采购周期 \times 1/3 \text{ 或 } 1/2$$

例:某酒水采购周期为10天,10天的平均销售量为20个单位,如果最低存货点为采购周期销售量的1/2,则在还有10个单位库存时,就应及时进行补充采购了。

(2)最高存货量。

$$最高存货量 = 日需要量 \times 采购周期 \times 1.5$$

(3)水果、食品、易变质原料的采购数量。这类原料容易变质,购入后应尽快在保质期内用完。可以根据以下公式确定:

$$应采购数量 = 需使用数量 - 现有数量$$

$$需使用数量 = 日需要数量 \times 采购周期$$

此类原料采购周期都比较短,一般3天到5天需采购一次。需要采购员根据日使用数量确定需使用数量。

(4)瓶酒、罐装食品采购数量的确定。这类品种不易变质,但并不意味着可以大批量采购,可以每两周或每月采购一次,订货数量可以根据库存需要进行变更。可以根据以下公式确定订货量:

$$下期需要量 - 现有数量 + 期末需存量 = 订货数量$$

$$期末需存量 = 日需要量 \times 送货天数$$

在确定了酒水的品种后,还需根据经营的需要决定储备量。

三、原料采购质量标准

要保证酒吧提供酒水的质量始终如一,就需要一个相应的质量标准。酒吧采购的主要依据,可以参照国家制定的相应国家标准。

(1)啤酒的国家标准 GB/T 4927—2008 规定,透明度应清亮透明,无明显悬浮物和沉淀物;色度要求 8~12 度,淡色啤酒为 5.0~9.5 EBC(优级);原麦汁浓度规定为 $(X\pm0.3)°$ 才符合要求;对 8~12 度啤酒规定总酸 <2.6 mL/100 mL;保质期规定熟啤 $\geqslant 120$ 天。

(2)葡萄酒的国家质量标准GB/T 15037—2006,规定了葡萄酒的术语、分类、技术要求、检验规则和标志、包装、运输、贮存等要求,该标准适用于以新鲜葡萄或葡萄汁为原料、经发酵酿制而成的葡萄酒。

(3)发酵酒的国家标准GB/2758—2005规定了发酵酒的感官指标、理化指标和卫生指标。

(4)软饮料、碳酸饮料的国家标准GB/T 10792—2008,规定了果汁型、果味型、可乐型等不同类型汽水的一般性要求。

(5)食用酒精国家标准GB/10343—2008规定的感官要求是:外观无色透明;气味具有乙醇固有的香味,无异味;口味纯净,微甜。

但是,目前我国酒类的国家质量标准与国际标准相比还是有一定的差距。如国外对葡萄酒的品质有更为严格的检验标准。洋酒标签上的质量参数也能反映酒的品质。

四、原料采购流程

1. 确定采购人员

一个合格的酒吧采购人员,应符合以下条件:

(1)了解酒水及酒吧食品制作的要领和吧台业务。采购员虽然不是调酒师、厨师,但至少应懂得原料的用途以及品质标准要求,以确保能买到所需的原料。

(2)熟悉原料的采购渠道。采购员应该知道什么原料在什么地方购买,哪里的品质好,哪里的货品便宜。任何酒吧都要有多种采购渠道,这样才能保证供应。采购渠道的维护,也涉及采购员的人际关系。

(3)对采购市场和酒吧市场比较了解。采购经验都是在实践中逐步累积起来的,作为采购员应多了解原料市场供应情况,以及顾客对酒水、食品的偏爱和选择。

(4)了解进价与售价的核算方法。采购员应了解酒单上每一品种的名称、售价和分量,知道酒吧近期的毛利率和理想毛利率。这样,在采购时就能知道某种原料在价格上是否可以接受,或是否可以选择代用品。

(5)要掌握一定的市场采购技巧。在采购时,采购人员的经验至关重要,有时还需具备一定的谈判技巧。

(6)熟悉原料的规格及品质。采购员应对市场上各种原料的规格和品质有一定的了解,有鉴别品种和质量的能力。

(7)具备良好的职业道德。

2. 管理员填写申购单

酒吧酒水管理员根据库存品存货情况填写申购单，经核准后交采购人员。申购单一式两份。第一联交给采购员，采购员需在采购之前请酒吧经理批准，并在申购单上签名；第二联由仓管人员留存。

3. 采购人员填写订购单

采购人员根据订购情况填写订购单。订购单"一式四联"，第一联送交酒水供应单位；第二联送交酒水管理员，证明已经订货；第三联送交酒水验收员，以便其核对发来的酒水数量和牌号；第四联则由采购人员保留。并非所有酒吧都采用这样复杂的采购手续。然而，每个酒吧都应保存书面进货记录，最好是用订购单保存书面记录，以便到货核对验收。书面记录可防止在订货品牌、数量和交货日期等方面出现差错。

4. 采购活动控制

(1)采购员应根据申购单所列的品种、规格、数量进行购买。

(2)采购人员落实采购计划后，需将供货客户、供货时间、品种、数量、单价等情况通知酒水管理人员。

(3)验收手续按收货细则办理，收货人员应及时将验收情况通知采购员，以便出现问题及时处理，保证供应。

5. 落实供货

采购员将订货单向酒水经销商发出后，应落实具体供货时间，并督促其及时按质按量交货。

最好用订购单保存书面记录，以便到货时核对使用。可以防止订货牌号、报价、交货日期等方面发生误解和争议。

另外，酒吧在原料采购过程中，除了严格遵循上述采购程序进行酒水采购外，还必须对我国《进口酒类国内市场管理办法》(1997年制定)有一个必要的认识和了解，以减少违规现象发生。

第二节　酒　水　库　存

【小问答】

你知道橡木桶储酒吗？

橡木储酒历史悠久，源远流长，至今已有几千年的历史，世界著名的轩尼诗、马爹利、拿破仑、人头马等都是使用橡木桶陈酿而成。

英格兰酿酒史记载，在17世纪，英国的制酒商为抗拒政府征收的麦芽税，他们制作大小不一的橡木桶,将所有的酒装入橡木桶中贮入山洞里,过了一年后,他们将酒桶取出,奇迹出现了,他们发现酒的颜色变成金黄色,酒的味道异常香醇,并伴随着一种从未有过的芬芳味。人们经过仔细研究才发现原来是橡木桶的奇特功效,因为橡木本身含"单宁酸",能快速使酒成熟,让酒变得更加香醇,更接近琥珀色。于是,橡木贮酒便产生了。

制造橡木桶的复杂工艺,人们虽然已经潜心研究了几百年,但其中仍然存有许多未解之谜,那些经历过无数次实验留下的规则与禁忌,则被世世代代的酿酒人当做圣经一般信守奉行。

首先,制作橡木桶所用的木材,必须是树龄在百年以上的橡木。并且只有法国干邑地区东面约150公里的林茂山上出产的橡木和美国阿肯色州出产的百年白橡木,才是酿造顶级啤酒的首选。其次,每根橡木必须经过3年时间的风干去味才能进行加工,并且只能用人工斧劈的方式,按照橡木的纹理劈开。在制桶过程中,绝不能使用胶水和铁钉,只能利用热胀冷缩的原理弯曲拼接而成,其工艺之精巧,令人惊叹称奇,每一只价值高达1000美元。

橡木具有较好的透气性,空气通过桶壁的"毛孔"缓慢渗透到桶内,从而令酒液变得柔和、圆润、细腻。同时,橡木中的芳香物质会舒缓地释放出来,融入到酒液当中,为酒液增添清新的橡木香。名贵橡木桶是酿造顶级味觉艺术品的最佳容器,这是连现代科学也无法媲美的上帝恩赐。

一、酒水仓储

验收员收到原料之后,应立即通知酒水管理员,尽快将所有原料送到贮藏室保管。在酒水储存过程中,有两点尤其需要重视,一是从储藏上严格管理,防止损耗。酒水储存得当,能提高和改善酒的价值,这一点以进口高级葡萄酒尤为重要。二是防止偷盗和失窃现象发生。在这里,酒吧员工的责任心和职业能力起着至关重要的作用。加强仓储管理,保证酒水质量,避免酒水损耗和丢失。

1. 酒水贮藏室的基本要求

酒水贮藏室(图 7-1)最好靠近酒吧间,这样可以减少分发饮料的时间,方便存取。此外,酒水贮藏室应设在容易进出、便于监视的地方,以便照料并确保安全。

酒库的设计和安排应讲究科学性,这是由酒品的特殊性质决定的。理想的酒库应符合以下几项基本条件:

(1)有足够的贮存和活动空间。

(2)酒库的贮存空间应与酒吧的规模相适应。地方过小自然会影响到酒品贮存的品种和数量。

图 7-1　酒水贮藏室

（3）通风良好。酒精挥发过多会使空气不流通，使易燃气体聚积，容易发生危险。通风换气的目的在于保持酒窖中有新鲜空气，不至于引发危险。

（4）保持干燥。保持酒窖干燥环境，可以防止软木塞霉变和腐烂，防止酒瓶商标脱落和变质；但是，过分干燥也会引起瓶塞干裂，造成酒液过量挥发。

（5）隔绝自然采光和照明。自然光线尤其是直射日光，容易引发病酒。自然光线还可能使酒气化过程加剧，造成酒味寡淡、酒液混浊、变色等现象。酒库最好采用灯泡照明，其强度应适当控制。

（6）防震动和干扰。震动干扰容易造成酒品早熟，有许多娇贵的酒品在长期受震后（如运输震动），需要一段时间才能恢复原来的风格。

（7）保持清洁卫生。酒水贮藏室内部应保持清洁卫生，不能有碎玻璃。箱子打开后，每一瓶酒水都应取出，存放在适当的架子上，空箱子立即搬走。

（8）酒水分类贮藏。入库的酒品都要登记。同类酒水或饮料应放在一起，并按品牌分类。每一类酒品要做好标记，上面对酒的品名、年龄、产地、标价等内容进行登记备案。还有客人暂存酒水，应单独摆放，也按酒品分类，并做好标记，如对姓名、电话、酒品、剩余数等内容进行登记备案。将酒水摆放图挂在贮藏室门上，方便有关人员快速找到所需要的瓶酒。

（9）酒库切勿与其他仓库混用。有些酒品易吸收异味，异味极易透过瓶塞瓶盖进入内部，导致酒液变质。如果酒吧条件有限，可将有异味物品用密封箱单独装箱。

2. 存料卡

使用存料卡，能快速准确地找到一种酒水，提高仓管员的工作效率，也便于仓管员了解各种酒水的领用情况和现有存货数量。如能仔细记录，即使不用盘点实际库存酒水,也能从存料卡上了解各种酒水的存货数量。此外,利用存料卡和盘点库存,还能及时发现缺少和丢失现象,尽早报告,以便引起管理人员的重视。存料卡的式样可参见表7-5:

表 7-5　存料卡表样

名称:				存货代号:			
日期	入库	出库	余数	日期	入库	出库	余数

3. 使用酒水贮藏代号

酒水入库后,应将所有酒类编号,酒吧的酒单上也要注明酒水代号。使用代号管理酒水有两个优点:一是在酒瓶瓶身上打印编号,仓管员在发放酒水时,可按编号顺序发放,并做好记录,便于日后盘点对账;二是许多洋酒酒名不易发音和拼写,使用代号便于员工认领酒水。

4. 食品及水果的储存

(1)食品的储存。食品储存要与酒水储存严格分开,食品要分为熟食和食品原料进行储存。熟食要根据具体情况保温或冷藏,食品原料要根据具体情况储存或冷藏。小食品和干食品原料要包装严密后放在阴凉干燥、通风的货架贮存,要远离水管及化学药剂,防止虫、鼠的接触,以免遭受污染。所有食品都要注明进货日期,按先存先取的原则盘存。

(2)水果。水果在酒吧中是做水果拼盘的原料,或者用来榨取水果汁,还作为鸡尾酒辅料。酒吧水果主要是新鲜水果,也有部分是罐装水果。新鲜水果应保存在冷藏箱内,使用前要彻底清洗;一切新鲜水果都应用柠檬酸来浸泡,以保持水果新鲜,防止氧化变黑。罐装水果未开盖时可在常温下贮存,开罐后容易变质,应将剩余部分密封后放在冷藏箱或冰箱里储存,一般不要超过3天。

(3)鸡尾酒辅助用品储存。蛋、奶等是调制鸡尾酒最常用的辅助用品,这些用品最容易腐败变质,应贮存在0~7℃的冰箱内,禁止与其他异味食品储存在一起。

5. 存货控制

酒吧都有一个自己的标准存货量,保持一定的存货量对酒吧的正常运转是至关重要的。而良好的存货控制能减少资金占用,有利于资金周转。酒水存货记录一般由会计人员保管。酒吧酒水进货或发料时的记录可用永续盘存制来反映存货增减情况。酒吧可使用卡片式永续盘存表或装订成册的永续盘存记录簿,见表7-6。

表7-6 永续盘存表样

代号: 每瓶容量:750 mL
项目:金酒　　单位成本:￥210.00　　标准存货:5

日期	收入	发出	结余
12月1日			4
12月3日		1	3
12月5日		1	2
12月8日		1	1
12月10日	4		5

存货中每种酒水都应有一张永续盘存表,如果使用代号,永续盘存表应按代号数字顺序排列。使用永续盘存表,可记录各酒水收发料数量,有助于管理员掌握酒水存货的数量。

每月月末,会计人员应在酒水管理员的协助下,实地盘点存货。月末存货数量通常计入存货账簿。对实地盘存结果与永续盘存表中的记录进行比较,有助于发现差异,如果两者存在差异,应立即调查原因。如果差异不是由盘点错误引起的,瓶数缺少可能是由偷盗造成的,会计人员应立即报告酒吧经理,以便管理部门及时采取适当的措施。

二、酒水发放

1. 酒水的领发程序

在酒吧领发酒水过程中,最容易造成酒水丢失。为了保证领发酒水工作顺利进行,领发酒水人员要遵守以下程序:

(1)服务员应将每日顾客用过的饮品包装回收交吧台,由调酒师确认后妥善收好。如顾客将酒水包装带走,应在专门记录的表格上填好相关内容,并由服务员和调酒师签字确认。

(2)每天下班前,酒吧调酒师将已销售出酒水的外包装,已开出的酒水点单,连同汇总记录在一起。

(3)调酒师填写酒水领货单。领货单要写明所领酒水名称、数量及每瓶酒的容量等。每天退回的空瓶数量应是前一天的消耗量,每天领取的酒水量实际上是补充前一天使用掉的酒水量,使吧台的储存量保持在标准存货数量。

(4)酒吧经理要根据顾客带走酒水包装的记录表向服务员询问、抽查,再根据领货单核对酒吧上的酒水外包装数量和牌子,无误后方可在"审批人"一栏签字,表示同意领取酒水。

(5)调酒师或服务员将空瓶和领料单送到酒水仓库,酒水管理员根据空瓶核对领料单上的数据,并逐瓶替换空瓶,然后在"发料人"一栏上签名;同时,酒吧调酒师或服务员在"领料人"一栏上签名。

(6)为了防止员工用退回的空瓶再次领料,仓库管理员应按规定处理空瓶。

(7)仓库管理员在酒水领料单中填入各种酒水的单价,并计算出单价和发出瓶数的乘积,填入小计栏。然后再在"总瓶数"与"总成本"两栏中分别填入各种酒水发出瓶数之和与各种酒水小计数之和。

(8)当所有酒水从库房领出后,要由仓库管理员和调酒师一同清点酒水数量,看是否与领货单上一致,确认无误后双方签字。

(9)酒水领料单(表7-7)至少一式三联,一联随发出的酒水送交领料人员留作记录,一联送交财务人员留存,一联为酒水仓库留存。

表7-7 酒水领料单

餐厅/酒吧名称: 日期:

班次		酒吧服务员		
名称	瓶数	每瓶容量	单价	小计
总瓶数:		总成本:		
审批人:		领料人:		发料人:

2.酒瓶标记

在酒水发货之前,酒瓶上应做好标记。通常,酒瓶标记是一种背面有胶粘剂的标签,这是一种不易擦去的油墨标记。标记上有不易仿制的标识、代号或符号。管理人员通过检查,可保证酒吧所有瓶酒都是本酒吧的。这样做可防止酒吧调酒员或服务员把自己的酒带入酒吧出售。

酒瓶标记有以下三个重要作用:

(1)如果根据验收日报表或发货票在酒瓶上记录成本,可便于做好领(发)料工作。

(2)如果在酒瓶上记录发料日期,便于随时了解存放在酒吧的瓶酒的流转情况。

(3)酒吧调酒师用空瓶换新酒时,酒水管理员应首先检查空瓶上的标记,防止酒吧调酒师自带空瓶到贮藏室置换瓶酒。

3．以销售整瓶酒为主的酒吧领(发)料

有些酒吧主要整瓶售酒,这样的酒吧应采取其他控制方法:

(1)在这类酒吧中应保持一定标准的存货,以瓶装酒为主。

(2)现在普遍采用顾客先支付现金方式购买(当然也有后付费),然后由服务员代为领取的方式。服务员直接以现金从酒水管理员处领取酒水,送到顾客后,酒瓶就不再在服务员控制之下,可能无法回收空瓶。因此,服务员每领出一瓶瓶酒,就在瓶酒销售记录单(表7-8)上做好记录。

(3)管理者可以根据客人账单编号核对每次销售数量,如果存在差错,可以根据酒单号或者签名了解到应由哪位服务员负责。

表 7-8 瓶酒销售记录单

餐厅/酒吧名称:

序号	1	2	3	4	5	6
桌号						
账单编号						
代号						
酒水名称						
售出数量						
容量						
价格						
签名						
备注						
经理:				酒水管理员:		

第三节 酒水营销

【重点提示】 申请酒类特种经营需提供"酒类流通备案登记表"和"酒类零售许可证"。酒类流通许可相关证件包括:酒类流通许可证(酒类流通登记备案)、酒类批发证书、酒类零售证书、食品流通许可证(销售范围含酒类)。

(酒类销售实行许可制度。未取得酒类销售许可证的,不得销售酒类。)

一、酒类生产者申办酒类销售许可应当具备下列条件：
(1)酒类生产企业已办理酒类生产许可证；
(2)白酒生产作坊已取得质量技术监督部门备案登记的证明；
(3)法律、法规规定的其他条件。

二、酒类销售企业、个体工商户申办酒类销售许可应当具备下列条件：
(1)有固定的经营场所；
(2)有健全的管理制度；
(3)有熟悉酒类知识、酒类有关规定和标准的人员；
(4)法律、法规规定的其他条件。

三、申请流程
(1)填报酒类销售许可证申请书；
(2)经营场所的产权证明或者租赁合同原件审核,留存复印件一份；
(3)管理制度复印件；
(4)熟悉酒类知识、酒类有关规定和标准的管理人员身份证复印件；
(5)法律、法规规定的其他条件；
(6)酒类批发经营者要提供酒类生产企业生产许可证复印件；
(7)进口酒类经营者须提供《进口食品卫生证书》和复印件。

四、办理流程
(1)酒类销售企业、个体工商户申办酒类销售许可的,应当向县级人民政府工商行政主管部门提出,县级人民政府工商行政主管部门应当自受理申请之日起20日内完成审核,符合条件的,颁发酒类销售许可证,不符合条件的,不予批准并书面说明理由。

(2)酒类生产者申办酒类销售许可的,应当向市、县人民政府工商行政主管部门提出,市、县人民政府工商行政主管部门应当自受理申请之日起10日内完成初审,并报省人民政府工商行政主管部门审核；省人民政府工商行政主管部门应当自收到初审意见之日起10日内完成审核,符合条件的,颁发酒类销售许可证,不符合条件的,不予批准并书面说明理由。

【小问答】
你知道"意大利酒王"是谁吗？
20世纪70年代,安吉罗·嘉雅继其父乔万尼之后接管了家族酒庄。当时,皮尔蒙特的酿酒业并不景气,安吉罗·嘉雅致力于重振旧业,旨在让世人都可品尝到嘉雅酿制的美酒。他总是以改革者的身份出现在大家眼前。如果说巴罗是皮尔蒙特区之王的话,巴巴罗斯就是皇后。巴巴罗斯这个世世代代生产美酒的小村庄能赢得如此高的评价,安吉罗·嘉雅可谓功不可没。他彻底革新了巴巴罗斯地区的葡萄酒业,并从法国波尔多引进酿酒技术,以及梅洛、加本力苏维翁等法国葡萄品种。他出众的商业才华以及对葡萄酒业的巨大贡献,为他赢得了"意大利酒王"的美誉,并被世人尊为意大利葡萄酒界教父级人物。以国际生产标准看,嘉雅酒的产量非常小,一年只产 300000 瓶,但嘉雅酒庄生产的葡萄酒定价类似于法国一流葡萄园。世界权威葡萄酒刊物《葡萄酒鉴赏家》曾这样评论安吉罗·嘉雅:"在近 50 年中,没有任何一家酒园能给国际葡萄酒界带来如此深远的影响。"《酒具》杂志写到:"他对于葡萄酒业的贡献以及他的才能在赢得世人仰慕的同时,也启发了意大利新一代酿酒人。"

一、酒水促销

促销对于提升当期销量、提升品牌形象都具有非常重要的作用,因而促销是酒水营销最重要的营销方式之一。促销活动要体现形式多样性、针对性、刺激性的原则。

(1)节日促销。利用圣诞、元旦节、情人节、愚人节、母亲节等节日举办相关主题的促销活动,尤其是情人节和圣诞节是酒吧最重要的促销节日。如情人节可采取消费指定品牌啤酒赠玫瑰,男士携女士消费,免费赠送女士啤酒等。

(2)赠品促销。赠品可分为两种:一种是赠酒,一种是赠礼品。赠酒是酒吧最常用的一种方式,如买 10 送 2 活动。赠送礼品,可采用消费不同数量奖励不同价值礼品的方式,如金星啤酒实行销售 5 瓶奖励发光戒指一个,销售 10 瓶奖励发光棒一支,销售 20 瓶奖球面电子表一个,当场消费,当场奖励,效果非常好。啤酒促销品不同于餐饮店促销品,在礼品的制作和选择上,其主要特点是新异、奇特、艺术性等,适合酒吧气氛,突出企业文化内涵,如闪光戒指、球面电子表、七彩荧光棒能让消费者过目不忘,诱导挖动消费及潜在消费,进而展示品牌形象。

(3)人员促销。由酒类企业向酒吧派促销员进行现场促销,如向消费者推介、组织赠品或其他开工的促销活动、酒吧超市导购等。促销人员要选择气质佳、形象好,充满青春时尚气息的青年,由于女性亲和力更强,最好使用女性促销员。要加强促销员的培训,提高促销员礼仪素养、沟通能力,使其具有较强的促销技能。促销员要统一着装,促销人员造型美观大方、色彩搭配合理醒目的服装也会起到良好的品牌传播;促销人员热情周到的服务和对企业文化的宣传都是对品牌良好形象的塑造和传播。在促销过程中强调服务员对产品品质、口味特色和品牌文化着重描述,通过第三方的口碑宣传,提高品牌可信度和忠诚度。要加强促销员的管理,制订合理的薪酬和激励机制,通过开瓶提成等利益方式充分调动促销员的积极性。

(4)幸运奖促销。在酒吧现场举行投标积分、掷骰子、门票抽奖、刮刮卡等形式产生幸运奖,奖励相应的礼品,目的是刺激消费者消费激情,提升品牌记忆力。

(5)价格促销。价格促销主要是降价促销,为了提高竞争优势,一些品牌采用降低供货价针对酒吧促销,提高进货积极性;为了提升购买率,还可针对消费者进行降价促销。

此外,还可以进行丰富多样的品牌营销。酒水消费者具有较强的品牌意识,对品牌有较高的忠诚度和偏好性,故加强终端的品牌营销非常重要。

(1)POP投放。常见的POP主要有X展架、吊旗、招贴画、灯箱、微型啤酒桶等,POP是效果最明显的品牌终端传播形式。

(2)产品展示。产品展示的品牌传播效果更加直观,分吧台展示、堆头展示和展示柜展示几类。吧台是消费者注意率较高的地方,要展示在吧台上的产品摆放位置要醒目,高度不能低于人眼的平视点;在比较宽敞的大堂可以进行堆头展示,让消费者进店后能够在第一时间内接触到这一品牌,提高品牌记忆力和购买率;堆头造型要独特,可以制作如瓶形、螺旋形、阶梯形的专用展示架放置产品;对一些超市型酒吧,可以通过展示柜展示产品,有的酒吧有统一的产品冷藏暗式货柜,具有较强的展示效果,产品一定要摆放整齐,灯光明亮,让瓶酒色彩鲜明的包装和晶莹剔透酒体充分展现出来。

(3)礼品展示。百威、嘉士伯等品牌将促销品放置在展示架或展示橱窗里,放在夜场大厅明显位置广泛地展示给消费者,刺激消费者的消费欲望。

(4)工艺品展示。可制作造型、功能奇特的工艺品放在吧台等醒目位置进行品牌展示,如电子吸铁石,吸住一瓶悬空的啤酒,放在吧台上往往引得消费者驻足观看,就会起到较好的品牌传播效果。

二、酒水销售技巧

1. 销售员酒水促销

(1)促销前准备工作:

①外表服饰的准备;

②正确穿着公司规定的制服,并保持整洁;

③恰当修饰仪容,做到协调、大方、得体;

④精神饱满、振作;

⑤带好相关宣传册、促销品；
⑥带好有关报表。
(2)促销步骤：
①问候在座的客人，注意微笑；
②用适当的方法打开话题；
③向客人介绍公司产品系列酒水；
④仔细倾听客人的意见，耐心解答客人的疑问；
⑤如果客人选用公司产品，要向其表示感谢，并及时把酒送上；
⑥在倒酒时要将酒瓶标签面对客人，注意手指不要遮挡住标签；
⑦在倒酒时，瓶口适当离开杯口，以保持客人杯口的清洁，并体现产品的晶莹剔透；
⑧注意适时给客人添酒（注意观察已点酒剩下不多时，主动询问是否添酒）；
⑨保持酒瓶外观的清洁，若不洁时注意擦拭干净；
⑩注意所拿酒是否与客人所需要酒的度数、档次相符。
(3)结束促销：
①客人离开时，应向他们道谢并礼貌的道别；
②促销结束时，应收拾并整理好有关促销宣传册和促销品；
③促销结束时准确清点酒的销售数量，如果有其他竞争酒也要了解其销售量；
④准确地填写公司规定的报表；
⑤告知店家下次促销时间，确保在下次促销时有充分的酒供应；
⑥向店主道谢并有礼貌的道别。
2.促销要点
(1)不只是接受顾客的指令，还应做建设性的推销；
(2)谨记客人姓名和爱好食品；
(3)熟悉酒类品牌，明白推销酒的品质、风格等；
(4)生动的描述；
(5)不可强令客人多消费，在任何场合顾客满意比销量更为重要；
(6)多做主动推销；
(7)注意语言艺术及表情，要温文有礼，大方得体；
(8)注意"主随客便"，对不同的客人应做不同的推销；
(9)找准主宾进行推销；
(10)推销员只是合理建议，决不可强行推销，尤其是遇到客人自带酒水，或

家庭聚餐,或女士较多时,促销工作应见机行事,以免造成误会;

(11)要注意了解婚宴、寿宴、团体订餐信息,及时把握机会,做好联络预购。

3. 促销人员的素质培养

(1)自信。自信是促销人员最重要的素质之一,促销人员要充分相信自己,包括相信自己的工作能力、相信公司、相信产品,并能将这种自信充分感染给顾客。这种自信来源于自身综合素质和能力的完善,对公司、对产品的充分了解。促销中的神情紧张、惊慌失措、信心不足都会导致促销效果的大打折扣。

(2)爱岗、敬业。促销员要热爱自己从事的促销工作,要克服促销过程中的心理障碍,尤其要去掉那些认为促销是一件不光彩的事,比别人低一等的错误观念。

(3)诚恳、诚实。促销员必须诚实、诚恳,不弄虚作假,不能为追求一时的促销效果,做虚假说明或不真实承诺,要让顾客感觉到你是在关心他,帮助他,是为他服务,是他的参谋,是在为他出主意,而不是哄他、骗他、引他上当。让顾客首先从心理上接受你的人,继而接受你的观点。

(4)热情、主动、勤劳。应该说,热情主动是任何工作的一项基本要求,对于促销工作来说尤为重要。促销员的工作目的就是要别人接受促销员,接受促销工作,不可以是一种被动、等待上门的态势,而应该是一种打开的、敞开的。在促销现场,不能也不应该等着顾客先来问促销员,而应该积极主动,打破顾客戒备心理。热情也重在保持,不能因为不喝所促销的酒,就一下子变得冷冰冰。促销员还应该勤劳,不可以懒散、懒惰。

(5)积极进取。促销工作可以说是一项挑战性强的工作,也不是每个人都能干得了的,但干得出色的人一定是优秀的人。促销员必须有强烈的进取精神,应该把顾客的异议当作挑战,把自己的产品,自己的推销被人所接受当作快乐和成功,如果没有积极进取的精神,那是干不好这项工作的。

(6)勤于思索,善于总结。促销可以说是一门艺术,也是一门科学,它其实有很多规律可循,促销人员要善于思考,应该能够经常静下心来,仔细总结,应该从每一次成功的促销中吸取经验和教训,并善于吸收别人的促销经验,也避免别人促销中的不足、不当,这样才能很快地提高和成熟起来。

三、酒水销售控制

酒水的销售管理在酒吧管理中有着重要的地位。酒水的销售管理不同于菜肴食品的销售管理,有其特殊性,因此,加强酒水的销售管理与控制,对有效地控制酒水成本,提高酒店经济效益有着十分重要的意义。

酒水的销售控制历来是很多酒吧的薄弱环节,因为,一方面管理人员缺乏应有的专业知识,另一方面,酒水销售成本相对较低,利润较高,少量的流失或管理的疏漏并没有引起管理者足够的重视。因此,加强酒水销售管理首先要求管理者更新观念,牢固树立成本控制意识;其次,不断钻研业务,了解酒水销售过程和特点,有针对性地采取相应的措施,使用正确的管理和控制方法,从而达到酒水销售管理和控制的目的。

在酒吧经营过程中,常见的酒水销售形式有三种,即零杯销售、整瓶销售和配制销售。这三种销售形式各有特点,管理和控制的方法也各不相同。

1. 零杯销售

零杯销售是酒吧经营中常见的一种销售形式,销售量较大,它主要用于一些烈性酒如白兰地、威士忌等的销售,葡萄酒偶尔也会采用零杯销售的方式销售。销售时机一般在餐前或餐后,尤其是餐后,客人用完餐,喝杯白兰地或餐后甜酒,一方面消磨时间,相聚闲聊,一方面饮酒帮助消化。零杯销售的控制首先必须计算每瓶酒的销售份额,然后统计出每一段时期的总销售数,采用还原控制法进行酒水的成本控制。

由于各酒吧采用的标准计量不同,各种酒的容量不同,在计算酒水销售份额时首先必须确定酒水销售标准计量。目前酒吧常用的计量有每份 30 mL、45 mL 和 60 mL 三种,同一酒店的酒吧在确定标准计量时必须统一。标准计量确定以后,便可以计算出每瓶酒的销售份额。以人头马 V.S.O.P 为例,每瓶的容量为 700 mL,每份计量设定为 1 盎司(约 30 mL),计算方法如下:

$$销售份额 = \frac{每瓶酒容量 - 溢损量}{每份计量} = \frac{700 - 30}{30} = 22.3(份)$$

计算公式中溢损量是指酒水存放过程中自然蒸发损耗和服务过程中的滴漏损耗,根据国际惯例,这部分损耗控制在每瓶酒 1 盎司左右被视为正常。根据计算结果可以得出每瓶人头马 V.S.O.P 可销售 22 份,核算时可以分别算出每份或每瓶酒的理论成本,并将之与实际成本进行比较,从而发现问题并及时纠正销售过程中的差错。

零杯销售关键在于日常控制,日常控制一般通过酒吧酒水盘存表(见表7-9)来完成,每个班次的当班调酒员必须按表中的要求对照酒水的实际盘存情况认真填写。

表 7-9　酒吧酒水盘存表

酒吧						日期					备注
编号						品名					
		早班						晚班			
基数	领进	调进	调出	售出	实际盘存	基数	领进	调进	调出	售出	实际盘存

早班制表：　　　　　　　　　　　　　　　晚班制表：

  盘存表的填写方法是，调酒员每天上班时按照表中品名逐项盘存，填写存货基数，营业结束前统计当班销售情况，填写售出数，再检查有无内部调拨，若有则填上相应的数字，最后，用"基数＋调进数＋领进数－调出数－售出数＝实际盘存数"的方法计算出实际盘存数填入表中，并将此数据与酒吧存货数进行核对，以确保账物相符。酒水领货按惯例一般每天一次，此项可根据酒店实际情况列入相应的班次。管理人员必须经常不定期检查盘存表中的数量是否与实际贮存量相符，如有出入应及时检查，及时纠正，堵塞漏洞，减少损失。

  2.整瓶销售

  整瓶销售是指酒水以瓶为单位对外销售，这种销售形式在一些大酒店、营业状况比较好的酒吧较为多见，而在普通档次的酒店和酒吧则较为少见。一些酒店和酒吧为了鼓励客人消费，通常采用低于零杯销售10％～20％的价格对外销售整瓶酒水，从而达到提高经济效益的目的，但是，由于差价的关系，往往也会诱使觉悟不高的调酒员和服务员相互勾结，把零杯销售的酒水收入以整瓶酒的售价入账，从而中饱私囊。为了防止此类作弊行为的发生，减少酒水销售的损失，整瓶销售可以通过整瓶酒水销售日报表（见表 7-10）来进行严格控制，即每天将按整瓶销售的酒水品种和数量填入日报表中，由主管签字后附上订单，一联交财务部，一联酒吧留存。

表 7-10　整瓶酒水销售日报表

酒吧：　　　　　　　　　　班次：　　　　　　　　　　日期：

编号	品种	规格	数量	售价	成本

调酒师：　　　　　　　　　　　　　　　　　主管：

另外，在酒店各餐厅的酒水销售过程中，国产名酒和葡萄酒的销售量较大，而且以整瓶销售居多，这类酒水的控制也可以使用整瓶酒水销售日报表来进行，或者直接使用酒水盘存表进行控制。

3. 混合销售

混合销售通常又称为配制销售或调制销售，主要指混合饮料和鸡尾酒的销售。鸡尾酒和混合饮料在酒水销售中所占比例较大，涉及的酒水品种也较多，因此，销售控制的难度也较大。

酒水混合销售的控制比较复杂，有效的手段是建立标准配方，标准配方的内容一般包括酒名、各种调酒材料及用量、成本、载杯和装饰物等。建立标准配方的目的是使每一种混合饮料都有统一的质量，同时确定各种调配材料的标准用量，以利加强成本核算。标准配方是成本控制的基础，不但可以有效地避免浪费，而且还可以有效地指导调酒员进行酒水的调制操作。酒吧管理人员则可以依据鸡尾酒的配方采用还原控制法实施酒水的控制，其控制方法是先根据鸡尾酒的配方计算出某一酒品在某段时期的使用数量，然后再按标准计量还原成整瓶数。

计算方法是：

$$酒水消耗量＝配方中该酒水用量×实际销售量$$

以"干马提尼"酒为例，其配方是金酒 2 盎司，干味美思 0.5 盎司。假设某一时期共销售"干马提尼"150 份，那么，根据配方可算出金酒的实际用量为：

$$2\ 盎司 \times 150\ 份 = 300\ 盎司$$

每瓶金酒的标准份额为 25 盎司，则实际耗用整瓶金酒数为：

$$300\ 盎司 \div 25\ 盎司/瓶 = 12\ 瓶$$

因此，混合销售完全可以将调制的酒水分解还原成各种酒水的整瓶耗用量来核算成本。

在日常管理中，为了准确计算每种酒水的销售数量，混合销售可以采用鸡尾酒销售日报表（见表 7-11）进行控制。每天将销售的鸡尾酒或混合饮料登记在日报表中，并将使用的各类酒品数量按照还原法记录在酒吧酒水盘点表上，管理人员将两表中酒品的用量相核对，并与实际贮存数进行比较，检查是否有差错。

鸡尾酒销售日报表也应一式两份，由当班调酒师、主管签字后一份送财务部，一份酒吧留存。

总之，酒水的销售控制虽然有一定的难度，但是，只要管理者认真对待，注意做好员工的思想工作，建立完善的操作规程和标准，是可以做好的。

表 7-11　鸡尾酒销售日报表

酒吧：　　　　　　　　　　班次：　　　　　　　　　日期：

品种	数量	单位	金额
备注			

调酒师：　　　　　　　　主管：

4. 酒水销售控制不力通常会出现的情况

(1)吞没现金：对客人订的酒水不记账单，将向客人收取的现金全部私吞。

(2)少计品种：对客人订的酒水，少记品种或数量而向客人收取全部价款，二者差额，装入自己腰包。

(3)重复收款：对一位客人的酒水不计账单，用另一位客人的账单向两位客人收款，私吞其中一位客人的款额。在营业高峰期，非常繁忙的时候往往会造成这种投机取巧的空子。

(4)欺骗宾客：将烈性酒冲淡或销售给顾客的酒水分量不足、以次充好，将超额销售的款额私吞。

(5)偷窃现金：酒水收银员或者服务员将现金柜中的现金拿走并抽走账单，钱账核对时一时查不出漏洞。

四、宾客酒水账单管理

1. 酒水账单(见表 7-12)内容

(1)基本信息：日期、桌号、服务员姓名(工号)、客人数等。这些信息便于服务员向客人服务，以免将酒水送错桌，并帮助辨别各账单和餐桌的服务由哪个服务员负责。这样，在服务过程和收入核算过程中发现问题，便于追查。基本信息还可用于管理决策。汇总这些信息能统计每天酒吧服务的客人数、各时段服务的客人数以及每个服务员的客人数。

(2)购买信息：包括客人所购酒水的名称和价格。账单上的酒水是客人要求订的，是对酒吧生产下达的命令，其金额是向客人收费的凭证。同时，购买信息也是酒水销售信息，汇总酒水销售额可以统计酒水销售的总额，在销售过程中起到核算和控制酒水营业收入、现金收入的作用。利用这些信息，对之后的营销计划、生产计划、人员计划的配备都有指导意义。

(3)存根：服务员向收银员送交酒水账单和酒水销售额后，收银员在账单和存根上盖上"现金收讫"章,并将存根撕下交回服务员保存,以此证明服务员已将酒水账单和收取的钱款交给收银员。如果发生酒水账单和现金短缺,则由收银员负责。

表 7-12　酒水账单

桌号	客人数	服务员	日期	账单编号
序号	品名		数量	金额
1				
2				
3				

2.酒水销售过程管理

1)小型酒水部门销售控制程序

在小型酒水部门,管理人员要求酒水部门调酒师严格执行酒水部门制定的工作程序,采用顾客酒水账单进行管理。酒水部门调酒师配置的每杯酒水都应在酒水账单上做好记录,这样,管理人员就能确定每天各种酒水的销售量。但是,在营业高峰期,这会使调酒师的工作速度减慢,可能会丧失一部分销售量。为了解决这个问题,酒水部门管理者可以使用收银机进行管理。调酒师可以在每杯酒水售出时记录每笔销售额,并能在酒水单上为每一位顾客累计销售额。使用收银机的酒水部门要求调酒师将酒水账单放在顾客面前,如果客人再点酒水,调酒师可以在同一份账单上记录销售额。顾客准备结账时,调酒师将顾客酒水账单上的现金或赊销金额打入收银机。每天营业结束时,收银机上会得到总计读数。如果顾客退回酒水,调酒师可以进行相应调整。

2)大型餐饮企业销售控制程序

在大型餐饮企业中,特别是大型酒店中,经常有几个销售点提供酒水服务,这就要求管理人员制定每个销售点顾客酒水账单控制程序。

一些酒店规定,酒吧调酒师在配置酒水、将酒水账单款打入收银机时,应在酒水账单上盖上计时章。如果采用预先账制,由服务员在顾客酒水账单上盖计时章。顾客付款后,调酒师或服务员在账单上应再盖计时章,然后将酒水账单放在一只加锁的箱子里。箱子中的酒水账单应在每天抄录收银机读数时取出。

两次加盖计时章,可使管理人员了解服务时间的长短,如果在两份只有两杯酒水的酒水账单上盖了下午六点和晚上十点两个计时章,这段时间明显超出正常的服务时间,这份账单就有可能被使用了两次。这也起到督察、核实工作的作用。每两天,由财会人员查对短缺的顾客酒水账单,而不能由酒吧调酒师或服务员查对;记账的账单应立即送到总服务台过账。

在大型酒店,常见的顾客酒水账单流程有以下几种做法。

(1)服务员在酒水账单上记录顾客点的酒水之后,将账单交给酒吧调酒师。调酒师配制酒水,用应收款键将酒水账单上的款项打入收银机,再将酒水和账单交给服务员。服务员给顾客送账单之前,应计算总金额。如果顾客用现金结账,服务员收款后,将现金和酒水账单一起交给调酒师。调酒师在收银机上记录现金收入金额,存入现金后,将零头交给服务员,再由服务员送给顾客。

如果顾客用信用卡结账,酒吧服务员应向顾客收信用卡和酒吧酒水账单,填写信用卡记账凭单,并查对信用卡黑名单。顾客在填写好的信用卡记账凭单上签名后,酒吧服务员应核对笔迹,然后将酒水账单和信用卡记账凭单交给调酒师,酒吧调酒师检查凭单之后,在收银机上打入记账金额。

(2)酒吧服务员在一式两联酒水账单上记录顾客所点的酒水之后,将酒吧酒水账单交给调酒师。酒吧调酒师配制酒水,保存一联账单,用应收款键将款项打入收银机,再把酒水和另一联账单交给服务员,酒吧调酒师在账单格中按吧台号分放顾客酒水账单。结账时,酒吧服务员向顾客收款(或请顾客在信用卡记账凭单上签字)并拿走酒水账单,然后交给调酒师,酒吧调酒师再在收银机上记录销售额。

(3)在许多大型酒店中,酒吧调酒师和酒吧收银员职责划分明确,销售控制程序就比较有效。在这类酒吧中,酒吧服务员在顾客入席后,接受顾客所点酒水,并在酒水账单上做好记录,然后到调酒师处领取酒水。酒吧调酒师配制好酒水之后,酒吧服务员用托盘将酒水送到酒水核对员那里,由其用预先入账机在酒水账单上记录各种酒水售价。酒吧服务员给顾客送酒水之后,将酒水账单放在餐桌上。结账时,顾客将账单交给酒吧门口的收银员,酒吧收银员收款或填写记账凭单之后,将款项打入收银机。

每天营业结束后,由酒吧财会人员核对酒吧酒水核对员和收银员收银机读数,如果两者之间存在差异,管理人员应查明原因。

在餐厅里,一般由餐厅服务员接待客人。餐厅服务员在接受顾客点酒水时,必须在酒水客账单上做好记录,然后服务员将酒水账单送到酒吧调酒师那里领取酒水。有些酒店规定服务员在将账单交给酒吧调酒师之前,应在预先入账机上打入款项;有些酒店规定由酒吧调酒师用应收款键,在酒吧收银机上打入款项,表明酒水已发。服务员领取酒水和酒水账单之后,给顾客送上酒水。在给顾客送酒水账单之前,服务员应计算酒水和食品收费总额。结账时,服务员应将现金(或信用卡记账凭单)和酒水账单交给收银员,由收银员将销售额打入收银机。

如果是客房送餐的情况,遇到酒水预订,则由接受顾客预订的服务员在食品账单的"酒水"部分做好记录,并在客房送餐控制表上填写自己的姓名、顾客姓名、房号、人数,点酒菜的时间和客账单号码。服务员将客账单送到酒吧,交给调酒师。调酒师配制酒水,在收银机打入"酒吧"部分的款项之后,服务员领取酒水和客账单,送到顾客住宿的客房。给客人送账单之前,服务员同样应计算酒水和食品总额。顾客在账单上签名后,服务员将账单送到收银员处。收银员在客房送餐服务控制表上记录销售额,将账单送到总服务台过账。

五、酒水销售指标管理

酒水销售指标管理是指酒水部门管理人员对影响酒吧酒水销售总额高低起关键作用的各项指标的管理。

1. 酒吧酒水销售量的平均消费额

酒吧酒水平均消费额是指平均每位顾客每次来酒吧支付的酒水费用。酒吧酒水平均消费额这个数据之所以重要,是因为它能反映酒吧酒水的销售效果,反映酒吧酒水销售工作的成绩,能帮助酒吧管理人员了解酒水的定价是否过高或过低,了解酒水服务员和调酒师是否努力推销产品。因此,管理人员对此须给予足够的重视。通常,酒吧要求每天都分别计算酒水平均消费额,其计算方法是:

$$酒水平均消费额 = 酒水总销售额 \div 接待顾客数$$

管理人员应经常注意酒水平均消费额的高低。如果连续一段时间内酒水平均消费额过低,就必须考虑酒水生产、服务、推销或定价是不是存在问题。

2. 酒吧每座位酒水销售量

每座位销售额这一数据可用于比较相同档次、不同酒吧的经营好坏程度,对于评估酒吧的销售情况十分重要。每座位销售量以平均每座位产生的销售金额及平均每座位服务的顾客数即周转率计算得出,其计算方法是:

$$每座位销售量 = 平均每座位销售额 \times 座位周转率$$

在酒吧中,一位顾客也许喝一杯酒水就匆匆而去,也许整个下午都在那里商谈公务,要订十几次酒水,这样就难以统计座位周转率和酒水平均消费额,所以往往用每座位销售额来统计一段时间的酒水销售情况。平均每座位销售额是由总销售额除以座位数而得,其计算方法是:

$$每座位销售额 = 总销售额 \div 座位数$$

3. 酒吧平均每座位服务的顾客数

平均每座位服务的顾客数也常常被称为座位周转率,该指标反映酒吧吸引顾客的能力。由于各酒吧特点不同,经营情况不同,座位周转率差异也比较大。座位周转率以一段时间的顾客数除以座位数而得,其计算方法是:

座位周转率＝某段时间的顾客数÷(座位数×天数)

4. 每位酒吧酒水服务员销售量

该销售量有两种指标,一种以每位酒水服务员服务的顾客数来表示。这个数据反映服务员的工作效率,为酒吧配备服务员、安排工作班次提供了基础,也是服务员成绩评估的基础。当然,该数据要有一定的时间范围才有意义,因为服务员每天、每时段、每小时服务的顾客数是不同的。

另外一种指标是用每位服务员的酒水销售额来表示。每位服务员的顾客平均消费额,是用服务员在某段时间中产生的总销售额除以他服务的顾客数而得。

服务员 B 比服务员 A 少 690 元,说明服务员 B 在推销高价酒水、引导顾客追加点酒水方面不如服务员 A。据此,酒吧可向服务员 B 指明努力方向,指出如果他在上述方面努力,则在提高酒水销售额方面还有潜力。服务员的销售数据,可由收银员对酒水账单的销售数据进行汇总,也可由酒吧经理对酒水账单存根的销售数进行汇总而得。

5. 时段性的酒吧酒水销售量

某时段(各月份、各天、每天不同的钟点)的酒水销售数据,对于服务人员的配备、酒水推销和安排最佳的营业时间和打烊时间,是特别重要的。时段酒水销售量用两种形式来表示,一种是一段时间内酒吧服务的顾客数,一种是一段时间内产生的酒水销售额。

例如某酒吧下午 3:00－6:00 所服务的顾客数为 28 位,产生的销售额为 900 元;下午 6:00－9:00 服务的人数为 250 位,产生的销售额为 7000 元。很明显,在这两个不同时段,应配备不同人数的员工。又如某酒吧原定于午夜 2:00 停业,但在夜 12:00－2:00 期间只产生 80 元的酒水销售额。经过计算发现,这 2 个小时营业时间的费用和成本会超过营业收入,因此不如提前打烊。

6. 酒吧酒水销售额指标

销售额是显示酒吧经营好坏的重要销售指标。一段时间内的酒水销售额指标可以通过下面的公式来计算:

一段时间的酒水销售额指标＝座位数×预计平均座位周转率×平均每位顾客消费额指标×天数

六、形象营销

1. 环境营销

高品位餐厅和酒吧应该营造良好的环境氛围。餐厅和酒吧是供人们休闲娱乐的场所,应该根据不同的主题营造恰当、舒适的环境,使宾客忘记烦恼和疲惫,在消费过程中获得美好的感受。

(1)环境卫生。酒吧供应的酒水是不加热直接提供的,所以顾客对酒吧吧台、桌椅、器皿的洁净,调酒师和服务员的个人卫生习惯等非常重视。

(2)氛围和情调。营业场所的氛围和情调对酒水营销能起到促进作用,也能构成餐厅和酒吧的特色。这些通常是由装潢、布局、家具和陈列、灯光和色彩、背景音乐等组成。需要围绕主题,营造独特的风格,以此来吸引宾客。

2. 员工形象营销

调酒师、服务员的仪容仪表等外在形象,以及员工的工作态度和精神面貌直接影响餐厅和酒吧在宾客心目中的形象,影响顾客的选择和消费,酒吧员工形象营销是酒水营销的重要组成部分。

(1)着装。应按要求着装,保持整洁、合身,反映出岗位特征。

(2)神态。员工应通过脸部表情和眼神变化来吸引宾客,眼神应充满自信的神采。

(3)语言。应通过礼貌的语言表达对宾客的关心和重视,让宾客感到服务员的关注。

(4)服务规范。标准的服务规范,体现了餐厅和酒吧的团队精神和员工的合作精神,能给宾客以训练有素的感觉,有利于展现餐厅和酒吧美好形象。

(5)工作态度。诚恳的工作态度和精神面貌,会给客人留下深刻印象,吸引消费者再次光临。

每一个员工都是销售员,他们的外表、服务和工作态度都是对产品的无形销售。良好氛围也有利于酒水的销售。

【补充阅读】
阅读材料一:少数民族的酒俗礼仪

中国少数民族在解放前夕,由于所处的社会经济发展阶段不同、经济从业范围不同,因而所饮用的酒的来源和民间酿酒的情况也不同。当时的东北和内蒙古地区的赫哲族、鄂伦春族和鄂温克族主要从事捕鱼业和狩猎业,后两个民族还保留着浓厚的原始社会残余气息,他们民间无酿酒活动,饮用的酒都是从周围其他民族交换或购入的。当时的中国南部和西南部的佤、德昂、布朗、独龙、拉祜等族的狩猎和采集在经济生活中占主导地位,这些少数民族带有浓厚的原始公社残余气息,四川大小凉山的彝族还处在奴隶制阶段,生产力水平的低下,使这些民族民间很少有家酿酒。

目前,在中国少数民族中仍生产和饮用的具有特色的酒大致有如下一些。

蒙古族马奶酒:蒙古族传统的酿酒原料是马奶,故得名。马奶酒的酿制历史悠久,传至今日,仍盛行于蒙古牧区。酿制的时间自夏伏骒马下驹时始,至秋草干枯马驹合群,不再挤奶时止。这段时间被称为"马奶酒宴"期。酿制马奶酒的方法有两种。一种是挤出马奶过两三天变酸后,马奶发生分离现象,取出浮在上面的奶油,将其余部分密封于铁锅内蒸馏,反复三四次,则酒味越来越浓。这是制马奶酒的精工艺。另一法为粗工艺,用发酵方法酿制。一般是先用牛奶制成酒曲,再把生马奶倒进装有酒曲的容器里,置于较温暖处,每日启封以木杆搅动数次,使之发酵,味至微酸即可。在夏季的内蒙古草原上,凡是有牧民的地方,就有马奶酒飘香;只要有节日活动或亲友聚会,就会有马奶酒宴和敬酒歌舞。

与蒙古族生活在同一区域的达斡尔族也有酿制和饮用马奶酒的传统。生活在内蒙古的部分鄂伦春族,用马奶、小米和稷子一起酿制马奶酒。哈萨克马奶酒,是将马奶盛入马皮制的袋子里,扎紧口使其发酵,制成半透明、略带酸味的饮料,他们称之为"克木斯"。因为马奶酒有健身和医疗功效,所以常饮马奶酒的蒙古族和哈萨克族牧民普遍身体强壮。

藏族青稞酒:青稞酒是藏族人民普遍喜爱的传统饮料,传说青稞酒的酿制技术是唐文成公主传授的。在西藏民间流传有端起酒杯(碗)想起公主的民歌。青稞酒的酿制法较简单:先将青稞洗净煮熟,捞出来摊在干净的麻布上降温,拌入酒曲,装进陶罐或木桶中密封发酵,酿成醪糟,二三日后,加入清水,盖上盖,再过一两天即可饮用。酒色黄绿清淡,酒味甘酸微甜,度数较低,有人称之为青稞啤酒,但无泡沫。头道酒约15~20度,二道10度左右,三道仅5至6度。饮之难醉,醉则难醒。常饮的青稞酒,一般是10度左右。另有青稞白酒,酿制法较复杂:将醪糟装入大陶罐,加入少量水。罐中以木棍架起一铜锅,锅沿与罐沿齐平。锅上架一钝锥形铛子,口径略大于罐口,罐沿与铛间用草木灰泥封严。陶罐底部以温火加热,不断将铛中升温的热水换成凉水,使罐中蒸汽凝为水珠滴到铜锅里,七八小时后,取出铜锅中的液体,即是青稞白酒,度数可达60度以上,酒香四溢,略带青味。此法可称为土法蒸馏。因为活细,一般是主妇操作。

青海土族农民也酿制和饮用青稞酒,他们一般把青稞酒称为"酩",土族语叫"斯拜·都拉斯"。其制作法是先将青稞做成醪糟(当地汉族方言称"甜醅"),然后入锅加水蒸馏出酒。乙醇度一般在三四十度间,最高亦可达60度。为使酒色味更佳,人们常把酒装在能容20公斤的黑瓷坛中,密封坛口,深埋在羊圈或居室炕沿附近的地下,过一年半载挖出,添满酒再埋,如是两三次,坛中酒色如黄蜜,醇香扑鼻,入口绵滑,小酌数杯,即可使人酒酣神怡,若再多饮,沉醉难醒。土族是以古代民族吐谷浑为主体,吸收了羌、藏、蒙古及汉族的成分发展形成的,羌是"西戎牧羊人也"(《说文·羊部》),藏族和蒙古族都是有古老游牧历史的民族。因此,土族人种植青稞和酿青稞酒窖藏于羊圈的做法,恐有相当久远的传统了。

柯尔克孜族孢糟酒:"孢糟"是柯尔克孜语音译,可意译为黄米酒,因其原料是黄米。其酿造法是先将黄米洗净泡软,上磨推成糨糊状,装入布口袋里发酵。发酵后入锅加水煮至冒泡,再装入袋中滤挤去渣,其纯净的液体就是孢糟酒。酒色界于橙黄与浅咖啡色之间,乙醇度在15度左右。此酒酸甘相兼,有补血和助消化的功能,很受群众欢迎。当地维吾尔族群众亦喜饮,但维吾尔人并不酿制。目前,在新疆柯孜勒苏柯尔克孜自治州的一些县城里,已开有"孢糟馆",这就大大方便了各族群众。孢糟馆类于内地的茶馆,不经营菜肴,顾客喝些孢糟酒,吃些烤馕即可,非常便利。

门巴族曼加酒:"曼加"是藏语音译,意为"鸡爪谷酒",因以当地特产的鸡爪谷为原料酿制而得名。鸡爪谷系禾本科农作物,籽粒如白菜籽,色紫黑,穗头如猫爪,喜肥耐水,生长期4个月,亩产五六百斤,是门巴族和珞巴族的重要粮食作物。酿制方法简单:先将鸡爪谷煮熟,捞出晾温后拌入酒曲,放置于竹盘中发酵。饮用时,将发酵后的鸡爪谷(酒酿)装进底部有塞子的竹筒,加入凉水,稍候拔开塞子,以酒具接盛即可饮。曼加酒的度数仅10度左右,可提神消暑,夏季尤为群众喜好。门巴族聚居的西藏门隅(意为雅鲁藏布江下游平原地区)地区和墨脱县,基本上是高原河谷地带,气候温暖。

水族肝胆酒:将猪胆汁注入米酒中而成。以此酒待客,表示主人愿与客人肝胆相照,苦乐与共。宰猪时将附着苦胆的那片猪肝一起割下,以火烧结胆管口,防止胆汁流出,然后将其煮熟,再与猪肉一起祭供祖神。客人入席酒过三巡后,主人拿起猪肝,剪开胆管,当众将胆汁注入酒壶,为在座者各斟一杯肝胆酒,依长幼客主之序分先后干杯。猪胆能消炎灭菌、清火明目、降低血压。常饮肝胆酒有益健康,故在水族群众中流传成俗。

土家族甜酒茶:土家族的甜酒茶实际上不是茶,而是酒。正如解放初期广东有部分人还把啤酒叫做"洋茶"一样,这仅仅是名称上的误用。土家族以糯米或高粱煮甜酒,将甜酒和蜂蜜冲入盛山泉水的碗中,甜酒茶即成。饮之清洌甜香,消暑提神。因有些山泉水实际上是矿泉水,所以常饮有强身健体之功效。

少数民族在饮酒时很讲究敬老的礼节。

锡伯族的年轻人不许和长辈同桌饮酒,其中原因大致有二:一是长幼有别,不能没大没小;二是酒喝多了容易失礼,对长辈的不敬被视为最丢脸的事。朝鲜族晚辈也不得在长辈面前喝酒,若长辈坚持让小辈喝,小辈也得双手接过酒杯来转身饮下,并表示谢意。

蒙古族家中来客后,不分主客,谁的辈分最高,谁坐在上座主席位置上。客人不走,年轻媳妇不能休息,哪怕彻夜畅饮长谈,也得在客厅旁边听候家长召唤,好随时斟酒、添菜、续茶。满族家中来客,由长辈陪接,晚辈一般不得同席,年轻媳妇侍立在旁,装烟倒酒,端菜盛饭。

彝族家中酿好酒的第一杯敬神,第二杯要敬给家中老人,晚辈不得先喝。凉山彝族群聚饮酒时,要按年龄大小、辈分高低分先后次序摆杯斟酒,并由在场的英俊聪明的小伙子先给老人敬酒。敬酒者双手捧杯,右脚向前跨一大步,弯腰躬身,头稍向左偏,不得直视被敬者。被敬酒的老者则谦和地说"年轻人啊,对不起了,老朽站不起来了",或者说"借给你这一杯",表示回敬,小伙子便立身饮尽,否则为不敬。民间谚语说"酒是老年人的,肉是年轻人的",所以敬酒献客时,必须从老人或长辈开始,如此才合乎"耕地由下(低)而上(高),端酒从上而下"的传统规矩。

壮族请客时,只有与客人同辈的长者才能与老年客人同坐正席,年轻人须站在客人身旁,给客人斟酒之后才能入座。给客人添饭时勺子不能碰响锅,免得客人担心饭少不敢吃饱。每次夹菜,都得由陪客的长者先给客人把最好的菜夹到碟中后,其他人才能依长幼之序夹菜。年轻妇女一般不能到堂屋的宴席上共餐,能饮点酒的老年妇女则可。

傈僳族在年节请客时,在酒席上,父母可以向长辈诉说儿女使他们不满意的事,做儿子的,尤其是做儿媳妇的,总是很体谅父母的心情和难处,他们听完长辈关于自己的诉说后,便马上出来请求父母公婆原谅自己不懂礼。在这个问题上似乎没有"家丑不可外扬"的概念,社会习俗普遍认为,长辈不论何时何处批评晚辈都是应该的。

少数民族饮酒中的敬老习俗,从信仰的角度看,也反映在对祖先的崇敬上。例如广西毛南族,请客人吃饭时要请客人坐上席先给客人斟酒夹菜。而客人在端杯饮酒时,须先用手指尖或筷子头蘸点酒,弹酒几滴于地上,表示首先敬献主家的祖宗,然后主客碰杯,说互相祝福的吉祥话。晚辈吃饱饭离席时,要很恭敬地向客人说:"请慢吃!"

少数民族在欢聚待客饮酒时,特别重视和谐热烈的气氛。

凉山彝族喜欢喝寡酒，即不用下酒菜，因此可以随时随地喝。相识者邂逅相遇，买碗酒，或买瓶酒，几个人围圈而蹲，仅用一两只酒杯，或干脆不用酒杯，一人一口轮流喝，称之为喝"转转酒"。若用酒杯，便先从最年长者开始，从右至左，一人一杯，接力轮流，不得轮空，众人用一酒杯，称为"杯杯酒"，谁也不嫌弃谁，同乐同喜。凉山甘洛县有家酿酒的彝族还常饮"杆杆酒"，即酒酿好后，将一根打通节的竹管插入坛中，众人围坛轮流吸饮，酒液吸完了，再掺冷开水入坛直至味淡。土家族也有插竹管于酒坛咂饮的传统，传说起源于明代土家族士兵赴东南沿海抗倭时，百姓送行，置酒于道旁，经过酒坛的兵，咂一口，即可前行，不误行军。土家诗人彭淦在描写此酒俗的竹枝词中说："蛮酒酿成扑鼻香，竹竿一吸胜壶觞；过桥猪肉莲花碗，大妇开坛劝客尝。"羌族把这种喝酒法叫做喝"咂酒"，但不是众人一吸管，而是一人一根长而细的吸管，围坛咂酒，在喝酒的过程中还穿插有歌舞。壮族喝咂酒的记载，最早见于《岭外代答》，距今已有一千多年的历史。书中说，单州钦州壮族村寨，客人至，主人铺席于地，置酒坛于席中，注清水于坛内，插一根竹管于坛中按照先宾后主的次序吸饮。饮前由主妇致欢迎词，男女同坛同管，水尽可添。酒乃甜酒。黎族和布依族也喝咂酒，其形式与羌族相似。

广西大新县壮族人家，当客人光临时，在饭桌上主人先给客人和自己斟杯酒，主客共饮交臂酒之后，客人才能随意饮餐。一喝交臂酒，气氛马上就显得很轻松融洽。云南傈僳族和怒族在待客饮酒时，主客共捧一碗酒，相互搂着对方的肩膀，脸贴脸把嘴凑在酒碗边，同时仰饮之。至亲好友及贵客光临，或要结为兄弟之谊，皆须如此饮酒，谓之喝"同心酒"。侗族的"团圆酒"气氛更为热烈和谐。大家围桌而坐，每人将自己的酒杯用左手递到右邻的唇边，右手搂他的肩膀，依次形成一个圆圈，主人一声"干杯"，大家同时欢呼一声并饮尽，如此三轮，方可自由敬酒。至此，大家已觉得亲密无间，不仅谈笑风生，而且还有酒歌阵阵。

侗族还有一种交臂酒，是两人并肩或坐或立，一手搂对方肩，一手举杯递到对方唇边，同时尽饮。有些饮酒活动，比一般待客更显得情谊深厚。例如黔西南布依族的"打老庚"，可理解为"结拜兄弟"或结交同年好友。异姓小伙子，不论生辰年月是否相同，只要年龄相差无几，征得父母同意便可约定日子聚饮，结拜为"老庚"，仪式之后，双方父母即把"打老庚者"当作自己的儿子对待。又如四川黑水县的羌族，同辈同年的年轻人，不论男女皆可"打老庚"，只是男女分别举行活动而已。一般在农历正月择日，同龄人相约，携带酒肉到村寨野外聚餐，大家把鞋带放在一起，轮流去抽，哪两人抽到了同一双鞋的两根鞋带，他们就相互结为"老庚"，在今后的生活中不仅他俩要同甘苦，共命运，两家人也要同心同德，团结互助。旧时蒙古族民间在结交推心置腹的朋友时，双方要共饮"结盟杯"酒，杯乃饰有彩绸的牛角嵌银杯,非常精美,交臂把盏,一饮而尽,永结友好。我国台湾的高山族排湾人,不仅新婚夫妇要喝"连杯酒"(也叫连欢酒),亲朋好友也要共饮"连杯酒"。连杯酒并非指连饮数杯,而是两个酒杯连在一起。这种酒具像一副担子,木雕彩绘,"担子"两头各雕有一酒杯。斟满酒后,两人比肩而立,各以外侧之手执酒具一端之把手,只能同时举杯同时饮,否则酒就会洒掉,极有象征意义,即表示必须平等(端平)。

阅读材料二:德国啤酒文化

啤酒文化包含了饮食、生活、爱情,甚至政治、经济、军事等丰富的内涵。就像瓷器使人联想到中国、樱花使人想到日本、牛仔使人想到美国一样,啤酒让人想到的是德国。

德国是世界上啤酒消耗量最大的国家,德国人酷爱喝啤酒,因此德国形成了一种特殊的"啤酒文化"。有悠久的历史、古老的传说和各式酿制方法,还有专属的节庆和舞蹈。喝啤酒是德国人最大的嗜好和乐趣之一,也是日常生活中不可缺少的内容。到德国一定要入乡随俗,逛逛各具特色的啤酒店,品尝品尝异国香醇啤酒,感受感受他乡啤酒文化。

在德国最著名的啤酒之乡巴伐利亚,啤酒存在的历史几乎和当地的历史一样悠久,可以追溯到公元前的古罗马时代。人们在巴伐利亚北部的库姆巴赫发现了一些有将近3000年历史的盛啤酒容器。由于巴伐利亚啤酒的历史与当地文化紧密相连,因此啤酒也和天主教息息相关。在阿尔卑斯山北麓上,有条山径直通最原始的有巴伐利亚"啤酒天堂"之称的、由修士自行酿造黑啤酒的安蝶斯修道院。这里每年吸引着大批游客前来朝圣。在慕尼黑有座"奥古斯丁"啤酒厂,酒厂的名字也让人们联想到宗教改革领袖马丁·路德所属的奥古斯丁修士团。据说,由于当时每年复活节前6周的四旬斋期间,修士们不能吃肉,他们便任由"大麦汁"自然发酵,最终生成了一种高酒精度的饮料,并将它作为四旬斋餐饮的代替品。为了使教廷准许他们饮用这种美味的饮料,修士们便送了一桶给教皇,教皇品尝后为之倾倒,表示这种饮料可作为"四旬斋餐饮的代替品"及"罪恶的洗涤剂",并准许巴伐利亚的修道院酿造它。这种美味的饮料便是啤酒,据说啤酒的酿造技术就是这样诞生的。

在德国,有种"啤酒与巴伐利亚"的说法,因为世界上再没有哪个地方的啤酒消耗量可以媲美巴伐利亚。巴伐利亚有1100万居民,每个人的年平均啤酒消耗量为230升,换句话说,每个巴伐利亚人(无论男女老少)每天要喝半升啤酒。因此,许多人说"喝啤酒是德国人最爱的休闲活动,而巴伐利亚人则是个中翘楚"。

巴伐利亚北部有种举世无双的"石头啤酒",酿造这种啤酒必须将重约400公斤的石头放在山毛榉堆上烤,而且温度须高达1200℃。然后把烤得红热的石头放进煮沸釜中。石头的高温使麦芽糖迅速转变为焦糖,紧紧黏附在石头上,之后再把石头放进发酵槽中,迅速冷却的焦糖再次溶解,如此便使青啤酒中含有一种特殊的烟炔味了。

由于德国人将喝酒视为每天的"必修课",各种酒馆、酒屋、小客栈便多似天上的星星。仅人口100万的慕尼黑就有3000多个每天都座无虚席的啤酒馆。几乎每个踏进酒馆的人至少都点半升啤酒佐餐(最受欢迎的是"比尔森"啤酒),但人们最常点的还是一升。所以"一升"在慕尼黑及整个巴伐利亚可说是个"计量单位",当地还盛行一谚语"有节制地一天喝一升,健康赛神仙"。人们也不只是进餐时才喝酒,几乎是随时随地喝。德国各地几乎都有"啤酒公园",只要太阳一露脸,人们就蜂拥至啤酒公园,尽情享受一下大自然。

慕尼黑一向是公认的"啤酒之都",每年秋季都会举行世界上规模最大的啤酒节。十月庆典,来自世界各地的观光客纷至沓来,涌向慕尼黑,一品"巴伐利亚啤酒",并亲身体验德国人民欢庆节日的热闹和喜悦。其实,早从公元1517年起,德国每隔7年就会在慕尼黑举行一场"桶匠之舞"。这种花式舞蹈是由18人共同演出,他们不断舞动桶箍,并把它们弄成王冠,在黑死病终止蔓延的年代,这些桶匠就是第一批通过欢乐的舞蹈而重燃希望之火的灾民。而制造啤酒桶的这种职业,对整个啤酒业和饮酒者都是不可或缺的。

■ **本章回顾**

本章主要介绍了酒吧的日常管理工作。标准化的酒水采购和酒水仓储流程是确保酒水营销的基础。从流程建设入手,对酒水进行严格的成本控制和质量管理,是促进酒水销售并确保酒吧盈利的关键所在。

■ **关键概念**

酒水管理　酒水采购　酒水盘存

■ **复习与思考**

1. 酒吧日常管理主要有哪些工作?
2. 如何进行有效的酒水成本控制?
3. 酒水服务员的培训需要从哪些方面入手?
4. 谈谈酒水成本控制的重要性。

■ **单元实训**

1. 根据即将到来的重大节日,针对一家餐厅或酒吧,设计一份餐厅酒水促销方案。

2. 针对市场上的酒水新产品,做一份针对两个以上不同细分市场的调研,分析情况,并给出相关营销建议。

第八章 酒吧经营

课前导读

酒吧名称的由来

"酒吧"一词来自于英文的"bar",原意是指一种出售酒的长条柜台,最初出现在路边的小店、小客栈、小餐馆中,即在为客人提供基本的食物及住宿外,同时提供使客人兴奋的额外消费。后来,由于酒的独特魅力、酿酒业的发展,以及人们消费水平的不断提高,这种"bar"便从客栈、餐馆中分离出来,成为专门销售酒水、供人休闲的地方,它可以附属经营,也可以独立经营。

酒吧是酒馆的代名词,它最早起源于美国西部大开发时期。最初,在美国西部,牛仔们很喜欢聚在小酒馆里喝酒。由于他们都是骑马而来,所以酒馆老板就在馆子门前设了一根横木,用来拴马。后来,汽车取代了马车,骑马的人逐渐减少,这些横木也多被拆除。有一位酒馆老板不愿意扔掉这根已成为酒馆象征的横木,便把它拆下来放在柜台下面,没想到却成了顾客们垫脚的好地方,受到了顾客的喜爱。其他酒馆听说此事后,也纷纷效仿,因此柜台下放横木的做法便普及起来。由于横木在英语里念"bar",所以人们索性就把酒馆翻译成"酒吧",就像把糕饼"pie"译成"派"一样。

【学习目标】

通过本章的学习,了解酒吧日常经营管理中的一些重要因素,从酒吧的定位、选址到服务的标准制定,为将来的管理经营打下理论基础。

【知识目标】

通过教学,学生明确酒吧的定位和选址,掌握酒单设计技巧,了解不同的酒吧的娱乐项目及特点,熟悉酒吧的服务标准和程序。

【学习任务】

1. 明确酒吧的定位和娱乐项目;
2. 掌握酒单的设计;
3. 熟悉酒吧的服务标准和程序。

第一节 酒吧的定位

【小问答】

1. 你知道北京、上海各有哪些知名酒吧吗?说说它们的定位和选址情况。
2. 你知道俄罗斯、日本、法国、西班牙、葡萄牙、德国的国酒吗?

一、酒吧的空间布局

一般来说,根据酒吧现有的建筑结构,结合酒吧定位,设计酒吧的色彩、灯光、音乐和装饰,突出酒吧主题。一个功能齐全的酒吧一般分为吧台区、主题互动区、娱乐活动区、座位区、包厢、音响室、洗手间、储藏间、备餐间、厨房等。

酒吧比一般就餐环境的文化氛围更浓烈一些,是人们休闲、交流的场所。酒吧设计非常重要,就像衣服的款式,美丽新颖才会引人注目。一个较大的酒吧空间可利用天花的升降、地坪的高差,以及围栏、列柱、隔断等进行多元的空间分割。开敞空间是外向的,强调与周围环境交流,心理效果表现为开朗、活泼、接纳,开敞空间经常作为过渡空间,有一定的流动性和趣味性,是开放心理在环境中的反映。封闭空间是内向的,具有很强的领域感、私密性,在不影响宾客私密需求的前提下,为了打破封闭的沉闷感,经常采用灯窗,来扩大空间感和增加空间的层次。动态空间引导大众从动的角度看周围事物,把人带到一个由时空相结合的第四空间,比如光怪陆离的光影,生动的背景音乐。

实体隔断,如墙体、玻璃罩等垂直分割为私密性比较强的酒吧空间;隔透性隔断,如各种形式的落地罩、花窗隔层,既享受了大空间的共融性,又拥有了自我呵护的小空间；列柱隔断可构成特殊的环境空间，似隔非隔，隔而不断。

灯饰区隔空间，利用灯饰结合天棚的落差来划分空间，这种空间的组织手法，使整体空间具有开放性，显得视野开阔，又能在人们心理上形成区域性的环境氛围。

地坪差区隔空间，在平面布局上，利用改变局部地区的标高，呈现两个空间的区域，有时可以和天花板对应处理，使底界面、顶界面上下呼应共造空间，也可与低矮隔断，如绿色植物相结合，构成综合性的空间区隔手法，借以丰富空间，连续空间。

酒吧的空间设计敞开型（通透型）则风格豪迈痛快，隔断型则柳暗花明，无论哪一种布局都必须考虑到大众的审美感受，适合大众的口味又不失个性。

功能齐全的大型酒吧一般分有吧厅、吧台服务、包厢、音响室、厨房、洗手间、布草房（换洗衣室）、储藏间、办公室和休息室等。由于各酒店、宾馆中的餐饮规模不同和星级不同，酒吧的组织结构可根据实际需要而制定或改变。酒吧的结构一般由以下几个部分组成。

1. 吧台

吧台是酒吧向客人提供酒水及其他服务的工作区域，是酒吧的核心部分。通常由吧台（前吧）、吧柜（后吧）以及操作台（中心吧）组成。吧台大小以及组成形状，也因具体条件的不同而有所不同。吧台是酒吧空间的一道亮丽风景，选材上乘、工艺精湛，高度、质量、豪华都是空间布局的重点。吧台选材可以有石材、木材等，并与不锈钢、钛金等材料协调构成，因其空间大小的性质不同，形成风格各异的吧台风貌。见图8-1。

图8-1 吧台

2. 主题活动区

它是酒吧必备的活动空间,根据酒吧的主题设计出具有一定功能的区域,突出个性化的品味和文化特色,反映酒吧的特色。迪斯科酒吧可以设计舞台,可供演奏或演唱,也可以用来跳舞。

3. 音控室

音控室是酒吧灯光音响的控制中心。音控室不仅为酒吧座位区或包厢的客人提供音乐服务,而且对酒吧进行音量调节和灯光控制,以满足客人听觉上的需要,通过灯光控制来营造酒吧气氛。音控室一般设在舞台,也有根据酒吧空间条件设在吧台内外的。见图 8-2。

图 8-2　音控室

4. 舞台

舞台是一般酒吧不可缺少的空间,是为客人提供演出服务的区域。根据酒吧功能的不同,舞台的面积也不相等。舞台一般还附设有小舞池,供客人直接享用。见图 8-3。

图 8-3　酒吧舞台

5. 座位区和包厢

座位区是客人的休息区,也是客人聊天、交谈的主要场所。因酒吧的不同,座位区布置也各不相同。

一般来说,酒吧为要求私密性的宾客准备各种包厢,大小不一,配备沙发、音响、电视机和卡拉 OK 设备。

6. 娱乐活动区

酒吧吸引客人的主要因素之一,应体现时尚气息,也要体现酒吧的经营特色。选择何种娱乐项目,规格多大,档次高低,都要符合经营目标。常见的酒吧娱乐活动有台球、飞镖、保龄球、游戏室等。

7. 卫生间

卫生间是酒吧不可缺少的设施,卫生间设施档次的高低及卫生洁净程度在一定程度上反映了酒吧的档次。卫生间的设施及通风状况要符合卫生防疫部门的要求。

二、酒吧氛围的营造

1. 灯光

灯光是设计不可忽视的问题,灯光是否具有美感是设计成败的因素之一。环境的优美能直接影响到人们的心情,这就不能不在采光方式上动足心思。就像婀娜的身姿或曲线的情绪,在亮处看暗处,在暗处看亮处,不同角度看吧台上同一只花瓶获得的感觉都不尽相同。灯光设置的学问在于横看成岭侧成峰,让人感觉到变幻和难以捕捉的美。

2. 色彩

如果说采光是美人的秋波,那酒吧的室内色彩就是她的衣裳。人们对色彩是非常敏感的,冷或暖,悲或喜,色彩本身就是一种无声的语言。最忌讳看不分明设计中的色彩倾向,表达太多反而概念模糊。室内色彩与采光方式要协调,这才有可能成为理想的室内环境。构成室内的要素必须同时具有形体、质感、色彩等,而色彩是极为重要的,它会使人产生各种情感。

3. 壁饰

壁饰是酒吧氛围的构成因素,如果酒吧氛围是暖调的,可以用壁饰局部的冷调来协调整个空间的格局,它同时增加了表达内容。采用多幅或大幅装饰壁画,充填墙体,既反映了特定的环境,还满足了人们不同的欣赏需求,从而刺激消费。

4. 酒吧音乐

酒吧根据音乐营造的氛围不同可以分为静吧、慢摇吧、宴会酒吧、演绎吧。

不同的酒吧有不同的音乐,并且功能也不一样,这关系到酒吧主题定位。

静吧:一般都是播放比较抒情的、清新的音乐,给那些想要安静的顾客营造一个安静舒缓的环境。

慢摇吧:以独特的震撼音响效果闻名的酒吧,放的都是重金属的音乐而且节奏强烈,与心同跳,震撼你的神经。

宴会吧:宴会吧是根据习俗或社交礼仪需要而举行的宴饮聚会。人们在宴会吧,不仅获得饮食艺术的享受,而且可增进人际间的交往。所以它所放的音乐大部分为古典器乐音乐如萨克斯。

三、酒吧的定位

酒吧种类繁多,分类的方法也不尽相同。如根据服务内容分类,可将酒吧分为纯饮品酒吧、供应食品酒吧、娱乐型酒吧、休闲型酒吧、俱乐部沙龙酒吧;根据经营方式分类,可将酒吧分为附属经营型酒吧和独立经营型酒吧;根据服务方式分类,可将酒吧分为立式酒吧、服务酒吧、鸡尾酒廊、宴会、冷餐会、酒会等。对酒吧进行分类研究,可使经营者了解不同的酒吧类型及经营模式上的不同特点,以使他们掌握这种规律,明确经营方向,更好地使经营方向适应目标客人的需求。

1. 主酒吧

主酒吧大多装饰美观、典雅、别致,具有浓厚的欧洲或美洲风格。视听设备比较完善,并备有足够的吧柜、吧凳、酒水、载杯及调酒器具等,种类齐全,摆设得体,特点突出。主酒吧的另一特色是有风格各异的乐队表演,或为客人提供飞镖游戏。来消费的客人大多是来享受音乐、美酒以及无拘无束的人际交流所带来的乐趣,因此,对调酒师的业务技术和文化素质要求较高。此类酒吧一般位于人流量较大的繁华地段。见图 8-4。

图 8-4　主酒吧

2. 酒廊

较大型的酒店中都有鸡尾酒廊这一设施。鸡尾酒廊通常设于酒店门厅附近,或是门厅的延伸,或利用门厅周围的空间,一般设有墙壁将其与门厅隔断。鸡尾酒廊一般较宽敞,常有钢琴、竖琴或者小乐队为宾客演奏,有的还有小舞池,以供宾客随兴起舞。鸡尾酒廊还设有高级的桌椅、沙发,环境较立式酒吧优雅舒适,气氛较安静,节奏也较缓慢,宾客一般会逗留较长时间。鸡尾酒廊的营业过程与服务酒吧大致相同,即由酒廊招待员为宾客开票送酒,如果酒廊规模不大,由招待员自行负责收款。但在较大的鸡尾酒廊中,则设有专门的收款员,并有专门收拾酒杯、桌椅并负责原料补充的服务人员。见图 8-5。

图 8-5 酒廊

3. 服务酒吧

服务酒吧常见于酒店餐厅及大型社会餐馆的厨房中,是一种设置在餐厅中的酒吧,服务对象也以用餐客人为主。中餐厅服务酒吧较为简单,酒水种类也以国产为多。西餐厅服务酒吧较为复杂,除要具备种类齐全的洋酒之外,调酒师还要具有全面的餐酒保管和服务知识。

我国许多酒店餐厅中的酒柜实际上也是服务酒吧,因为宾客不直接在吧台上享用饮料,虽然他们有时从那里购买饮料,但通常是通过餐厅服务员开票并提供饮料服务。服务酒吧的服务员必须与餐厅服务员合用,由酒吧服务员对各种饮料进行最后点缀加工,如给鸡尾酒加上桃、柠檬或菠萝等。在大多数酒店中,服务酒吧的服务员不负责酒类饮料的收款工作,这项工作通常都由餐厅收款员进行。

4. 宴会酒吧

宴会酒吧是根据宴会标准、形式、人数、厅堂布局及客人要求而摆设的酒吧,临时性、机动性较强。外卖酒吧则是根据客人要求在某一地点,例如,大使馆、公寓、风景区等临时设置的酒吧,外卖酒吧隶属于宴会酒吧范畴。

5. 多功能酒吧

多功能酒吧大多设置于综合娱乐场所,它不仅能为午、晚餐的用餐客人提供用餐酒水服务,还能为赏乐、蹦的(Disco)、练歌(卡拉OK)、健身等不同需要的客人提供种类齐备、风格迥异的酒水及其他服务。这一类酒吧综合了主酒吧、酒廊、服务酒吧的基本特点和服务职能。有良好的英语基础,技术水平高超,能比较全面地了解娱乐方面的有关知识,是考核调酒师的三个基本方面。

6. 主题酒吧

现在比较流行的"氧吧"、"网吧"等均称为主题酒吧。这类酒吧的特点是突出主题,来此消费的客人大部分是来享受酒吧提供的特色服务,酒水往往排在次要的位置。

第二节 酒单设计

一、酒单的含义与作用

酒单是酒吧为客人提供酒水产品和酒水价格的一览表,酒单上印有酒水的名称、价格和介绍。酒单是顾客购买酒水产品的主要依据,是酒吧销售酒水的重要工具。因此,酒单在酒吧和餐厅经营中起着关键的作用。同时,酒单是酒吧或餐厅服务员、调酒师与顾客沟通的媒介,顾客通过酒单了解酒水产品、酒水特色及酒水价格。调酒师与服务员通过酒单与客人沟通,及时了解客人的需要,从而促进酒水销售。

不仅如此,酒单与酒吧的经营成本、经营设施、调酒师及服务人员的配合,以及餐厅和酒吧的设计与布局都有着密切的联系,所以,酒单是酒吧经营的关键和基础,是酒吧的管理工具之一。

二、酒单的种类

各种类型的酒吧和餐厅由于经营方式、提供的酒水存在差异,因此酒单的种类也不同。下面介绍几种常见的酒单类型。

1. 酒吧酒单

酒吧是提供酒水服务的场所,因而酒水的品种比较齐全。规模大、档次高的酒吧,名牌酒水品种多一些;小酒吧供应的酒水档次低,品种也比较少。其样式见图8-6。

图 8-6　酒吧酒单

2.葡萄酒酒吧酒单

葡萄酒酒吧是专门经营葡萄酒的酒吧,其酒单上列有种类较齐全的各种葡萄酒。这类专项酒单所列内容或以产地分类,或以酒水特征分类。类似的还有咖啡屋、啤酒吧(坊)、茶吧(室、楼)等,酒单上只列各种品牌的专类酒水。

3.娱乐厅酒单

娱乐厅酒单(见图 8-7)即舞厅、KTV 包间、迪厅等娱乐场所的酒单。这些娱乐场所所供应的酒水不能影响整个酒吧的经营活动,所以酒吧要针对顾客娱乐活动的特点,多供应一些低酒精和无酒精的碳酸饮料、矿泉水、果汁等软饮料,以及一些餐前、餐后的混合酒。对于 KTV 包间,因不影响他人,可适当增设一些酒精饮料。

酒吧/KTV小吃 Tearoom/KTV Snack Menu		KTV茶房酒水单 KTV Tearoom Wine List 红酒 Red wine		KTV茶房酒水单 KTV Tearoom Wine List 啤酒 饮料 Beer Beverage	
黑瓜子 Black Seeds	28元	米兰达森玛领切拉子赤露佳红葡萄酒 Miranda Somerton Shiraz Cabernet Merlot Red Wine	228元	青岛金标啤酒 Tsing Tao Beer	18元
话梅 Plum	28元	泰华安特烈优莎梅勒红葡萄酒 Terra Andina Merlot Red Wine	198元	青岛纯生(大) Tsing Tao(Big)	38元
香蕉片 Banana Chips	28元	肯莱士文须佩波尔多红葡萄酒 Kressmann Bordeaux Red Wine	218元	燕京纯生(大) Yanjing Beer(Big)	28元
花生米 Salted Peanut	28元	米兰达森特绿娜泡白葡萄酒 Miranda Somerton White Wine	188元	青岛纯生(小) Tsing Tao(Small)	28元
薯片 Potato Chips	38元	卡门梅尔雷德红葡萄酒 Carmen Red Wine	208元	燕京纯生(小) Yanjing Beer(Small)	28元
烂腰果 Cashew Nut	38元	米兰达森莎当妮白葡萄酒 Mirazel White Wine	228元	喜力(小) Heineken(Small)	28元
开心果 Pistachio Nut	38元	卡门纯维特白葡萄酒 Carmen White Wine	228元	喜力(大) Heineken(Big)	38元
茗茶 Tea		长城干红葡萄酒(2001) Great Wall Red Wine 2001	88元	水森活矿泉水 Shui Sen Huo(Bottle)	8元
红茶 Black Tea/pot	28元/壶	长城干红葡萄酒(2003) Great Wall Red Wine 2003	118元	可口可乐 Coca Cola(Can)	8元
龙井 Long Jing Tea/pot	38元/壶	露纯拉若庄园 Château Laurieve	288元	百事可乐 Pepsi-Cola	8元
普洱 Pu er Tea/pot	38元/壶	芝华士12年 Chivas Regal 12 years	358元	汤力水 Tonic Water(Can)	12元
毛峰 Mao Teng Tea/pot	38元/壶	马爹利VSOP Martel VSOP	418元	苏打水 Soda Water	8元
铁观音 Tie Guan Yin Tea/pot	38元/壶	马爹利XO Martel XO	1708元	干姜水 Dried Ginger Water	12元
精美水果盘 Fresh Fruit Platter		杰克丹尼 Jack Daniel's	338元	雪碧 Sprite(Can)	8元
时令水果盘(中盘) Fresh Fruit Platter (Medium)	38元	红方 Johnny Walker Red Label	258元		
时令水果盘(大盘) Fresh Fruit Platter (Large)	60元	黑方 Johnny Walker Blank Label	378元		
以上均为人民币,另加收15%服务费 All prices are in RMB and subjected to 15% service charge		以上均为人民币,另加收15%服务费 All prices are in RMB and subjected to 15% service charge		以上均为人民币,另加收15%服务费 All prices are in RMB and subjected to 15% service charge	

图 8-7 娱乐厅酒单

4. 餐厅酒单

餐厅酒单(见图 8-8)要反映客人所用酒水的顺序以及与所点菜品的搭配。餐厅根据经营方式和类型的不同,有些将酒单附在菜单上,有些则单独开列。酒品在酒单上的位置对酒水的销售作用很大。

图 8-8 中餐厅酒单

5. 客房小吧酒单

高档次酒店的客房中配备迷你吧为客人提供方便,客人为解渴、消遣或招待朋友,不用出房门就可饮用自己喜欢的酒水。客房酒吧酒单提供的酒品有三类:

(1) 软饮料。软饮料需要冰镇,一般放在小冰箱里。通常包括苏打水、汤力水、矿泉水、橙汁、可口可乐、雪碧等。

（2）烈性洋酒。烈性洋酒通常包括威士忌、干邑 V.S.O.P、轩尼诗 X.O、朗姆酒、伏特加、金酒等。这类酒装在 30 mL 的酒瓶中，容量很小，便于销售。

（3）小吃。为方便客人，客房小吧酒单上还备有一些小吃，如腰果、开心果、炸土豆片、巧克力等。这些食品可放在冰箱里，也可放在冰箱上方的架子上。

三、酒单设计的原则

不同的客人需要饮用不同的酒水，因此，要有针对性地设计多种类型的酒单，酒单的设计原则如下所述。

1. 针对国内外不同客人的设计

酒单设计要看酒单主要针对的是国外客人，还是国内客人，因为国内外客人的饮酒习惯差别很大。一些盲目模仿国外酒吧，但以接待国内客人为主的酒吧、餐厅，尽管明显地在酒单上列出人头马 X.O 等洋酒，然而这些酒水还是很少有人品尝，出现长期积压的现象。

2. 针对顾客群体的设计

研究目标顾客群体的年龄、性别结构。儿童喜爱喝软饮料、果汁，青年人喜欢喝啤酒等低度酒，年纪大的人则喜欢喝烈性酒。男性喜欢酒精饮料，女性喜欢软饮料、低度酒、香槟酒和雪利酒等。

3. 针对顾客群体经济水平的设计

研究目标顾客群体的经济水平。针对经济水平较低的客人，设计酒单时，应选择一些较普通的酒水。如果选择名贵的法国波尔多红葡萄酒等，恐怕无人识货。而高档次的酒吧或餐厅如果酒单中缺乏名贵酒水，会让客人失望。

4. 针对顾客饮酒口味变化和时尚的设计

密切注意顾客饮酒口味的变化和时尚。人们的饮酒口味并不是一成不变的，喜欢追新求异的年轻人是时代潮流的引导者，同时也引领饮酒新潮流。高酒精含量的中国白酒的消耗量逐渐减少，而接近洋葡萄酒口味的王朝、长城干白、红葡萄酒的需求量在提高。因此，酒单品种要根据目标顾客口味的变化进行调整，使酒单始终能反映时代气息。

5. 要考虑原料的供应情况

凡列入酒单的饮品、水果拼盘、佐酒小吃，酒吧必须保证供应，这是一条相当重要但易被忽视的餐饮经营原则。某些酒吧酒单虽然丰富多彩，但因经常缺货不能满足客人的需要，导致客人的失望和不满，以及对酒吧经营管理方面可信度的怀疑，直接影响酒吧的信誉度，这通常是原料供应不足导致的。所以，设计酒单时必须充分掌握各种原料的供应情况。

6. 要考虑调酒师的技术水平及酒吧设施

调酒师的技术水平及酒吧设施在相当程度上也限制了酒单的种类和规格，不考虑这些因素而盲目设计酒单，即使酒单再好也无异于"空中楼阁"。如果酒吧没有适当的厨房排烟设施，强行在酒单上列出油炸类食品，当客人需要而制作时，会使酒吧内油烟弥漫而影响客人消费及服务工作的正常进行；如果调酒师在水果拼盘方面技术较差，而酒单上却列出大量造型时髦的水果拼盘，只会在客人面前暴露酒吧的缺点并引起客人的不满。

另外，酒单上各类酒水之间的数量比例应该合理，易于提供的纯饮类与混合配制饮品应搭配合理。

四、酒单设计的步骤

酒单在酒水经营中起着非常重要的作用，酒吧经营者在设计菜单时应遵循以下步骤：

(1) 明确酒吧经营策略，确认酒吧经营方针，确定酒吧经营特色；

(2) 明确市场需求、顾客饮酒习惯及对酒水价格的接受能力；

(3) 明确酒水的采购途径、费用、品种和价格；

(4) 明确酒水的品名、特点、级别、产地、年限和制作工艺；

(5) 明确酒水的成本、销售价格及酒吧合理的利润；

(6) 认真考虑酒单的印制，选择优质的纸张，写明酒水名称（中英文）、价格、销售单位等内容；

(7) 制定反馈意见表，做好后期的销售记录，不断更新酒单，使其更符合顾客的需要和酒吧的经营发展方向。

五、酒单设计的内容

酒单设计的内容包括酒水品种、酒水名称、酒水价格、销售单位（以杯、瓶、盎司为单位）、酒品介绍及葡萄酒名称代码。目前，有很多酒店在各种酒吧中会选择使用同一种酒单，以利于管理和节省开支。

1. 酒水品种

酒单中的各种酒水应按照它们的特点进行分类，然后再按类别排列各种酒品。

(1) 一些酒吧按照人们的用餐习惯将酒水分为开胃酒、佐餐酒、烈性酒、鸡尾酒、利口酒和软饮料等类别，然后在每一类酒水中再设计适当数量有特色的酒水。

(2) 每个类别列出来的品种不能过多,太多会影响客人的选择,也会使酒单失去特色。根据统计,酒单最多分为 20 类酒水,每类 4~10 个品种,并尽量使它们在数量上保持平衡。

(3) 越是星级高的酒店,其酒单分类越详细。如将威士忌分为普通威士忌、优质威士忌、波旁威士忌和加拿大威士忌四类,将白兰地分为普通白兰地和高级白兰地两类,将鸡尾酒分为短饮鸡尾酒和长饮鸡尾酒两大类,将无酒精饮料分为茶、咖啡、果汁、汽水等纯饮料及混合饮料两大类,再加上其他酒水产品总共约有 20 种酒水类别。这种详细分类方法的优点是便于客人选择酒水,使每一类酒水的品种数量减少至三四个,顾客可以一目了然;同时使各种酒水的品种数量平衡,酒单规范、整齐,便于阅读。

(4) 设计酒单时,应注意到酒水的味道、特点、产地、级别、年限及价格的互补性,使酒单上每一种酒水产品都具有自己的特色。

2. 酒水名称

酒水名称是酒单的中心内容,酒水名称直接影响顾客对酒水的选择。因此,酒水名称设计要做到以下几点。

(1) 酒水名称要真实,尤其是保证鸡尾酒名称的真实性。

(2) 酒水产品要名副其实,酒水产品必须与酒品名称相符。夸张的酒水名称、不符合质量的酒水产品必然会导致经营失败。尤其是鸡尾酒的质量一定要符合投料标准,不要使用低于酒单标准的酒水。

(3) 外文名称也很重要,酒单上的外文名称及翻译后的中文名称都是酒单上的重要内容,不能出错,否则会降低酒单的营销效果。

3. 酒水价格

酒单上应该明确注明酒水的价格,如果在酒吧服务中加收服务费,必须在酒单上加以注明。若有价格变动应立即更新酒单,否则酒单就失去了推销工具的功能,更会在结账的时候引起纠纷。

4. 销售单位

销售单位是指酒单上在价格右侧注明的计量单位,如瓶、杯、盎司等。销售单位是酒单上不可缺少的内容之一。但是,在传统的酒单上,顾客和酒吧工作人员已经明确,凡是在价格后不注明销售单位的都以杯为单位。现在许多餐厅和酒吧的酒单对酒水产品的销售单位作了更详细的注明,如白兰地、威士忌等烈性酒的销售单位为盎司,葡萄酒的销售单位为杯、1/4 瓶、半瓶、整瓶等。

5. 酒品介绍

酒品介绍是酒单上对某种酒水产品的解释或介绍。酒品介绍以精炼的词语帮助顾客认识酒水产品的主要原料、特色及用途,使顾客可以在短时间内完成对酒水产品的选择,从而提高服务效率,避免出现由于顾客对某些酒水不熟悉而不敢问津、怕出笑话的消费心理。

  6.葡萄酒名称代码

  一些餐厅和酒吧在葡萄酒酒单上注有编号。通常在葡萄酒酒单上葡萄酒名称的左边有数字,这些数字是酒吧管理人员为方便顾客选择葡萄酒而设计的代码。由于葡萄酒来自许多国家,其名称很难识别和阅读,以代码代替葡萄酒名称,方便顾客和服务员,可以增加葡萄酒的销量。

六、酒单的装帧设计

  装帧设计是酒单设计的最后一个环节,它是将之前所做的酒水品种和酒品介绍等内容具体体现在各种材料的实体上。在具体进行酒单的装帧时,要合理运用下述几项技巧,这些技巧对酒吧日常酒单的设计也同样适用。

  1.酒单的色彩

  色彩对酒单有着多种作用,使用色彩可使酒单更生动、更有趣味。彩色酒品照片会使酒吧经营的酒品更具吸引力。利用色彩设计酒单,方法也比较简便。可以用一种色彩加黑色,也可运用多种色彩。还有一种方法就是利用色纸。

  用几种色彩设计酒单,这要视成本和经营者所希望产生的效果而定。颜色种类越多,印制的成本就越高。色纸上套上一种色彩,成本最低。如套上四种色彩,那就用上了色谱中所有七色,其印刷成本较高。色彩会使酒单产生经营所需的某种效果。如果酒单的折页、类别标题、酒品实例照用上了许多鲜艳色,便体现了娱乐型酒吧的特点;采用柔和清淡的色彩,如淡棕色、浅黄色、象牙色、灰色或蓝色加黑色和金色,尽量少用鲜艳色,酒单就会显得典雅,这是一些高档酒吧酒单的典型用色。酒单设计中如使用两色,最简便的方法是将类别标题印成彩色,如红色、蓝色、棕色、绿色或金色,具体酒品名称用黑色印刷。

  各种彩色纸几乎应有尽有,其中也包括金色、银色、铜色等色彩。如果酒单上文字多,为增加酒单的易读性,色纸的底色不宜太深。为酒单增添色彩,还有一个简单且便宜的办法,就是采用宽色带,不论是纵向粘在封面上还是横向包在封面上,都能增加酒单的色彩。

  但要注意,在酒单上运用色彩一般的原则是只能把少量文字印成彩色,因为把大量的文字印成彩色,既不容易阅读,又伤眼睛。

  2.酒单的用纸

  选择哪种纸张印刷酒单也很值得下工夫,以便使酒单更精美耐用。一般来说,酒单的印刷从耐久性和美观性考虑应使用重磅的涂膜纸,这种纸通常就是封面纸或板纸经过特殊处理,由于有涂膜,它耐水耐污,使用时间也较长。

选择恰当的酒单用纸是一项复杂的工作。这里涉及纸张的物理性能和美学问题,如纸张强度、折叠后形状的稳定性、不透光度、油墨吸收性、光洁度和白晰度等。此外,纸张还存在质地差异,有表面粗糙的,也有表面十分细洁光滑的。由于酒单总是拿在手里使用,所以纸张的质地或"手感"也是重要的考虑因素。

纸色有纯白、柔和素淡、浓艳重彩之分,通过采用不同色纸会给酒单增添不同色彩。此外,纸张可以用不同方法折叠成不同的形状,除了可切割成最常见的正方形或长方形的酒单外,还可以制作成各种特殊形状的酒单。

3. 酒单的尺寸

酒单的尺寸是酒单设计的重要内容之一,酒单尺寸太大,客人拿着不方便;尺寸太小,又会造成文字太小或文字过密,妨碍客人的阅读,从而影响酒水的销售。通过实践,比较理想的酒单尺寸约为 20 cm×12 cm。

4. 酒品的排列

许多酒单酒品的排列方法都是根据客人眼光集中点的推销效应而定的,将重点推销的酒水排列在酒单的第一页或最后一页,以提高客人的注意力。但是,许多餐厅酒吧经营者认为,按照人们的用餐习惯顺序排列酒水产品推销力度更大。

5. 酒单的字体

酒单的字体应方便客人阅读,并给客人留下深刻印象。酒单上各类酒品一般用中英文对照标明名称,以阿拉伯数字排列编号和标明价格。字体要印刷端正,使客人在酒吧的光线下容易看清。各类酒品的标题字体应与其他字体有所区别,一般为大写英文字母,而且要采用较深色或彩色字体,既美观,又突出。所用外文都要根据标准词典的拼写法统一规范,慎用花体字。

6. 酒单的页数

酒单一般为 4~8 页。许多酒单只有 4 页内容,外部则以朴素而典雅的封皮装饰。一些酒单只是一张结实的纸张,被折成 3 折,共为 6 页,其中外部 3 页是各种鸡尾酒的介绍并带有彩色图片,内部 3 页是其他各种酒品的目录和价格。有些酒单共 8 页,在这 8 页中印制各种酒品目录。

7. 酒单的更换

酒单的品名、数量、价格等需要更新时,严禁随意涂去原来的项目或价格换成新的项目或价格。如随意涂改,一方面会破坏酒单的整体美,另一方面会给客人造成错觉,认为酒吧在经营管理上不稳定、太随意,从而影响酒吧的信誉。所以如需更新酒单,宁可更换整体酒单,重新制作,或对某类可能会更换的项目采用活页。

8.酒单的广告和推销效果

酒单既是酒吧与客人间进行沟通的工具,也具有宣传广告的作用,满意的客人既是酒吧的服务对象,也是义务推销员。有的酒吧在其酒单扉页上除印制精美的色彩及图案外,还配以词语优美的小诗或特殊的祝福语,给客人以文化享受,拉近了与客人的距离。

同时,酒单上也应印有酒吧的简介、地址、电话号码、服务内容、营业时间、业务联系人等,以增加客人对酒吧的了解,起到广告宣传的作用,并便于信息传递,广泛招徕更多的客人。

【补充阅读】

爱尔兰独具特色的冰吧

冰吧是爱尔兰酒吧文化繁荣的标志。这个设在都柏林四季饭店的酒吧,装饰风格独特而不张扬,利用微妙的灯光和在当地定做的艺术品给酒吧带来理想的效果。酒吧备有精心挑选的各种伏特加,还包括一些口感极佳的家酿金酒。特制的酒单上列有104种鸡尾酒的配方。这里的调酒师技巧娴熟,同时还有许多爱尔兰式的娱乐表演。因此,这个酒吧能成为享有声望的爱尔兰电影、电视奖颁奖大会的场所就不觉奇怪了。

第三节 酒吧娱乐项目

一、运动型娱乐酒吧

运动型娱乐酒吧,也称夜总会,或者娱乐中心、康乐中心,酒吧是其附属的一部分,一般设在休息区。运动型娱乐酒吧常见的有以下几种形式:

1.台球

台球(图8-9)是一项在国际上广泛流行的高雅室内体育运动,是一种用球杆在台上击球、依靠计算得分确定比赛胜负的室内娱乐体育项目。

台球已发展成为多种多样,有中式八球、俄式落袋台球、英式落袋台球、开伦台球、美式落袋台球和斯诺克台球,其中斯诺克最为普遍,已成为一项比赛项目。

台球也叫桌球(港澳的叫法)、撞球(台湾的叫法)。

台球的装备如下:

图 8-9 台球

(1) 球杆。球杆是台球运动中的灵魂,好球要配合好球杆,才能发挥得淋漓尽致。

球杆长约 1.4 米,最恰当的长度是等于自己的肩高,重量在 400 g 至 550 g 之间。为了携带方便,球杆通常分为前后两段。

选择球杆最重要的条件是要全杆笔直;第二个条件是接头部分要密合。此外,适合自己的长度和重量也是考虑要素。

(2) 球台。球台外框是以橡木之类的硬木所制造,台面的底板是由三或四块、平坦而刚硬的石板合成(多半是用意大利黑石或大理石),石板上绷紧铺置一层球台专用的昵绒,以提供一定的摩擦力。球台的优劣判断,主要是依据桌面石板是否平坦,接缝是否紧密,台面绒布摩擦力是否均匀(劣质台布的绒毛长短不均,会影响球的滚动),胶垫反弹力是否正常等因素。

(3) 球。最初台球是用木料制成的,之后出现了象牙制造的。

据说,一颗象牙只能制 5 个球,英国仅制作台球每年就需要上万头大象,制造好的象牙台球还要经过严格挑选,重量必须相同,因此价格非常昂贵。所以象牙台球仅适合宫廷贵族们玩乐。后来,被称为美国塑料工业之父的海亚特,研制出一种用硝化纤维素、樟脑、酒精等化工原料混合制成的台球,它大大降低了台球的成本;随后在 1920 年又出现了一种石碳酸脂铸成的台球,台球的制造费用更低了。

现在的台球都是用合成树脂做的,主要有聚酯、不饱和聚酯、酚醛树脂、脲醛树脂等品种。不同材料的价格和档次相差很远。国际比赛的标准用球是用酚醛树脂做的。

(4) 其他设备。①粉块：粉块是用来摩擦球杆的撞锤部分。粉块的粉附着在撞锤皮革上，可以增加其摩擦力，避免击球的打滑，造成滑杆，产生失误。②手套：戴于架杆的手上，以减少球杆和手之间的摩擦力。③架杆器：用于支撑球杆的具有铜制的X形头部的木杆，当选手的非持杆手手臂不够长时，可将球杆靠在架杆上，以稳定地击打主球。

2. 飞镖

飞镖（见图8-10）是具有悠久历史的英国酒吧游戏。20世纪70年代以后，飞镖成为世界上最受欢迎的运动之一。长久以来这项运动的起源被认为是标枪、弩箭或箭术，而其中最可能是飞镖运动来源的是射箭。事实上，回想最早的飞镖靶，你会发现这些有着同心圆的靶子就是射箭靶的模型。更确切地说，飞镖最可能被当作"箭"来认识。

图8-10　飞镖

直到20世纪初期，飞镖才以不同的形式出现在英国部分地区，这种简单比赛只出现在组织内部或关系较好的酒吧间的友谊赛（运动的费用在那个时期都是非常昂贵的）。然而，第一次世界大战结束以后，随着第一个啤酒厂联合会的出现，得到了一定程度的发展。到1924年，一个全国性的飞镖组织初露端倪。1927/1928年新闻杯世界大赛在伦敦举办，到1930年末的时候飞镖已经扩展到了英国大部分地区，在1938－1939年期间，英格兰飞镖运动参与者达到28万。到30年代飞镖已经成为英格兰整个地区和威尔士部分地区非常流行的全国性运动，并受到社会各阶层的欢迎，它的出现甚至鼎立于当时的九柱戏和室内套圈。当然，飞镖运动也在一些地区受到了阻碍，如在曼彻斯特部分地区。

飞镖运动在第二次世界大战期间鼓舞了士气,它经常出现在军官的食堂里和战俘的营地里。飞镖被指定为 NAAFI(英国海陆空军小吃部)体育运动。美国士兵把飞镖带到了美国,并开始对这一项古老的英国运动产生了兴趣,因为在美国很少有人玩这种游戏。

国际上标准的玩法是:镖盘的中心高度距地面 1.73 米,玩的人应该退出 2.37 米,手像拿毛笔一样拈着镖,镖着盘后呈水平或尾巴稍撅着时,说明手的劲道差不多了。出镖时,可以侧身对着盘面,但镖尖掠过脸时,请稍加留神。

飞镖分为直筒型、酒筒型和鱼雷型三种,其材质又分为钨合金、黄铜、塑胶三种材料,其中钨合金的为国际标准用镖,镖盘的选购一般都比较讲究。

二、酒吧与表演型娱乐

酒吧娱乐项目是酒吧经营的重要内容,娱乐项目选择正确,可以充分吸引客人,延长客人滞留时间,增加经营收入。

1. 表演型酒吧

表演型酒吧的经营完全取决于表演的内容。表演型酒吧在项目设计应注意上以下几点:①满足客人合理需求;②追求经营特色;③发挥自身优势;④适应社会发展潮流;⑤项目配套设施齐全;⑥客人充分参与;⑦要有时代感,能吸引众多的客人;⑧经济效益与社会效益相结合。表演型酒吧常见表演内容:

(1)现代舞。现代舞没有故事情节,不会带人走进童话世界;也没有复杂的布景,不会引人步入梦幻园地。

(2)时装表演。时装表演讲究时装气氛与舞台效果,可分为三种类型:①流行趋势型表演,即时装综合表演,有高级时装表演和大众时装表演两种,目的在于推出时装;②销售引导型表演,即宣传产品的时装表演,目的在于推销;③欣赏型表演,即时装模特借助体态和动作传达服装的时代感和美感,时装模特是时装的重要传播者,从而刺激客人的消费欲望。

2. 舞厅酒吧

舞厅酒吧是一处有伴舞小姐坐台服务的,多以标准舞、社交舞为主的舞厅兼酒吧形式。舞厅内设有酒吧,吧台酒水供应是舞厅酒吧收入的主要来源。这种类型舞厅大部分聘请专业乐团演奏抒情乐曲,轻歌曼舞,是所有舞厅中历史最久、最具特色的。

舞厅酒吧的设置:

(1)舞厅设计应高雅、大方,天花板、墙面装饰高级,隔音效果好。

(2)舞池采用硬木质地板或水磨石地板。舞池上方设变幻彩灯,灯光采用可控开关控制。

(3)音乐播放采用镭射(激光)高保真音响系统。

(4)休息区设咖啡桌、座椅,并铺设阻燃地毯。

(5)酒吧位置突出,提供小吃、饮料服务。

(6)舞厅内装饰与家具、气氛相协调,独具风格。

(7)舞厅门前用可变霓虹灯装饰。

(8)这类舞厅多设计成"U"形的坐台区,中间为开放式的舞池,灯光幽暗;舞曲则以歌为主,舞步多为舒缓的交际舞。

3. 迪斯科舞厅吧

1)迪斯科舞厅吧的设置

迪斯科舞厅是年轻人流连忘返的乐园,和其他综合舞厅相比,这种纯粹跳舞的迪斯科舞厅四周均附设有提供休息的闲坐区,一些场地较大且具知名度的舞厅甚至设有VIP包厢区,可以享有独立而不受干扰的空间。迪斯科舞厅内专门设有酒吧或者水吧,负责向客人提供酒水服务。

2)迪斯科舞厅吧的酒水服务

迪斯科是一种强烈的全身运动,一曲舞下来,跳舞者会大汗淋漓。跳累了,可以到吧台点杯饮料解渴。一部分的迪斯科舞厅均凭门票入场,有时门票费中还包含一杯饮料。迪斯科舞厅提供饮料多是低酒精度的清凉解渴饮品,如碳酸饮料、矿泉水等。一些迪斯科舞厅为了招揽顾客,还设有寿星、学生、情侣,甚至VIP专场,只要符合条件便可享受特别优待或获取小礼物,无形中也为迪斯科舞厅增加了客源。

【补充阅读】

怎样才能成为优秀的酒吧服务员?

酒吧服务员既是调酒技师,还是接待技师。在欧洲,从20世纪初直至美国颁布禁酒法的30年代,欧美酒吧服务员创造了鸡尾酒的黄金时代。通过技艺的竞争,产生了很多至今仍在饮用的鸡尾酒的名作。并且,酒吧服务人员不单纯是调制鸡尾酒,也置身于顾客之中,同顾客热情交流,成为众多顾客所信赖的谈心伙伴,可以说有时起到了一种类似于牧师或者神父在告解台前聆听信徒内心告白的作用。

最重要的是需要有一种为顾客尽心服务的好客精神,能使顾客品尝到美味且又赏心悦目的饮食。来到酒吧的顾客,其消费动机越来越复杂多样。因此,酒吧服务员更不能拘泥于一种固定格式来服务于顾客了。另外,酒吧服务员还负有另外一种职责,那就是要在众多顾客之中培育出一批好的顾客(从某种意义上说,就是对顾客的训练),这批顾客能创造出酒吧自身所追求的一种理想的、独特的酒吧气氛。

第四节 酒吧服务标准与程序

一、酒吧工作程序

(一)营业前的工作程序

营业前工作准备俗称为"开吧"。主要有酒吧内的清洁工作、领货工作、补充酒水、酒水记录、酒吧摆设和调酒准备工作等。

1. 酒吧内的清洁工作

(1)酒吧台与工作台的清洁。酒吧台通常是大理石及硬木制成,表面光滑。由于每天客人喝酒水时会弄脏或倒翻少量的酒水在其光滑的表面而形成点块状污迹,在隔了一个晚上后会硬结。清洁时先用湿毛巾擦后,再用清洁剂喷在表面擦抹,至污迹完全消失为止。清洁后要在酒吧台表面喷上蜡光剂以保护光滑面。工作台是不锈钢材料,表面可直接用清洁剂或肥皂粉擦洗,清洁后用干毛巾擦干即可。

(2)冰箱清洁。冰箱内常由于堆放罐装饮料和食物使底部形成油滑的尘积块,网隔层也会由于果汁和食物的翻倒粘上滴状和点点污痕,3天左右必须对冰箱彻底清洁一次,从底部、壁到网隔层。先用湿布和清洁剂擦洗污迹,再用清水抹干净。

(3)地面清洁。酒吧柜台内地面多用大理石或瓷砖铺砌。每日要多次用拖把擦洗地面。

(4)酒瓶与罐装饮料表面清洁。瓶装酒在散卖或调酒时,瓶上残留下的酒液会使酒瓶变得黏滑,特别是餐后甜酒,由于酒中含糖多,残留酒液会在瓶口结成硬颗粒状;瓶装或罐装的汽水啤酒饮料则由于长途运输、仓储而表面积满灰尘,要用湿毛巾每日将瓶装酒及罐装饮料的表面擦干净以符合食品卫生标准。

(5)杯、工具清洁。酒杯与工具的清洁与消毒要按照规程做,即使没有使用过的酒杯每天也要重新消毒。

(6)酒吧柜台外的地方每日按照餐厅的清洁方法去做,有的酒店是由公共地区清洁工或服务员负责。

2. 领货工作

（1）领酒水。每天将酒吧所需领用的酒水数量填写酒水领货单,送酒吧经理签名(规模较小的酒店由餐饮部经理签名),拿到食品仓库交仓管员取酒发货。此项工作要特别注意在领酒水时清点数量以及核对名称,以免造成误差,领货后要在领货单收货人一栏上签名,以便核实查对。食品(水果、果汁、牛奶、香料等)领货程序大致与酒水领货相同,只是还要经行政总厨或厨师长签名认可。

（2）领酒杯和瓷器。酒杯和瓷器容易损坏,领用和补充是日常要做的工作。需要领用酒杯和瓷器时,要按用量规格填写领货单,再拿到管事部仓库交仓管员发货,领回酒吧后要先清洗、消毒才能使用。

（3）领百货。百货包括各种表格(酒水供应单、领货单、调拨单等)、笔、记录本、棉织品等用品。一般每星期领用一到两次。领用百货时需填好百货领料单交酒吧经理、饮食部经理和成本会计签名后,才能拿到百货仓库交仓管员发货。

3. 补充酒水

将领回来的酒水分类堆好,需要冷藏的,如啤酒、果汁等放进冷柜内。补充酒水一定要遵循先进先出的原则,即先领用的酒水先销售使用,先存放进冷柜中的酒水先卖给客人。以免因酒水存放过期而造成浪费。特别是果汁及水果食品更是如此。例如,纸包装的鲜牛奶的存放期只有几天,稍微疏忽都会引起不必要的浪费。这是调酒师要认真对待的。

4. 酒水记录

每个酒吧为便于进行成本检查以及防止失窃现象,需要设立一本酒水记录簿,称为 bar book。上面清楚地记录酒吧每日的存货、领用酒水、售出数量、结存的具体数字。每个调酒师取出"酒水记录簿"就可一目了然地知道酒吧各种酒水的数量。值班的调酒师要准确地清点数目,记录在案,以便上级检查。

5. 酒吧摆设

酒吧摆设主要是瓶装酒的摆设和酒杯的摆设。摆设要有几个原则,这就是美观大方、有吸引力、方便工作和专业性强,酒吧的气氛和吸引力往往集中在瓶装酒和酒杯的摆设上。摆设要给客人一看就知道这是酒吧,是喝酒享受的地方。瓶装酒的摆设一是要分类摆,开胃酒、烈酒、餐后甜酒分开;二是价钱最贵的与便宜的分开摆,例如干邑白兰地,便宜的几十块钱一瓶,贵重的几千块钱一瓶,两种是不能并排陈列的。瓶与瓶之间要有间隙,可放进合适的酒杯以增加气氛,使客人的感觉得到满足和享受。经常用的"酒店专用"散卖酒与陈列酒要分开,散卖酒要放在工作台前伸手可及的位置以方便工作。不常用的酒放在酒架的高处,以减少从高处拿取酒的麻烦。酒杯可分悬挂与摆放两种,悬挂的酒杯主要是装饰酒吧气氛,一般不使用,因为拿取不方便,必要时,取下后要擦净再使用;摆放在工作台位置的酒杯要方便操作,加冰块的杯(柯林杯、平底杯)放在靠近冰桶的地方,不加冰块的酒杯放在其他空位,啤酒杯、鸡尾酒杯可放在冰柜冷冻。

6. 调酒准备

(1) 取放冰块。用桶从制冰机中取出冰块放进工作台上的冰块池中,把冰块放满;没有冰块池的可用保温冰桶装满冰块盖上盖子放在工作台上。

(2) 配料。如李派林喼汁、辣椒油、胡椒粉、盐、糖、豆蔻粉等放在工作台前面,以备调制时取用。鲜牛奶、淡奶、菠萝汁、番茄汁等,打开罐装入玻璃容器中(不能开罐后就在罐中存放,因为钛罐打开后,内壁有水分很容易生锈引起果料变质),存放在冰箱中。橙汁、柠檬汁要先稀释后倒入瓶中备用(存放在冰箱中)。其他调酒用的汽水也要放在伸手拿得到的位置。

(3) 水果装饰物。橙角预先切好与樱桃穿在一起排放在碟子里备用,上面封上保鲜纸。从瓶中取出少量咸橄榄放在杯中备用,红樱桃取出用清水冲洗后放入杯中(因樱桃是用糖水浸泡,表面太黏)备用。柠檬片、柠檬角也要切好排放在碟子里用保鲜纸封好备用,以上几种装饰物都放在工作台上。

(4) 酒杯。把酒杯拿去清洗间消毒后按需要放好。工具用餐巾垫底排放在工作台上,量杯、酒吧匙、冰夹要浸泡在干净水中。杯垫、吸管、调酒棒和鸡尾酒签也放在工作台前(吸管、调酒棒和鸡尾酒签可用杯子盛放)。

7. 更换棉织品

酒吧使用的棉织品有两种:餐巾和毛巾。毛巾是用来清洁抹台的,要湿用;餐巾(镜布、口布)主要用于擦杯,要干用,不能弄湿。棉织品要使用一次清洗一次,不能连续使用而不清洗。每日要将脏的棉织品送到洗衣房更换干净的。

8. 工程检查

在营业前要仔细检查各类电器(灯光、空调、音响),各类设备(冰箱、制冰机、咖啡机等),所有家具、酒吧台、椅、墙纸及装修有无损坏。如有任何不符合标准要求的地方,要马上填写工程维修单,交酒吧经理签名后送工程部,由工程部派人维修。

9. 单据表格

检查所需使用的单据表格是否齐全够用,特别是酒水供应单与调拨单一定要准备好,以免影响营业。

(二) 酒吧营业中的工作程序

营业中的工作程序包括酒水供应、结账程序、酒水调拨程序等。

1. 酒水供应程序

酒水一般供应程序：客人点酒水——调酒师或服务员开单——收款员立账——调酒师配制酒水——供应酒品。

(1)客人点酒水时,调酒师要耐心细致,有些客人会询问酒水品种的质量、产地和鸡尾酒的配方内容;调酒师要简单明了地介绍,千万不要表现出不耐烦的样子。还有些无主见的客人请调酒师介绍品种,调酒师介绍时需先询问客人所喜欢的口味,再介绍品种。如果一张桌有若干客人,务必对每一个客人点的酒水作出记号,以便正确地将客人点的酒水送上。

(2)调酒师或服务员开单。调酒师或服务员在填写酒水供应单时要重复客人所点的酒水名称、数目,避免出差错。酒吧中有时会出现由于客人讲话的发音不清楚或调酒师精神不集中听错而制错饮品的现象,所以要特别注意听清楚客人的要求。酒水供应单一式三联,填写时要清楚地写上日期、经手人、酒水品种、数量、客人的特征或位置及客人所提的特别要求。填好后交收款员。

(3)收款员拿到供应单后须马上立账单,将第一联供应单与账单钉在一起,第二联盖章后交还调酒师(当日收吧后送交成本会计),第三联由调酒师自己保存备查。

(4)调酒师凭经过收款员盖章后的第二联供应单才可配制酒水,没有供应单的调酒属违反酒店规章制度的行为,不管理由如何充分都不应提倡。凡在操作过程中因不小心调错或翻倒浪费的酒水需填写损耗单,列明项目、规格、数量后送交酒吧经理签名认可,再送成本会计处核实入账,配制好酒水后按服务标准送给客人。

2. 结账程序

客人要求结账——调酒师或服务员检查账单——收现金、信用卡或签账——收款员结账。客人打招呼要求结账时,调酒师或服务员要立即有所反应,不能让客人久等,许多客人的投诉都是因结账时间长而造成的。调酒师或服务员需仔细检查一遍账单,核对酒水数量、品种有无错漏,这关系到客人的切身利益,必须非常认真仔细,核对完后将账单拿给客人,客人认可后,收取账单上的现金(如果是签账单,那么签账的客人要正楷写上台号、房号及签名,信用卡结账按银行所提供的机器刷卡办理),然后交收款员结账,结账后将账单的副本和零钱交给客人。

3. 酒水调拨程序

在酒吧中经常会由于特别的营业情况卖完某些品种的酒水,这时客人如果再点这种酒,如果回答说卖完或没有会使客人不高兴,而且影响酒吧的营业收入。这就需要马上从别的酒吧调拨所需酒水品种。酒吧中称为店内调拨,发出酒水的酒吧要填写一式三份的酒水调拨单,上面写明调拨酒水的数量、品种、从什么酒吧拨到什么酒吧,经手人与领取人签名后交酒吧经理签名。第一联送成本会计处,第二联由发酒水的酒吧保存备查,第三联由接受酒水酒吧留底。

4. 酒杯的清洗与补充

在营业中要及时收集客人使用过的空杯,立即送清洗间清洗消毒。绝不能等一群客人一起喝完后再收杯。清洗消毒后的酒杯要马上取回酒吧以备用。在操作中,要有专人不停地运送、补充酒杯。

5. 清理台面、处理垃圾

调酒师要注意经常清理台面,将酒吧台上客人用过的空杯、吸管、杯垫收下来。一次性使用的吸管、杯垫扔到垃圾桶中,空杯送去清洗,台面要经常用湿毛巾抹,不能留有脏水痕迹。要回收的空瓶放回筛中,其他的空罐与垃圾要轻放进垃圾桶内,并及时送去垃圾间,以免时间长产生异味。客人用的烟灰缸要经常更换,换下后要清洗干净,严格来说烟灰缸里的烟头不能超过两个。

6. 其他

营业中除调酒、取物品外,调酒师要保持正立姿势,两腿分开站立。不准坐下或靠墙、靠台。要主动与客人交谈、聊天,以增进调酒师与客人间的感情交流。要多留心观察装饰品是否用完,将近用完时要及时地补充;要注意酒杯是否干净够用,有时杯子洗不干净有污点,应及时替换。

二、酒吧服务质量标准

由于服务本身是无形的,是极度顾客化的,服务的提供与消费几乎是同时进行,而且又无法事先筛选、事先贮存,这些特性使得服务质量不易做好。

(一)做好服务质量管理工作,需要深刻认识服务质量 15C 标准

1. Customization 顾客化

服务质量指的是顾客满意,要做到顾客满意,必须要能了解顾客的需求与期望,然后尽力来满足他们。因此,在提供服务给顾客前一定要确实掌握顾客的不同需求,再依此来提供服务。

2. Commitment 承诺

对顾客所做的承诺一定要实现,而且一定要很有效率的来提供所承诺的服务或商品。因此不可做不实的广告,公司的业务人员或服务人员对顾客所承诺的事,不论是不是符合公司的规定,也都要尽力提供。

3. Consistency 一致性

所提供的服务要有一致性的绩效与质量,不能因时点、顾客或服务人员的不同而有所差异。亦即,所提供的服务务必要维持一定水平之上的好质量。

4. Competence 专业能力

由于必须提供好品质的服务给顾客,因此服务提供人员必须具备所需的技术、知识与专业能力,而且对于作业方法与程序要很清楚地了解与执行。

5. Comprehension 理解力

酒吧所提供的服务需要符合顾客的需求,甚至超越他们的期望,因此服务人员或管理阶层一定要有能力去理解顾客的真正需求,去体会他们的期望,这是最基本的要求。如果这一点都做不到,又如何能提供符合顾客需求与期望的服务给他们?

6. Communication 沟通

为了了解顾客的需求,必须要跟顾客充分沟通,倾听顾客的声音与意见,只有这样才能进一步去理解顾客的需求与期望。当顾客有所抱怨时,更要耐心地跟顾客沟通,为顾客解决问题。

7. Compassion 同情心

有时候,酒吧需要站在顾客的立场去体会顾客的需求与感受,这样才会提供贴心的服务给顾客,或迅速而妥善地为顾客解决问题。

8. Courtesy 礼仪

在为顾客服务时要有很好的态度,有礼貌、热忱,而且是发自于内心的,同时,也要关心顾客,甚至要跟顾客成为好朋友。

9. Composure 冷静

在为顾客服务时,有时候会碰到棘手的难题,或者遇到顾客发脾气,甚至不讲道理,此时,服务人员必须要冷静,才能想出好的对策去解决问题。

10. Credibility 信任

酒吧要有好的技术能力,持续提供高质量的服务给顾客,而且有好的口碑与形象,让顾客可以信任。

11. Confidence 信心

在跟顾客接触或服务时,只有让顾客对服务人员有信心,顾客才会接受服务人员所提供的服务。当服务人员提供的服务让顾客满意之后,顾客对服务人员才会产生信心,并因而不断的有生意上门,甚至介绍给他们的亲友。

12. Contact 接近性

顾客需要服务时,可以很快地找到,甚至找到最合适的人。例如要有服务的专线、预约或交易很方便、地点适切,顾客容易到达,且停车方便等。

14. Cooperation 配合性

在服务提供的过程中,顾客也会高度地参与,而且会提出他们的需要与意见,因此服务人员要跟顾客密切配合。同时,在提供服务的过程中,相关的部门或同事彼此也需要团队合作,相互配合与支持。

14. Capability 能力

酒吧要有做好所提供之服务的能力,有足够的人力、设施、空间及所需的技术能力来完成所承接之服务,且能有好的绩效与质量。

15. Criticalness 决断力

当顾客有重大问题或特殊需求时,服务人员要有智慧及权限去判断及做决定,能采取最适度且让顾客满意的对策。这一点很重要,但却不容易做到。因此酒店一定要对员工做好赋权与能(或是灌能 Empowerment),员工才会有能力、有权力在关键的时刻做最佳的决策与处置。

除一般意义的顾客满意之外,更要追求内部顾客满意,因此公司本身及员工均要做好内部顾客的服务工作,同样要追求服务质量。

内部顾客观念的具体表征,就是全员都应具有"员工就是顾客"的想法,在为顾客服务的流程或任何作业流程中,接办者或负责下一步骤之工作的单位或同事就是我的顾客,因此要把自己的工作做好,不能为接办者找麻烦,更不能为他们制造问题。

此外,在为顾客服务时会有前场、后场之分,后场就是支持单位,其功能就是要提供各项行政支持或负责生产的任务,例如行政部门或餐厅里的厨房。后场的同仁要把前场的同事当作顾客,然后提供最好的服务(支持)给前场的同事,协助他们做好为外部顾客服务的工作。

再者,在酒吧里,当主管交代部属办事情的时候,部属要把主管当作顾客,把事情办好,让主管满意;酒店或主管也要把员工或部属当作顾客,除了照顾、培育他们之外,更要给他们提供最好的支持,好让他们全心全意做好为顾客服务的工作。

(二)酒吧服务质量标准

1. 调酒服务标准

在酒吧,客人与调酒师只隔着吧台,调酒师的任何动作都在客人的目光之下。不但要注意调制的方法、步骤,还要留意操作姿势及卫生标准。

1) 姿势、动作

调酒时要注意姿势端正、轻松、大方,不要弯腰或蹲下调制。任何不雅的姿势都直接影响到客人的情绪。动作要潇洒、轻松、自然、准确,不要紧张。用手拿杯时要握杯子的底部,不要握杯子的上部,更不能用手指接触杯口。调制过程中尽可能使用各种工具,不要用手。特别是不准用手抓冰块放进杯中来代替冰夹,不要做摸头发、揉眼、擦脸等小动作,也不准在酒吧中梳头、照镜子、化妆等。

2)先后顺序与时间

调制出品时要注意客人到来的先后顺序,要先为早到的客人调制酒水。同来的客人要为女士们和老人、小孩先配制饮料。调制任何酒水的时间都不能太长,以免使客人不耐烦。这就要求调酒师平时多练习。调制时动作快捷熟练。一般的果汁、汽水、矿泉水、啤酒可在1分钟内完成;混合饮料可用1至2分钟完成;鸡尾酒包括装饰品可用2至4分钟完成。有时五六个客人同时点酒水,也不必慌张忙乱,可先一一答应下来,再按次序调制。一定要答应客人,不能不理睬客人只顾自己做。

3)卫生标准

在酒吧调酒一定要注意卫生标准,稀释果汁和调制饮料用的水都要用冷开水,无冷开水时可用容器盛满冰块倒入开水也可使用。不能直接用自来水。调酒师要经常洗手,保持手部清洁。配制酒水时有时允许用手,例如,拿柠檬片、做装饰物。凡是过期、变质的酒水不准使用。腐烂变质的水果及食品也禁止使用。要特别留意新鲜果汁、鲜牛奶和稀释后果汁的保鲜期,天气热更容易变质。其他卫生标准可参看《中华人民共和国食品卫生法》。

4)观察、询问与良好服务

要注意观察酒吧台面,看到客人的酒水快喝完时要询问客人是否再加一杯;客人使用的烟灰缸是否需要更换;酒吧台表面有无酒水残迹,经常用干净湿毛巾擦抹;要经常为客人斟酒水;客人抽烟时要为他点火,让客人在不知不觉中获得各项服务。总而言之,优良的服务在于留心观察加上必要而及时的行动。在调酒服务中,因各国客人的口味、饮用方法不尽相同,有时客人会提出一些特别要求与特别配方,调酒师甚至酒吧经理也不一定会做,这时可以询问、请教客人怎样配制,也许会从中得到满意的结果。

5)清理工作台

工作台是配制供应酒水的地方,位置很小,要注意经常性的清洁与整理。每次调制完酒水后一定要把用完的酒水放回原来的位置,不要堆放在工作台上,以免影响操作。斟酒时滴下或不小心倒在工作台上的酒水要及时抹掉。专用于清洁、抹手的湿毛巾要叠成整齐的方形,不要随手抓成一团。

2. 待客服务标准

1）接听电话

拿起电话，用礼貌术语称呼对方；切忌用"喂"来称呼客人。先报上酒吧名称，需要时记下客人的要求，例如订座、人数、时间、客人姓名、公司名称，要简单准确地回答客人的询问。

2）迎接客人

客人进入酒吧时，要主动地招呼客人。脸带微笑向客人问好，并用优美的手势请客人进入酒吧。若是熟悉的客人，可以直接称呼客人的姓氏，使客人觉得有亲切感。如客人存放衣物，提醒客人将贵重物品和现金钱包拿回，然后给客人一记号牌，由客人保管。

3）领客人入座

带领客人到合适的座位前，单个的客人喜欢到酒吧台前的酒吧椅就座，两个或几个客人可领到沙发或小台。帮客人拉椅子，让客人入座，要记住女士们优先。如果客人需要等人，可选择能够看到门口的座位。

4）递上酒水单

客人入座后可立即递上酒水单（先递给女士们）。如果几批客人同时到达，要先一一招呼客人坐下后再递酒水单。酒水单要直接递到客人手中，不要放在台面上。如果客人在互相谈话，可以稍等几秒钟，或者说"对不起，先生、小姐，请看酒水单"，然后递给客人。要特别留意酒水单是否干净平整，千万不要把肮脏的或模糊不清的酒水单递给客人。

5）请客人点酒水

递上酒水单后稍等一会儿，然后微笑地问客人"对不起，先生/女士，我能为您写单吗？""您喜欢喝杯饮料吗？""请问您要喝点什么呢？"如果客人还没有作出决定，服务员（调酒员）可以为客人提建议或解释酒水单。如果客人在谈话或仔细看酒水单，那也不必着急，可以再等一会儿。客人请调酒师介绍饮品时，调酒师要先问客人喜欢喝什么味道的饮料再给以介绍。

6）写酒水供应单

拿好酒水单和笔，等客人点了酒水后要重复说一遍酒水名称，客人确认了再写酒水供应单。为了减少差错，供应单上要写清楚座号、台号、服务员姓名、酒水饮料品种、数量及特别要求。未写完的行格要用笔划掉，也要注意"女士们优先"。并要记清楚每种酒水的价格，以回答客人询问。

7）酒水供应服务

服务操作是整个酒品服务技术中最引人注意的工作，许多操作需要面对顾客。因此，凡从事酒品服务工作的人，都十分注重操作技术，以求动作正确、迅速、优美。服务操作的好坏，常常给人留下深刻的印象。高超而又体察入微的服务员，常运用娴熟的操作技术来创造饮宴气氛，以求顾客精神上的满足。服务操作过程中，不仅需要一定的技术功底，而且需要相当的表演天赋。在许多国家里，酒品服务是由专人来掌管的。人们出于尊重和敬佩，将有一定水平的酒品服务员称为"酒师"。在顾客眼里，酒师们的魅力并不亚于文化界中的"明星"，酒品的服务操作是一项具有浓厚艺术色彩的专门技术。在酒品的服务中，通常包括以下的基本技巧。

(1)示瓶。

在酒吧中，顾客常点用整瓶酒。凡顾客点用的酒品，在开启之前都应让顾客首先过目，一是表示对顾客的尊重，二是核实一下有无误差，三是证明酒品的可靠。基本操作方法是：服务员站立于主要饮者(大多数为点酒人或是男主人)的右侧，左手托瓶底，右手扶瓶颈，酒标面向客人，让其辨认。待客人认可后，方能进行下一步的工作，示瓶往往标志着服务操作的开始，是具有重要意义的环节。

(2)冰镇。

许多酒品的饮用温度大大低于室温，这就要求对酒液进行降温处理，比较名贵的瓶装酒大多采用冰镇的方法进行处理。冰镇瓶装酒需用冰桶，用服侍盘托住桶底，以防凝结水滴沾污台布。桶中放入冰块(不宜过大或过碎)，将酒瓶插入冰块内，酒标向上，之后，再用一块毛巾搭在瓶身上，连桶送至客人的餐桌上。一般说来，10分钟以后可达到冰镇的效果。从冰桶取酒时，应以一块折叠的餐巾护住瓶身，可以防止冰水滴落弄脏台布或客人的衣服。

(3)溜杯。

溜杯是另一种降温方法。服务员手持杯脚，杯中放一块冰，然后摇杯，使冰块产生离心力在杯壁上溜滑，以降低杯子的温度。有些酒品的溜杯要求很严，直至杯壁溜滑凝附一层薄霜为止。也有用冰箱冷藏杯具的处理方法，但不适用于高雅场合。

(4)温烫。

温烫饮酒不仅用于中国的某些酒品，有的洋酒也需要温烫以后才饮用。温烫有4种常见的方法：

①水烫。把即将饮用的酒倒入烫酒器，然后置入热水中升温。

②火烤。把即将饮用的酒装入耐热器皿，置于火上升温。

③燃烧。把即将饮用的酒盛入杯盏内，点燃酒液升温。

④冲泡。把即将饮用的酒用滚沸的饮料(水、茶、咖啡)冲入，或将酒液注入

热饮料中。

(5) 开瓶。

世界各类酒品的包装方式多种多样,以瓶装酒和罐装酒最为常见。开启瓶塞瓶盖,打开罐口时应注意动作的正确和优美。

①使用正确的开瓶器。开瓶器有两大类,一是专开葡萄酒瓶塞的螺丝钻刀;另一是专开啤酒、汽水等瓶盖的启子。螺丝钻刀的螺旋部分要长(有的软木塞长达8～9厘米),头部要尖,另外,螺丝钻刀上最好装有一个起拔杠杆,以利于瓶塞拔起。

②开瓶时尽量减少瓶体的晃动。这样可避免汽酒冲冒,陈酒发生沉淀物窜腾。一般将酒瓶放在桌上开启,动作要准确、敏捷、果断。万一软木塞有断裂危险,可将酒瓶倒置,用内部酒液的压力顶住断塞,然后再旋进螺丝钻刀。

③开拔声越轻越好。开任何瓶罐都应如此,其中也包括香槟酒。在高雅严肃的场合中,呼呼作响的嘈杂声与环境显然是不协调的。

④拔出的瓶塞要进行检查。看是否是病酒或坏酒,原汁酒的开瓶检查尤为重要。检查的方法主要是嗅辨,以嗅瓶塞插入瓶内的那一部分为主。

⑤开启瓶塞(盖)以后,要仔细擦拭瓶口。将积垢脏物擦去。擦拭时,切忌将污垢落入瓶内。

⑥开启的酒瓶、罐原则上应留在客人的餐桌上。一般放在主要客人的右手一侧,底下垫瓶垫,以防弄脏台布;或是放在客人右后侧茶几的冰桶里。使用酒篮的陈酒,连同篮子一起放在餐桌上,但需要注意酒瓶颈背下应衬垫一块餐巾或纸巾,以防斟酒时酒液滴出。空瓶空罐一律撤离餐桌。

⑦开启后的封皮、木塞、盖子等物不要直接放在桌上。一般用小盆盛之,在离开餐桌时一并带走,切不可留在客人面前。

⑧开启带汽或冷藏过的酒罐封口,常会有水汽喷射出来。因此,当着客人的面开拔时,应将开口一方对着自己,并用手握遮,以示礼貌。

(6) 滗酒。

许多远年陈酒有一定的沉淀物积于瓶底内,为了避免斟酒时产生混浊现象,需事先剔除沉渣以确保酒液的纯净。专门人员使用滗酒器滗酒去渣,在没有滗酒器时,可以用大水杯代替,方法如下:

一是事先将酒瓶竖立若干小时,使沉渣积于瓶底,再横置酒瓶,动作要轻。

二是准备一光源,置于瓶子和水杯的那一端,操作者位于这一端,慢慢将酒液滗入水杯中。当接近含有沉渣的酒液时,需要沉着果断,争取滗出尽可能多的酒液,剔陈混浊物。

三是滗好的酒可直接用于服务。

(7)斟酒。

在非正式场合中,斟酒由客人自己去做,在正式场合中,斟酒则是服务人员必须进行的服务工作。斟酒有两种方式:桌斟和捧斟。

①桌斟。将杯具留在桌上,斟酒者立于饮者的右边,侧身用右手把握酒瓶向杯中倾倒酒液。瓶口与杯沿保持一定的距离,切忌将瓶口搁在杯沿上或高溅注酒。斟酒者每斟一杯,都需要换一下位置,站到下一位客人的右侧。左右开弓、手臂横越客人的视线等,都是不礼貌的做法。

桌斟时,还需掌握好满斟的程度,有些酒需要少斟,有些酒需要多斟,过多过少都不好。斟毕,持酒瓶的手应向内旋转90°,同时离开杯具上方,使最后一滴挂在酒瓶上而不落在桌上或客人身上。然后,左手用餐巾拭一下瓶颈和瓶口,再给下一位客人斟酒。

②捧斟。捧斟时,服务员一手握瓶,一手则将酒杯捧在手中,站立于饮者的右方,然后再向杯内斟酒;斟酒动作应在台面以外的空间进行,然后将斟毕的酒杯放在客人的右手处。捧斟主要适用于非冰镇处理的酒品。

另外,至于手握酒瓶的姿势,各国间不尽相同,有的主张手握在酒标上(以西欧诸国多见),有的则主张手握在酒标的另一方(以中国多见),各有解释的理由。服务员应根据当地习惯及酒吧要求去做,不必过于机械。

(8)饮仪。

我国饮宴席间的礼仪与其他国家有所不同,与通用的国际礼仪也有所区别。在我国,人们通常认为,席间最受尊重的是上级、客人、长者,尤其是在正式场合中,上级和客人处于绝对优先地位。服务顺序一般先为首席主宾、首席主人、主宾、重要陪客斟酒,再为其他人员斟酒;客人围坐时,采用顺时针方向依次服务。国际上比较流行的服务顺序是:先为女宾斟酒,后为女主人斟酒;先为女士,后为先生;先为长者,后为幼者。妇女处于绝对的受尊重地位。

(9)添酒。

正式饮宴上,服务员要不断向客人杯内添加酒液,直至客人示意不要为止。当客人的酒杯已空时,服务人员袖手旁观是严重的失职表现。在斟酒时,有些客人以手掩杯、倒扣酒杯或横置酒杯,都是谢绝斟酒的表示,服务员切忌强行劝酒,使客人难以下台。

凡需要增添新的饮品,服务员应主动更换用过的杯具,连用同一杯具显然是不合适的。至于散卖酒,每当客人添酒时,一定要换用另一杯具,切不可斟入原杯具中。在任何情况下,各种杯具应留在客人餐桌上,直至饮宴结束为止。当着客人的面,撤收空杯是不礼貌的行为,如果客人示意收去一部分空杯,另当别论。

客人祝酒时,服务员应回避。祝酒完毕,方可重新回到服务场所添酒。在主人游动祝酒时,服务员可持瓶尾随主要祝酒人,注意随时添酒。

8) 更换烟灰缸

现在,公共场合全面禁烟。酒吧只能在包厢服务时,根据客人需要提供烟灰缸。

取干净的烟灰缸放在托盘上,拿到客人的桌前,用右手拿起一个干净的烟灰缸,盖在台面上有烟头的烟灰缸上,两个烟灰缸一起拿到托盘上,再把干净的烟灰缸拿到客人的桌子上。在酒吧台,可以直接用手拿干净的烟灰缸盖在有烟头的烟灰缸上,两个烟灰缸一齐拿到工作台上,再把干净的烟灰缸放到酒吧台上。绝对不可以直接拿起有烟灰的烟灰缸放到托盘上,再摆下干净的烟灰缸,这种操作会使飞扬起来的烟灰有可能掉进客人的饮料里或者落到客人的身上,会造成意想不到的麻烦。有时,客人把没抽完的香烟或雪茄烟架在烟灰缸上,可以先摆上一个干净的烟灰缸并排在用过的烟灰缸旁边,把架在烟灰缸上的香烟移到干净的烟灰缸上,然后再取另一个干净的烟灰缸盖在用过的烟灰缸上,一起取走。

9) 撤空杯或空瓶罐

服务员要注意观察,客人的饮料是不是快要喝完了。如有杯子只剩一点点饮料,而台上已经没有饮料瓶罐,就可以走到客人身边,问客人是否再来一杯酒水尽兴。如果客人要点的下一杯饮料同杯子里的饮料相同,可以不换杯;如果不同就另上一个杯子给客人。当杯子已经喝空后,可以拿着托盘走到客人身边问:"我可以收去您的空杯子吗?"客人点头允许后再把杯子撤到托盘上收走。只要一发现客人台面上有空瓶、空罐可以随时撤走。

10) 结账

客人要求结账时,要立即到收款员处取账单,拿到账单后要检查一遍台号、酒水的品种、数量是否准确,再用账单夹夹好,拿到客人面前,有礼貌地说:"这是您的账单,多谢。××元××角。"切记不可大声地读出账单上的消费额。有些做东的客人不希望他的朋友知道账单的数目。如果客人认为账单有误,绝对不能同客人争辩,应立即到收款员那里重新把供应单和账单核对一遍,有错马上改,并向客人致歉;没有错可以向客人解释清楚每一项目的价格,取得客人的谅解。

11) 送客

客人结账后,可以帮助客人移开椅子以便让客人容易站起来,如客人存放了衣物,根据客人交回的记号牌,帮客人取回衣物,记住问客人有没有拿错和是否少拿了自己的物品。然后送客人到门口,说"多谢光临"、"再见"等;如果知道客人即将离店,说一句"祝您一路顺风",这会让客人感到满足。注意说话时要面带微笑,面向客人。

12) 清理台面

客人离开后,用托盘将台面上所有的杯、瓶、烟灰缸等都收掉,再用湿毛巾将台面擦干净,重新摆上干净的烟灰缸和用具。

13) 进纸餐巾

拿给客人的纸餐巾要先叠好插到杯子中。可叠成菱形或三角形,事先要检查一下纸餐巾是否有破损或带污点,将不平整或有破洞、有污点的纸餐巾挑出来。

14) 准备小食

酒吧免费提供给客人的配酒小吃(花生、炸薯片)通常由厨房做好后取回酒吧中,并用干净的小玻璃碗装好。

15) 端托盘要领

用左手端托盘,五指分开,手指与手掌边缘接触托盘,手心不碰托盘;酒杯、饮料放入托盘时不要放得太多,以免把持不稳;高杯或大杯的饮料要放在靠近身子一边;走动时要保持平衡,酒水多时可用右手扶住托盘;端起时要拿稳后再走,端至客人面前要停稳后再取酒水。

16) 擦酒杯

擦酒杯时要用酒桶或容器装热开水(80%满);将酒杯的口部对着热水(不要接触),让水蒸气熏酒杯直至杯中充满水蒸气时;用清洁和干爽的餐巾(镜布、口布)擦,手握酒杯底部,右手将餐巾塞入杯中,擦至杯子透明铮亮为止。擦干净后要对着灯光照一下,看看有无漏擦的污点。擦好后,手指不能再碰酒杯内部或上部,以免留下痕印。注意在擦酒杯时不可太用力,防止扭碎酒杯。

(三) 如何在服务过程中做好酒吧的销售工作

在服务的过程中,服务员不仅仅是一名接待者,同时也是一名兼职的推销员。要善于做有建议性的推销,合理的推销和盲目的推销之间会有很大的差别,后者会使客人生厌,有被愚弄的感觉,或者认为是急于脱手某些不切实际的或非名副其实的东西,盲目推销也会与顾客的"物有所值"的消费心理背道而驰。另外,服务人员不宜凭借自己的喜好和偏见去影响客人的消费情绪,你不喜欢的或许正是客人所乐意接受的,不可对任何客人所点的食品、饮品表示不满。

【补充阅读】

案例解读:如此酒水销售

宾馆气派豪华、灯红酒绿的中餐厅,顾客熙熙攘攘,服务员小姐在餐桌之间穿梭忙碌。一群客人走进餐厅,引座员立即迎上前去,把客人引到一张空餐桌前,让客人各自入座。

服务员小方及时上前给客人一一上茶。客人中一位像是主人的先生拿起一份菜单仔细翻阅起来。小方上完茶后,便站在那位先生的旁边,一手拿小本子,一手握圆珠笔,面含微笑静静等待他点菜。那位先生先点了几个冷盘,接着有点犹豫起来,似乎不知点哪个菜好,停顿了一会儿,便对小方说:"小姐,请问你们这儿有些什么好的海鲜菜肴?""这……"小方一时有点答不上来,"这就难说了,本餐厅海鲜菜肴品种倒是不少,但不同的海鲜菜档次不同,价格也不同,再说不同的客人口味也各不相同,所以很难说哪个海鲜菜特别好。反正菜单上都有,您还是看菜单自己挑吧。"小方一番话说得似乎头头是道,但那位先生听了不免有点失望,只得应了一句:"好吧,我自己来点。"于是他随便点了几个海鲜和其他一些菜肴。

当客人点完菜后,小方又问道:"请问先生要些什么酒和饮料?"客人答道:"一人来一罐青岛啤酒吧。"又问:"饮料都有哪些品种?"小方似乎一下子来了灵感,忙说道:"哦,对了,本餐厅最近进了一批法国高档矿泉水,有不冒气的 Evian 和冒气的 Perrier 两种。""矿泉水?"客人感到有点意外,看来矿泉水不在他考虑的饮料范围内。"先生,这可是全世界最名牌的矿泉水呢。"客人一听这话,觉得不能在朋友面前丢了面子。便问了一句:"那么哪种更好呢?""那当然是冒气的那种好啦!"小方越说越来劲。"那就再来10瓶冒气的法国矿泉水吧。"客人无可选择地接受了小方的推销。

服务员把啤酒、矿泉水打开,冷盘、菜肴、点心、汤纷纷上来,客人们在主人的盛情之下美餐一顿……

最后,当主人到账台结账时一看账单,不觉大吃一惊,原来1400多元的总账中,10瓶矿泉水竟占了350元!他不由嘟哝了一句:"矿泉水怎么这么贵啊?""那是世界上最好的法国名牌矿泉水,卖35元一瓶是因为进价就要18元呢。"账台服务员解释说。"哦,原来如此。不过,刚才服务员可没有告诉我价格呀。"客人显然很不满意,付完账后便快快离去。

[评析]

本案例中服务员小方在给客人销售菜肴、饮料的过程中,犯了两个极端的过失。

一是推销不当。当客人主动询问哪些好的海鲜菜肴时,小方不应该消极推辞,放弃推销的职责,而完全可以借机详细介绍本餐厅的各种海鲜,重点推荐其中的特色品种,甚至因势利导地推销名贵海鲜,客人也会乐意接受,这样既满足了客人的要求,又增加了餐厅的营业收入,何乐而不为呢?

　　二是推销过头。餐馆推销必须掌握分寸,超过了一定限度,过头了,就会适得其反。像法国名牌矿泉水,这是为某些客人的特殊需求而备的,一般不在服务员的推销之列,若有客人提出要喝法国矿泉水,就说"有"即可。像小方那种过分推销,使客人处于尴尬境地,虽能勉强达到推销目的,但到头来反而引起客人更大不满,很可能就此失去了这个回头客,是很不值得的。

■ 本章回顾

　　本章系统介绍了酒吧的定位与选址,酒单的含义与作用,酒单的种类,酒单设计的原则、步骤、内容、装帧,酒吧的服务标准与程序,以及酒吧的质量服务标准等。

■ 关键概念

　　酒吧定位　酒单　酒吧程序

■ 复习与思考

1. 了解当今各种酒吧的定位及其选址。
2. 掌握酒单设计的原则。
3. 思考酒店休闲娱乐项目设置存在的问题及解决方法?

■ 单元实训

1. 市场调查:去当地调查三种不同类型的酒吧,用列表的方式对其进行比较区别。
2. 市场调查:调研某家星级酒店的酒吧,对酒吧当月客人做一份详尽的酒单点击率分析。
3. 案例分析:

酒吧服务中被冷落的热情服务

　　某饭店特色酒吧急匆匆走进两位港客,其中一位客人脸色不佳,像是心情不好的样子。实习服务生小朱立刻迎上前去,微笑着说:"先生,您好!欢迎光临本店!"接着,她递上酒水单和食品单,开始热情详细地为客人介绍本店的特色饮品和咖啡等酒水饮料。谁知,还未等她说完,一位客人掏出钱包抽出一张面值10

元的港币不耐烦地给她。霎时,小朱愣住了,一片好意被拒绝甚至误解,使她感到既沮丧又委屈,她涨红着脸对客人说:"对不起,先生,我们不收小费,谢谢您!如果没有别的事,那我就告退了。"

思考题:

(1)如何判断客人是否需要你的现场服务?

(2)你认为作为服务人员,应如何把握热情对客服务的尺度?

(3)从本案例中,你得到何种启示?你认为应如何改进酒吧的管理?

第九章 酒吧管理

课前导读

著名经济学家黄有光说过:"当经济增长和自己的兴趣爱好结合在一起的时候,人最能够感到快乐。"酒吧的文化特性和经营的特殊性,决定了酒吧管理者必须首先喜欢酒吧,才能够更好地管理它。

酒吧的经营有两种心态,第一种是利用酒吧聚集志趣相投的朋友,做自己爱做的事,实现自己的梦想,不追求酒吧盈利;另一种是单纯的商业行为,通过商业操作,努力获得最大的投资回报,是功利主义的心态。不管哪一种心态,要想做一家成功的酒吧,被大多数人或小众认可的酒吧,这家酒吧必须是可持续性经营并且能够自负盈亏的。可能某一时期酒吧在支出和收入上是不平衡的,特别是酒吧初创时期,但酒吧管理者必须要看到酒吧的发展前景和未来的收益能力。比如说酒吧新开业或者酒吧经营处于淡季,作为一家酒吧的成功管理者,你必须要有一种驾驭风浪的经营技巧,认真考虑酒吧的支出和成本问题,考虑酒吧服务人员工作效率的问题,使酒吧在整体上处于一个良好的经营状态。当然,还要在经营的低潮期考虑酒吧的卖点,考虑酒吧的未来发展,考虑经营上的细节问题,诸如洗手间的卫生状况,整修破旧吧椅等。不要把商业和文化割裂开来,要有快乐赚钱的心态,不赚钱的管理者不是一个好管理者,不赚钱的酒吧也绝不是一个好酒吧。酒吧也是一种产业,作为经营者,要按照该行业的规律和特点来操作和经营。酒吧首先是服务行业,所以,在给客人提供产品的同时,还要附加最好的服务;酒吧是一种文化消费产业,应该利用文化的手段,赋予它更多的文化内涵;酒吧还是娱乐产业,应该努力给客人更多的快乐和愉悦。酒吧管理者不能违背酒吧产业的规律来经营酒吧,那是不明智的行为。

第九章　酒吧管理

【学习目标】
通过本章的学习,了解酒吧日常管理中的人员管理和服务管理,从财务和人力资源方面为酒吧的成功经营打好基础。

【知识目标】
通过教学,学生在明确酒吧成本控制基本方法的基础上,掌握人员招聘和培训的技巧,了解财务管理和人力资源管理的重要性。

【学习任务】
1. 明确酒吧的日常管理;
2. 熟悉酒吧的服务标准和程序。

第一节　酒吧的组织结构和岗位职责

"有音乐,有酒,还有很多的人",一般人对酒吧的认识不过如此。悄悄地,越来越多的各式酒吧出现在中国大都市的一个个角落。北京的酒吧品种多,上海的酒吧情调迷人,深圳的酒吧最不乏激情,它成为青年人的天下,亚文化的发生地。

一、酒吧的人员构成

酒吧的人员构成通常由酒店中酒吧的数量决定。在一般情况下,每个服务酒吧配备调酒师和实习生共4～5人,主酒吧配备领班、调酒师、实习生共5～6人。酒廊可根据座位数来配备人员,通常10～15个座位配1人。以上配备为两班制需要人数,一班制时人数可减少。

例如,某酒店共有各类酒吧5个,其人员配备应:酒吧经理1人;酒吧副经理1人;酒吧领班2～3人;调酒师15～16人;实习生4人。

人员配备可根据营业情况不同而做相应的调整。

二、酒吧员工的岗位职责

酒吧员工按不同的岗位有不同的职责分工。
1)酒吧经理的职责范围
(1)保证各酒吧处于良好的工作状态和营业状态。
(2)正常供应各类酒水,制订销售计划。
(3)编排员工工作时间表,合理安排员工休假。
(4)根据需要调动、安排员工工作。

(5)督促下属员工努力工作,鼓励员工积极学习业务知识,求取上进。

(6)制订培训计划,安排培训内容,培训员工。

(7)根据员工工作表现做好评估工作,提升优秀员工,并且执行各项规章和纪律。

(8)检查各酒吧每日工作情况。

(9)控制酒水成本,防止浪费,减少损耗,严防失窃。

(10)处理客人投诉或其他部门的投诉,调解员工纠纷。

(11)按需要预备各种宴会酒水。

(12)制定酒吧各类用具清单,定期检查补充。

(13)检查食品仓库酒水存货情况,填写酒水采购申请表。

(14)熟悉各类酒水的服务程序和酒水价格。

(15)制定各项鸡尾酒的配方及各类酒水的销售标准。

(16)定出各类酒吧的酒杯及玻璃器皿清单,定期检查补充。

(17)负责解决员工的各种实际问题,例如,制服、调班、加班、就餐、业余活动等。

(18)沟通上下级之间的联系。向下传达上级的决策,向上反映员工的情况。

(19)完成每月工作报告。向饮食部经理汇报工作情况。

(20)监督完成每月酒水盘点工作。

(21)审核、签批酒水领货单、百货领货单、棉织品领货单、工程维修单、酒吧调拨。

2)酒吧副经理的职责范围

(1)保证酒吧处于良好的工作状态。

(2)协助酒吧经理制订销售计划。

(3)编排员工工作时间,合理安排员工假期。

(4)根据需要调动、安排员工工作。

(5)督导下属员工努力工作。

(6)负责各种酒水销售服务,熟悉各类服务程序和酒水价格。

(7)协助经理制订培训计划,培训员工。

(8)协助经理制定鸡尾酒的配方以及各类酒水的销售分量标准。

(9)检查酒吧日常工作情况。

(10)控制酒水成本,防止浪费,减少损耗,严防失窃。

(11)根据员工表现做好评估工作,执行各项纪律。

(12)处理客人投诉和其他部门的投诉,调解员工的纠纷。

(13)负责各种宴会的酒水预备工作。
(14)协助酒吧经理制定各类用具清单,并定期检查补充。
(15)检查食品仓库酒水存货情况。
(16)检查员工考勤,安排人力。
(17)负责解决员工的各种实际问题,例如,制服、调班、加班、业余活动等。
(18)监督酒吧员工完成每月盘点工作。
(19)协助酒吧经理完成每月工作报告。
(20)沟通上下级之间的联系。
(21)酒吧经理缺席时,代理酒吧经理行使其各项职责。
3)酒吧领班的职责范围
(1)保证酒吧处于良好的工作状态。
(2)正常供应各类酒水,做好销售记录。
(3)督导下属员工努力工作。
(4)负责各种酒水服务,熟悉各类酒水的服务程序和酒水价格。
(5)根据配方鉴定混合饮料的味道,熟悉其分量,能够指导下属员工。
(6)协助经理制定鸡尾酒的配方以及各类酒水的分量标准。
(7)根据销售需要保持酒吧的酒水存货。
(8)负责各类宴会的酒水预备和各项准备工作。
(9)管理及检查酒水销售时的开单、结账工作。
(10)控制酒水损免,减少浪费,防止失窃。
(11)根据客人需要重新配制酒水。
(12)指导下属员工做好各种准备工作。
(13)检查每日工作情况,如:酒水存量、员工意外事故、新员工报到等。
(14)检查员工报到情况,安排人力,防止岗位缺人。
(15)分派下属员工工作。
(16)检查食品仓库酒水存货状况。
(17)向上司提供合理化建议。
(18)处理客人投诉,调解员工纠纷。
(19)培训下属员工,根据员工表现做出鉴定。
(20)自己处理不了的事情及时转报上级。
4)酒吧调酒师的职责范围
(1)根据销售状况每月从食品仓库领取所需酒水。
(2)按每日营业需要从仓库领取酒杯、银器、棉织品、水果等物品。

(3)清洗酒杯及各种用具,擦亮酒杯,清理冰箱。

(4)清洁酒吧各种家具,拖抹地板。

(5)将清洗盘内的冰块加满以备营业需要。

(6)摆好各类酒水及所需用的饮品以便工作。

(7)准备各种装饰水果,如柠檬片、橙角等。

(8)将空瓶、罐送回管事部清洗。

(9)补充各种酒水。

(10)营业中为客人更换烟灰缸。

(11)从清洗间将干净的酒杯取回酒吧。

(12)将啤酒、白葡萄酒、香槟和果汁放入冰箱保存。

(13)在营业中保持酒吧的干净和整洁。

(14)把垃圾送到垃圾房。

(15)补充鲜榨果汁和浓缩果汁。

(16)准备白糖水以便调酒时使用。

(17)在宴会前摆好各类酒水、杯具。

(18)供应各类酒水及调制鸡尾酒。

(19)使各项出品达到酒店的要求和标准。

(20)每日盘点酒水。

5)酒吧实习生的职责范围

(1)每天按照提货单到食品仓库提货、取冰块、更换棉织品、补充器具。

(2)清理酒吧的设施,如冰柜、制冰机、工作台、清洗盘、冰车和酒吧的工具(搅拌机、量杯等)。

(3)经常清洁酒吧内的地板及所有用具。

(4)做好营业前的准备工作,如兑橙汁、将冰块装到冰盒里、切好柠檬片和橙角等。

(5)协助调酒师放好陈列的酒水。

(6)在酒吧领班和调酒师的指导下补充酒水。

(7)用干净的烟灰缸换下用过的烟灰缸,并清洗干净。

(8)补充酒杯,工作空闲时用干布擦亮酒杯。

(9)补充应冷冻的酒水到冰柜中,如啤酒、白葡萄酒、香槟及其他软饮料。

(10)保持酒吧的整洁、干净。

(11)清理垃圾,并将客人用过的杯、碟送到清洗间。

(12)帮助调酒师清点存货。

(13)帮助调酒师在楼面摆设酒吧。
(14)熟悉各类酒水、各种杯子的特点及酒水价格。
(15)酒水入仓时,用干布或湿布抹干净所有的瓶子。
(16)摆好货架上的瓶装酒,并分类存放整齐。
(17)在酒吧领班或调酒师的指导下制作一些简单的饮品或鸡尾酒。
(18)整理、放好酒吧的各种表格。
(19)在营业繁忙时,帮助酒吧调酒师招呼客人。

6)酒吧服务员的职责范围
(1)在酒吧范围内招呼客人。
(2)根据客人的要求写酒水供应单,到酒吧取酒水,并负责取单据给客人结账。
(3)按客人的要求供应酒水,提供令客人满意而又恰当的服务。
(4)保持酒吧的整齐、清洁,包括开始营业前及客人离去后摆好台、椅等。
(5)做好营业前的一切准备工作,准备咖啡杯、碟、点心(西点)、茶壶和杯等。
(6)协助放好陈列的酒水。
(7)补足酒杯,空闲时擦亮酒杯。
(8)用干净的烟灰缸换下用过的烟灰缸。
(9)清理垃圾及客人用过的杯、碟,并送到清洗部。
(10)熟悉各类酒水、各种杯子的类型及酒水的价格。
(11)熟悉服务程序和要求。
(12)能用正确的英语与客人应答。
(13)营业繁忙时,协助调酒师制作各种饮品或鸡尾酒。
(14)协助调酒师清点存货,做好销售记录。
(15)协助填写酒吧用的各种表格。
(16)帮助调酒师、实习生补充酒水或搬运物品。
(17)清理酒吧内的设施,如台、椅、咖啡机、冰车和酒吧工具等。

以上是各个岗位的基本工作范围,各酒吧的实际环境不同,可按需要做补充。调酒师、酒吧服务员和实习生的直属上级是酒吧领班。

三、酒吧服务人员的仪容、仪表、仪态要求

1.仪容、仪表、仪态的概念

仪容,指人的容貌。

仪表,即人的外表,一般来说,它包括人的容貌、服饰、个人卫生和姿态等方

面,是一个人精神面貌的外观体现。

仪态,指人在行为中的姿势的风度。姿势是指身体呈现的样子;风度是气质方面的表露。

一个人的仪容、仪表、仪态往往与他的生活情调、思想修养、道德品质和文明程度密切相关。

2. 注意个人仪容、仪表的意义

(1)注重个人仪容、仪表,是每位员工自尊自爱的表现,是一项基本素质。

(2)反映了企业的管理水平和服务质量。

(3)是尊重宾客、满足宾客的需要。

(4)是对服务人员仪容、仪表的要求。

3. 酒吧对员工个人仪容、仪表的基本要求

(1)服装(制服)整洁、大方。上岗前要细心、反复地检查制服上是否有酒渍、油渍、酒味,扣子是否有漏缝和破边。

(2)皮鞋要擦得干净、光亮,无破损。

(3)男员工袜子的颜色应跟鞋子的颜色和谐。以黑色最为普遍。

(4)女员工应穿与肤色相近的丝袜,袜口不要露在裤子或裙子外边。

(5)将工号牌端正地佩戴在左胸上方。

(6)头发梳理整齐,要打啫喱水保持光亮。

(7)要化淡妆、喷清淡香水,不宜浓妆艳抹。

4. 个人卫生方面的要求

(1)指甲经常修剪、保持清洁。不得留长指甲,也不要涂有色指甲油。

(2)要经常洗澡,经常更换内衣、内裤和袜子。身上不能有汗味。

(3)要经常漱口,保持口气清新。口里不能有异味,上班前忌吃葱、蒜等之类的有异味食物。

(4)在工作岗位上,除手表外,不可佩戴耳环、项链等饰物。

(5)男性不留长发、小胡子、大鬓角,女性不梳披肩发型,避免选用色泽鲜艳的发饰。

5. 酒吧对服务接待工作人员仪态的要求

1)正确的站姿

身体重心放在两脚中间,挺胸收腹,腰直、肩平,两眼平视、嘴微闭,面带微笑,双臂自然下垂(双手在背后交叉或体前交叉),两腿膝关节与髋关节舒展挺直。

2）正确的坐姿

上体自然坐直,两腿自然弯曲,双脚平落地上,双膝并拢,臀部坐在椅子中央,两手放在膝上,挺胸收腹,目平视,嘴微闭,面带笑容。入座时,走到座位前面再转身,转身后右脚向后退半步,然后轻稳地坐下。女子入座时,要用手把裙子向前拢一下。起立时,右脚先向后收半步,然后站起。

3）正确的走姿

上体正直、不低头、目光平视、面带微笑,两臂自然前后摆动,肩部放松。重心可稍向前,这有利于挺胸、收腹,身体重心在脚掌前部上。

女员工走路时,两脚轮换前进,要基本踩一条线,而不是两条平行线。步伐为一脚距离。

4）适当的手势

在酒吧服务接待工作时,手势运用要规范适度。与客人谈话时,手势不宜过多,动作不宜过大。

正确要领：手指自然并拢,掌心向上,以肘关节为支点,指示目标,切忌伸出食指来指点。

【补充阅读】

酒吧男女员工的仪容仪表

酒吧男女员工的仪容仪表见图 9-1 和图 9-2。

图 9-1　男员工仪容仪表

图 9-2 女员工仪容仪表

第二节 酒吧的日常管理

一、人员配备与工作安排

酒吧的人员配备与工作安排：酒吧人员配备依据两项原则，一是酒吧的工作时间，二是酒吧的营业状况。酒吧的营业时间多为上午 11 点至凌晨 2 点，上午客人是很少到酒吧去喝酒的，下午时间客人也不多，从傍晚直至午夜是营业高潮时间，营业状况主要看每天的营业额及供应酒水的杯数。一般的主酒吧（座位在 30 个左右）每天可配备调酒师 4～5 人。酒廊或服务酒吧可按每 50 个座位每天配备 1 名调酒师，如果营业时间短可相应减少人员配备，餐厅或咖啡厅每 30 个座位每天配备调酒师 4 人，营业状况繁忙时，可按每日供应 100 杯饮料配备调酒师 1 人的比例，如某酒吧每日供应饮料 450 杯，可配备调酒师 5 人。依次类推。

酒吧的工作安排是指按酒吧日工作量的多少来安排人员。通常，上午时间只是开吧和领货，可以少安排人员；晚上营业繁忙，所以多安排人员。在交接班时，上下班的人员必须有半小时至一小时的交接时间，以清点酒水和办理交接班手续。酒吧采取轮休制。节假日可取消休息，在生意清闲时补休。工作量特别大或营业超计划时可安排调酒师加班加点，同时给予足够的补偿。

二、酒吧服务管理

酒吧自身是一座无生命的建筑设施，只有赋予其富有生命活力的服务群体和精神,酒吧才具有存在的价值和意义,消费者才能感到物有所值,乐于光顾。优质的服务能够使顾客对消费经历感到充实、愉快,产生"宾至如归"的感觉,从而成为酒吧"永远的客人"。不仅去而复返,而且通过其"口碑效应"还能够给酒吧带来源源不断的新客源,使酒吧在激烈的市场竞争环境下,永远焕发青春的活力。

其中,调酒师管理是酒吧服务管理的重要环节。

调酒师的日常管理工作主要包括:

(1)填写每日工作检查表。

用以检查酒吧每日工作状况及完成情况。可按酒吧每日工作的项目列成表格,还可根据酒吧实际情况列入维修设备。服务质量、每日例会、晚上收吧工作等由每日值班的调酒师根据工作完成情况填写签名。

(2)做好酒吧的服务、供应工作。

酒吧是否能够经营成功,除了本身的装修格调外,主要靠调酒师的服务质量和酒水的供应质量。服务员要礼貌周到,面带微笑。微笑的作用很大,不但能给客人以亲切感,而且能解决许多本来难以解决的麻烦事情。调酒师要训练有素,对酒吧的工作、酒水牌的内容都很熟悉,操作熟练,能回答客人提出的有关酒吧及酒水牌的问题。酒吧服务要求热情主动按服务程序去做。供应质量是一个关键,所有酒水都要严格按照配方要求,绝不可以任意取代或减少分量,更不能使用过期或变质的酒水。特别要留意果汁的保鲜时间,保鲜期一过便不能使用。所有汽水类饮料在开瓶(罐)两小时后都不能用以调制饮料,凡是不合格的饮品不能出售给客人,例如调制彩虹鸡尾酒,任何两层有相混情形时,都不能出售,要重新做一杯。虽然浪费,但这是给客人以信心和为酒吧树立良好的声誉。

(3)完成工作报告。

调酒师要完成每日工作报告。每日工作报告可登记在一本记录簿上,每日一页。内容有四项,营业额、客人人数、平均消费、操作情况及特殊事件。营业额可以看出酒吧当天的经营情况及盈亏情况;客人人数可看出酒吧座位的使用率与客人来源;平均消费可看出酒吧成本同营业额的关系以及营业人数的消费标准;酒吧里特殊发生的事件也很多,经常有许多意想不到的情况,要记录上报。处理好要登记,有些需要报告上级的,要及时上报。

三、酒吧质量管理

酒谱(菜谱)的标准化管理是酒吧质量管理的核心内容和中心工作。

(1)标准酒谱(菜谱)的内容主要有:类别、份数、产品名称、净料成本、毛利率、售价、生产规程、关键工艺、器皿、装盘形式、成品要求、成品彩色照片等,以及主料、辅料、调料名称和数量。

(2)所有新增酒和创新菜,以及新增调制酒都必须先安排试做,并组织品尝、评价,经过改善,填写正式标准酒谱(菜谱),酒吧经理、餐厅经理、厨师长或经营副总签字批准后投产。

(3)标准酒谱(菜谱)是企业资产,是企业机密,由总办档案管理员统一管理,员工按手续领用。

(4)标准酒谱(菜谱)需制作3份以上,以需定量。

(5)所有出品以标准指导生产,保证出品质量,实现标准化管理。

"标准酒谱"样式见表9-1。

表9-1 标准酒谱

编号

名称				照片
类别		成本		
分量		售价		
盛器		毛利率		
质量标准				
用料名称	单位	数量	单价	金额	备注	调制步骤
合计						

四、管理技巧

(1)凡要求下属做到的,领导者一定率先做到。榜样的力量是无穷的。孔子说:"其身正,不令而行;其身不正,虽令不从。"

(2)下属有意见,不一定是坏事;领导者一到场就鸦雀无声,不一定是好事。

(3)聪明的领导者决不事必躬亲,而是运筹帷幄。

(4)用贬低集体或他人的手段是无法树立自己的威信的。

(5)切莫对下列人委以重任:对领导者只报喜不报忧的人;当面吹捧领导,却从不当面提出批评意见的人;对待领导者与下属,持两种截然相反态度的人;专谈他人缺点而不谈优点的人;每次好处都想得到,只要一次得不到就翻脸的人。

(6)有的下属虽缺点不明显可也找不到突出的优点;有的下属虽缺点明显,但优点也很突出。相比之下,后一类下属往往会将工作干得更加出色。

(7)与其用权力影响下属,不如用行动影响下属。

(8)下属不同于机器,不是在做机械运动,他们的活动轨迹千变万化:情绪愉快时,即使脏、累、繁重的工作也无怨言;心境不佳时,哪怕是举手之劳也要算计。领导者的首要职责之一是营造融洽的人际交往氛围。

(9)人在没当权时,都厌恶拍马屁者,但一旦当权,又都喜欢拍马屁者。务必记住:拍马屁者的真正目的是为了自己上马。

(10)下属能够接受严厉的制度和工作的辛劳,但难以忍受对人格的侵犯。

【补充阅读】

酒吧服务员管理制度

(1)准时上下班,提前10分钟到前台报到,由领班召开班前会,布置当日工作任务及注意事项。

(2)上班时保持微笑,不可因私人情绪而影响工作。

(3)仪容仪表要符合员工守则的要求,女员工不留披肩发,男员工不留胡须。

(4)员工用膳应在指定地点,不得随意在工作区域吸烟、吃零食。

(5)上班时不得打私人电话。

(6)在工作区遇到客人应礼貌问候。

(7)保持工作区域的整洁和安静,与客人说话声音以对方听清为限,同事间交谈不得大声喧哗,严禁在走廊内大声叫喊。

(8)听从上级在工作上的安排,上班时间严禁会客,或与同事闲聊。

(9)与同事相处,友好合作,不发生金钱或物品上的借贷关系。

(10)员工不得利用工作之便,私自套取外汇。

(11)员工不得私收小费、礼物或侵吞客人遗留物品。

(12)员工不得在酒店内赌博、酗酒。

(13)员工不得收藏、传阅、复制反动、淫秽画刊、书籍和录像。

(14)员工不得偷盗酒吧公私财物。

(15)员工要遵守外事纪律,不得与客人私下通信。和客人在一起时不得表示过分亲热,未经同意,不可抱玩客人的小孩,更不准随便给小孩食物。

(16)交接班时应将未完成的工作或特别事项交接清楚,接班人未到达,不得擅自离开工作岗位或先行下班。

(17)每班完成自己的工作任务,养成随时检查自己职责内尚有何事没做、何事待办的习惯。

(18)客人询问,要热情回答,不可说"不"。

(19)服务人员可以替客人保存酒水,保存酒水的时间不得超过一个月,服务人员应告知客人本店的规定,以免造成不必要的纠纷。客人不保存的酒水,服务人员必须如实拿回吧台,并做好登记工作,不得私自处理。

(20)对酒吧内的可疑情况,要及时汇报。

(21)应谨记酒吧内时常保持整齐、清洁,如发现任何地方有垃圾和纸屑应该主动把它拾起,放进废物箱。

(22)不得随便缺席,如有急事或特殊情况,要提前通知办公室或主管。

(23)不得在酒吧内接待亲戚朋友来访。

(24)不得直呼客人及上司的名字,应礼貌地称"×先生"或"×小姐"。

(25)不要太依靠自己的记忆力,养成做笔录的习惯。

(26)使用机器前需做检查,看是否完好,用后做保养工作。

(27)严禁浪费酒吧资源及清洁用品。

■ **本章回顾**

本章从酒吧管理角度出发,深入介绍了酒吧的成本控制和人员管理、酒吧的组织机构及其各岗位管理职责等内容。

■ **关键概念**

成本控制　岗位职责　日常管理

■ **复习与思考**

1. 怎样从采购环节对酒吧进行有效的成本控制?
2. 酒吧经理的岗位职责有哪些?
3. 思考目前星级酒店里酒吧日常管理模式中可能存在的漏洞。

■ **单元实训**

1. 市场调查:去当地调查三种不同主题酒吧,阐述其各自文化内涵。
2. 市场调查:调研某家星级酒店的酒吧,完成一份酒吧重大投诉事件的处理情况汇报,总结其管理经验。

3.案例分析:

酒吧的成本控制

在一次酒店酒吧员工的例会上,经理给各位服务人员强调了应加强内部成本控制的问题,让服务人员各抒己见,谈谈自己的经验和看法。针对酒吧经营成本的控制问题,服务人员从酒吧产品的价值含量和更新换代角度谈了谈各自的看法,从岗位、班组、工作程序、管理者职责和督察审核角度,讨论了酒吧经营成本的控制和管理,强调了对酒吧产品销售过程和质量控制的重要性。

最后,经理总结归纳说:"酒吧的销售与管理是一对矛盾,要从管理和服务之外,探索酒吧产品更新的廉价途径。日本一些酒店采用电脑控制,在酒吧和冰箱内分别安装芯片,并与酒店管理网络联机,自动记录饮品的存放和取用,由电脑主机储存、计账。避免了客人与服务人员之间的常见纠纷,也能有效地控制偶尔的逃账、漏账问题。"

思考题:

(1)从本案例服务人员的看法中,你会想到哪些有效控制成本的办法?

(2)酒吧经理的总结归纳给你什么样的启示?

(3)对于酒店酒吧经营成本的控制问题,你觉得最应该关注什么?

参 考 文 献

[1] 何立萍,卢正茂.酒吧服务与管理[M].北京:中国人民大学出版社,2012.

[2] 匡家庆.调酒与酒吧管理[M].北京:中国旅游出版社,2012.

[3] 王明景,徐利国.酒水调制与酒吧服务实训教程[M].北京:科学出版社,2011.

[4] 何立萍.酒水知识与酒吧管理[M].北京:中国劳动社会保障出版社,2011.

[5] 梦白.白兰地的故事[M].广州:百花文艺出版社,2004.

[6] 王延才.中国白酒[M].北京:中国轻工业出版社,2011.

[7] 陈玉伟.酒吧管理与产品制作[M].北京:中国物资出版社,2011.

[8] 华文图景.黄酒品鉴百问百答[M].北京:轻工业出版社,2008.

[9] 郭航远,傅建伟.绍兴黄酒与养生保健[M].杭州:浙江大学出版社,2007.

[10] 余江山.黄种人喝黄酒:天下一绝中国黄酒[M].北京:中国民主法制出版社,2013.

[11] 李晓东,姚志刚.酒水与酒吧管理[M].重庆:重庆大学出版社,2009.

[12] 陈秋萍.酒品鉴赏与服务[M].北京:机械工业出版社,2011.

[13] 李厚敦.探访中国葡萄酒庄[M].上海:上海科学技术出版社,2012.

[14] 谢广发.黄酒酿造技术[M].北京:中国轻工业出版社,2010.

[15] 姚泪醯.葡萄酒品鉴宝典[M].北京:化学工业出版社,2012.

[16] 富隆葡萄酒文化中心.葡萄酒名庄[M].北京:中国轻工业出版社,2012.

[17] 刘纪凤.葡萄酒文化[M].北京:西泠印社出版社,2011.

[18] 肖东光.白酒生产技术[M].北京:化学工业出版社,2011.

[19] 休·约翰逊.葡萄酒随身宝典[M].北京:中信出版社,2013.

[20] 福西英三,花崎一夫,山崎正信.酒吧经营及调酒师手册[M].广州:广州出版社,2000.

[21] 艾伦盖奇.世界80家酒吧特色酒[M].孙志军,译.北京:中国轻工业出版社,2007.

[22] Helen Arthur.威士忌鉴赏手册:发现世界最美的威士忌[M].上海:上海科学技术出版社,2011.

[23] 城山学.日本酒解说[M].上海:上海科学技术出版社,2012.

图书在版编目(CIP)数据

酒水服务与酒吧经营/潘海颖,王崧主编. —武汉:华中科技大学出版社,2014.12(2024.1重印)
ISBN 978-7-5609-9832-9

Ⅰ.①酒… Ⅱ.①潘… ②王… Ⅲ.①饭店-商业服务-高等职业教育-教材 ②饭店-经营管理-高等职业教育-教材 Ⅳ.①F719.2

中国版本图书馆 CIP 数据核字(2015)第 002614 号

酒水服务与酒吧经营

潘海颖 王 崧 主编

策划编辑:肖海欧
责任编辑:曹 红
封面设计:龙文装帧
责任校对:祝 菲
责任监印:周治超
出版发行:华中科技大学出版社(中国·武汉)　　电话:(027)81321913
　　　　　武汉市东湖新技术开发区华工科技园　　邮编:430223
录　　排:武汉楚海文化传播有限公司
印　　刷:广东虎彩云印刷有限公司
开　　本:710mm×1000mm　1/16
印　　张:19.5　插页:2
字　　数:362 千字
版　　次:2024 年 1 月第 1 版第 6 次印刷
定　　价:48.00 元

本书若有印装质量问题,请向出版社营销中心调换
全国免费服务热线:400-6679-118　竭诚为您服务
版权所有　侵权必究